Heiderich/Meyer

Technische Probleme lösen mit C/C++

Lernbücher der Technik

herausgegeben von Dipl.-Gewerbelehrer Manfred Mettke, Oberstudiendirektor a. D.

Bisher liegen vor:

Bauckholt, Grundlagen und Bauelemente der Elektrotechnik

Felderhoff/Busch, Leistungselektronik

Felderhoff/Freyer, Elektrische und elektronische Messtechnik

Fischer/Hofmann/Spindler, Werkstoffe in der Elektrotechnik

Freyer, Nachrichten-Übertragungstechnik

Knies/Schierack, Elektrische Anlagentechnik

Schaaf/Böcker, Mikrocomputertechnik

Seidel/Hahn, Werkstofftechnik

HANSER

Norbert Heiderich • Wolfgang Meyer

Technische Probleme lösen mit C/C++

Von der Analyse bis zur Dokumentation

3., neu bearbeitete Auflage

Mit 248 Bildern, 76 Beispielen und zahlreichen Listings

HANSER

Autoren

Dipl.-Math. Norbert Heiderich, Berufskolleg des Kreises Kleve, Kleve

Dipl.-Ing. Dipl-Ing. Wolfgang Meyer, Heinz-Nixdorf-Berufskolleg, Essen

MIX
Papier aus verantwortungsvollen Quellen
FSC® C013736

Bibliografische Information Der Deutschen Nationalbibliothek
Die Deutsche Nationalbibliothek verzeichnet diese Publikation in der Deutschen Nationalbibliografie; detaillierte bibliografische Daten sind im Internet über http://dnb.d-nb.de abrufbar.

Lektorat: Mirja Werner
Herstellung: Franziska Kaufmann
Satz: Kösel Media GmbH, Krugzell
Coverconcept: Marc Müller-Bremer, www.rebranding.de, München
Coverrealisierung: Stephan Rönigk
Druck und Bindung: Kösel, Krugzell
Printed in Germany

ISBN: 978-3-446-44784-4
E-Book-ISBN: 978-3-446-44905-3

www.hanser-fachbuch.de/computer

Vorwort des Herausgebers

Was können Sie mit diesem Buch lernen?

Wenn Sie mit diesem Lernbuch arbeiten, dann erwerben Sie umfassende Erkenntnisse, die Sie zur Problemlösungsfähigkeit beim Programmieren mit der Hochsprache C/C++ führen.

Der Umfang dessen, was wir Ihnen anbieten, orientiert sich an

- den Studienplänen der Fachhochschulen für technische Studiengänge,
- den Lehrplänen der Fachschulen für Technik,
- den Anforderungen der Programmierpraxis,
- dem Stand der einschlägigen, professionellen Softwareentwicklung.

Sie werden systematisch, schrittweise und an ausgewählten Beispielen mit der Entwicklungsumgebung Visual C++ (VC++) von Microsoft vertraut gemacht.

Dabei gehen Sie folgenden Strukturelementen und Verfahrensweisen nach:

- Wie stellt sich die Entwicklungsumgebung dar?
- Welche grundlegenden Sprach- und Steuerungswerkzeuge gilt es kennenzulernen und an einfachen Beispielen anzuwenden?
- Wie wird ein Problem strukturiert programmiert?
- Wie muss die Software dokumentiert und getestet werden?
- Was meint objektorientierte Programmierung?

Wer kann mit diesem Buch lernen?

Jeder, der

- sich weiterbilden möchte,
- die Grundlagen der elektronischen Datenverarbeitung beherrscht,
- Kenntnisse in den Grundlagen der elementaren Mathematik besitzt,
- bereit ist, sich mit technischen, mathematischen und kommerziellen Fragestellungen auseinanderzusetzen.

Das können sein:

- Studenten an Fachhochschulen und Berufsakademien,
- Studenten an Fachschulen für Technik,
- Schüler an beruflichen Gymnasien und Berufsoberschulen,
- Schüler in der Assistentenausbildung,
- Meister, Facharbeiter und Gesellen während und nach der Ausbildung,
- Umschüler und Rehabilitanden,
- Teilnehmer an Fort- und Weiterbildungskursen,
- Autodidakten.

Wie können Sie mit diesem Buch lernen?

Ganz gleich, ob Sie mit diesem Buch in Hochschule, Schule, Betrieb, Lehrgang oder zu Hause lernen, es wird Ihnen Freude machen!

Warum?

Ganz einfach, **weil wir Ihnen ein Buch empfehlen, das in seiner Gestaltung die Grundgesetze des menschlichen Lernens beachtet.**

- Ein Lernbuch also! -

Sie setzen sich kapitelweise mit den Lehr-, Lerninhalten auseinander. Diese sind in überschaubaren Lernsequenzen schrittweise dargestellt. Die zunächst verbal formulierten Lehr-, Lerninhalte werden danach in die softwarespezifische Darstellung umgesetzt. An ausgewählten Beispielen konkretisiert und veranschaulichen die Autoren diese Lehr- bzw. Lerninhalte.

- Also auch ein unterrichtsbegleitendes Lehr-/Lernbuch mit Beispielen! -

Für das Suchen bestimmter Inhalte steht Ihnen das Inhaltsverzeichnis am Anfang des Buches zur Verfügung. Sachwörter finden Sie am Ende des Buches. Bücher zur vertiefenden und erweiterten Anwendung sind im Literaturverzeichnis zusammengestellt.

- Selbstverständlich mit Sachwortregister, Inhalts-und Literaturverzeichnis! -

Sicherlich werden Sie durch intensives Arbeiten mit diesem Buch Ihre „Bemerkungen zur Sache“ unterbringen und es so zu Ihrem individuellen Arbeitsmittel ausweiten:

- So wird am Ende Ihr Buch entstanden sein! -

Möglich wurde dieses Buch für Sie durch die Bereitschaft der Autoren und die intensive Unterstützung des Verlages mit seinen Mitarbeitern. Ihnen sollten wir herzlich danken.

Beim Lernen wünsche ich Ihnen viel Freude und Erfolg!

Ihr Herausgeber

Manfred Mettke

Inhalt

Einleitung

Bücher, die sich mit Entwicklungsumgebungen beschäftigen, gibt es viele. Ebenso gibt es unzählige Werke, die die Programmiersprachen C und C++ beschreiben und sich mit den Vorteilen der einen gegenüber der anderen auseinandersetzen. Lehrbücher, die dem Leser den Weg vom konkreten Problem über Lösungsstrategien und Dokumentationshilfen bis hin zur rechnerunterstützten fertigen Lösung aufzeigen, sind hingegen Mangelware.

Niemand fängt bei dem Versuch, mit einer neuen Programmiersprache zu arbeiten, gerne ganz von vorne an. Daher werden Sie in diesem Buch Codebeispiele und exemplarische Vorgehensweisen finden, die Ihnen den Einstieg in die C/C++-Programmierung erleichtern. Das Buch möchte Sie als Leser bei der Lösung und Bearbeitung Ihrer Probleme unterstützen, Ihnen anhand vieler Beispiele unterschiedliche Einsatzmöglichkeiten von Programmier- und Dokumentationstechniken näherbringen, um Ihnen Schritt für Schritt den Weg in die professionelle Softwareentwicklung aufzuzeigen.

Zur Realisierung der Beispiele haben wir uns entschieden, mit Visual C++ (kurz: VC++) der Firma Microsoft zu arbeiten. Zum einen liegt mit VC++ ein hochmodernes Werkzeug zur effizienten Erstellung von Software jeden Anwendungs- und Komplexitätsgrades vor. Zum anderen ist die Verbreitung von VC++ so groß, dass die Wahrscheinlichkeit, dass Sie im professionellen Einsatz mit dieser Entwicklungsumgebung umgehen werden, sehr hoch ist. Darüber hinaus ist die Verfügbarkeit von VC++ als kostenloser Download der Firma Microsoft (siehe https://www.visualstudio.com/downloads) ein nicht zu unterschätzender Vorteil.

Grundsätzlich ist es natürlich auch möglich, eine andere Entwicklungsumgebung zu nutzen (z. B.: Code::Blocks, Eclipse, NetBeans IDE u. a.), allerdings können dann die von uns bereit gestellten Beispiele nicht ohne Anpassungen genutzt werden. Sie müssen in solchen Fällen die jeweiligen Quellcodes in Ihre Entwicklungsumgebung übertragen. Die Nutzung unserer Beispiele mit grafischen Oberflächen entfällt vollständig. Die entsprechenden Layouts müssen dann in Ihrer Entwicklungsumgebung nachempfunden werden. Alle relevanten Ideen können natürlich aus unseren Quellcodes ausgelesen werden.

Aufbau des Buches

Das Buch ist in zehn Kapitel gegliedert, die jeweils ein spezielles Thema zum Inhalt haben. Bei der Auswahl der umgesetzten Beispiele haben wir versucht, sowohl technisch-wissenschaftliche, mathematische als auch kommerzielle Probleme zu thematisieren, um ein möglichst großes Spektrum von Fragestellungen und damit verbundenen Problemlösungen aufzuzeigen.

Die Kapitel werden im Folgenden kurz skizziert:

Kapitel 1
Im ersten Kapitel stehen Gesichtspunkte, die in einer hochvernetzten und globalisierten Arbeitswelt den Umgang mit zu lösenden Problemen diktieren, im Fokus der Betrachtung. Längst sind die Zeiten vorbei, in denen sich ein Softwareentwickler so intensiv mit seinem Problem auseinandersetzen konnte, bis er sicher war, eine optimale und anwendungsbreite Lösung gefunden zu haben. Die Maxime heute lautet: in kürzester Zeit ein brauchbares Ergebnis zu liefern.

Kapitel 2
Dieses Kapitel beschäftigt sich mit einigen grundlegenden Aspekten der Programmiersprache C/C++. Neben der Frage, warum es sinnvoll ist, gerade mit C/C++ zu arbeiten, werden Funktionsweisen der Komponenten der Entwicklungsumgebung betrachtet und erläutert.

Kapitel 3
Im dritten Kapitel wird die Arbeitsweise von VC++ und die Arbeit mit dieser Entwicklungsumgebung beschrieben. Der Leser erfährt, wie ein komplexeres Projekt organisiert wird.

Auf Installationhinweise auf zur jeweils aktuellen Version von VC++ haben wir absichtlich verzichtet, da Microsoft in sehr kurzen Zyklen neue Versionen zur Verfügung stellt, deren Installationen keinerlei Probleme darstellen. Die Kompatibilität von eingesetztem Betriebssystem und verwendeter Version der Entwicklungsumgebung von VC++ wird auf den Internet-Seiten von Microsoft dargestellt (s. a. https://msdn.microsoft.com/de-de).

Kapitel 4
In diesem Kapitel werden die grundlegenden Sprach- und Steuerungselemente der Syntax der Programmiersprache C/C++ an einfachen Beispielen dargestellt.

Kapitel 5
Dieses Kapitel enthält eine Einführung in die strukturierte Programmierung und ihre Darstellungsformen. Der Leser lernt rechnergestützte Systeme zur Erstellung von Struktogrammen kennen, die an Beispielen zunehmender Komplexität beschrieben werden. Außerdem werden die Bestandteile einer Software-Dokumentation beschrieben und die Frage beantwortet, was Software mit Qualität zu tun haben sollte.

Kapitel 6
Im sechsten Kapitel werden die Kenntnisse der strukturierten Programmierung zunächst an einfachen Problemen angewendet. Von der Problemanalyse bis zur Ergebnisausgabe der Programme sind die Beispiele durchgängig dokumentiert.

Kapitel 7
Dieses Kapitel gibt eine Einführung in die objektorientierte Programmierung. Der Leser lernt das erweiterte Vokabular und die Techniken der OOP kennen.

Kapitel 8
Mit den Grundkenntnissen der OOP können in diesem Kapitel fortgeschrittene Probleme unter Zuhilfenahme von grafischen Oberflächen gelöst werden. Die Darstellung der Ergebnisse geschieht hier teilweise auch in zeichnerischer Form.

Kapitel 9
Im neunten Kapitel werden komplexe Fragestellungen durch konsequente Anwendung aller erlernten Techniken bearbeitet. Die erzielten Lösungen sind dabei nach entsprechend gründlicher Problemanalyse verblüffend einfach.

Kapitel 10
In Kapitel 10 finden Sie Tabellen und Übersichten, es stellt eine hilfreiche Zusammenfassung der für die Problemlösung erforderlichen Teilgebiete dar. Neben Datentypen, Symbolen für die Erstellung von Struktogrammen und Programmablaufplänen enthält es ein Glossar für den Sprachumfang von C und C++ und eine Tabelle oft genutzter Standardfunktionen.

Außerdem finden Sie im Internet alle Code-Beispiele der Kapitel 6 bis 9 unter: *http://www.hanser-fachbuch.de/buch/Technische+Probleme+loesen+mit+C+C/9783446447844* auf der Homepage des Hanser Verlags. Die Beispiele sind hier sowohl als PDF-Dateien mit den durchnummerierten Zeilen, auf die in den Erläuterungen verwiesen ist, als auch als Quelltexte, die Sie ohne mühsames Abtippen sofort in eigene Programme integrieren können, vorhanden. So lassen sich alle Beispiele unmittelbar erzeugen und ausführen. Einige Beispiele der Kapitel 8 und 9 finden Sie aufgrund ihrer Länge nur im Internet.

Zielgruppe des Buchs:
Das Buch wendet sich in erster Linie an Studierende an Fachschulen, Studenten technischer Studiengänge sowie an Auszubildende in den IT-Berufen. Aber auch Schülerinnen und Schüler in technisch orientierten Gymnasien und Fachoberschulen werden an der Vielfalt der Problemstellungen und der Herangehensweise an die Lösung – vom Problem über die Problemanalyse mit Struktogramm bis zum Testing und zur Dokumentation – sicherlich Gefallen finden.

Es liegt ein zeitgemäßes Buch vor. Zeitgemäß deshalb, weil wir den wichtigsten Schritt in der Programmentwicklung, die Problemanalyse, in den Mittelpunkt der Entwicklungsarbeit stellen und erst danach die Umsetzung mit VC++ besprechen. Denn ohne eine gründliche Problemanalyse haben Sie später keine Chance, logische Programmfehler zu finden. Übrigens verdient man in der Wirtschaft in diesem Bereich das meiste Geld.

Zeitgemäß ist das Buch auch dadurch, dass Sie ellenlange Quellcodes nicht mehr abtippen müssen, sondern einfach aus dem Internet herunterladen können. Das vereinfacht den Programmtest und die individuelle Fortentwicklung der Programme ganz gewaltig.

Um Ihnen die Orientierung im Buch zu erleichtern, haben wir Icons verwendet, die folgende Bedeutung haben:

	Bei den **Beispielen** im Buch finden Sie dieses Symbol.
	Wichtige **Hinweise** werden durch dieses Icon kenntlich gemacht.
	Dieses Symbol kennzeichnet **Aufgaben**.
	Die Darstellungen von **Lösungen** sind an diesem Icon zu erkennen.
	Hinweis auf einen Teil im **Internet**.

Zum Abschluss bleibt uns noch all den Personen zu danken, die uns bei der Arbeit an diesem Buch unterstützt haben. Ihnen als Leserin und Leser wünschen wir viel Erfolg bei der Arbeit mit diesem Buch und dem Lernen und Ausprobieren mit und von Visual C++.

Norbert Heiderich und Wolfgang Meyer

1 Systematik der Problemlösung

Einst löste Alexander der Große den Gordischen Knoten sehr unkonventionell mit dem Schlag seines Schwertes. An den kunstvoll geknoteten Stricken, die einen Streitwagen untrennbar mit seinem Zugjoch verbinden sollten, waren zuvor die Gelehrten gescheitert. Sie versuchten, ihn ohne Beschädigung zu entfernen, quasi die Verknotungen umzukehren. Dies zeigt deutlich, dass ein Problem komplex und damit sogar unlösbar werden kann, wenn man nicht fähig ist, es unvoreingenommen zu betrachten, wenn man sich nicht von unvermeidbar erscheinenden Lösungswegen trennen kann. Die Lösung des Problems soll das Ziel sein – aber auch der Weg dorthin!

Zur Lösung eines Problems mit Hilfe eines Rechners geht man üblicherweise in mehreren Einzelschritten vor. Diese Vorgehensweise ist sinnvoll, weil die in jedem Schritt anfallenden Probleme häufig so speziell sind, dass Fachleute des jeweiligen Gebietes sie lösen müssen. So muss z.B. ein Betriebsführer, der eine Problemstellung sehr genau aus der Sicht des Betriebsablaufes beschreiben und sicherlich aus dieser Sicht auch erste Strategien entwickeln kann, nicht notwendigerweise auch derjenige sein, der mögliche Auswirkungen auf die Buchführung und Abrechnung des Unternehmens beurteilen, oder zur Auswahl geeigneter Programmierelemente und einzusetzender Hardware einen Beitrag leisten kann.

1.1 Phasen der Programmentwicklung

In den Anfängen der Datenverarbeitung waren Systemanalyse und methodisches Vorgehen bei der Entwicklung von Software beinahe bedeutungslos und der heute gebräuchliche Begriff **Softwareengineering** war noch nicht geprägt. Die erste Phase des Softwareerstellungsprozesses ist die Systemanalyse. Der Systemanalytiker beschreibt hier die für seine Fragestellung relevanten Elemente und deren Beziehungen zueinander.

Die ersten Rechner waren von den Abmessungen her groß und von der Leistungsfähigkeit aus heutiger Sicht sehr bescheiden. Hardware war so teuer, dass kleinere Unternehmen in der Regel die Verarbeitung ihrer Daten Service-Rechenzentren übergaben. Diese Rechenzentren entwickelten und warteten auch die individuellen Programme ihrer Kunden. Die eigene Datenverarbeitung im Hause bedeutete immense Investitionen, und die Software wurde dann mehr oder weniger individuell um die vorhandene Hardware „gestrickt".

Die steigende Leistungsfähigkeit und der Preisverfall mit jeder neuen Generation von Rechnern eröffneten nach und nach immer neue Einsatzgebiete. So konnte man zunehmend integrierte Systeme entwickeln. Allerdings wurden mit dem wachsenden Integrationsgrad der Software die Programme und Programmsysteme komplexer.

Betrachtet man zu den Anfängen der Datenverarbeitung in mittleren bis großen Unternehmen das Verhältnis der Kosten von Hard- zur Software, so lag die bei etwa 85:15. Die gleiche Bewertung liefert heute ein Verhältnis von 10:90. Vergleicht man das Kostenverhältnis der Hard- zur Software im PC-Bereich, so ergibt sich für einen normalen Anwender in einem kleinen bis mittleren Betrieb ein ganz anderes Bild. Hier liegt das Verhältnis nahezu bei 50:50.

Der Einsatz von Datenverarbeitung in neuen Anwendungsgebieten ist primär ein Problem der Qualität, Funktionalität und Verfügbarkeit der Software zum richtigen Zeitpunkt und zu einem vertretbaren Preis. Damit wird deutlich, dass die Entwicklung von Software ein hochkomplexes Unterfangen ist und ein abgestimmtes, methodisches Verfahren und organisatorisches Vorgehen verlangt. Zusammengefasst wird dies unter dem Begriff Softwareengineering.

Softwareengineering wurde als Vorgehensweise zur Verbesserung der bis dahin unbefriedigenden Situation bei der Softwareentwicklung und -wartung betrachtet. Software sollte produziert werden können wie Produkte aus der industriellen Fertigung: solide, zuverlässig und kontrollierbar. Aus diesen Anfängen entwickelte sich die heutige Definition:

Unter **Softwareengineering** versteht man die Anwendung von Strategien, Methoden, Werkzeugen und Kontrollinstrumenten im gesamten Prozess der Softwareentwicklung und -wartung einschließlich des Managements. ■

Die Beschäftigung mit Softwareengineering setzt nun einen gewissen Erfahrungsschatz in der Softwareentwicklung voraus. Bei der **Softwareentwicklung im Kleinen** geht es um die Umsetzung überschaubarer Problemstellungen in rechnergestützte Lösungen. Dem Anwender der fertigen Software sollen möglichst viele, von ihm bisher evtl. mit anderen Hilfsmitteln erledigte Arbeitsschritte durch einen Rechner abgenommen werden. Dabei stehen die Auswahl und das Design einzelner Konstrukte im Vordergrund, was für die korrekte Funktionsweise und das spätere Verständnis eines Bausteins absolut wesentlich ist. Bei der **Softwareentwicklung im Großen** geht es um die zweckmäßige, fast generalstabsmäßige Organisation eines Arbeitsvolumens von vielen Mann-Jahren. (In der Informatik wird der Begriff Mann-Tage, Mann-Monate oder Mann-Jahre als Aufwandsmaß eines abstrakten Wesens verwendet, das während seiner Arbeitszeit weder männlich noch weiblich ist.)

In manchem ist das Softwareengineering mit der Arbeitsorganisation in herkömmlichen Produktions- und Konstruktionsprozessen vergleichbar. Softwareengineering beschäftigt sich mit Arbeitsabläufen in und um die Softwareentwicklung herum. Neben dem eigentlichen Entwicklungsprozess sind dies:

- Projektmanagement,
- Qualitätssicherung und
- Projektverwaltung.

Unter **Projektmanagement** versteht man die Gesamtheit von Führungsaufgaben bei der Abwicklung eines Projekts, z. B. Fragen der Projektorganisation.

Bei der **Qualitätssicherung** geht es einerseits um formelle, konstruktive und analytische Kontrollmaßnahmen während des gesamten Entwicklungsprozesses, andererseits um interpersonelle Techniken, also darum, dafür Sorge zu tragen, dass alle Aufgaben von möglichst geeigneten Mitarbeitern erledigt werden.

Die **Projektverwaltung** (auch: Konfigurationsmanagement) beschäftigt sich mit der Bereitstellung und Verwaltung aller Ressourcen für den Softwareentwicklungsprozess sowie mit allen nebengelagerten Prozessen. Dazu gehören u. a. die Organisation der Speicherung aller Programmvarianten einschließlich der Dokumentationen sowie die notwendigen Update-Dienste. ■

1.2 Software-Lebenszyklus

Der Software-Lebenszyklus ist ein abstraktes Modell für den Lebenslauf einer jeden Software und die Grundlage für alle weiteren Betrachtungen zur Softwaretechnologie. Die meisten Aktivitäten, Methoden und Werkzeuge der Softwaretechnologie lassen sich anhand dieses Modells ein- und zuordnen. Für den konkreten Ablauf der Arbeit ist das Projektmanagement verantwortlich.

Der **Software-Lebenszyklus** stellt ein Modell für alle Aktivitäten während der Existenz einer Software dar. Man kann im Wesentlichen drei Teile unterscheiden:

- die eigentliche **Softwareentwicklung**, bei der das neue System aufgebaut wird;
- den **laufenden Betrieb**, währenddessen das System produktiv arbeitet, und
- die **Außerbetriebnahme** des Systems mit der Sicherstellung der Datenbestände für Nachfolgesysteme und der Entsorgung von Altdaten.

Während des laufenden Betriebs werden immer wieder ungeplante und geplante Unterbrechungen durch Wartung der eigentlich verschleißfreien Software erfolgen. Diese Wartungsarbeiten sind notwendig, um während des laufenden Betriebs festgestellte Fehler oder Effizienzverluste in den Programmen zu beheben oder die Software an geänderte Bedingungen des Umfeldes, in dem sie abläuft, anzupassen. Die Außerbetriebnahme einer Software erfolgt ebenso in der Regel aus dem laufenden Betrieb heraus. Schematisch lässt sich der **Software-Lebenszyklus** darstellen wie in Bild 1.1.

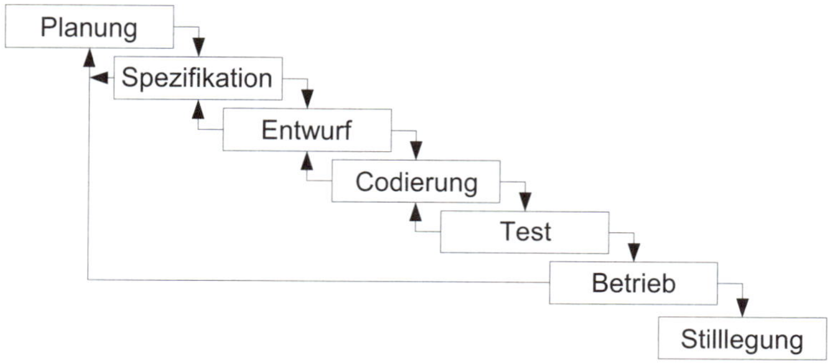

Bild 1.1 Software-Lebenszyklus

Bei der Entwicklung eines Systems werden die Zyklen Planung bis Test als Abfolge von einzelnen Phasen durchlaufen. In jeder Phase können unterschiedliche Mitarbeiter an der Realisierung des Projektes beteiligt sein, die ihre Ergebnisse jeweils für die nächste Phase zur Verfügung stellen. Der Betriebszyklus umfasst während der gesamten Lebensdauer des Systems dessen Unterhalt und Weiterentwicklung bis zur Außerbetriebnahme des Systems. Betrachtet man nun die Kostenseite, so verursachen die ersten vier Zyklen etwa 40 % der Gesamtsystemkosten; die restlichen 60 % der Kosten entfallen auf den Betrieb des Systems.

Die einzelnen Zyklen lassen sich inhaltlich folgendermaßen beschreiben:

- Die **Planung** umfasst eine Voruntersuchung des künftigen Systems mit den entsprechenden Wirtschaftlichkeitsberechnungen und bildet die Entscheidungsgrundlage die Rechtfertigung und somit die Freigabe zur Entwicklung des neuen Systems. In der Praxis wird dazu zunächst eine Studie beauftragt, über deren Ergebnis ein sog. Lenkungsausschuss befindet.
- Bei der **Spezifikation** werden die wesentlichen Anforderungen und Leistungsparameter des neuen Systems festgelegt. Dies ist gleichzeitig der Zeitpunkt der Erstellung eines sog. Pflichtenheftes, das eine exakte Beschreibung des zu erstellenden Systems liefert und die Basis bildet für die Programmdokumentation und das Anwenderhandbuch.
- Der **Entwurf** des Systems schlüsselt die Anforderungen und Leistungsparameter schrittweise auf bis ein Detaillierungsgrad erreicht ist, bei dem die fachlichen Anforderungen und der fachliche Lösungsweg in Form von Elementarprozessen umfassend beschrieben sind. Am Ende müssen alle fachlichen und datenverarbeitungstechnischen (kurz: DV-technischen) Anforderungen festgelegt sein. Zu diesem Zeitpunkt ist eine umfassende Problemanalyse abgeschlossen, das Pflichtenheft liegt in seiner endgültigen Form vor und alle an der Erstellung der neuen Software beteiligten Personen verfügen über ausreichende Fachkenntnis, um den nächsten Schritt angehen zu können.
- Die **Codierung** umfasst die eigentliche Programmkonstruktion mit der Programmierung der neu zu erstellenden Software.
- Der **Test** dient der Aufdeckung von Entwurfs- und Codierungsfehlern. Werden Fehler entdeckt, so wird die Software zur Korrektur an die Codierungsphase zurückgewiesen. Lassen sich Fehler nicht lokal beheben, z. B. weil ihre Ursache bereits im Entwurf liegt, so wird die Software bis in die Entwurfsphase zurückverwiesen. Diese Testphase blockiert die weitere Entwicklung, bis eine sachlich und fachlich richtige Ausführung der einzelnen Programmkomponenten sowie des Gesamtsystems gesichert werden kann. Dabei

sollten Testhilfen eingesetzt werden, die sicherstellen, dass alle möglichen Fälle, die auftreten können, auch tatsächlich einmal durchlaufen worden sind.

- Der **Betrieb** einer Software wird bis zur Außerbetriebnahme immer wieder durch korrigierende oder geplante Wartung der Software unterbrochen. Das reicht von Eingriffen in die Konfigurationsdateien über das selektive Einspielen neuer Systemkomponenten (sog. Patches) bis hin zur Modifikation oder Neuentwicklung ganzer Systemteile. Besonders kritisch wird der Betrieb, wenn aus Sicherheitsgründen eine alte und eine neue Softwareversion parallel gefahren werden müssen.
- Bei der **Stilllegung** einer Software kommt es schließlich darauf an, wesentliche Nutzdaten sicherzustellen, die für die Konfiguration und Initialisierung von Nachfolgesystemen sonst erst aufwendig akquiriert werden müssten, möglicherweise datenschutzrelevante Daten zuverlässig aus dem System zu entfernen und alle Arten von Datenmüll zu beseitigen. Dies ist nicht nur eine Frage der vorbeugenden Hygiene im Rechnersystem, sondern wegen möglicher Fernwirkungen auf später zu installierende Software dringend notwendig.

1.3 Software-Entwicklungsverfahren

Alle EDV-Projekte (EDV = elektronische Datenverarbeitung) haben einen typischen und gleichartigen im Software-Lebenszyklus bezeichneten Ablauf, der in einzelne Abschnitte unterteilt werden kann. Diese einzelnen Abschnitte oder Phasen lassen sich in einer sehr stark standardisierten Form darstellen und führen zu den Phasenmodellen. Prinzipiell kann jedes EDV-Projekt in zwei große Bearbeitungsbereiche, Entwurf und Realisierung, zerlegt werden. Jeder dieser beiden Blöcke muss für die weitere Bearbeitung in einzelne Abschnitte aufgesplittet werden. Ein Phasenmodell entsteht im Prinzip durch genaue Definition und Abgrenzung der einzelnen Abschnitte des Software-Lebenszyklus.

Eine zu grobe Unterteilung der einzelnen Phasen lässt einen großen Spielraum innerhalb der einzelnen Phase zu und erhöht damit die Fehlerwahrscheinlichkeit. Eine zu feine Unterteilung der Phasen verzögert die Bearbeitung wegen der häufigen Unterbrechungen durch externe Entscheidungen. Sinnvolle Phasenmodelle unterscheiden zwischen drei und sechs Phasen, in Abhängigkeit vom Projektumfang. Hier soll von einem 6-Phasenmodell wie in Bild 1.2 ausgegangen werden.

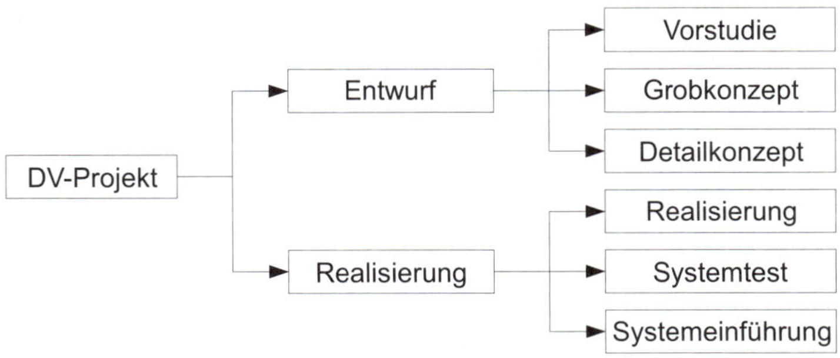

Bild 1.2 Das 6-Phasenmodell

Die einzelnen Phasen lassen sich wie folgt beschreiben:

- Die **Vorstudie** ist ein Abklärungsprozess, dem unmittelbar eine Entscheidung bezüglich der möglichen Lösungsvarianten folgt. Dabei wird die Zielrichtung für die Gestaltung des neuen Projektes festgelegt. Folgende Punkte müssen in einer Vorstudie enthalten sein:
  - Beschreibung der Ausgangslage und Begründung für die Entwicklung einer neuen Lösung
  - Konkrete Zielvorstellung
  - Vollständige Beschreibung des Ist-Zustandes und Schwachstellenanalyse
  - Vor- und Nachteile der heutigen Lösung mit Schwachstellenbeschreibung
  - Gestellte Anforderungen und Wünsche an die neue Lösung
  - Beschreibung der Lösung mit möglichen Alternativen
  - Bewertung der Lösung und der möglichen Alternativen
  - Wirtschaftlichkeitsüberlegungen
  - Planung und Freigabe der nächsten Phase
- Auf der Basis der in der Vorstudie favorisierten Lösungsmöglichkeit muss eine generelle Lösung mit den möglichen Varianten in einem betrieblichen und DV-technischen **Grobkonzept** erarbeitet werden. Die Lösung muss hier so detailliert sein, dass eine fachliche und sachliche Beurteilung und Bewertung möglich ist. Inhalt dieser Phase ist:
  - EDV-technische Konzeption der Funktionen, Abläufe, Transaktionen, Datenstrukturen, Festlegung der Verarbeitungsmodalitäten und des weiteren Vorgehens
  - Betriebliche Konzeption der Funktionen, Abläufe, Transaktionen, Layouts, Ausfallverfahren, Verarbeitungsmodalitäten und weiteres Vorgehen
  - Definition der betrieblichen Einführungsstufen
  - Test- und Einführungskonzeption
  - Überprüfung der Lösung
  - Wirtschaftlichkeitsberechnungen
  - Planung und Freigabe für die nächste Phase
- In der Phase **Detailkonzept** ist das komplette fachliche und technische Systemdesign definitiv und abschließend zu erarbeiten. Ungelöste Probleme sind in dieser Phase nicht mehr zulässig. Die EDV-technische und betriebliche Machbarkeit muss sichergestellt sein.
  - Detaillierung und Komplettierung der EDV-technischen Konzeption
  - Detaillierung und Komplettierung der betrieblichen Konzeption
  - Detaillierung und Komplettierung der betrieblichen Einführungsstufen
  - Detaillierung und Komplettierung der Test- und Einführungskonzeption
  - Überprüfung aller Konzeptionen
  - Wirtschaftlichkeitsberechnungen
  - Planung und Freigabe für die nächste Phase
- Die Phase **Realisierung** stellt die reine Umsetzung der erstellten Konzeption in Programme dar. Zu diesem Zeitpunkt muss die komplette Dokumentation, wie Benutzerhandbücher und Operatorhandbuch, vorliegen.

  - Erstellung der Programme
  - Erstellung der JOB-Control/Shell-Skripte
  - Einzel- und Integrationstest der Programme
  - Erstellung des Einführungsplans
  - Planung und Freigabe für die nächste Phase
- Die realisierten Teile aus der vorhergegangenen Phase werden während des **Systemtests** auf ihre Richtigkeit und Vollständigkeit unter betrieblichen Gesichtspunkten überprüft. Es muss dabei vorausgesetzt werden, dass die einzelnen Komponenten bereits für sich alleine ausführlich getestet und abgenommen worden sind. Alle durchgeführten Tests müssen dokumentiert werden:
  - Dokumentation der Testergebnisse
  - Dokumentation des betrieblichen Tests
  - Einzel- und Integrationstest der Programme
  - Überarbeitung des Einführungsplans
  - Planung und Freigabe für die nächste Phase
- In der Phase **Systemeinführung** wird das fertiggestellte und komplett abgenommene System in die laufende EDV-Produktion integriert. Ein abschließender Funktionstest mit dem GO-Entscheid stellt allen involvierten Benutzern das neue System zur Verfügung.
  - Systemeinführung und Pilotbetrieb
  - Systemübergabe in die laufende Produktion
  - Konsolidierung und Optimierung des Systems
  - Überarbeiten des Einführungsplans
  - Planung und Freigabe für die nächste Phase

Den Ablauf des klassischen 6-Phasenmodells kann man wie in Bild 1.3 zeitlich darstellen:

Jede Phase schließt normalerweise mit einer Freigabe für die nächste Phase ab.

Wird die Freigabe nicht erteilt, sind solange Korrekturen innerhalb der aktuellen Phase notwendig, bis eine Freigabe dieser Phase erfolgt (Ablaufpfeile rechts).

Bei sehr gravierenden Fehlern muss im Extremfall mehrere Phasen zurückgesprungen werden, um diese Fehler zu bereinigen. Unter Umständen kann dies sogar zu einem Abbruch des Projektes führen (Ablaufpfeil links).

Theoretisch besteht in einem solchen Fall (Abbruch) natürlich die Möglichkeit, bis zum Projektstart zurückzuspringen, aber in der Praxis sind in aller Regel bis zu einem Abbruchzeitpunkt bereits erhebliche Kosten verursacht worden, ohne dass entsprechende Fortschritte erzielt wurden, so dass die Frage, ob ein solches Projekt noch wirtschaftlich sinnvoll weitergeführt werden kann eher zu verneinen sein wird.

Die Entscheidung über mögliche weitere Vorgehensweisen bei jedem Rücksprung trifft in jedem Fall der Lenkungsausschuss, dem von den beteiligten Partnern die Personen angehören, die die wirtschaftlichen Entscheidungen treffen können.

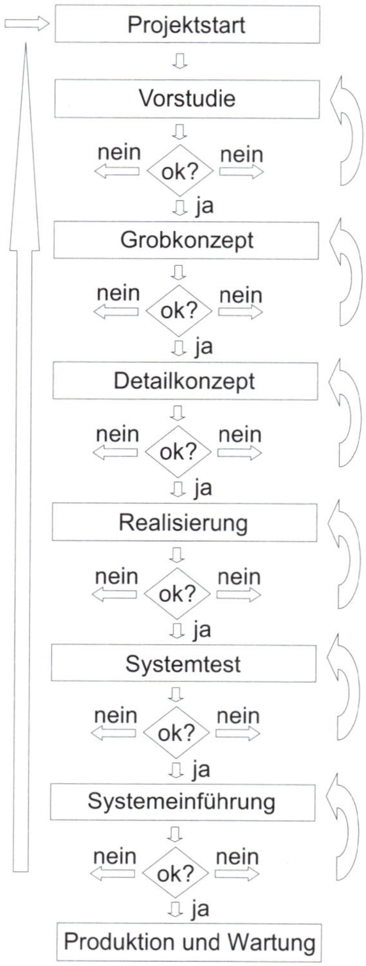

Bild 1.3
Ablauf des 6-Phasenmodells

Für die Bearbeitung der einzelnen Phasen sollte in etwa mit folgenden prozentualen Anteilen des Gesamtentwicklungsaufwands kalkuliert werden:

Entwurf		**Realisierung**	
Vorstudie	10%	Realisierung	25%
Grobkonzept	25%	Systemtest	10%
Detailkonzept	20%	Systemeinführung	10%
Summe Anteil	**55%**	**Summe Anteil**	**45%**

Aus dieser Aufstellung der Aufwände der einzelnen Phasen bei der Umsetzung eines Softwareprojektes wird sehr deutlich, dass die Vorarbeiten, die der eigentlichen Programmierung vorausgehen, den größten Teil (nämlich 55%) des Aufwands des Gesamtprojekts einnehmen. Nur, wenn diese Arbeiten mit der gebotenen und erforderlichen Sorgfalt durchgeführt werden, besteht die Aussicht, dass das Projekt in der Praxis auch Bestand haben wird. Und das ist ja schließlich das Ziel der Umsetzung eines jeden Ablaufes in ein „Stück" Software!

Die eigentliche Codierung des Programms, also die Realisierung, nimmt gerade ein Viertel des zu kalkulierenden Aufwands ein. Dieser Ansatz kollidiert in der Praxis oftmals mit dem Anspruch der beteiligten Programmierer, eine „perfekte" Lösung umzusetzen und an der einen oder/und (!) anderen Stelle über das in der Entwurfsphase festgelegte und mit dem Auftraggeber abgesprochene Leistungsmaß der zu entwickelnden Software hinauszuschießen. Hier besteht die Aufgabe des Projektmanagements darin, solche vermeintlichen Leistungssteigerungen frühzeitig zu erkennen und in angemessener Form zu reagieren. Ein erfahrener Projektmanager wird die beteiligten Programmierer so frühzeitig wie möglich an der Entwurfsphase teilhaben lassen, um ihren Erfahrungen und Bedenken schon in dieser Phase Rechnung tragen zu können. Andererseits kann ein detailverliebter Programmierer eine wichtige Besprechung zwischen Auftraggeber und -nehmer durch seine Rolle als Bedenkenträger natürlich auch völlig aus dem Ruder laufen lassen, indem er das Gesamtprojekt ausschließlich aus seinem Blickwinkel als der, der für eine lauffähige Umsetzung zu sorgen haben wird, betrachtet, ohne den nötigen und oftmals erforderlichen Abstand zu den technischen Anforderungen zu besitzen – also eine echte Gradwanderung für das Projektmanagement. Werden die Programmierer nämlich erst sehr spät mit dem Projekt vertraut gemacht, kann nur noch sehr schwer auf tatsächliche Probleme, die aus der technischen Umsetzung resultieren, reagiert werden. Und das kann natürlich eine reibungslose und termingerechte Umsetzung eines Datenverarbeitungsprojektes massiv gefährden.

2 Erste Gehversuche mit C/C++

Dieses Kapitel beschäftigt sich mit einigen grundlegenden Aspekten der Programmiersprache C/C++. Neben der Frage, warum es sinnvoll ist, gerade mit C/C++ zu arbeiten, werden Funktionsweisen der Komponenten der Entwicklungsumgebung betrachtet und erläutert. In den folgenden Kapiteln werden zunächst Beispiele in klassischem C als Konsolenanwendungen realisiert, bevor später objektorientiert mit C++ weitergearbeitet wird. Dann sind die Beispiele auch mit grafischen Oberflächen ausgestattet.

2.1 Warum gerade C/C++?

Wer C/C++ erlernen will, hat sich für eine Programmiersprache entschieden, die auf fast allen Rechnertypen und unter fast allen Betriebssystemen verfügbar ist. Es steht Ihnen, anders als bei vielen anderen Programmiersprachen, auf den verschiedensten Entwicklungsplattformen eine genormte Standard-Bibliothek zur Verfügung. Damit gelingt eine einheitliche Implementierung der mit dieser Programmiersprache erstellten Programme mit sehr hoher Geschwindigkeit.

C wird auch als Highlevel-Assembler bezeichnet, also als Programmiersprache, die sehr nah an der Maschinensprache ist. Dies beruht auf der Tatsache, dass der Kern (bzw. Kernel) aller gängigen Betriebssysteme in C geschrieben wurde. Damit eignet sich C/C++ auch in besonderem Maße für die Systemprogrammierung, also für Programme, die für den Betrieb von Rechenanlagen erforderlich sind.

Dank der relativ einfachen Struktur und dem geringen Umfang der eigentlichen Sprache, d.h. der verfügbaren Schlüsselworte der Programmiersprache, war es möglich, **C-Compiler**, also spezielle Programme zur Übersetzung des vom Programmierer erstellten Codes in eine maschinenverständliche Sprache, für alle Arten von Prozessorplattformen zu entwickeln, so dass die Programmiersprache C/C++ heute für die gesamte Leistungspalette vom Mikrocontroller bis zu High-End-Rechnern verfügbar ist. Für den Entwickler von Software bedeutet dies: Egal für welche Prozessorplattform programmiert wird, einen C-Compiler wird man für das relevante Zielsystem bekommen. Man braucht sich nicht um eine Programmierung zu kümmern, die spezifisch für den jeweiligen Zielprozessor ist. In den meisten Fällen wird es möglich sein, die auf einer Plattform entwickelte Anwendung auf einer anderen Plattform auszuführen. Der erforderliche Anpassungsaufwand ist in aller Regel sehr überschaubar.

> **!** Das bedeutet nicht, dass man fertige Programme von einer Plattform auf eine andere übertragen kann (etwa von einem Windows-PC auf einen Linux-PC) und diese dann auf der neuen Plattform (also unter Linux) sofort wieder funktionieren. Vielmehr ist nur die problemlose Übertragung der Quelltexte auf ein neues System gemeint, auf dem diese dann mit dem entsprechenden Compiler und Linker (ein Linker oder Binder ist ein Programm, das einzelne Programmmodule zu einem ausführbaren Programm verbindet) in ein funktionierendes Programm umzuwandeln sind! ■

Die Tatsache, dass Programme, die in C/C++ geschrieben werden, sehr klein sind (nur in Assembler – also Maschinensprache – geschriebene Programme sind noch kleiner), macht C/C++ zu einer wichtigen Programmiersprache im Bereich Embedded Systems (also Systemen, die stark einschränkenden Randbedingungen unterliegen, wie geringe Kosten, Platz-, Energie- und Speicherverbrauch) und der Mikrocontroller-Programmierung, wo Speicherplatz ebenfalls sehr kostbar ist.

Ein C/C++-Programm wird mithilfe eines **Compilers** (dem Übersetzer des Quelltextes) aus einer oder mehreren einfachen Textdateien zu Objektcodedateien übersetzt. Diese Objektcodedateien werden anschließend von einem **Linker** (bzw. Linkage-Editor = Binder, Werkzeug für das Zusammenfügen übersetzter Programmteile) mit den erforderlichen Systembibliotheken zu einer ausführbaren Datei (der Executable – oder kurz EXE-Datei) zusammengebunden.

> **!** Jedes ausführbare C/C++-Programm besitzt eine Hauptfunktion. In C wird diese Hauptfunktion als `main` bezeichnet. ■

Damit das Betriebssystem erkennen kann, wo der Einstiegspunkt für den Ablauf eines C/C++-Programms zu finden ist, muss diese Namenskonvention unbedingt eingehalten werden. Auch wenn andere Entwicklungsumgebungen als das Visual Studio von Microsoft oder andere Compiler eingesetzt werden, ändert sich an diesem Einstiegspunkt nichts. Variieren kann allenfalls die Parametrisierung (also die Art, Anzahl oder der Datentyp der Übergabeparameter) dieser Hauptfunktion. Dieser Aspekt wird später in Kapitel 4.8, in dem es um Funktionen gehen wird, noch ausführlich erläutert.

Darüber hinaus ist es natürlich auch möglich, eigene Programme und/oder Funktionen in eigenen Bibliotheken zusammenzufassen, um diese später erneut benutzen zu können. Diese Bibliotheken können bei einem späteren Bindevorgang durch den Linker wieder verwendet werden, damit diese dann zu einem neuen Programm hinzugebunden werden.

2.2 Compiler und Interpreter

Die höheren Programmiersprachen (dazu zählen u.a. FORTRAN, ALGOL und C/C++) sind entwickelt worden, damit die Beschreibung eines Lösungsverfahrens, der Algorithmus, in einer für Menschen einfacher lesbaren Form erfolgen kann und nicht in Maschinencode vorliegen muss. Der Programmierer als der Anwender solcher Programmiersprachen soll sich also auf die Lösung seiner konkreten Aufgabenstellung konzentrieren können, ohne sich zu sehr mit den Interna des Rechners beschäftigen zu müssen. Ein weiterer, nicht zu vernachlässigender Vorteil ist, dass Programmiersprachen normalerweise unabhängig von der Maschine sind, auf der die Programme ausgeführt werden.

Die Tatsache, dass es zwei verschiedene Verfahren zur Erzeugung von Programmen gibt, deutet das Problem an, das sich hinter der Verwendung einer Programmiersprache verbirgt: die Programme können nicht mehr direkt und unmittelbar vom Computer gelesen und zur Ausführung gebracht werden, sondern sie müssen erst in eine vom Computer interpretierbare passende Darstellungsform gebracht werden.

Eine Möglichkeit Quellprogramme (also die vom Programmierer erstellten und für den Programmierer lesbaren Textdateien mit den Programmen) zu übersetzen, sind **Interpreter**. Bei ihnen wird das Programm Zeile für Zeile gelesen und bewertet, wobei Schreibfehler oder Verstöße gegen die Regeln der Programmiersprache, Syntaxfehler, festgestellt werden. Danach führt der Interpreter die mit den Anweisungen verbundenen Befehle und Aktionen aus. Die Arbeitsweise solcher Interpreter kann wie in Bild 2.1 dargestellt werden.

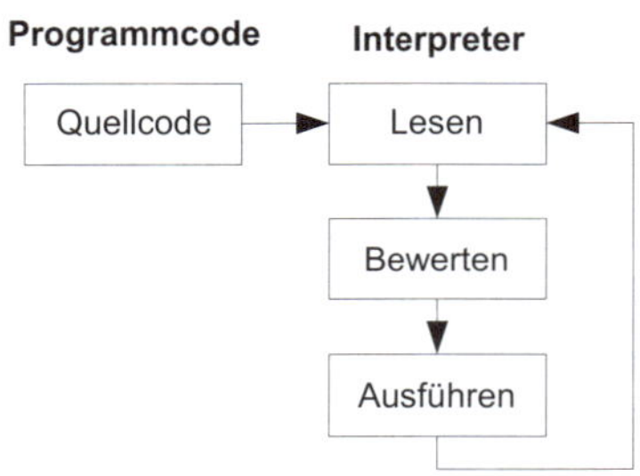

Bild 2.1
Arbeitsweise eines Interpreters

Der große Vorteil interpretierter Programme besteht darin, dass es möglich ist, schnell einmal etwas auszuprobieren oder während des Programmablaufs einzugreifen und Werte von Variablen zu betrachten oder zu verändern. Für professionelle Projekte dagegen sind Interpreter eher ungeeignet. Zuerst einmal ist da das Problem der mangelnden Geschwindigkeit zu nennen. Denn egal, ob ein Programm zum ersten oder tausendsten Mal ausgeführt wird, alle zugehörigen Programmzeilen durchlaufen immer wieder den Zyklus: *Lesen - Bewerten - Ausführen.*

Außerdem ist nur ein geringer Schutz des Quellcodes vor Eingriffen von außen gegeben. Der Anwender hat jederzeit die Möglichkeit den Code zu manipulieren, ohne sich mit dem Programmierer abzusprechen. Es entstehen so in der Praxis ziemlich schnell alternative Programmversionen, die bei einem neuen Release zu großen Problemen führen.

Der andere Lösungsansatz, um ein ausführbares Programm zu erzeugen, führt über den Einsatz eines Compilers. Ein **Compiler** ist ein Programm, das einen Quellcode einliest und ihn zunächst auf syntaktische Fehler untersucht. Werden keine wirklichen Fehler festgestellt, so wird der Quellcode in eine maschinenlesbare Form übersetzt.

Nach dem abschließenden Schritt des Bindens (Linken) liegt das Programm in einer Form vor, die auf dem Rechner, auf dem es verarbeitet wurde, lauffähig (also ausführbar) ist (engl. executable, daher die Extension (Programmendung) EXE). Dieses Programm kann nun unabhängig von Quellcode und Compiler ausgeführt werden. Diese Arbeitsweise lässt sich wie in Bild 2.2 darstellen.

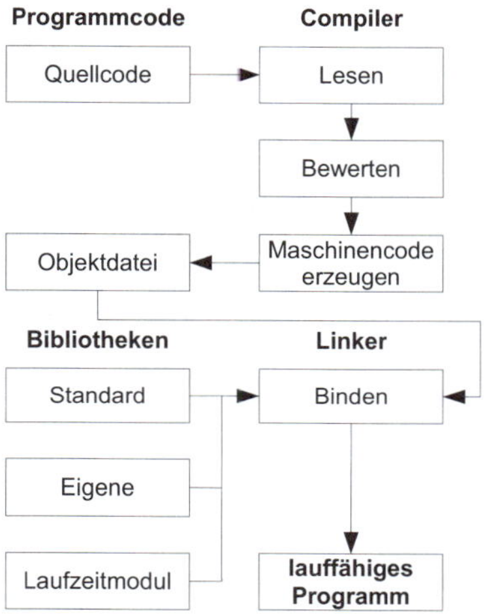

Bild 2.2
Arbeitsweise eines Compilers und Linkers

Der große Vorteil dieser Vorgehensweise liegt darin, dass die Programme ohne Preisgabe des Quellcodes lauffähig sind. So können z. B. auch im Quellcode verwendete Betriebsgeheimnisse von keinem Anwender mehr eingesehen werden. Vor allen Dingen aber laufen solche Programme sehr viel schneller ab als interpretierte Programme, da ja die Interpretation jedes Programmstatements (also jeder Programmzeile) entfällt. Die Überprüfung hat bereits bei der Kompilierung (also der Übersetzung in die Object-Datei) stattgefunden. Ein gewisser Nachteil besteht zweifellos darin, dass nun bei jeder Programmänderung der komplette Zyklus *Editieren - Übersetzen - Starten* durchlaufen werden muss, bevor man etwas in einem Programm ausprobieren kann. Das kostet in der Testphase natürlich etwas mehr Zeit als bei interpretativen Programmen. Denn auch beim Auftreten eines syntaktischen Fehlers muss man immer erst wieder das Programm in den Editor laden, den Fehler beheben und die Übersetzung (Kompilierung) von neuem starten.

Deutlich entschärft wird dieses Problem dadurch, dass die meisten Compiler heutzutage mit einer sogenannten integrierten Entwicklungsumgebung ausgestattet sind, in der der Editor und der Compiler eine Einheit bilden. Damit verkürzen sich die Bearbeitungsschritte erheblich.

2.3 Übersetzen eines C/C++-Programms

Nachdem der Quellcode eingegeben ist, muss dieser in eine für den Computer verständliche Sprache übersetzt werden. An dieser Stelle wird ein **Object** erzeugt. Dieser Prozess stellt einen Zwischenschritt bei der Herstellung eines ausführbaren Programms dar. Das Werkzeug, mit dem hier gearbeitet wird, ist ein Compiler. Das ist ein eigenständiges Programm zur Übersetzung des Quellcodes in ein Object.

1. Der erste Schritt ist der **Präprozessorlauf.** Bei dem Programm, das hier zum Einsatz kommt, handelt es sich um einen Textersetzer, der spezielle Dateien, die Headerdateien, in den Programmtext importiert. Zusätzlich vermag es der Präprozessor, Makros und symbolische Konstanten in die ihnen zugeordneten Anweisungsfolgen und Werte zu übersetzen und bestimmte Programmteile (Kommentare) vor der Übersetzung auszublenden. Vom Präprozessor wird eine temporäre Zwischendatei erzeugt, die aber nach dem Übersetzungsvorgang wieder zerstört wird und somit keinen dauerhaften zusätzlichen Speicherplatz auf der Festplatte beansprucht.
2. Im zweiten Schritt testet der Compiler, ob die Schreibweisen und der Aufbau des Programms den Regeln der Programmiersprache entsprechen. Hier spricht man von der **syntaktischen Analyse.** Ein dabei auftretender Fehler wird dementsprechend Syntaxfehler genannt. Moderne Compiler sammeln nun die Fehler und brechen die Übersetzung erst bei der Überschreitung einer gewissen Fehlerobergrenze ab. Anschließend kann der Anwender von der Fehlerliste aus zu den Programmstellen springen, die der Compiler moniert hat. Hier gilt es zu bedenken, dass es sich nicht immer nur um eine einzige Stelle handeln muss, an der der Fehler liegen kann. Evtl. ist schon einige Zeilen vorher ein Fehler programmiert worden, der erst jetzt zu einem Syntaxproblem führt und den Compiler zur Meldung veranlasst. Der Programmierer korrigiert die beanstandeten Zeilen und startet den Übersetzungslauf erneut. Je nach Komfort oder Aussagekraft der Fehlermeldungen ist die Analyse der Fehlerquellen aufwendig. In jedem Fall bedarf es einiger Übung, um aus den teilweise sehr kryptischen Fehlermeldungen die Fehlerquelle zu erkennen.
3. Nach einigen Durchgängen ist das Programm in der Regel frei von Syntaxfehlern. Der Compiler hat dann den **Objectcode** erzeugt. Dieser ist prinzipiell schon maschinenlesbar, kann allerdings noch nicht ausgeführt werden, da einerseits weitere Objectdateien evtl. hinzuzufügen sind, andererseits aber immer Bibliotheksdateien und das Laufzeitmodul hinzugebunden werden müssen.
4. Das **ausführbare Programm**, das dann auf der Plattform, auf der die Entwicklung durchgeführt wurde, lauffähig ist – und in aller Regel auch nur auf dieser Plattform, denn C/C++ ist eine plattformabhängige Programmiersprache –, erzeugt letztendlich der Linker. Hier werden nun alle Bestandteile, die zur Lauffähigkeit des Programms benötigt werden, also das Laufzeitmodul, die Bibliotheksfunktionen und Objectdateien, zu einer ausführbaren Programmdatei zusammengeführt (gebunden). Auch in diesem Schritt besteht noch die Möglichkeit, dass der Programmierer Fehler begeht. So sind Fehler, die in diesem Schritt entdeckt werden z. B. fehlende Funktionsdefinitionen, fehlende externe Variablen oder doppelte Funktionsdefinitionen. Auch in solchen Fällen muss der Programmierer wieder zurück bis in den Quellcode, um die Fehler zu korrigieren. Anschließend sind die aufgeführten Schritte erneut alle zu durchlaufen.

2.4 Programmstart

Nachdem der Quellcode fehlerfrei übersetzt und gebunden wurde, liegt eine Datei vor, die ein ausführbares Programm-Modul darstellt. Sie ist gekennzeichnet durch die **Extension** (Dateierweiterung) EXE. Dieses Programm kann nun, wie jedes andere Programm auch, gestartet werden. An dieser Stelle beginnt standardmäßig die Testphase, in der der Programmierer versucht herauszubekommen, ob die von ihm realisierte Lösung immer (d.h. mit unterschiedlichen Eingabedaten) zu einem vernünftigen und erwarteten Ergebnis führt. Dazu gehören selbstverständlich auch die Auswahl von geeigneten Testdaten sowie die Dokumentation von erwarteten und erzielten Resultaten.

> **!** Selten werden die Programme auf Anhieb die an sie gestellten Aufgaben mit den erwarteten Ergebnissen liefern. Es ist also nun wieder der Quellcode heranzuziehen, um ihn so zu berichtigen, dass die Ergebnisse den Erwartungen entsprechen.

Die häufigsten Fehler, die in diesem Zusammenhang gemacht werden, sind:

▪ Designfehler:	Die Lösung ist nicht angemessen. Zur Realisierung des Programms sind zu viele Annahmen getroffen worden, die nicht in jedem (Beispiel-) Fall tatsächlich auch vorliegen, oder es ist eine falsche Schrittfolge der einzelnen durchzuführenden Arbeitsschritte innerhalb des Quellcodes umgesetzt worden.
▪ Logische Fehler:	Z.B. falsche Abfragebedingungen oder Reihenfolge der Programmschritte falsch angeordnet.
▪ Sprachbedingte Fehler:	Da C/C++ eine äußerst knapp gehaltene Sprache ist, können Laufzeitfehler daraus resultieren, dass man sich schlicht vertippt hat. Es kann also passieren, dass man einen syntaktisch korrekten Programmteil erstellt, der aber doch ein logisch falsches Konstrukt enthält, das der Compiler allerdings nicht identifizieren kann. Man spricht hier von semantischen Fehlern.

Durch die sequentielle Arbeitsweise (Korrektur von Fehlern - Test der neuen Version - Korrektur von Fehlern - Test der neuen Version ...) entstehen immer wieder neue Versionen des Programms, die man durch entsprechende Vergabe von Programmnamen oder Versionsnummern dokumentieren kann und sollte. Ist dann irgendwann der endgültige Programmstand erreicht, können diese Zwischenstände wieder entsorgt werden.

3 Die Entwicklungsumgebung Visual C++

Um die von Microsoft kostenlos zur Verfügung gestellte Version von Visual C++ nutzen zu können, muss das Programmpaket zunächst von der Homepage von Microsoft heruntergeladen werden. Dazu kann der Benutzer auf der Seite *https://www.visualstudio.com/de-de* zunächst die aktuelle Installationsdatei herunterladen, die für die eigentliche Installation anschließend auszuführen ist.

3.1 Installation von VC++

Nachdem die Installationsdatei gestartet wurde, wird die eigentliche Installation vorbereitet. Dazu wird vom Installationsprogramm ein Setup-Fenster angezeigt. Üblicherweise wird die Software direkt von der Microsoft-Homepage durch einen vollständigen Download installiert, d. h. es liegt kein Installationsdatenträger vor. Daher ist darauf zu achten, dass für den weiteren Fortgang der Installation zwingend eine Internetverbindung bestehen muss. Es wird dann zunächst eine Zusammenstellung der zu installierenden Komponenten angezeigt, bevor die eigentliche Installation durch Betätigung des Buttons *Installieren* gestartet wird.

Der Reihe nach werden nun die einzelnen Installationsschritte vom Installationsprogramm abgearbeitet. Visual C++ installiert dabei neben den Hauptkomponenten u. a. eine Hilfe-Referenz und möglicherweise den .NET-Framework in der erforderlichen Version, falls dieser nicht bereits auf dem Rechner installiert ist.

Die Software bietet Vorlagen für Apps unter Windows, Android, iOS und das Web mit voreingestellten Variablen und Argumentenlisten.

Das Installationsprogramm installiert Klassenbibliotheken, Befehlscode und Ressourcen-Dateien. Die zu installierenden Produkte können dabei durchaus variieren. Ihre exakte Zusammenstellung hängt davon ab, welche Komponenten möglicherweise bereits auf dem Zielsystem vorhanden sind. Die Installation dauert einige Minuten.

Nach erfolgreicher Installation wird das Setup durch einen entsprechenden Hinweis an den Benutzer abgeschlossen.

Im Anschluss kann VC++ gestartet werden und der Benutzer wird aufgefordert, sich bei Visual Studio anzumelden (siehe Bild 3.1

Bild 3.1 Anmeldung VC++ und Zustimmung Nutzungsbedingungen

Nach erfolgreicher Anmeldung wird die gewünschte Entwicklungsumgebung ausgewählt und der eigentlichen Programmierung steht nichts mehr im Wege (siehe Bild 3.2).

Bild 3.2 Auswahl der Entwicklungsumgebung

■ 3.2 Starten von VC++

Die Entwicklungsumgebung kann aus der Programmübersicht durch den entsprechenden Aufruf gestartet werden:

Start → Alle Programme (bzw. Apps – je nach Betriebssystem) → Visual Studio (in der aktuellen Version)

Es erscheint das Startbild der Entwicklungsumgebung (siehe Bild 3.3).

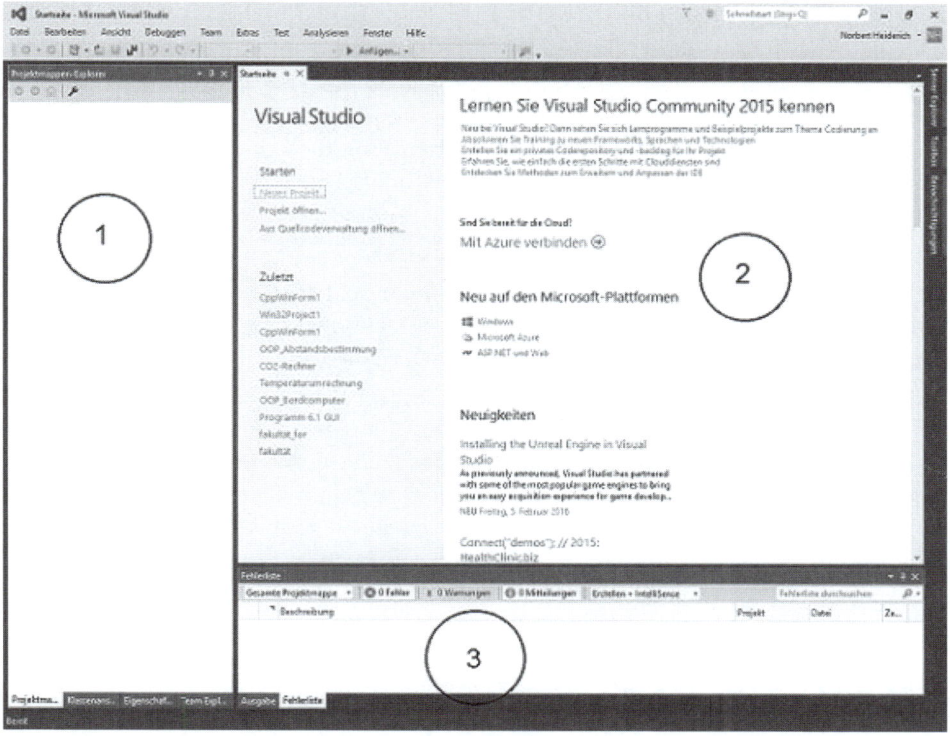

Bild 3.3 Der Startbildschirm von VC++

Der Bildschirm ist grob in drei Teile untergliedert:

1. **Projektmappen-Explorer, Klassenansicht und Eigenschaften-Manager**

   Über die drei Reiter am unteren Ende des ersten Fensterbereichs wird gesteuert, welche Informationen in dem Fenster angezeigt werden sollen.

   Im Projektmappen-Explorer werden die Projekte und die zugehörigen Dateien in einer Baumstruktur angezeigt. Zu dieser Ansicht gibt es eine spezielle Symbolleiste, auf der häufig verwendete Befehle für das in der aktuellen Liste markierte Element zu finden sind. Die Klassenansicht eines VC++-Projektes zeigt die Aufteilung des Projektes aus der Sicht der objektorientierten Programmierung (OOP).

   Wenn ein neues Projekt mit VC++ erstellt wurde, der Quellcode geschrieben ist, müssen ggfls. für das Projekt spezielle Eigenschaften definiert werden, damit z.B. der Compiler den Pfad zu den Include-Dateien und der Linker den Pfad zu den Bibliotheken finden kann. Diese Informationen können über den Eigenschaften-Manager editiert werden. Da es sich hier allerdings um sehr spezielle Informationen handelt, die in der Anfangsphase der Arbeit mit VC++ keine Rolle spielen, weil die Standardeinstellungen völlig ausreichend sind, kann diese Ansichtsauswahl getrost über den bekannten „Schließen"-Mechanismus entfernt werden. Dazu aktiviert man die entsprechende Ansicht und schließt dann mittel „X" das aktuelle Fenster.

2. **News- und Projektlisten-Bereich**

   In diesem mit „Startseite“ überschriebenen Fenster werden News von Microsoft angezeigt. Die Ansicht wird bei jedem Start des Programms über das Internet aktualisiert. Im linken Teil dieses Fensters steht eine Liste der Projekte zur Verfügung, die zuletzt bearbeitet wurden. Soll an einem der aufgeführten Projekte weitergearbeitet werden, so kann dieses durch Doppelklick ausgewählt und in die Entwicklungsumgebung geladen werden.

3. **Codedefinitionsfenster, Aufrufbrowser und Ausgabe**

   Das Codedefinitionsfenster ist eine spezielle Editoransicht des Quelltextes, in der die Definition eines ausgewählten Symbols aus einer Codedatei angezeigt wird. Diese Ansicht ist zunächst nicht erforderlich und kann geschlossen werden.

   Der Aufrufbrowser ist dazu gedacht, in einem Projekt Funktionsaufrufe zu suchen. Anschließend kann über die Suchergebnisse einfach zu einem Funktionsverweis in den Quellcodedateien des Projektes navigiert werden. Da die ersten Projekte sicherlich nicht über die Komplexität verfügen, dass der Aufrufbrowser sinnvoll und gewinnbringend eingesetzt werden kann, kann auch diese Ansicht geschlossen werden.

   In der Ausgabe werden die aktuellen Protokolle (Compiler und Linker) der gerade ausgeführten Aktion aufgelistet.

> Nachdem im unteren Bereich die Ansichten überarbeitet wurden, kann eine für die Entwicklungsphase sehr sinnvolle Ansicht in der Auswahl aufgenommen werden.
>
> Über die Auswahl: *Ansicht* → *weitere Fenster* → *Fehlerliste* bekommt man eine tabellarische Auflistung aller möglicher Fehler, Warnungen und Meldungen all der Aktionen, die in der Entwicklungsumgebung ausgeführt werden. Dieses Fenster mit der übersichtlichen Auflistung aller Problemfälle des Quellcodes aus Sicht des Compilers und Linkers ist besonders in der Anfangsphase sehr hilfreich! So erspart die Auflistung die Arbeit mit den eher gewöhnungsbedürftigen Protokollen des Compilers und Linkers, da die relevanten Informationen bereits herausgefiltert werden.

3.3 Erstellen eines neuen Projektes

In der ersten Phase der Programmerstellung werden wir uns zunächst mit Konsolenanwendungen beschäftigen. Eine **Konsolenanwendung** ist ganz allgemein ein Computerprogramm ohne grafische Benutzeroberfläche (also ohne *Graphical User Interface*, oder auch kurz GUI), das ausschließlich über textbasierte Eingaben gesteuert wird. Das Gegenstück, also die GUI-Anwendungen, die über grafische Oberflächen verfügen, werden in Kapitel 8 behandelt.

Spätestens an dieser Stelle setzt nun die Vielfalt der Entwicklungsumgebung endgültig ein. Es gibt mehrere Möglichkeiten, ein neues Projekt in VC++ anzulegen. Und jede dieser Möglichkeiten besitzt Vor- und Nachteile gegenüber den anderen Varianten. In der Folge werden zwei Möglichkeiten aufgezeigt, die für die tägliche Programmierarbeit sinnvoll einzusetzen sind:

1. Win32- Konsolenanwendung
2. CLR-Konsolenanwendung

Beiden Alternativen ist zunächst gemeinsam, dass über den Menü-Punkt *Datei → Neu → Projekt* eine neue Maske erreicht wird, in der der Name des Projektes und der Ablageort aller Projektdateien angegeben werden muss (siehe Bild 3.4).

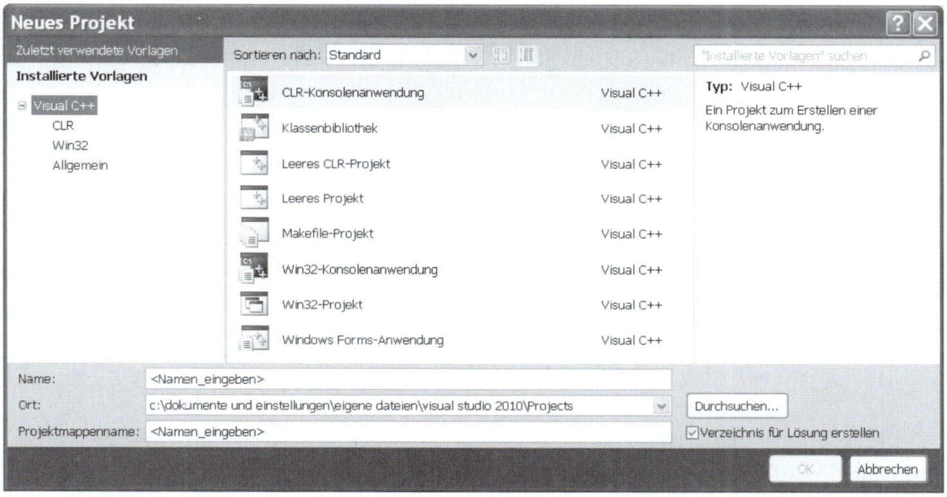

Bild 3.4 Anlegen eines neuen Projektes

3.3.1 Win32-Projekte

Aus den möglichen Projekttypen wird zunächst aus den Vorlagen *Win32-Konsolenanwendung* ausgewählt. In das Eingabefeld *Name* ist der Name einzutragen, mit dem das neue Projekt betitelt werden soll. Dieser Name wird standardmäßig auch zu dem Namen der Projektmappe. Die Projektmappe kann selbstverständlich auch einen vom Projektnamen abweichenden Titel erhalten. In der Anfangsphase sollte jedoch der Standardname beibehalten werden, um keinen unbeabsichtigten Datenverlust zu erleiden. VC++ legt Informationen in dieser Mappe ab, die natürlich bei Namensgleichheit leichter wiedergefunden werden! Sind die erforderlichen Einträge vorgenommen worden, so gelangt man nach *OK* in die Folgemaske (siehe Bild 3.5, Bild 3.7).

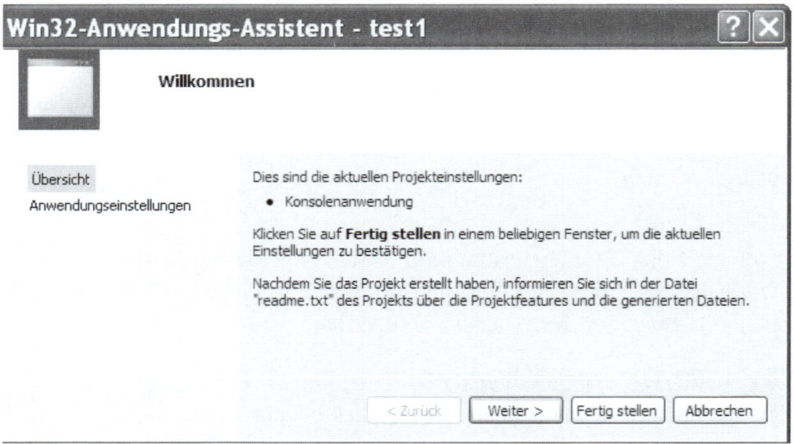

Bild 3.5 Win32-Anwendungs-Assistent

3.3.1.1 Variante 1 – VC++ leistet Vorarbeit

Wird beim Win32-Anwendungs-Assistenten die Schaltfläche *Fertig stellen* betätigt, so erzeugt VC++ ein Projekt, in dem bereits gewisse Dateien erzeugt wurden (siehe Bild 3.6).

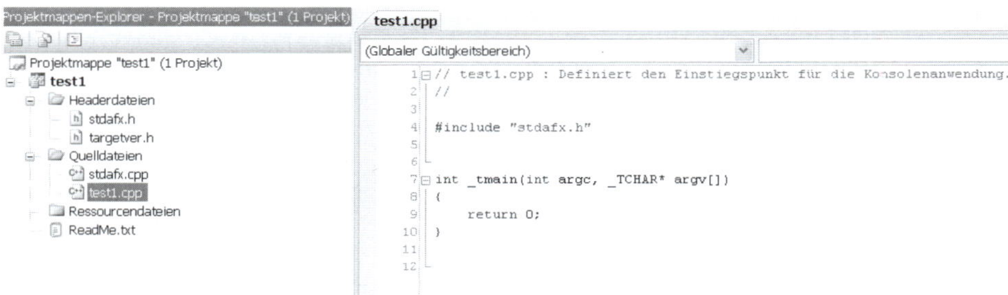

Bild 3.6 Ein neues Projekt mit VC++-Unterstützung

Im Projektmappen-Explorer kann man erkennen, dass schon einige Dateien mit den Endungen `.h` (Header-Dateien) und `.cpp` (Quelltextdateien für C++-Programmcode) erstellt worden sind. Die `cpp`-Datei, die den Namen des Projektes trägt, stellt den Einstiegspunkt in das Programm, das unter dem angegebenen Projektnamen geschaffen werden soll, dar.

Der Vorteil dieser Arbeitsweise: VC++ stellt sofort ein ausführbares Programm zur Verfügung, das nur noch übersetzt (also mit dem Compiler in Maschinensprache umgewandelt wird, vgl. Abschnitt 2.2) und gebunden (als mit dem Linker mit allen erforderlichen Systemressourcen verbunden wird, s. a. Abschnitt 2.2) zu werden braucht und dann würde dieses Programm formal – allerdings ohne nennenswerte Aktion! – ausführbar sein.

Der Nachteil wird aber auch offensichtlich: Microsoft hat bei der Erzeugung dieser sicherlich gutgemeinten Arbeitsvorlage schon sehr tief in die C++-Trickkiste gegriffen und einen Programmrahmen zusammengestellt, der für einen Anfänger (und sicher nicht nur für den!) eher abschreckend erscheint. Sieht man sich die erste Header-Datei `stdafx.h` an, so wird schon aus der Erläuterung von VC++ klar, dass die Zusammenhänge wohl eher kompliziert sind:

```
// stdafx.h : Includedatei für Standardsystem-Includedateien
// oder häufig verwendete projektspezifische Includedateien,
// die nur in unregelmäßigen Abständen geändert werden.
#pragma once
#include "targetver.h"
#include <stdio.h>
#include <tchar.h>
// TODO: Hier auf zusätzliche Header, die das Programm
// erfordert, verweisen.
```

Zwar fehlt im Moment evtl. noch das Verständnis für das, was hier umgesetzt wurde und die Kommentare (zu erkennen an //), die Microsoft hier erfreulicherweise angefügt hat, bringen auch nicht gerade Licht ins Dunkel, aber das wird sich bei der Beschäftigung mit VC++ schnell legen.

Auch die Zeile 7 des eigentlichen Quelltextes:

```
int _tmain(int argc, _TCHAR* argv)
```

stellt keine Ausnahme von den eher verwirrenden ersten Eindrücken der VC++-Vorarbeiten dar. Auch diese Zeile ist hochgradig gewöhnungsbedürftig, wird aber in Kürze sicherlich zu verstehen sein.

Wird mit den von VC++ generierten Vorgaben gearbeitet, dann darf auf keinen Fall während der Programmierung an diesen Vorgaben eine Veränderung vorgenommen werden! Dies würde unweigerlich zu Fehlern führen, deren Verständnis und Korrektur unnötige Zeit kostet (*never change a running system*)!

3.3.1.2 Variante 2 – leeres Projekt

Wird beim Win32-Anwendungs-Assistenten die Schaltfläche *Weiter* > betätigt, so folgt zunächst eine weitere Maske, in der ergänzende Angaben gemacht werden müssen (siehe Bild 3.7). Wichtig ist hier, dass die Auswahl *Leeres Projekt* aktiviert wird, da VC++ ansonsten den Zustand erzeugt, der bereits in *Variante 1* beschrieben wurde!

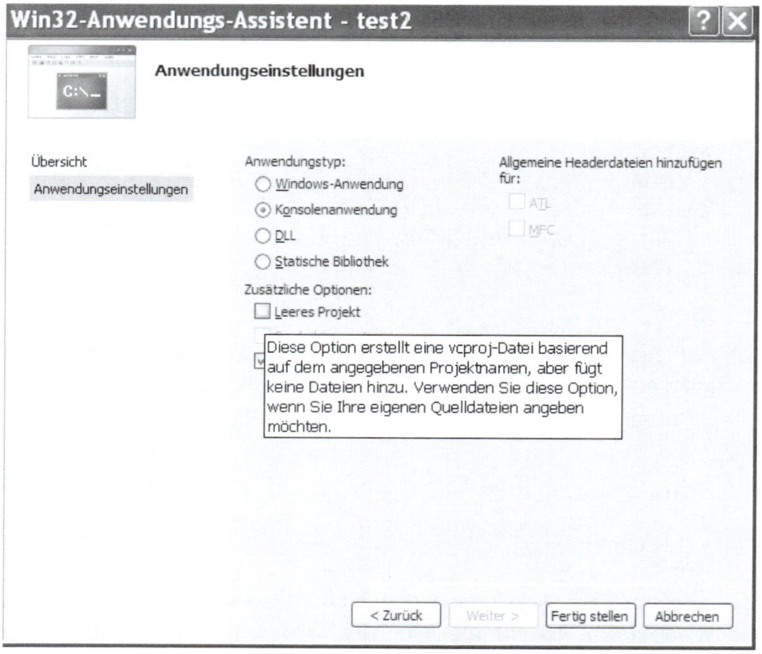

Bild 3.7 Weitere Arbeit mit dem Win32-Anwendungs-Assistenten

Wird der Cursor über die Auswahlfläche bewegt, erhält der Anwender in einer speziellen Box einen erklärenden Text. Es handelt sich hier um einen „ToolTip“, also eine ganz spezielle Hilfe bei der Arbeit mit und in der entsprechenden Maske, die immer genau an der Stelle aktiviert werden kann, an der ihr Erscheinen sinnvoll ist. Ist die notwendige Auswahl (*Leeres Projekt*) getroffen, so kann diese Maske durch Aktivierung der Schaltfläche *Fertig stellen* verlassen werden.

Der Anwender erhält dann die Ansicht der VC++-Entwicklungsumgebung aus Bild 3.3. In den drei Projekt-Abteilungen *Headerdateien*, *Quelldateien* und *Ressourcendateien* (siehe Bild Bild 3.8), in denen bei der Variante 1 von VC++ bereits einige Dateien zur Verfügung gestellt wurden, befinden sich nun noch keine Dateien.

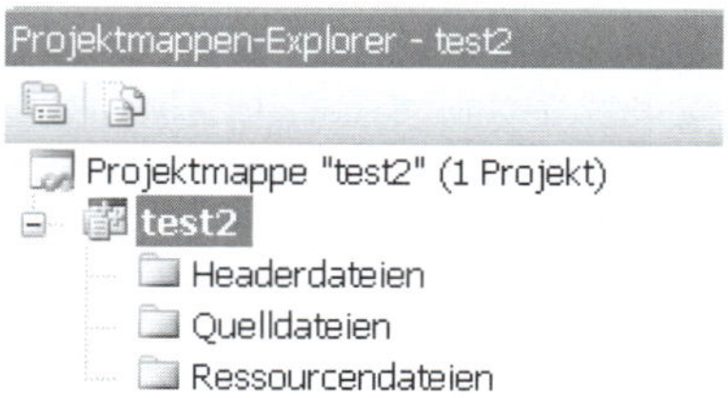

Bild 3.8
Ansicht des Projektmappen-Explorers

Diese werden – je nach Bedarf – durch einen Rechtsklick mit der Maus auf den entsprechenden Ordner zum Projekt hinzugefügt (siehe Bild 3.9).

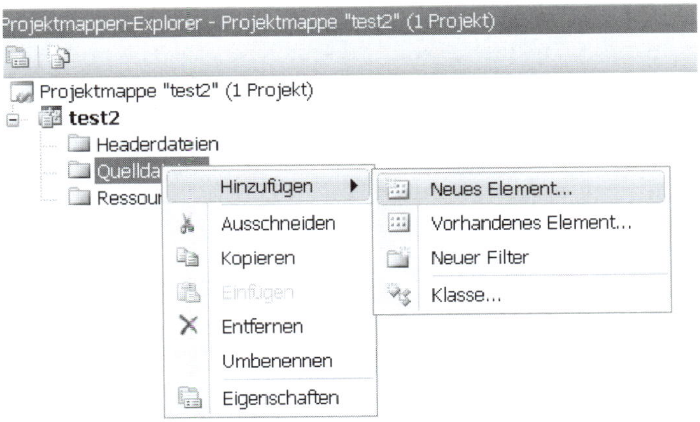

Bild 3.9 Hinzufügen von Projektdateien in ein leeres Projekt

Es wird eine weitere Maske angezeigt, in der der Typ der Datei, die dem Projekt hinzugefügt werden soll, ausgewählt werden kann. Außerdem ist diese neue Datei hier mit einem Namen zu versehen (siehe Bild 3.10).

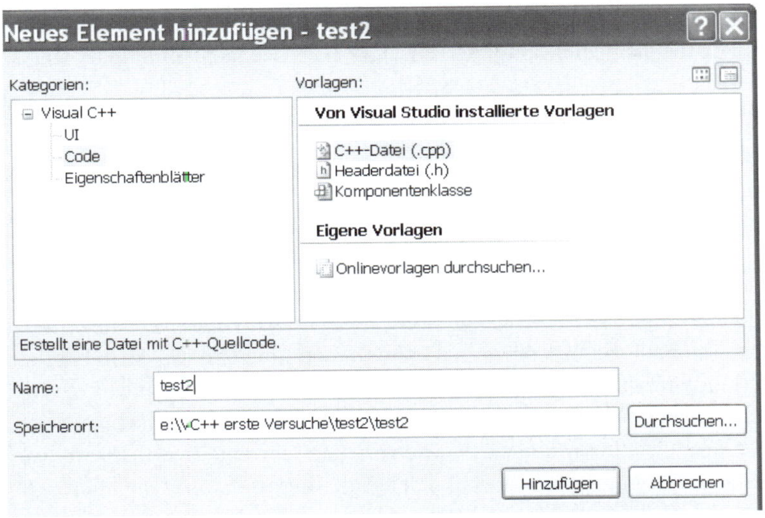

Bild 3.10 Auswahl der hinzuzufügenden Dateitypen und deren Benennung

Wird auf diesem Wege dem Ordner *Quelldateien* eine C++-Datei (.cpp) mit dem Namen *test2* hinzugefügt, so erhält der Anwender schließlich die Möglichkeit, diese Datei im Editor-Fenster von VC++ zu bearbeiten. Gleichzeitig wird die neue Datei im Projektmappen-Explorer verwaltet (siehe Bild 3.11).

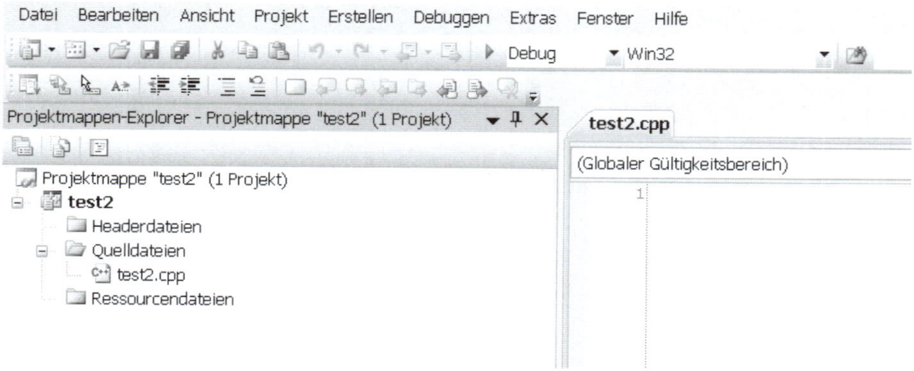

Bild 3.11 Die neue Quelldatei *test2.cpp* steht zur Bearbeitung bereit

Der Vorteil dieser Vorgehensweise liegt darin, dass kein unnötiger Ballast produziert wird, der zudem möglicherweise noch über schwer verständliche Inhalte verfügt. Aber auch der Nachteil ist ganz klar: Der Anwender von VC++, der diesen Weg beschreitet, muss schon sehr frühzeitig wissen, wie sein Projekt organisiert werden soll, welche Dateitypen er in welchen Projektordnern mit welchen Namen und Inhalten unterbringen will. Um diese Arbeit strukturiert und sinnvoll erledigen zu können, gibt es gewisse Regeln und Richtlinien (**Paradigmen**), an die sich jeder Benutzer von VC++ nach Möglichkeit halten sollte.

3.3.2 CLR-Projekte

Eine zweite Projektart, die der Anwender bei der Neuanlage eines Projektes auswählen kann, ist das CLR-Projekt. CLR steht für *Common Language Runtime*. Um diese Begrifflichkeit zu klären, muss die Philosophie von Microsoft für .NET (sprich: dot NET) betrachtet werden. .NET ist eine von Microsoft entwickelte Software-Plattform, die eine Laufzeitumgebung umfasst, also eine für Programmierer bestimmte Sammlung von Klassenbibliotheken (API: *Application Programming Interface*, also: Schnittstelle zur Anwendungsprogrammierung) und angeschlossene Dienstprogramme (*Services*). Die Plattform soll die bisherigen Vorgehensweisen der Windows-Programmierer sowie veraltete Konzepte (wie COM: *Component Object Model*, eine proprietäre Softwaretechnologie von Microsoft, also eine Microsoft-Eigenentwicklung) ersetzen und eine flexiblere Möglichkeit bieten, z. B. auf Betriebssystemfunktionen zuzugreifen und sich untereinander auszutauschen. Dadurch wird .NET auch für den Einsatz auf unterschiedlichen Geräteplattformen, wie Mobiltelefonen oder PDAs, interessant.

Die **Common Language Runtime** (CLR) stellt die Laufzeitumgebung von .NET und damit den Interpreter für den standardisierten Zwischencode, die *Common Intermediate Language* (CIL), dar. CIL hieß früher *Microsoft Intermediate Language* (MSIL), wurde aber im Rahmen der Standardisierung umbenannt. Für sie wurde ein sprachübergreifendes System von objektbasierten Datentypen definiert, so dass alle Hochsprachen, die sich an den CLI-Standard (*Common Language Infrastructure*) halten, in CIL-Bytecode kompiliert werden können. An dieser Stelle drängt sich der Vergleich mit der Programmiersprache Java auf, denn die hier skizzierten Techniken sind ja auch dort realisiert.

Das Besondere an der CLR ist also weniger die technische Innovation als vielmehr die sicherlich als strategisch zu bezeichnende Entscheidung von Microsoft für ein laufzeitbasiertes System. Es soll unter anderem helfen, Programmierfehler zu vermindern. Damit bemüht man sich nun um mehr Effizienz in der Programmentwicklung. Die folgende Abbildung (siehe Bild 3.12) soll das Zusammenspiel der Komponenten verdeutlichen.

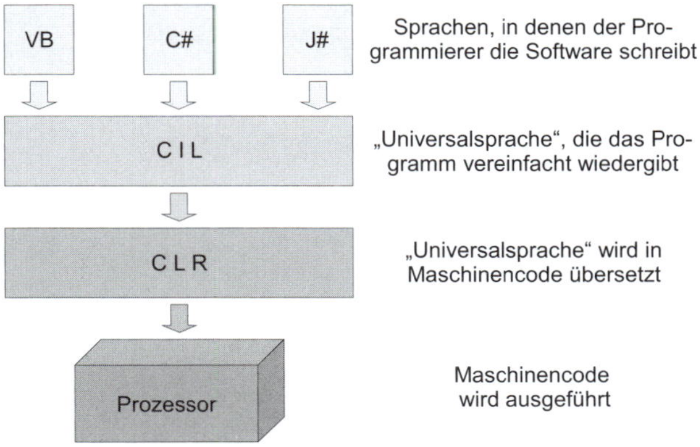

Bild 3.12 Das Wirkprinzip von .NET, CIL und CLR

Ein solches CLR-Projekt erstellt der Anwender, indem er in der Auswahlmaske der Projekttypen bei der Neuanlage eines Projektes die entsprechende Auswahl trifft. Anders als bei der Neuanlage eines Win32-Projektes wird die nachfolgende Aktion ohne einen Assistenten ausgeführt und der Anwender erhält unmittelbar einen Quellcode, der einfach in ein ausführbares Programm umzuwandeln ist (siehe Bild 3.13).

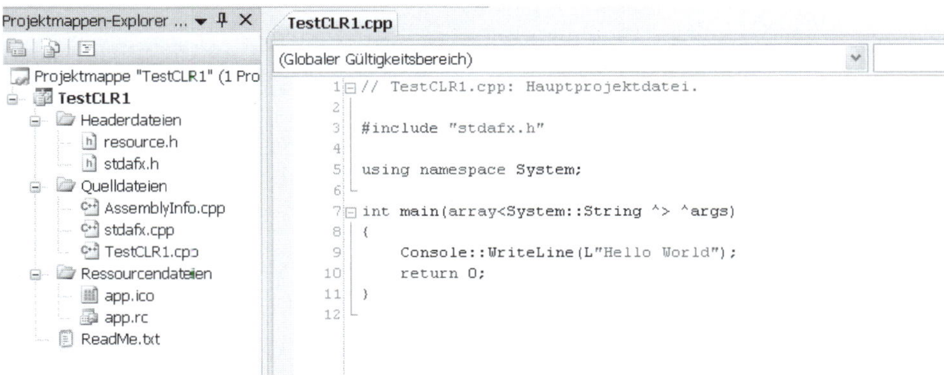

Bild 3.13 Basisquellcode eines CLR-Projektes

Die Kopfzeile der Hauptfunktion (Zeile 7) sieht hier ganz anders aus, als die der Win32-Anwendung. Statt der Zeile 9 kann der Programmierer nun seinen eigenen Quellcode eingeben. Das hier vordefinierte Programm stellt die Ausgabe der Zeile *Hello World* auf dem Bildschirm dar.

3.4 Übersetzen eines eigenen Programms

Da C++ eine Hochsprache ist, die vom Prozessor Ihres Rechners allerdings nicht sofort verstanden wird, muss das neue Programm zunächst in eine prozessorverständliche Sprache umgewandelt werden. Dies geschieht mit Hilfe des Compilers. Alle erforderlichen bzw. möglichen Aktionen sind unter dem Menü-Punkt *Debuggen* der Entwicklungsumgebung zusammengefasst (siehe Bild 3.14).

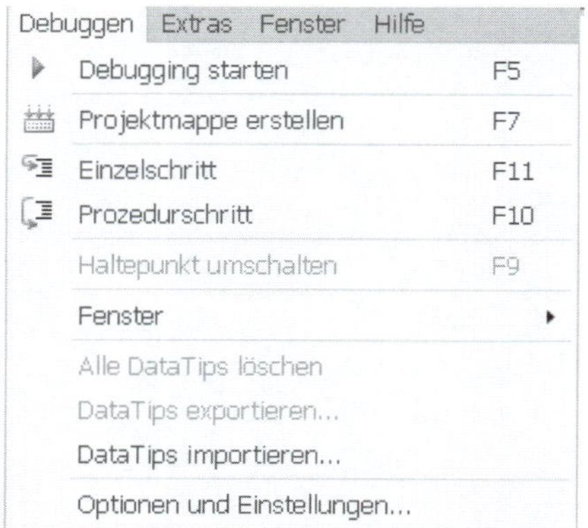

Bild 3.14
Das Menü Debuggen

> Werden die Dateien eines Projektes nur mit *Projektmappe erstellen* bearbeitet, so wird nicht zwangsläufig ein neues ausführbares Programm erzeugt! Dies unterbleibt nämlich dann, wenn die Übersetzung der aktuellen Datei zu Fehlern geführt haben sollte.

Die Erklärung ist sehr einfach: mit *Projektmappe erstellen* wird der Prozess zur Erstellung des aktuellen Programms in Gang gesetzt, ohne dass zuvor bereits existierende Elemente gelöscht werden. Das bisher lauffähige Programm bleibt also bestehen. Ist nun ein Quelltext verändert worden, so muss dieser neu übersetzt werden und anschließend mit den anderen ProjektElementen neu zu einem aktuellen ausführbaren Programm gelinkt werden. Ist allerdings ein Fehler im Quellcode vorhanden, der dazu führt, dass der Compiler eine entsprechende Liste erstellt - auf die der Anfänger vielleicht nicht achtet - und der Linker gar nicht erst zum Einsatz kommt, so existiert das zuvor lauffähige Programm nach wie vor. Ein erneuter Programmstart startet nun genau dieses inzwischen veraltete Programm und der Anwender wundert sich, dass seine Programmänderungen keine Auswirkung auf den Programmablauf haben. Bild 3.15 zeigt das Protokoll eines erfolgreichen Erstellungsprozesses.

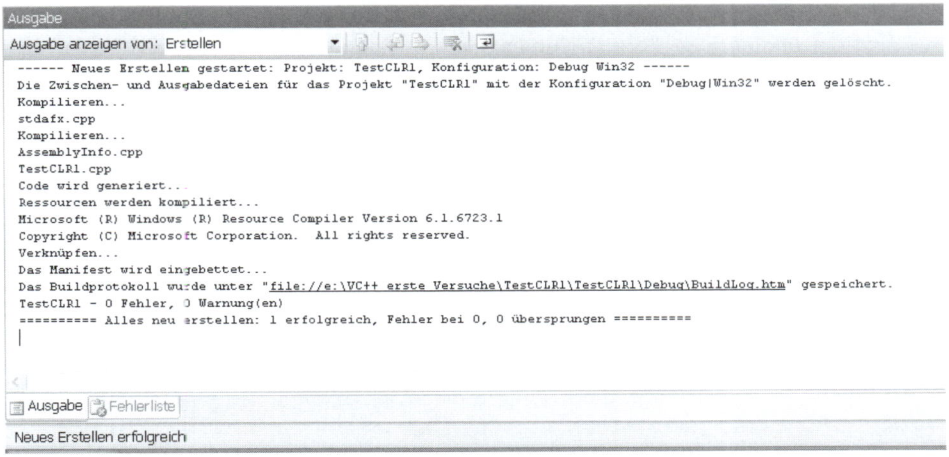

Bild 3.15 Protoko l eines erfolgreichen Erstellungsprozesses

Es besteht die Möglichkeit, die evtl. produzierten Fehlermeldungen etwas deutlicher in den Vordergrund zu rücken, indem eine entsprechende Ansicht für die Fehlerliste ausgewählt wird (siehe Bild 3.16).

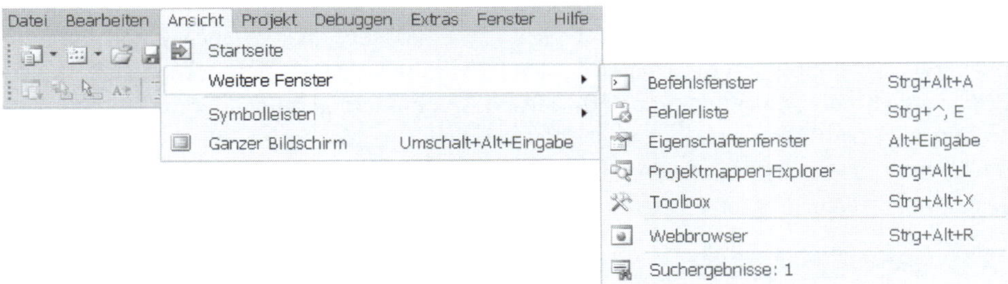

Bild 3.16 Erstellen der Ansicht *Fehlerliste*

Zur Illustration dieser Fehlerliste wird ein „mutwilliger" Fehler in den Quellcode eingebaut (siehe Bild 3.17).

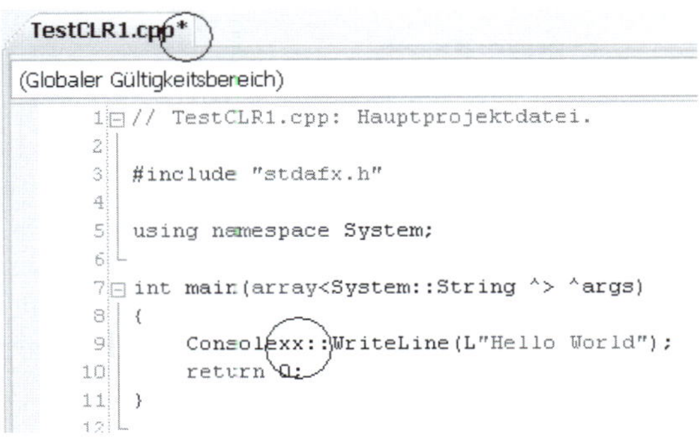

Bild 3.17
Fehler im Quelltext

Durch das Einfügen von xx ist ein ungültiger (also dem Compiler nicht mehr verständlicher) Quelltext entstanden. Der Stern (*) hinter dem Dateinamen im Editorfenster deutet übrigens darauf hin, dass die aktuelle Datei momentan nicht gespeichert ist. Bevor jedoch der Compiler seine Arbeit verrichtet, wird der Quelltext unter dem zuvor vereinbarten Namen gespeichert. Der produzierte Fehler wird im Standardprotokoll dargestellt wie in Bild 3.18.

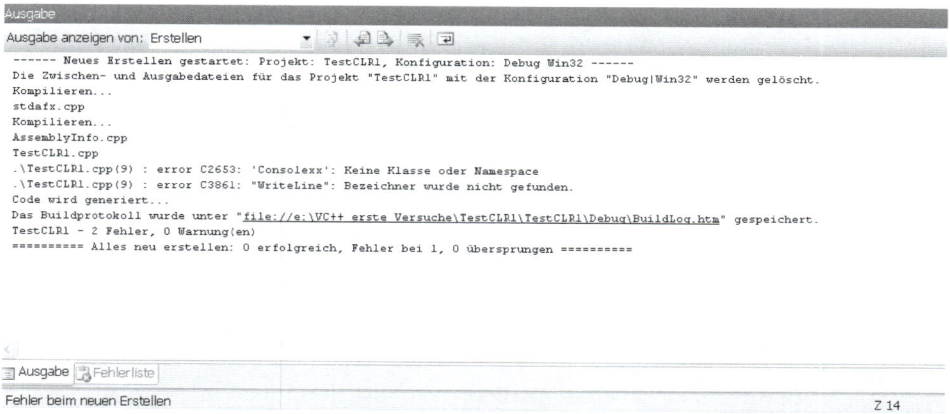

Bild 3.18 Protokoll eines fehlerhaften Compile-Laufs

Diese Meldungen sind zwar eigentlich nicht zu überlesen, aber bei bedeutend umfangreicheren Projekten kann die Übersicht schnell verloren gehen. Zumal, wenn sich zu den Fehlern auch noch Warnungen und Hinweise des Compilers gesellen, deren Qualität dann erst noch zu beurteilen ist. Wesentlich übersichtlicher ist in solchen Fällen die alternative Darstellung im Fenster der Fehlerliste. Deren Ansicht erreicht man über die Aktivierung des Reiters *Fehlerliste* neben *Ausgabe* (siehe Bild 3.19).

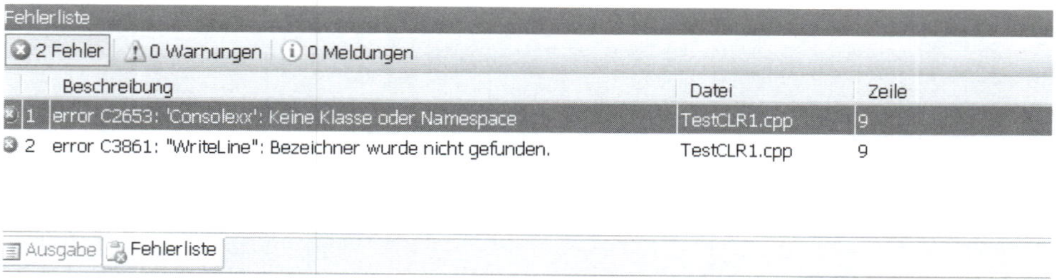

Bild 3.19 Fehlerliste

Hier sind die zu behebenden Fehler der Reihe nach unter Angabe der Datei und der zugehörigen Zeilennummer aufgelistet. Ein Doppelklick mit der linken Maustaste in eine Zeile der Fehlerliste bewirkt, dass der Cursor direkt in die entsprechende Zeile des Quelltextes springt. Auf diese Art und Weise lassen sich die Fehler sehr benutzerfreundlich auffinden. Ihre Behebung stellt allerdings in der Anfangsphase meist eine echte Herausforderung dar!

3.5 Ausführen eines eigenen Programms

Nachdem ein Programm fehlerfrei erstellt worden ist, kann es zur Ausführung gebracht werden. Dazu gibt es unter dem Menü-Punkt *Debuggen* mehrere Möglichkeiten (siehe Bild 3.14).

Der „normale" Programmstart erfolgt durch *Starten ohne Debugging* bzw. die Tastenkombination Strg + F5. Anschließend wird das als Startprojekt im Projektordner festgelegt Projekt ausgeführt. Im konkreten Fall handelt es sich um eine Konsolenanwendung und dementsprechend wird eine DOS-Box, also ein Konsolenfenster, geöffnet, in der das Programm abgearbeitet wird, eben auf Konsolenebene. Ist das Programm vollständig abgearbeitet, so erscheint die Meldung: *Drücken Sie eine beliebige Taste ....* Wird nun eine beliebige Taste gedrückt, so schließt sich die DOS-Box automatisch wieder. Sie haben also als Entwickler die Gelegenheit, die Ausgabe des Programms in Ruhe zu analysieren und auf mögliche Fehler hin zu untersuchen. Die Frage nach dem Drücken einer beliebigen Taste wird nur durch das Starten aus der Entwicklungsumgebung heraus gestellt, wenn *Starten ohne Debugging* gewählt wurde.

Sind Fehler bei der Ausführung des Programms aufgetaucht, so kann das Programm zur Ausführungszeit auch durch den **Debugger** (von engl. *bug* im Sinne von Programmfehler), das ist ein Werkzeug zum Diagnostizieren, Auffinden und Beheben von Fehlern in Computerprogrammen, Schritt für Schritt verfolgt werden. Dazu ist die Auswahl *Debugging starten* oder die Taste F5 zu wählen. Anschließend kann das Programm in Einzelschritten mit Hilfe der Taste F11 oder in Prozedurschritten durch die Taste F10 durchlaufen werden. Während des Debug-Prozesses werden die aktuellen Belegungen sämtlicher Variablen angezeigt und es lässt sich exakt der Programmablauf nachvollziehen.

3.6 Paradigmen der Projektorganisation

Das Wort Paradigma bedeutet *Beispiel, Vorbild,* oder *Muster.* An dieser Stelle soll also eine mustergültige Vorgehensweise bei der Organisation eigener Projekte in VC++ dargestellt werden. Der hier gewählte formale Aufbau der Projekte wird sich später in den Beispielen wiederfinden und wird mit zunehmender Komplexität der Projekte an Bedeutung gewinnen. Es kann also gar nicht früh genug darauf hingewiesen werden, dass die Arbeit mit VC++ auch formal und organisatorisch gewissen Regeln zu unterwerfen ist, um ein kreatives Chaos, das sich sonst sehr schnell einstellt, möglichst zu verhindern.

Die grobe Richtung einer Projektorganisation gibt bereits der Projektmappen-Explorer vor (siehe Bild 3.20). Das gesamte Projekt ist hier bereits unterteilt in Header- Quell- und Ressourcendateien. In den Headerdateien werden die Prototypen der Funktionen untergebracht. Hier finden sich also die formalen Funktionskopfzeilen mit der kompletten Parametrisierung der Funktionen. Die Headerdateien sollten einen sprechenden Namen bekommen und erhalten die Extension (Dateikennung) *h.* Die Prototypen eigener Funktionen eines Projektes könnten also z. B. in einer Datei mit dem Namen *Funktionen.h* abgelegt sein. Die zu den Funktionen gehörenden Implementierungen, also die tatsächlichen Funktionsrümpfe mit den einzelnen Anweisungen, werden dann in eine Datei mit dem Namen *Funktionen.cpp* in der Abteilung Quelldateien abgelegt.

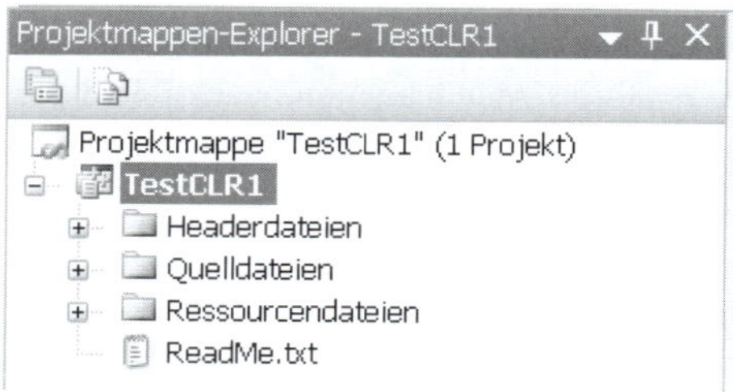

Bild 3.20
Ansicht des Projektes im Projektmappen-Explorer

Neue Elemente in den Ordnern Headerdateien und Quelldateien werden erzeugt, indem im Projektmappen-Explorer mit der rechten Maustaste der entsprechende Ordner aktiviert wird (siehe Bild 3.21).

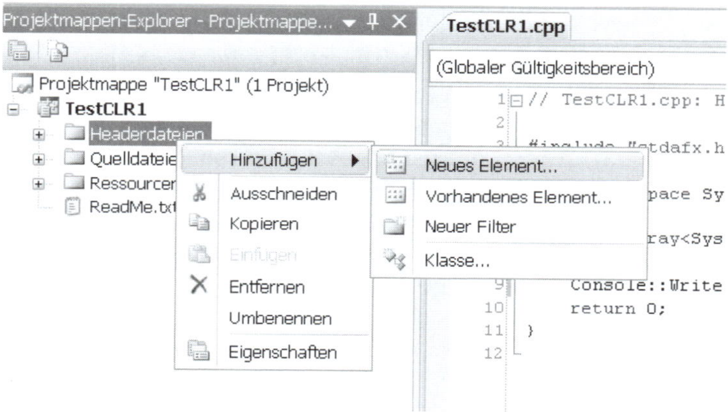

Bild 3.21 Neue Headerdatei

Es erscheint eine weitere Auswahl- und Eingabemaske, in der nun die Angaben über die Datei, die dem Projekt hinzugefügt werden soll, gemacht werden müssen (siehe Bild 3.22).

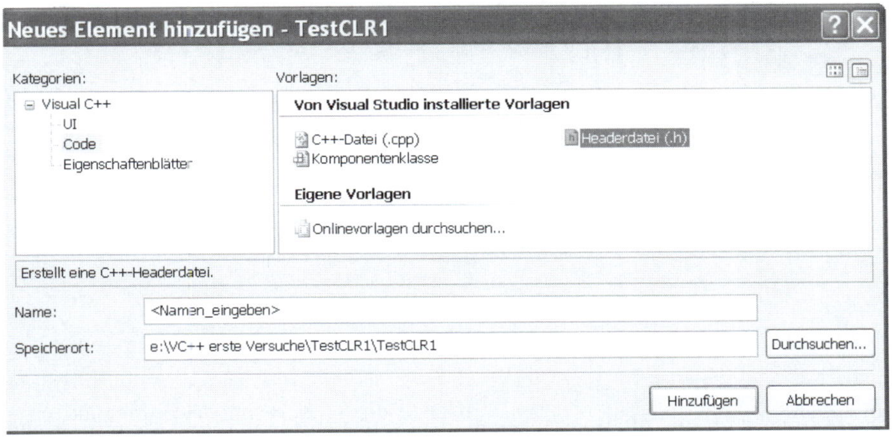

Bild 3.22 Neues Element zum Projekt hinzufügen

Die hier vorgestellten Organisationsabläufe für Projekte werden in den folgenden Kapiteln (speziell Abschnitt 4.8) weiter genutzt und erläutert.

4 Grundlegende Sprach- und Steuerungselemente

In diesem Kapitel wird ein Überblick über die wesentlichen Sprach- und Steuerungselemente der Programmiersprache gegeben. Sie lernen hier die Syntax (also die Regeln, nach denen man einzelne Elemente der Programmiersprache kombiniert) kennen.

4.1 Kommentare

Nicht nur für den Anfänger ist es wichtig, gewisse Erklärungen in ein Programm mit aufzunehmen. Anmerkungen, die bei der Entwicklung eines Quelltextes zur Verdeutlichung des Programms wichtig und interessant sind, müssen ebenso aufgenommen werden können, wie formale Aspekte z. B. der Name des Autors eines Programms, das Erstellungsdatum, der Auftraggeber etc. Um solche Texte in ein Programm einbauen zu können, bedient man sich der **Kommentare**.

In C/C++ gibt es grundsätzlich zwei Möglichkeiten, Kommentare zu verwenden:

- Durch die Einleitung mittels // wird ein sog. **Zeilenkommentar** erstellt. Alles, was // folgt wird später vom Compiler überlesen und nicht dem Quelltext, der zu übersetzen ist, zugeordnet.
- Wird ein größerer Block mit erläuterndem Text eingefügt, so kann ein solcher **Kommentarblock** durch /* eingeleitet werden. Der komplette Block wird durch die Eingabe von */ geschlossen. Alles was sich anschließend zwischen /* und */ befindet, wird ebenfalls vom Compiler überlesen.

Der Zeilenkommentar kann dabei an jeder Stelle in einer Programmzeile beginnen, natürlich auch nach einer Programmanweisung zur Erläuterung deren Bedeutung. Die Entwicklungsumgebung von Visual C++ erleichtert das Erkennen von Kommentaren, indem diese farblich (Standard grün) dargestellt werden.

```
#include "stdafx.h"
using namespace System;
void main()
{
    // Zeilenkommentar
    int i; // Deklaration einer Variablen
    /*
        Kommentarblock
    */
}
```

4.2 Datentypen und Variablen

Jedes Programm verarbeitet während seiner Ausführung Daten, die in geeigneter Form im Programm abgelegt werden müssen. Zur eindeutigen Identifizierung der unterschiedlichen Daten, wird jedem einzelnen Datum ein Name zugeordnet. Dieser ermöglicht es dem Programmierer ermöglicht, auf den Inhalt dieses Datums zuzugreifen bzw. an diesem Datum die gewünschten oder erforderlichen Veränderungen vorzunehmen.

Durch die Zuordnung eines Namens zu einem bestimmten Datum wird eine Variable erzeugt.

Variablen sind also nichts anderes als reservierte und mit Namen versehene Platzhalter für gewisse Informationen während des Programmablaufs. In C und C++ müssen Variablen grundsätzlich vor ihrem ersten Gebrauch deklariert werden. Dazu gibt der Programmierer einer Speicherzelle einen Namen und ordnet diesem Namen, und damit auch der Speicherzelle, einen bestimmten Datentyp zu. Die Zuordnung eines Namens zu einem Datentyp wird in der Programmierung als **Deklaration** bezeichnet.

Jede Variable besitzt in C und C++ einen Datentyp. Dieser bestimmt, welche Qualitäten von Daten in der jeweiligen Variable gespeichert werden können. Durch die reine Deklaration ist die Variable allerdings keinesfalls definiert, also mit einem verlässlichen Startwert versehen. In C und C++ müssen allen Variablen vor ihrem ersten Gebrauch sinnvolle Startwerte zugewiesen werden, da die Variablen durch die reine Deklaration noch keinerlei Wert besitzen.

4.2.1 Variablennamen

Bei der Vergabe von Variablennamen sollte man unbedingt auf die Aussagefähigkeit des Namens achten. Z. B. ist `zaehler` statt `z` deutlicher. Mit zunehmender Größe des Programms wird es immer wichtiger, aussagekräftige Namen zu verwenden, um den Überblick behalten zu können.

Folgende Regeln sind zur Festlegung von Variablen- und Konstantennamen zu beachten:

- Zulässig sind die Zeichen: A – Z, a – z, 0 – 9 und der Unterstrich _
- Groß- und Kleinschreibung sind zu beachten. `zahl`, `ZAHL` und `Zahl` sind nicht nur drei unterschiedliche Schreibweisen, sondern legen drei verschiedene Variablen fest. Dieses Verhalten wird als *case-sensitiv* bezeichnet.
- Die Schlüsselwörter von C/C++ wie z. B. `switch`, `float`, `char`, usw. sind als Variablennamen nicht erlaubt. Sie dürfen jedoch Bestandteil eines Namens sein, wie z. B. bei `float_PI`, `int_variable` oder `harVariable`.
- Variablennamen dürfen nicht mit einer Ziffer beginnen.
- Variablennamen sollten mit einem Kleinbuchstaben beginnen, also besser `zahl1` als `Zahl1`. Das ist für die Unterscheidung von später einzuführenden sog. Klassen von großer Bedeutung und erhöht die Lesbarkeit solcher Programme enorm, da man u. a. an der Schreibweise der an einem Programmcode beteiligten Elemente deren Funktion und Aufgabe viel leichter erkennen kann.

Für die Deklaration von Variablen stehen unterschiedliche Datentypen für die verschiedensten Aufgabenbereiche der Variablen zu Verfügung.

4.2.2 Ganzzahlige Variablen

In C/C++ gibt es insgesamt drei Datentypen zur Aufnahme und Darstellung von Ganzzahlen (also Zahlen ohne Nachkommastellen). Es sind dies:

- `char`
- `int`
- `short int` bzw. `long int`

Der Datentyp `char` ist der kleinste verfügbare Ganzzahldatentyp. Er kann maximal 8 Bit breite Werte aufnehmen und ist dazu geeignet, jeden beliebigen ASCII-Wert einer Variablen darzustellen. Der darstellbare Zahlenbereich liegt also zwischen −128 und +127, d. h., dass es sich hier um eine vorzeichenbehaftete Darstellung handelt. Durch die Kombination mit dem Modfizierer `unsigned` erhält man den Datentyp `unsigned char`. Bei ihm handelt es sich nicht mehr um eine vorzeichenbehaftete Zahl, sondern vielmehr um einen positiven 8 Bit breiten Speicherplatz, der in der Lage ist, Zahlenwerte von 0 bis 255 darzustellen.

> Je nachdem, ob der Typ `char` als `signed` oder `unsigned` benutzt wird, variiert der Wertebereich erheblich.

So ist es nur möglich mit Variablen vom Typ `unsigned char` den erweiterten ASCII-Zeichensatz darzustellen (Dezimalwerte von 128 bis 255). Der Versuch, eine negative Zahl in einen solchen Datentyp abzulegen wird dazu führen, dass das Bitmuster als positive Zahl interpretiert und damit ein gänzlich anderes Resultat produziert wird.

Typische Deklarationen von Ganzzahlvariablen sehen also möglicherweise folgendermaßen aus:

```
int zahl1, zahl2, laufVariable;
unsigned int zaehler;
long int fakultaet;
```

Die Variablen `zahl1`, `zahl2` und `laufVariable` sind damit als Ganzzahlvariablen vom Typ `int` deklariert worden. Sie fassen 32 Bit und können damit Zahlen im Bereich von `-2147483648 bis 2147483647 darstellen`, während die Variable `zaehler` nur nicht-vorzeichenbehaftete (also nur positive) Werte vom Typ `int` (ebenfalls mit 32 Bit) aufnehmen kann. Sie kann damit Zahlen im Bereich von 0 bis 4294967295 darstellen. `fakultaet` schließlich besitzt als `long int` mit 64 Bit die Möglichkeit Zahlen zwischen -9223372036854775808 und 9223372036854775807 darzustellen.

> Die Wahl des Datentypen einer Variablen hängt entscheidend von der Größe der darzustellenden Zahl ab! Wichtig ist außerdem zu beachten, dass in C und C++ alle Deklarationszeilen (und nicht nur die!) mit einem Semikolon abgeschlossen werden müssen!

Die Frage nach der Stelle im C-Programm, an der solche Deklarationen vorzunehmen sind, lässt sich nicht für alle Fälle eindeutig beantworten. Grundsätzlich muss die Deklaration einer Variablen vor ihrem ersten Gebrauch passieren. Allerdings hat die exakte Position der Deklaration Einfluss auf die Gültigkeit einer Variablen, genauer gesagt auf den Gültigkeitsbereich.

Der Datentyp `int` dient zur Aufnahme von Ganzzahlwerten in Maschinenwortgröße. Damit ist die Größe von `int` abhängig vom Prozessor und dem Betriebssystem, auf dem das Programm laufen soll (Stichwort: Systemvoraussetzungen). Für einen MS-DOS-PC mit einem Pentium-Prozessor im x86-Modus bedeutet dies: eine Datenbreite von 16 Bit, während für den gleichen PC unter Windows 95/98, NT oder XP eine Datenbreite von 32 Bit verfügbar ist. Damit sind Probleme bei der Übertragung von Programmen von einem System auf ein anderes vorprogrammiert!

Um solche Probleme zumindest weitestgehend in den Griff zu bekommen, gibt es hier zusätzlich die **Typmodifizierer**: `long` und `short`. Mit dem Modifizierer `long` wird die Länge auf 32 Bit, mit `short` auf 16 Bit festgelegt. Damit ergeben sich für die Typen `signed int` bzw. `unsigned int` folgende Formeln zur Ermittlung des Darstellungsbereiches:

- `signed`: $[-2^{(\text{Breite-1})}, 2^{(\text{Breite-1})} - 1]$ bzw.
- `unsigned`: $[0, 2^{\text{Breite}} - 1]$ (Breite in Bit) (Komplementbildung beachten!)

Damit werden auch sog. Überlaufphänomene erklärbar:

Bei der Berechnung von 3 * 12000 / 12000 würde man den Wert 3 erwarten. Wird diese Formel jedoch in ein Ergebnis des Typs `short int` übergeben, so erhält man als Ergebnis -2!

```
#include <stdio.h>
#include <stdlib.h>
void main()
{
    short int c;
    c=(3*12000)/12000;
    printf("%d\n",c);
}
```

Die Ursache liegt in der Berechnung von 3 * 12000, was ja 36000 ergibt und damit in der Form `short int` nicht mehr darstellbar ist! Der nächste Schritt wird daher mit -29536 ausgeführt. Und diese Division durch 12000 ergibt tatsächlich -2! Zu begründen ist dies mit dem Datentyp der konstanten Werte. Sie sind hier alle vom Typ `short int`, wodurch der gesamte Rechengang innerhalb des Datenbereichs dieses Typs durchgeführt wird. Bei der Zuweisung wird das fehlerhafte Ergebnis an die Zielvariable zurückgegeben. Eine mögliche Lösung für derartige Probleme bietet das sog. *Typecasting* (Typumwandlung).

4.2.3 Fließkommazahlen

Im Gegensatz zu den bisher behandelten Datentypen dienen **Fließkommazahlen** zur Aufnahme von Zahlenwerten mit einem (möglichen) Nachkommateil, also klassischen Dezimalzahlen. In C/C++ gibt es zwei unterschiedliche Möglichkeiten, Fließkommazahlen zu deklarieren: die Datentypen `float` und `double`. Hier ist die Übertragung des Dezimalwertes in seine programminterne Darstellung nicht mehr so einfach wie bei den Ganzzahlen. Es wird nach einem normierten IEEE-Verfahren (IEEE Standard for Binary Floating Point Arithmetic [ANSI/IEEE Std. 754-1985]. Die meisten der seither entwickelten Systeme orientieren sich an diesem Standard.) gearbeitet. Dadurch kann man die Bitmuster der Fließkommazahlen nicht mehr direkt selbst auswerten. Man ist vielmehr auf die zur Programmiersprache gehörenden Operatoren und Ausgabefunktionen angewiesen. Die interne Darstellung geschieht hier in der Form: Vorzeichen + Exponent + Mantisse (Ziffernstellen der Fließkommazahlen).

Hinzuweisen ist auf ein spezifisches Problem dieser Zahlen: ihre Signifikanz (Präzision der Zahlendarstellung). Ausschlaggebend ist hier nicht der Platz des Exponenten, sondern die

Größe für die Darstellung der Mantisse. Wenn man beispielsweise eine Präzision von 8 Stellen hat, nützt es nichts, wenn man Zahlen mit 32 Stellen darstellen kann. Nur die ersten 8 Stellen sind von Bedeutung und Rundungsfehler sind vorprogrammiert. Besondere Bedeutung hat dieses Phänomen bei der Verarbeitung sehr unterschiedlich großer Zahlen. Hier ist eine sorgfältige Testarbeit des Programmierers gefordert! Besonders **Equal-Abfragen**, also Abfragen auf Zahlengleichheit, sind auf spezielle Fließkommadarstellungen möglichst zu vermeiden. Gearbeitet werden sollte hier grundsätzlich mit einem Epsilon, das die Genauigkeit der Abfrage regelt, wie etwa `epsilon=0.00001` o.ä. Damit wird dann untersucht, ob die Zahlen, die „gleich" sein sollen, nur eine Abweichung voneinander aufweisen, die kleiner oder gleich einem solchen, vorher festgelegten Epsilon ist.

Für die Datentypen `float` und `double` kümmert sich der Compiler um die korrekte interne Zahlendarstellung nach dem IEEE-Standard und die zugehörigen Umrechnungs- und Anpassungsschritte bei Rechenoperationen.

> Als „Dezimalkomma" in der Eingabe dient bei Fließkommazahlen der Punkt . bei der Eingabe von Zahlenwerten in Programme.

4.2.4 Zeichen

Um einzelne Zeichen darstellen und verarbeiten zu können, wird der Datentyp `char` verwendet. Jedes Zeichen besitzt einen eindeutigen **Ordinalwert**. Dieser Ordinalwert ist eine ganze Zahl größer oder gleich Null und erstellt eine Ordnung zwischen den Zeichen. Der Wertebereich der Zeichen ist dabei abhängig von dem Zeichensatz, der auf dem eingesetzten Rechner und dem verwendeten Betriebssystem angewendet wird.

So besitzt der ASCII-Zeichensatz (ASCII steht für American Standard Code for Information Interchange) die Ordinalwerte von 0 bis 127, was bedeutet, dass dieser Zeichensatz 128 unterschiedliche Zeichen umfasst. Der ANSI-Zeichensatz besitzt die Ordinalwerte von 0 bis 255. Dort können also 256 unterschiedliche Zeichen dargestellt werden. Er schließt den kompletten ASCII-Zeichensatz ein.

> Die Ordnung der Zeichen kann sich in den verschiedenen Codes unterscheiden. Je nach verwendetem Code werden unterschiedliche Zeichen dargestellt und:
>
> Ein und derselbe Ordinalwert kann in unterschiedlichen Codes verschiedenen Zeichen zugeordnet sein!
>
> Im sogenannten IBM-Zeichensatz, der unter DOS und Windows verwendet wird, ist der Bereich der Ordinalwerte von 128 bis 255 für nationale Zeichensätze vorgesehen, die sich im Allgemeinen voneinander unterscheiden.

Zugewiesen werden die Werte zu solchen char-Variablen durch Verwendung der einfachen Anführungszeichen:

```
char zeichen    = '?';
char buchstabe = 'a';
char spezial    = 65;
char hexzeichen = '\x41';
```

Wie das dritte Beispiel zeigt, ist es allerdings auch möglich, den Ordinalwert des zu verwendenden Zeichens zuzuweisen. Hier wird der char-Variable spezial das Zeichen mit dem Ordinalwert 65 zugewiesen. Dies ist der Buchstabe A. Die vierte Beispielzeile zeigt eine weiter Zuweisungsmöglichkeit: hier wir der char-Variablen hexzeichen der hexadezimale Wert der ASCII-Tabelle zugewiesen. Da der dezimale Wert der hexadezimalen Darstellung der Ziffernfolge 41 ebenfalls 65 entspricht, wird also auch hier das Zeichen A zugewiesen ($41_{16} = 4 \bullet 16^1 + 1 \bullet 16^0 = 4 \bullet 16 + 1 \bullet 1 = 64 + 1 = 65$).

Unabhängig vom Zeichensatz gilt jedoch immer: 'a' < 'b' < … < 'z'
'A' < 'B' < … < 'Z'
'0' < '1' < … < '9'

4.2.5 Felder

Ein häufiges Problem in der Programmierung ist das Anlegen und Abspeichern von mehreren Daten desselben Datentyps, wie z. B. eine Messwertreihe. Natürlich könnte man nun eine gewisse Anzahl von Variablen gleichen Datentyps und ähnlicher Namen deklarieren, indem man z. B. an einen Variablennamen einfach eine Nummerierung anhängt, etwa:

```
float messwert01, messwert02, messwert03, messwert04, …, messwert20;
```

Auf diese Art und Weise kann man zwar beliebig viele Variablen deklarieren, von denen sofort klar zu sein scheint, dass sie zusammengehören, aber bei der Verarbeitung solcher Variablen treten nun Probleme bzw. Verhältnisse auf, die der Entwickler lieber vermeiden möchte. Man stelle sich nur vor, dass die Aufgabe bestehe, die gerade deklarierten Messwerte mit Werten zu belegen und diese aufzusummieren, damit man z. B. einen Mittelwert berechnen kann. Um dieses Problem zu lösen, werden Felder (auch Arrays genannt) eingesetzt.

4.2.5.1 Eindimensionale Felder

Ein **Feld** wird in C/C++ wie folgt deklariert: Datentyp feldname[Dimension];

- Datentyp steht dabei für jeden in C/C++ bekannten Datentyp, also z. B. für int, float, double u.s.w.

- `feldname` ist der Name der Elemente eines solchen Feldes. Die Namensvergabe unterliegt den gleichen Regeln, die für die Benennung einfacher Variablen gelten.
- `Dimension` gibt schließlich die Mächtigkeit eines Feldes an, also die Anzahl der Elemente, die in einem solchen Feld gespeichert werden können. `Dimension` muss dabei eine Konstante oder feste Ganzzahl sein. Die Angabe der Anzahl der Elemente eines Feldes ist in eckige Klammern zu schreiben.

```
const int DIM = 10;
int dim = 10;
// korrekte Felddefinitionen
        float messwert[20];
        char text[DIM];
        // falsche Felddefinition!
        int zahl[max];
```

Das erste Array mit dem Namen `messwert` kann bis zu 20 Fließkommazahlen aufnehmen. Hier wird die Größe des Arrays, also die Anzahl der Elemente, die dieses Array speichern kann, über eine feste Zahl zugeweisen. Die Größe des zweiten Feldes `text` wird festgelegt über eine **Konstante** (das ist eine Variable, deren Wert im Programm nicht geändert werden kann und darf).

Leider nicht zulässig ist eine aus der Programmiersprache Basic bekannte und beliebte Variante der Dimensionierung eines Feldes über eine einfache Ganzzahlvariable, d.h. die letzte Zeile des Beispiels wird zu einem Compiler-Fehler führen. Das Problem ist in der in C/C++ realisierten Verwaltung des Speicherplatzes zu finden. Wird der Wert von `max` nach der Festlegung der Größe von `zahl` nochmals verändert, welche Größe soll dann das Feld `zahl` anschließend besitzen? Wird `max` verringert, sollen dann Elemente einfach wegfallen, oder soll immer mit dem Maximum aller versuchten Dimensionen weitergearbeitet werden? Aber wenn `max` vergrößert wird, wo sollen dann die weiteren Elemente im Hauptspeicher „untergebracht" werden?

In der Praxis ist der Programmierer mit genau diesem Problem häufiger konfrontiert: zu Beginn des Programmlaufs kann einfach noch nicht festgelegt werden, wie groß ein Array anzulegen ist. Es kann z.B. vorkommen, dass die Anzahl von zu verarbeitenden Messwerten stark variiert und eine Obergrenze für mögliche Daten gar nicht angegeben werden kann. Soll dann, quasi prophylaktisch, einfach mal ein riesiges Array dimensioniert werden? In der Hoffnung, dass die Anzahl der bereitgestellten Speicherzellen für alle Fälle groß genug ist? Sicher nicht. Ein derartiger Programmierstil entspricht nicht der Philosophie eines „schlanken" C/C++-Programms. Die Lösung ist in der dynamischen Speicherverwaltung zu finden, die in späteren Beispielen (siehe Abschnitt 6.2 und 9.3) zum Einsatz kommen wird.

4.2.5.2 Mehrdimensionale Felder

Das ist aber noch lange nicht alles, was man mit Feldern beschreiben kann. Außer den gerade definierten eindimensionalen Feldern, können auch mehrdimensionale Felder folgendermaßen deklariert werden: `Datentyp feldname[Dim1][Dim2]....;` Dabei ist die

Anzahl der Dimensionen theoretisch nur vom verfügbaren Speicherplatz abhängig und von der Vorstellungskraft des Programmierers!

```
const int XDIM = 10;
const int YDIM = 20;
float matrix[XDIM][YDIM];
char kartei[20][30][10];
```

Das erste Array `matrix` ist ein klassisches zweidimensionales Feld. Es stellt eine Matrix mit 10 Spalten und 20 Zeilen dar. Man kann sich also unter einem zweidimensionalen Feld eine Art Tabelle mit Zeilen und Spalten vorstellen.

Das zweite Feld `kartei` ist bereits ein dreidimensionales Feld. Jede Tabelle besitzt 20 Spalten und 30 Zeilen. Von diesen Tabellen gibt es dann unter dem Namen `tabelle` zusammengefasst 10 Stück! Deutlicher wird die Organisation solcher Arrays, wenn man die Anordnung der Speicherzellen grafisch darstellt, siehe Bild 4.1:

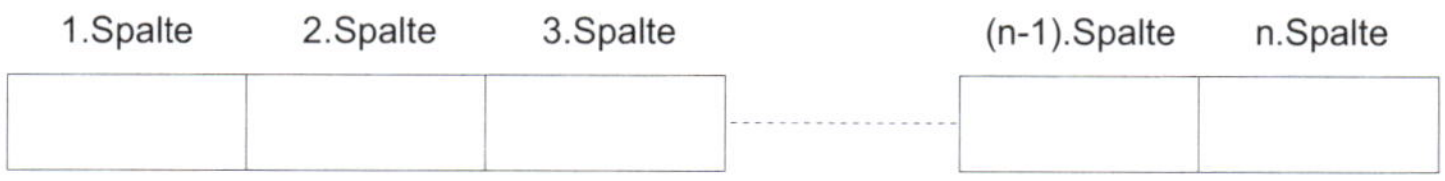

Bild 4.1 Ablage der Elemente eines eindimensionalen Arrays als Vektor

Bei einem eindimensionalen Array liegen die einzelnen Array-Elemente in einer Zeile in unterschiedlichen Spalten vor. Bei der Anlage eines solchen Arrays gewährleistet der Compiler, dass die Elemente hintereinander weg im Hauptspeicher adressiert werden. Von der ersten bis zur n-ten Spalte (die Dimension des Arrays entspricht also der Anzahl „n") werden die Elemente also eines nach dem anderen im Speicher abgelegt (siehe Bild 4.2).

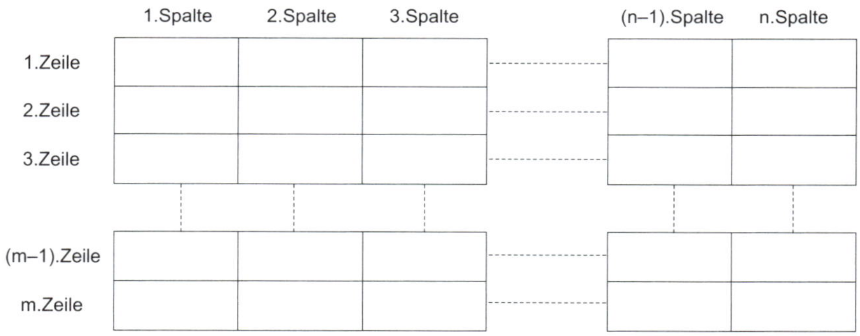

Bild 4.2 Ablage der Elemente eines zweidimensionalen Arrays als Tabelle oder Matrix

In unserem Beispiel wird eine Tabelle (mathematisch auch eine Matrix oder Matrize) mit `n` Spalten und `m` Zeilen beschrieben. Die Elemente der einzelnen Zeilen werden wieder kontinuierlich im Hauptspeicher abgelegt. Erst, wenn eine Zeile komplett abgearbeitet ist, beginnt die Adressierung der Folgezeile. Für den späteren Zugriff auf einzelne Elemente einer solchen Tabelle gilt, dass zuerst der Index der entsprechenden Spalte und dann der Index der entsprechenden Zeile anzugeben sein werden.

Noch ein wenig komplizierter (aber immer noch vorstellbar!) wird die Organisation einer dreidimensionalen Kartei (siehe Bild 4.3). Man kann sich verdeutlichen, dass auf jedem Blatt einer solchen Kartei eine Tabelle abgelegt ist, die wiederum aus Spalten und Zeilen besteht. Für den Zugriff auf ein spezielles Element einer Tabelle eines Blattes aus einer solchen Kartei sind nun sowohl die Nummern der entsprechenden Spalte und Zeile der Tabelle als auch die Nummer des Blattes der Kartei anzugeben. Jede weitere Dimension führt dazu, dass das Verfahren noch ein wenig aufwändiger wird. Dabei muss der Programmierer die Organisationsform solcher höherdimensionalen Arrays beachten.

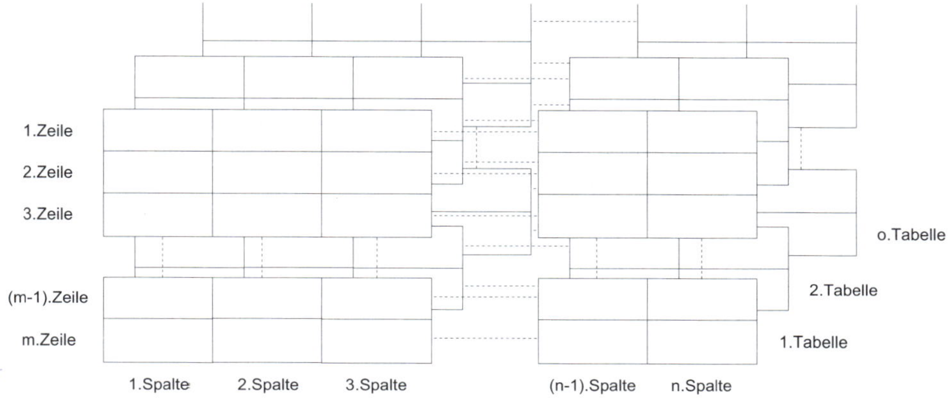

Bild 4.3 Ablage der Elemente eines dreidimensionalen Arrays als Kartei von Tabellen

4.2.5.3 Zugriff auf die Elemente eines Feldes

Damit sind die Möglichkeiten zur Deklaration von Feldern oder Arrays klar. Die anschließende Frage muss also nun lauten: wie kann der Programmierer auf einzelne Elemente eines Feldes zugreifen? Dazu wird zuerst der `feldname` angegeben, gefolgt von einer eckigen Klammer. Dieser Klammer folgt nun der Index des gewünschten Feldelements und anschließend wird die eckige Klammer geschlossen.

> Das erste Element eines Arrays besitzt den Index 0! Das letzte Element einer Dimension eines Arrays besitzt folglich den Index `Dimension - 1`!

Diese Hinweise können gar nicht deutlich genug herausgestellt werden. Ihre Inhalte führen immer wieder zu logischen Programmfehlern, deren Auffinden mühsam und zeitaufwändig ist!

Soll auf ein spezielles Element eines mehrdimensionalen Arrays zugegriffen werden, so sind entsprechend der Anzahl der festgelegten Arraydimensionen mehrere Indizes jeweils einzeln in eckigen Klammern anzugeben.

```
// Definition der Konstanten
const int XDIM = 10, YDIM = 20;
// Deklaration der Arrays
int zahl[30];
float matrix[XDIM][YDIM];
// Zugriffe auf die Arrays
zahl[0] = 4711;
zahl[35] = 4712;      // Vorsicht: kein Compiler-Fehler!!
matrix[XDIM-1][YDIM-1] = 4.56;
float wert =matrix [7][4];
```

■

Zunächst werden die beiden Konstanten XDIM und YDIM als const int deklariert und sofort mit Werten (die später im Programm nicht mehr änderbar sind) versehen. Die Variable zahl wird als eindimensionales Array der Mächtigkeit 30 vom Datentyp int deklariert. Dieses Array besitzt also die Elemente zahl[0], zahl[1], ..., zahl[29]. Anschließend wird das zweidimensionale Array matrix vom Datentyp float mit XDIM Spalten und YDIM Zeilen, also insgesamt mit (XDIM • YDIM) Elementen deklariert. Gemäß der vorangegangenen Analyse der Organisation von Arrays besitzt also dieses Array die Elemente:

```
matrix[0][0], matrix[0][1], ..., matrix[0][19],
matrix[1][0], matrix[1][1], ..., matrix[1][19],
matrix[2][0], ...
...
matrix[9][0], matrix[9][1], ..., matrix[9][19]
```

Dem Element zahl[0], also dem ersten Element des Arrays zahl wird der Wert 4711 zugewiesen. Anschließend wird in die 36. Zelle dieses Arrays, also dem Element mit dem Index 35, der Wert 4712 eingetragen. Dieser Index und damit das zugehörige Feldelement existieren gar nicht. Dieser Umstand wird vom Compiler nicht überprüft! Und auch zur Laufzeit kann diese Programmzeile durchaus funktionieren. Sie muss aber nicht funktionieren! Das hängt entscheidend davon ab, was an der Speicherzelle, auf die der Index 35 zeigt, zur Laufzeit des Programms liegt. Gegebenenfalls kommt es zu einer **Exception**, also einem Ausnahmefehler, und das Programm wird mit einer entsprechenden Fehlermeldung unterbrochen.

Fehler dieser Qualität machen eindringlich deutlich, dass der Programmierer sehr sorgfältig mit den Indizes eines Arrays zu arbeiten hat. Ansonsten ist langwierige und mühsame Fehlersuche im Quelltext erforderlich.

Dem letzten Element im Array matrix mit den Indizes XDIM - 1 und YDIM - 1 wird nun noch eine Fließkommazahl (hier 4.56) zugewiesen, bevor der Inhalt der Zelle mit den Indizes 7 und 4 der Variablen wert vom Datentyp float zugewiesen wird. Diese Indizes bedeuten also, dass der Inhalt der 8. Zeile und der 5. Spalte der Variablen wert zugewiesen werden soll, denn beide Zählungen beginnen jeweils mit dem Index 0!

Weder der Compiler noch das Laufzeitsystem überprüfen, ob ein angegebener Index innerhalb der gültigen Grenzen liegt!

■

4.2.5.4 Startwertzuweisung für ein- und mehrdimensionale Arrays

Alle Variablen in C/C++ müssen vor ihrer ersten Benutzung mit einem Wert versehen werden. Bei einfachen Variablen ist die gleichzeitige Deklaration und Wertzuweisung kein Problem. Und auch bei der Verwendung von Arrays besteht die Möglichkeit, direkt bei der Deklaration eines Arrays seinen einzelnen Elementen geeignete Startwerte zuzuweisen. Die Syntax dazu sieht folgendermaßen aus:

```
Datentyp feldname[Dimension] =
{Wert1, Wert2, ..., WertDimension};
```

Die einzelnen Startwerte werden einfach direkt in der Deklarationszeile per Wertzuweisung, in einer geschweiften Klammer eingeschlossen und durch Komma getrennt, aufgelistet:

```
int zahl[4] = {11, 22, 33, 44};
char zeichen[6] = {'A', 'r', 'r', 'a', 'y'};
```

Im ersten Beispiel werden den Elementen des `int`-Arrays `zahl` der Reihe nach die Werte 11, 22, 33 und 44 zugewiesen. Diese Zeile ist also gleichbedeutend mit den Anweisungen:

```
int zahl[4];
zahl[0] = 11;
zahl[1] = 22;
zahl[2] = 33;
zahl[3] = 44;
```

In der zweiten Zeile wird dem `char`-Array zeichenweise der Text `Array` zugewiesen.

> Die Anzahl der zu reservierenden Speicherzellen muss bei Arrays des Datentyps `char` immer um eine Zelle über den tatsächlichen Bedarf hinaus erweitert werden, da solche Arrays zusätzlich noch mit einem speziellen Zeichen zur Markierung des Arrayendes (nämlich dem Sonderzeichen \0) versehen werden!

Es besteht darüber hinaus noch eine weitere Möglichkeit, Felder mit Startwerten zu versehen, ohne vorher schon die genaue Anzahl der Feldelemente anzugeben:

```
int zahl[] = {11, 22, 33, 44};
char zeichen[] = {'A', 'r', 'r', 'a', 'y'};
```

Dieses Beispiel zeigt, wie der Compiler ein Array genau so groß anlegt, dass alle Elemente, die in der Zuweisungsklammer stehen, in ihm Platz finden.

Falls es nun allerdings im Programm erforderlich sein sollte, zu wissen, wie viele Elemente in einem derart erzeugten Array stehen, so setzt man den `sizeof(...)`-Operator ein. Dieser

Operator liefert den von einer Variablen in Abhängigkeit von ihrem Datentyp belegten Speicher in Byte. Wendet man diesen Operator nun also auf ein Array an, so erhält man die Gesamtanzahl der Bytes, die für dieses Array reserviert (man spricht auch von: allokiert) wurde. Wird dieser Wert abschließend noch durch die Größe in Byte einer einzelnen Speicherzelle des Arrays dividiert, so ergibt sich die Anzahl der Elemente in diesem Array! Dabei muss man ein tatsächlich existierendes Feldelement betrachten. Ein solches ist in jedem Feld das erste Element, also das mit dem Index 0!

Unser Beispiel könnte also folgendermaßen erweitert werden:

```
int zahl[] = {11, 22, 33, 44};
char zeichen[] = {'A', 'r', 'r', 'a', 'y'};
const int DIMZAHL = sizeof(zahl) / sizeof(zahl[0]);
const int DIMZEICHEN = sizeof(zeichen) / sizeof(zeichen[0]);
```

Bei diesem Verfahren wird `DIMZAHL` mit dem Wert 4 und `DIMZEICHEN` mit dem Wert 6 belegt. Sollen nur Teile eines Arrays mit speziellen Werte vorbelegt werden, so empfiehlt sich z. B. folgendes Vorgehen:

```
int zahl[4] = {11, 22};
```

In diesem Fall werden nur die ersten beiden Elemente von `zahl` mit Werte belegt, also `zahl[0] = 11` und `zahl[1] = 22`. Die restlichen Elemente des Arrays, welches ja mit der Dimension 4 angelegt wurde, werden mit dem Wert 0 vorbelegt!

Damit ist ein einfacher Weg, ein eindimensionales Feld mit 0 vorzubelegen, klar:

```
Datentyp feldname[Dimension] = {0};
```

Der Wert 0 in der Klammer muss hier angegeben werden, da es sonst zu einer Compiler-Fehlermeldung wegen einer unzulässigen Syntax kommen würde.

Ganz ähnlich funktioniert auch die Wertzuweisung bei mehrdimensionalen Arrays:

```
int feld[2][3] = {11, 22, 33, 44, 55, 66};
```

Um zu klären, welche Zahl welchem Element zugewiesen wird, muss man wissen, dass die Indizes zunächst von rechts nach links abgearbeitet werden. Es werden zunächst drei Werte in die erste der beiden Zeilen des zweidimensionalen Arrays eingetragen, anschließend werden die nächsten drei Elemente der zweiten Zeile des Arrays zugewiesen. Man erhält also:

```
feld[0][0] = 11, feld[0][1] = 22, feld[0][2] = 33 und
feld[1][0] = 44, feld[1][1] = 55, feld[1][2] = 66.
```

Dieses Feld könnte allerdings auch auf die folgende Art und Weise initialisiert und deklariert werden:

```
int feld[][3] = { {11, 22, 33}, {44, 55, 66} };
```

Bei mehrdimensionalen Arrays können die Startwerte für die einzelnen Dimensionen zunächst in geschweiften Klammern zusammengefasst werden. Diese Klammern sind durch Kommata getrennt aufzulisten. Die gesamte Liste der Startwerte wird anschließend nochmals durch eine übergeordnete geschweifte Klammer eingefasst. So kann man einfach bei mehrdimensionalen Feldern die erste Dimension weglassen. Allerdings auch nur diese! Der Compiler baut sich dann aus den einzelnen Klammerblöcken die fehlende Dimension zusammen.

4.2.6 Zeichenketten

Wie einzelne Zeichen in Variablen des entsprechenden Datentyps `char` gespeichert werden können ist bereits bekannt. Es genügt die Deklaration einer Variablen vom Datentyp char und die anschließende Zuweisung des gewünschten Zeichens zur Variablen. Das kann folgendermaßen aussehen:

```
char zeichen = 'z';
```

Wie sieht es aber aus, wenn eine ganze Zeichenkette (oder String) verarbeitet werden soll? Es wird ein Feld entsprechender Größe angelegt und anschließend können die einzelnen Zeichen in diesem Feld abgelegt werden. Dieses Verfahren ist jedoch sehr mühsam. Es gibt allerdings eine weitere Möglichkeit:

```
char zeichenkette[] = "Array";
```

Der Compiler vergibt in diesem Beispiel wieder sechs Speicherplätze für die einzelnen Zeichen der Zeichenkette, weil ja als letztes Zeichen wieder die binäre Null (\0) gesetzt wird.

Der folgende Quelltext verdeutlicht dies:

```
#include "stdafx.h"
#include <stdio.h>
using namespace System;
void main()
{
   char zeichenkette[] = "array";
   int anz = sizeof(zeichenkette);
   printf("Anzahl = %i",anz);
}
```

In diesem Beispiel soll dem char-Array zeichenkette automatisch der Speicherplatz zugewiesen werden, der erforderlich ist, um den Text „Array" aufnehmen zu können. Zur Kontrolle wird nach der Deklaration und Zuweisung der sizeof-Operator genutzt, um die Anzahl der Feldelemente von zeichenkette zu bestimmen. Da jedes Feldelement nur 1 Byte Speicher belegt, erübrigt sich hier die Division durch die Mächtigkeit des Datentyps. Die Ausgabe der int-Variablen anz ergibt erwartungsgemäß: 6. Es werden also insgesamt sechs Speicherzellen reserviert. Damit existiert eine sehr komfortable Möglichkeit, Zeichenketten im Programm zuzuweisen.

In C/C++-Programmen besteht allerdings häufig das Problem, dass verschiedene Zeichenketten miteinander verglichen werden müssen. Da es so ohne Weiteres nicht möglich ist, ganze Arrays oder Teile von Array miteinander zu vergleichen, bliebe dem Programmierer hier nur die Möglichkeit, die beiden betreffenden Zeichenketten Zeichen für Zeichen zu vergleichen. Das ist in der Praxis sehr mühsam. Erfreulicherweise gibt es aber speziell für solche Fragestellungen eine ganze Reihe fertiger Funktionen, die die Arbeit erleichtern können. Eine Zusammenstellung solcher Funktionen findet sich im Anhang. Außerdem wird in den entsprechenden Beispielen ausführlich auf die Arbeit mit diesen Funktionen eingegangen.

In der objektorientierten Programmierung (vgl. Kapitel 7) gibt es die Möglichkeit, mit der Klasse String zu arbeiten. Diese kann aus momentaner Sicht als ein Ersatz für Zeichenketten als Arrays des Datentyps char angesehen werden.

4.3 Konstanten

Für Werte, die im Programm nicht veränderbar sein sollen, werden in einem Programm nicht Variablen, sondern **Konstanten** verwendet. Ihnen wird bereits bei der Deklaration ein fester Wert zugewiesen, der sich während des Programmlaufes nicht mehr ändern kann. Eingeleitet werden solche Deklarationen durch das Schlüsselwort const. Konstanten können für jeden Datentyp deklariert werden.

```
const float PI = 3.14159265;
const int WELTWUNDER = 7;
```

Für die Benennung von Konstanten gelten im Wesentlichen die gleichen Regeln, wie für Variablennamen. Um die Lesbarkeit des Quelltextes zu erhöhen, sollte man die Namen von Konstanten konsequent komplett mit Großbuchstaben darstellen, also besser WELTWUNDER als WeltWunder verwenden.

4.4 Operatoren

Grundsätzlich wird zwischen unären und binären Operatoren unterschieden. **Unäre Operatoren** besitzen einen Operanden (also ein Element - in der Regel eine Variable -, auf die sie angewendet werden), **binäre Operatoren** besitzen zwei Operanden. Die Operatoren *, &, + und - können sowohl als unäre als auch als binäre Operatoren vorkommen.

4.4.1 Vorzeichenoperatoren

Der unäre Vorzeichenoperator - liefert den negativen Wert eines Operanden. Der Operand muss hier natürlich von einem arithmetischen Datentyp sein. Der unäre Vorzeichenoperator + wurde nur in die Sprachdefinition aufgenommen, damit ein symmetrischer Operator zu - existiert. Er hat keinen Einfluss auf den Operanden.

4.4.2 Arithmetische Operatoren

Alle arithmetischen Operatoren, außer dem Modulo-Operator, können sowohl auf Ganzzahlen als auch auf Gleitkommazahlen angewandt werden. Arithmetische Operatoren sind immer binär.

4.4.2.1 Addition +

Der Additionsoperator + liefert die Summe zweier Operanden.

```
int zahl1 = 1, zahl2 = 2;
int ergebnis;
ergebnis = zahl1 + zahl2; // ergebnis bekommt den Wert 3
```

4.4.2.2 Subtraktion –

Der Subtraktionsoperator – liefert die Differenz zweier Operanden.

```
int zahl1 = 1, zahl2 = 2;
int ergebnis;
ergebnis = zahl1 - zahl2; // ergebnis bekommt den Wert -1
```

4.4.2.3 Multiplikation *

Der Multiplikationsoperator * liefert das Produkt der beiden Operanden.

```
int zahl1 = 2, zahl2 = 3;
int ergebnis;
ergebnis = zahl1 * zahl2; // ergebnis bekommt den Wert 6
```

4.4.2.4 Division /

Der Divisionsoperator / liefert den Quotienten aus der Division des ersten durch den zweiten Operanden.

```
int zahl1 = 4, zahl2 = 2;
int ergebnis;
ergebnis = zahl1 / zahl2; // ergebnis bekommt den Wert 2
```

Bei Division durch 0 ist das Ergebnis undefiniert!

4.4.2.5 Modulo %

Der Modulo-Operator % liefert den Restwert einer Division. Die Operanden des Modulo-Operators müssen von ganzzahligem Datentyp sein.

```
int zahl1 = 3, zahl2 = 6;
int ergebnis;
ergebnis = zahl1 % zahl2; // ergebnis bekommt den Wert 3
ergebnis = zahl2 % zahl1; // ergebnis bekommt den Wert 0
```

Ist der zweite Operand 0, so ist das Ergebnis undefiniert!

4.4.2.6 Zuweisung =

Der Zuweisungsoperator = hat ganz zentrale Bedeutung. Er kommt fast in jeder Anweisungszeile eines Programms vor. Der Zuweisungsoperator weist dem linken Operanden den Wert des rechten Operanden zu.

```
int zahl1 = 3, zahl2 = 6;
zahl2 = zahl1; // zahl2 bekommt den Wert 3
```

4.4.2.7 Kombinierte Zuweisungen

Kombinierte Zuweisungen setzen sich immer aus einer Zuweisung und einer anderen Operation zusammen. Sie dienen der verkürzten (aber nicht immer vereinfachten!) Darstellung.

```
int zahl1 = 3, zahl2 = 6;
zahl2 += zahl1; // entspricht zahl2 = zahl2 + zahl1!
                // zahl2 bekommt so den Wert 9
```

An dieser Stelle wird auch die besondere Bedeutung des Zuweisungsoperators = deutlich. Es handelt sich hier nämlich keinesfalls um eine mathematische Gleichheit! Der Ausdruck `zahl2 = zahl2 + zahl1` kann mathematisch nur erfüllt sein, wenn sowohl `zahl1` als auch `zahl2` den Wert 0 besitzen. In der Programmierung ist die Bedeutung eine ganz andere: der Ausdruck der rechten Seite des Zuweisungsoperators, also `zahl2 + zahl1` wird zunächst ausgewertet und anschließend dem Operanden auf der linken Seite des Zuweisungsoperators (hier `zahl2`) zugewiesen! Auf diese Art ist es möglich, einer Variablen einen neuen Wert zuzuweisen, der aus ihrem alten Wert und dem Wert einer weiteren Variable besteht, indem diese beiden Variablen zunächst mit einem entsprechenden Operator verknüpft wurden.

Gebräuchlich sind u. a. folgende kombinierte Zuweisungen:

- `+=` z. B. `zahl1 += zahl2` entspricht `zahl1 = zahl1 + zahl2`
- `-=` z. B. `zahl1 -= zahl2` entspricht `zahl1 = zahl1 - zahl2`
- `*=` z. B. `zahl1 *= zahl2` entspricht `zahl1 = zahl1 * zahl2`
- `/=` z. B. `zahl1 /= zahl2` entspricht `zahl1 = zahl1 / zahl2`
- `%=` z. B. `zahl1 %= zahl2` entspricht `zahl1 = zahl1 % zahl2`

4.4.2.8 Inkrementierung ++

Der Inkrement-Operator ++ erhöht den Wert einer Variablen um 1. Man unterscheidet die **Postfix**-(`zahl++`) und die **Präfix-Notation** (`++zahl`). Bei der Postfix-Notation wird die Variable `zahl` erst inkrementiert (also ihr Wert um 1 erhöht), nachdem sie verwendet wurde. Bei der Präfix-Notation wird sie inkrementiert, bevor sie verwendet wird.

Die Aufgabe, den Wert einer Variablen um 1 zu erhöhen, kommt in der Programmierung sehr häufig vor. Bei jeder zählergesteuerten Schleife muss die Zählersteuerungsvariable um eine Schrittweite erhöht oder erniedrigt werden, und diese Schrittweite ist sehr häufig 1. Da war es dann nur folgerichtig, dass die Entwickler der Programmiersprache C/C++ für eine derartige Aufgabenstellung eine Abkürzung ersonnen haben. Über eine kombinierte Zuweisung lässt sich die Aufgabe der Inkrementierung schon sehr elegant lösen. Der Ausdruck `i = i + 1;` lässt sich vereinfacht schreiben als: `i += 1;`

Für den Spezialfall (und nur für diesen!), dass die Zahl, die auf die ursprüngliche Variable (in diesem Fall also `i`) addiert werden soll, den Wert 1 besitzt, kann die kombinierte Zuweisung noch einmal verkürzt werden zu: `i++;`

4.4.2.9 Dekrementierung –

Der Dekrement-Operator `--` verringert den Wert einer Variablen um 1. Auch hier wird zwischen der Postfix- (`zahl--`) und Präfix-Notation (`--zahl`) unterschieden. Bei der Postfix-Notation wird die Variable `zahl` erst dekrementiert (also ihr Wert um 1 verringert), nachdem sie verwendet wurde. Bei der Präfix-Notation wird sie dekrementiert, bevor sie verwendet wird.

Auch hier kann über eine kombinierte Zuweisung die Aufgabe der Dekrementierung schon sehr elegant lösen. Der Ausdruck `i = i - 1;` lässt sich schreiben als: `i -= 1;`

Und auch hier kann für den Spezialfall (und wieder nur für diesen!), dass die Zahl, die von der ursprünglichen Variable (hier also wieder `i`) subtrahiert werden soll, den Wert 1 besitzt, die kombinierte Zuweisung noch einmal verkürzt werden zu: `i--;`

4.4.3 Vergleichsoperatoren

Der Einsatz der folgenden Operatoren wird bei der Darstellung der Alternationen (bezeichnet einen Wechsel zwischen mehreren Zuständen, siehe Abschnitt 5.3.2) eine wesentliche Rolle spielen. Das Ergebnis der Anwendung eines Vergleichsoperators ist 1, wenn der Vergleich zutrifft, andernfalls 0. Als Rückgabewert liefert der Vergleich einen `int`-Wert. In C wird der `boolsche` (also logische) Wert `true` durch einen Wert ungleich `0` und `false` durch `0` repräsentiert.

```
int zahl1 = (3 == 6); // zahl1 erhält den Wert 0
zahl1 = (3 == 3);     // zahl1 erhält den Wert 1
```

Im ersten Fall ist die Frage, ob 3 gleich 6 ist falsch, folglich wird der Variablen `zahl` der Wert 0 zugewiesen. Im zweiten Fall ist die Frage ob 3 gleich 3 ist wahr, also bekommt `zahl1` den Wert 1 zugewiesen.

4.4.3.1 Gleichheit ==

Der Gleichheits-Operator == vergleicht die beiden Operanden auf Gleichheit. Er darf nicht mit dem Zuweisungsoperator = verwechselt werden!

4.4.3.2 Ungleichheit !=

Der Ungleichheits-Operator `!=` vergleicht die beiden Operanden auf Ungleichheit.

4.4.3.3 Kleiner <

Der Kleiner-Als-Operator < liefert dann 1, wenn der Wert des linken Operanden kleiner ist als der des rechten.

```
int zahl1 = 3, zahl2 = 6;
int ergebnis;
ergebnis = zahl1 < zahl2; // ergebnis bekommt den Wert 1
ergebnis = zahl2 < zahl1; // ergebnis bekommt den Wert 0
```

Im ersten Fall ist die Frage, ob `zahl1` kleiner als `zahl2` ist, mit ja zu beantworten, die Aussage ist also `wahr`, dementsprechend bekommt `ergebnis` den Wert 1 zugewiesen. Im zweiten Fall ist die Frage, ob `zahl2` kleiner als `zahl1` ist mit nein zu beantworten, die Aussage ist also `falsch`, dementsprechend bekommt `ergebnis` den Wert 0 zugewiesen.

4.4.3.4 Größer >

Der Größer-Als-Operator > liefert dann 1, wenn der Wert des linken Operanden größer ist als der des rechten.

```
int zahl1 = 3, zahl2 = 6;
int ergebnis;
ergebnis = zahl1 > zahl2; // ergebnis bekommt den Wert 0
ergebnis = zahl2 > zahl1; // ergebnis bekommt den Wert 1
```

Im ersten Fall ist die Frage, ob `zahl1` größer als `zahl2` ist mit nein zu beantworten, die Aussage ist also `falsch`, dementsprechend bekommt `ergebnis` den Wert 0 zugewiesen. Im zweiten Fall ist die Frage, ob `zahl2` größer als `zahl1` ist mit ja zu beantworten, die Aussage ist also `wahr`, dementsprechend bekommt `ergebnis` den Wert 1 zugewiesen.

4.4.3.5 Kleiner gleich <=

Der Kleiner-gleich-Operator <= liefert dann 1, wenn der Wert des linken Operanden kleiner oder gleich dem des rechten ist.

```
int zahl1 = 3, zahl2 = 6, zahl3 = 6;
int ergebnis;
ergebnis = zahl1 <= zahl2; // ergebnis bekommt den Wert 1
ergebnis = zahl2 <= zahl3; // ergebnis bekommt den Wert 1
```

Im ersten Fall ist die Frage, ob `zahl1` kleiner oder gleich `zahl2` ist mit ja zu beantworten, die Aussage ist also `wahr`, dementsprechend bekommt `ergebnis` den Wert 1 zugewiesen. Im zweiten Fall ist die Frage, ob `zahl2` kleiner oder gleich `zahl3` ist ebenfalls mit ja zu beantworten, die Aussage ist also `wahr`, dementsprechend bekommt `ergebnis` den Wert 1 zugewiesen.

4.4.3.6 Größer gleich >=

Der Größer-gleich-Operator >= liefert dann 1, wenn der Wert des linken Operanden größer oder gleich dem des rechten ist.

```
int zahl1 = 3, zahl2 = 6, zahl3 = 6;
int ergebnis;
ergebnis = zahl1 >= zahl2; // ergebnis bekommt den Wert 0
ergebnis = zahl2 >= zahl3; // ergebnis bekommt den Wert 1
```

Im ersten Fall ist die Frage, ob `zahl1` größer oder gleich `zahl2` ist mit nein zu beantworten, die Aussage ist also `falsch`, dementsprechend bekommt `ergebnis` den Wert 0 zugewiesen. Im zweiten Fall ist die Frage, ob `zahl2` größer oder gleich `zahl3` ist mit ja zu beantworten, die Aussage ist also `wahr`, dementsprechend bekommt `ergebnis` den Wert 1 zugewiesen.

4.4.4 Logische Operatoren

Logische Operatoren werden gebraucht, um logische Ausdrücke miteinander zu kombinieren bzw. den Wahrheitswert eines logischen Ausdrucks zu negieren (also umkehren). Sie werden ebenfalls bei der Darstellung der Alternationen eine ganz wesentliche Rolle spielen.

4.4.4.1 Logisches NICHT !

Der Negationsoperator NICHT ! dreht den Wahrheitswert eines Operanden um. Aus `wahr` wird also `falsch` und umgekehrt.

4.4.4.2 Logisches UND &&

Zwei Ausdrücke werden mit dem logischen UND `&&` verknüpft. Das Ergebnis des verknüpften Ausdrucks ist 1, wenn beide Operanden ungleich 0 sind, andernfalls 0. Der verknüpfte Ausdruck wird dabei streng von links nach rechts ausgewertet. Wenn der erste Operand bereits 0 ergibt, so wird der zweite Operand nicht mehr ausgewertet und der verknüpfte Ausdruck liefert in jedem Fall den Wert 0. Nur wenn der erste Operand 1 ergibt, wird der zweite Operand ausgewertet. Das Resultat des Ausdrucks ist vom Typ `int`. Zwei als `wahr` bezeichnete Ausdrücke ergeben durch ein logisches UND immer noch eine `wahre` Aussage, während ein als `falsch` bezeichneter und ein als `wahr` bezeichneter Ausdruck immer eine `falsche` Aussage (nicht zu verwechseln mit Falschaussage!) liefern.

4.4.4.3 Logisches ODER ||

Zwei Ausdrücke werden mit dem logischen ODER || (Tastenkombination `AltGr` und < >) verknüpft. Das Ergebnis ist 1, wenn einer der Operanden ungleich 0 ist, andernfalls ist das Ergebnis 0. Der Ausdruck wird dabei streng von links nach rechts ausgewertet. Wenn der erste Operand einen von 0 verschiedenen Wert liefert, so ist das Ergebnis des Ausdrucks 1, und der zweite Operand wird nicht mehr ausgewertet. Das Resultat des Ausdrucks ist vom Typ `int`. Zwei als `wahr` bezeichnete Ausdrücke ergeben durch ein logisches ODER immer noch eine wahre Aussage, genauso wie ein als falsch bezeichneter und ein als wahr bezeichneter Ausdruck immer noch eine wahre Aussage liefern. Erst wenn beide Aussagen falsch sind, ist auch das Ergebnis falsch!

4.4.5 Typumwandlungsoperator

In der Programmierung steht man häufig vor dem Problem, dass eine Variable nicht in dem Datentyp vorliegt, der für eine Weiterverarbeitung erforderlich ist. Entweder erwartet eine Funktion einen Parameter im Datentyp double, das Argument besitzt aber nur den Datentyp int, oder man möchte einen Zahlenwert ohne Nachkommastellen ausgeben, besitzt aber nur Variablen vom Typ float. Mit dem Typumwandlungs-Operator kann der Typ des Wertes einer Variablen für die Weiterverarbeitung geändert werden. Dabei bleibt der Typ der Variable aber unverändert.

```
float zahl1 = 3.25;
int   zahl2 = (int)zahl1; // zahl2 erhält den Wert 3
```

Man spricht hier auch von einem sog. **typecast**. Durch den in runden Klammern vor eine Variable geschriebenen Datentypen wird der Wert der Variablen explizit in den Typ in Klammern umgewandelt (gecastet). Interessant und wichtig sind solche Umwandlungen in folgendem Beispiel:

```
int   zahl1 = 3, zahl2 = 4;
float ergebnis;
ergebnis = zahl1 / zahl2;                    // ergebnis bekommt
                                             // den Wert 0.0
ergebnis = (float)zahl1 / (float)zahl2;      // ergebnis bekommt
                                             // den Wert 0.75
```

Im ersten Fall denkt der Compiler mit! Auf der rechten Seite der Zuweisung findet er die Division zweier int-Variablen. Also geht er davon aus, dass das Ergebnis ebenfalls als int-Variable dargestellt werden soll. Da 3/4 kleiner als 1 ist, ist das Ergebnis dieser Division im int-Sinne gleich 0. Und diese 0 wird dann per Zuweisung der Variablen auf der linken Seite zugewiesen. So wird dann aus 0 schließlich 0.0. Im zweiten Fall wird zunächst der Wert von zahl1 und zahl2 intern als float interpretiert. Es soll die Division zweier float-Variablen durchgeführt werden, also soll wohl auch das Ergebnis als float dargestellt werden. Dies führt zum erwarteten richtigen Ergebnis.

4.4.6 Speicherberechnungsoperator

Mit dem sizeof-Operator kann die Größe eines Datentyps oder eines Datenobjekts in Byte ermittelt werden. sizeof liefert einen ganzzahligen Wert ohne Vorzeichen zurück. Alternativ kann man `sizeof` als Parameter auch den Namen eines Datentyps übergeben. Der Ausdruck `sizeof(char)` liefert immer den Wert 1. Wird `sizeof` auf ein Array angewendet, ist das Resultat die Größe des Arrays in Byte, nicht die Anzahl der Elemente in dem Array! `sizeof` auf ein Element eines Arrays angewendet liefert die Größe des Elements.

```
char zei[12];
int anz = sizeof(zei);  // anz erhält den Wert 12
anz = sizeof(zei[4]);   // anz erhält den Wert 1
```

Bei anderen Datentypen ist das Ergebnis abhängig von der Datenbreite der jeweiligen Typen. Soll die Anzahl der Elemente eines Arrays bestimmt werden, so kann man folgendermaßen verfahren:

```
int zahl[15];
int anz = sizeof(zahl) / sizeof(int); // anz erhält den Wert
15
```

Hier wird durch `sizeof(zahl)` die Anzahl Byte für das gesamte Array `zahl` ermittelt. Mit `sizeof(int)` wird dann ermittelt, wie viele Byte eine `int`-Variable umfasst. Und durch die Division der Gesamtanzahl der Bytes durch die Anzahl der Bytes eines Elementes erhält man schließlich die Anzahl der Elemente eines Arrays.

4.4.7 Bedingungsoperator

Der Bedingungs-Operator ? besitzt die Syntax `Bedingung ? Ausdruck1 : Ausdruck2`.

Zuerst wird die Bedingung ausgewertet. Trifft diese zu, wird der erste Ausdruck abgearbeitet, trifft sie nicht zu, wird der zweite Ausdruck ausgewertet.

```
int zahl1 = 3, zahl2 = 6, maximum;
maximum = (zahl1 > zahl2) ? zahl1 : zahl2;
// maximum bekommt den Wert von zahl2, also 6, denn die
// Bedingung (hier: zahl1 > zahl2) ist nicht erfüllt, also
// wird der zweite Ausdruck (hier: zahl2) ausgeführt.
// Da die Bedingung mit einer Zuweisung kombiniert ist,
// wird schließlich zahl2 der Variablen maximum zugewiesen.
```

`maximum` bekommt den Wert von `zahl2` zugewiesen (also 6), denn die Bedingung (`zahl1 > zahl2`) ist nicht erfüllt. Deshalb wir der zweite Ausdruck (also `zahl2`) zugewiesen.

4.4.8 Indizierungsoperator

Der Index-Operator [] wird verwendet, um ein Element eines Arrays anzusprechen. Dies ist bereits bei der Behandlung der Arrays (siehe Abschnitt 4.2.5) ausführlich dargestellt worden.

4.4.9 Klammerungsoperator

Geklammerte Ausdrücke () werden vor den anderen ausgewertet. Dabei folgt C/C++ den aus der Mathematik bekannten Regeln, dass innere Klammern immer vor äußeren Klammern ausgewertet werden. Auf die Art und Weise kann man die – ebenfalls aus der Mathematik bekannte – Punkt-vor-Strich-Regel umgehen.

```
int zahl1 = 1, zahl2 = 2, zahl3 = 3;
int ergebnis;
ergebnis = zahl1 + zahl2 * zahl3;    // ergebnis wird zu 7
ergebnis = (zahl1 + zahl2) * zahl3; // ergebnis wird zu 9
```

In der zweiten ergebnis-Zeile wird hier also zunächst der Inhalt des Klammeroperators (zahl1 + zahl2) bestimmt, bevor dann die Multiplikation durchgeführt wird. Und nicht nur die „Punkt-vor-Strich-Regel“ kann auf diese Art der konkreten Aufgabenstellung untergeordnet werden. Sämtliche Operatoren sind in einer Prioritätenliste angeordnet. Die Reihenfolge der Positionen in dieser Liste gibt an, welche Operatoren vor oder nach anderen angewendet werden, wenn mehrere Operatoren in einer Anweisung erscheinen.

Tabelle 4.1 Vorrang und Assoziativität von Operatoren

Operator	Bezeichnung	Assoziativität
() [] -> .	Funktions-/Ausdrucksklammer Feldindizierung Zeiger auf Strukturelement Strukturelementvariable	von links nach rechts
! ~ ++ -- - (typ) * & sizeof	Negation Einerkomplement Inkrement Dekrement Vorzeichen Minus explizite Typkonvertierung Zugriff über Zeiger Adresse des Datenobjektes Größe des Datenobjektes in Bytes	von rechts nach links
* / %	Multiplikation Division Modulo	von links nach rechts

Tabelle 4.1 Vorrang und Assoziativität von Operatoren *(Fortsetzung)*

<table>
<tr><th>Operator</th><th>Bezeichnung</th><th>Assoziativität</th></tr>
<tr><td>+
-</td><td>Addition
Subtraktion</td><td>von links nach rechts</td></tr>
<tr><td><<
>></td><td>Linksverschiebung von Bits
Rechtsverschiebung von Bits</td><td>von links nach rechts</td></tr>
<tr><td><
<=
>
>=</td><td>kleiner
kleiner gleich
größer
größer gleich</td><td>von links nach rechts</td></tr>
<tr><td>==
!=</td><td>gleich
ungleich</td><td>von links nach rechts</td></tr>
<tr><td>&</td><td>bitweises UND</td><td>von links nach rechts</td></tr>
<tr><td>^</td><td>bitweises exklusives ODER</td><td>von links nach rechts</td></tr>
<tr><td>|</td><td>bitweises inklusives ODER</td><td>von links nach rechts</td></tr>
<tr><td>&&</td><td>logisches UND</td><td>von links nach rechts</td></tr>
<tr><td>||</td><td>logisches ODER</td><td>von links nach rechts</td></tr>
<tr><td>?:</td><td>bedingte Zuweisung</td><td>von rechts nach links</td></tr>
<tr><td>=
op=</td><td>Wertzuweisungen
op: + – * / % & | ^ << >> (Kombinationen)</td><td>von rechts nach links</td></tr>
<tr><td>,</td><td>Kommaoperator</td><td>von links nach rechts</td></tr>
</table>

Einige der hier aufgeführten Operatoren sind noch nicht erläutert worden. Soweit diese für nachfolgende Beispiele von Bedeutung sind, wird dies an den entsprechenden Stellen nachgeholt. Die Bitoperatoren finden da Einsatz, wo Speicherplatz Mangelware ist, also z. B. bei der Programmierung von Mikroprozessoren. Die Spalte „Assoziativität“ in der Tabelle gibt an, ob eine Folge von Operatoren gleichen Vorrangs von links oder von rechts abgearbeitet wird. Die Priorität (also der Vorrang) der Operatoren ist in der Tabelle dabei zusätzlich von oben nach unten zu lesen.

In Zweifelfällen sollten Ausdrücke, in denen mehrere Operatoren eingesetzt werden, mit dem Klammeroperator verständlich und lesbar gemacht werden! ■

Als Fazit lässt sich festhalten, dass es ein Merkmal schlechten Programmierstils ist, wenn der Programmierer den Quelltext so formuliert, dass die Bewertungsreihenfolge eine Rolle spielt und nicht direkt erkennbar ist. Eine scheinbar „harmlose“ Programmzeile macht dies sehr deutlich:

```
int i, zahl[10];
i = 4;
zahl[i] = i++;
```
■

Die Frage ist hier, ob zunächst der Wert der Variablen `i` inkrementiert wird, also `i` von 4 auf 5 erhöht wird und dieser neue Wert anschließend als Index für das `int`-Feld `zahl` benutzt wird. Ob also `zahl[5] = 5` zugewiesen wird, oder ob doch `zahl[4] = 5` gemeint ist. Oder soll hier doch nur `zahl[4] = 4` zugewiesen werden? Die letzte Variante wird hier in der Tat ausgeführt. Zunächst behält `i` den Wert 4, es wird also `zahl[4] = 4` zugewiesen und erst im Anschluss an diese Zuweisung wird der Wert von `i` von 4 auf 5 erhöht. In den Folgezeilen würde also mit dem erhöhten Wert weitergearbeitet werden.

4.5 Anweisungen und Blöcke

Aus einem einfachen Ausdruck wie z. B. `i++` wird eine Anweisung, wenn diesem Ausdruck ein Semikolon folgt: `i++;`

> **!** In C/C++ wird jede Programmzeile durch ein Semikolon abgeschlossen. Folglich stellt jede Programmzeile auch eine Anweisung dar.

Einzelne Anweisungen können zu **Blöcken** durch die Verwendung von geschweiften Klammern { und } zusammengefasst werden. Diese Blöcke spielen eine wesentliche Rolle bei den folgenden Kontrollstrukturen (Alternationen und Iterationen). Darüber hinaus haben solche Blöcke die Wirkung, dass in ihnen deklarierte Variablen nur innerhalb des Blockes definiert sind. Anweisungsblöcke werden nicht durch ein Semikolon abgeschlossen! Nach der schließenden geschweiften Klammer rechts } folgt also kein Semikolon.

4.6 Alternationen

Unter dem Begriff **Alternationen** werden alle Abfragen zusammengefasst. **Abfragen** (siehe Abschnitt 4.4.3) sind ein wesentliches Element der Kontrollstrukturen einer Programmiersprache. Kontrollstrukturen definieren die Reihenfolge, in der Berechnungen durchgeführt werden.

4.6.1 Einfache Abfragen (if - else)

Mit Hilfe von `if` und `else` werden Entscheidungen formuliert. Diese Anweisung besitzt folgende Syntax:

```
if (Ausdruck)
{
   Anweisung1;
}
else
{
   Anweisung2;
}
```

Zunächst wird Ausdruck auf seinen Wahrheitsgehalt überprüft. Ist Ausdruck wahr, so wird Anweisung1 (oder ein entsprechender Anweisungsblock von der ersten geschweiften Klammer { bis zur zweiten geschweiften Klammer }) ausgeführt. Ist Ausdruck jedoch falsch, so wird Anweisung2 (oder ein entsprechender Anweisungsblock von der dritten geschweiften Klammer { bis zur vierten geschweiften Klammer }) ausgeführt. Der else-Teil dieser Anweisung ist dabei optional. Soll nämlich kein spezieller Programmteil oder eine spezielle Anweisung abgearbeitet werden, wenn Ausdruck falsch ist, so kann dieser Block komplett entfallen. Die Anweisung erhält dann folgende Gestalt:

```
if (Ausdruck)
{
   Anweisung1;
}
```

Besteht der Anweisungsblock für die Antworten wahr und falsch jeweils nur aus einer einzelnen Anweisung, so können die geschweiften Klammern entfallen:

```
if (Ausdruck)
   Anweisung1;
else
   Anweisung2;
```

oder verkürzt dargestellt:

```
if (Ausdruck) Anweisung1;
else Anweisung2;
```

4.6.2 Mehrfachabfragen (else - if)

Eine ganz spezielle Konstruktion von if-Abfragen stellt die Kombination von else und if dar:

```
if (Ausdruck1)
{
   Anweisung1;
}
else if (Ausdruck2)
{
   Anweisung2;
```

```
}
else if (Ausdruck3)
{
   Anweisung3;
}
else
{
   Anweisung4;
}
```

Dies ist die allgemeinste Art, eine Entscheidung unter mehreren Alternativen darzustellen und zu programmieren. Der Reihe nach werden `Ausdruck1`, `Ausdruck2` usw. bewertet. Sobald einer der Ausdrücke einen wahren Wert ergibt, bricht die gesamte Kette ab, der zugehörige Anweisungsblock oder die zugehörige Anweisung wird ausgeführt und das Programm wird mit der Programmzeile fortgesetzt, die der gesamten Konstruktion folgt. Ergibt keiner der explizit aufgeführten Ausdrücke einen wahren Wert, so wird die Anweisung bzw. der Anweisungsblock ausgeführt, der dem finalen `else`-Statement folgt (hier also `Anweisung4`).

```
y = 2;
z = 3;
if (x ==2)
{
   y = 3;
   z = 4;
}
else if (x ==3)
{
   z = 5;
}
else
{
   y = 7;
}
```

Durch die hier benutzte Schreibweise mit geschweiften Klammern lassen sich die einzelnen Blöcke sehr deutlich erkennen. `y` wird zunächst der Wert `2`, `z` der Wert `3` zugewiesen. Anschließend wird überprüft, ob `x` den Wert `2` besitzt. Dann werden sowohl `y` als auch `z` neue Werte zugewiesen. Besitzt `x` den Wert `3`, so bekommt nur `z` einen neuen Wert zugewiesen. In allen anderen Fällen, bekommt `y` den neuen Wert von `7`.

```
y = 2;
z = 3;
if (x ==2)
{
   y = 3;
   z = 4;
}
else if (x ==3) z = 5;
else y = 7;
```

Dieses Beispiel lässt sich nach den Regeln der Arbeit mit `if`-Anweisungen auch kürzer schreiben. Da die beiden Alternativzweige (`else`-Anweisungen) jeweils nur eine Anweisung enthalten, können hier die für eine Blockbildung erforderlichen geschweiften Klammern entfallen.

4.6.3 Die switch-case-Anweisung

Eine weitere Möglichkeit, mehrere Alternativen zu einem Ausdruck zu bearbeiten, stellt die `switch-case`-Anweisung dar. Ihre Syntax lautet:

```
switch (Ausdruck)
{
   case const-Ausdruck1: Anweisung1;
                         break;
   case const-Ausdruck2: Anweisung2;
                         break;
   case const-Ausdruck3: Anweisung3;
                         break;
   default:              Anweisung4;
}
```

Hier wird untersucht, ob `Ausdruck` einen von mehreren konstanten ganzzahligen Werten besitzt. Ist dies der Fall, so wird die zugehörige Anweisung bzw. der zugehörige Anweisungsblock abgearbeitet. `break` sorgt dafür, dass anschließend an das Ende der `switch-case`-Anweisung gesprungen wird und das Programm mit der Zeile fortgesetzt wird, die der gesamten Konstruktion folgt. Wird ein `case`-Zweig nicht durch `break` abgeschlossen, so werden automatisch die Folgezeilen des nächsten `case` ebenfalls abgearbeitet. Diese Vorgehensweise kann in einigen Fällen durchaus gewünscht sein! Das Beispiel lässt sich also mit Hilfe der `switch-case`-Anweisung folgendermaßen realisieren:

```
y = 2;
z = 3;
switch (x)
{
   case 2:  y = 3;
            z = 4;
            break;
   case 3:  z = 5;
            break;
   default: y = 7;
}
```

Da die `switch`-Anweisung nur für ganzzahlige Werte definiert ist, kann nur über Variablen der Datentypen `int` oder `char` geswitcht werden.

```
#include "stdafx.h"
#include <stdio.h>
using namespace System;
void main()
{
   char zeichen;
   printf("Bitte geben Sie a oder b ein: ");
   scanf("%c",&zeichen);
   switch(zeichen)
   {
      case 'a': printf("Sie haben 'a' eingegeben!");
                break;
```

```
        case 'b': printf("Sie haben 'b' eingegeben!");
                  break;
        default:  printf("kein gültiges Zeichen!");
    }
}
```

Wird für die switch-Anweisung eine Variable vom Datentyp char genutzt, so kann auch über die entsprechenden Zeichen, die in dieser Variablen gespeichert werden können, auf unterschiedliche cases verwiesen werden, wie obiges Beispiel zeigt. Die Steuerung über Variablen anderer Datentypen ist allerdings nicht möglich. Hier wäre eine vorhergehende Analyse der Werte und Zuordnung zu int- oder char-Variablen erforderlich, die dann für die eigentliche Steuerung herangezogen werden könnten. Also die Programmierung eines klassischen Work-arounds!

Schreiben Sie ein Programm, mit dessen Hilfe eine einzugebende Zensur als Zahl zwischen 1 und 6 in die entsprechende ausgeschriebene Variante umgesetzt wird.

4.7 Iterationen

Unter dem Begriff **Iterationen** werden alle Wiederholungsstrukturen zusammengefasst. **Wiederholungen** sind ein weiteres wesentliches Element der Kontrollstrukturen einer Programmiersprache. Sie bieten die Möglichkeit, einen Programmteil kontrolliert mehrfach abzuarbeiten.

4.7.1 Zählergesteuerte Schleifen (for)

Zählergesteuerte Schleifen werden in der Regel dann verwendet, wenn von vornherein bekannt ist, wie oft die Schleife durchlaufen werden soll. Die for-Schleife besitzt die folgende Syntax:

```
for (Startwert; Bedingung; Schrittweite)
{
   Anweisung;
}
```

for-Schleifen besitzen (in der Regel) eine Schleifensteuerungsvariable, die als Zählvariable genutzt wird. Dies ist eine Variable, deren Wert bei jedem Schleifendurchlauf durch Addition oder Subtraktion einer bestimmten Schrittweite verändert wird. Über Startwert wird der Schleifensteuerungsvariablen der Startwert der Schleife zugewiesen. Man bezeichnet diesen Schritt auch als **Initialisierung**. In Bedingung wird die aktuelle Gültigkeit der

Schleife überprüft. Besitzt die Bedingung den Wahrheitswert `wahr`, so wird der Schleifenrumpf (das ist der Programmteil zwischen der folgenden geschweiften Klammer auf { bis zur zugehörigen geschweiften Klammer zu }) abgearbeitet. Ist der Wahrheitswert `falsch`, so wird das Programm mit der Zeile, die dem Schleifenrumpf folgt, fortgesetzt. `Schrittweite` dient dazu, den Wert der Schleifensteuerungsvariablen zu verändern. Man spricht hier auch von der Reinitialisierung.

Ein einfaches Beispiel verdeutlicht die Arbeit mit der `for`-Schleife. Es sollen die Zahlen von 1 bis 20 hochgezählt und ausgegeben werden:

```
#include "stdafx.h"
#include <stdio.h>
using namespace System;
void main()
{
    int ilauf;
    for (ilauf = 1; ilauf <= 20; ilauf++)
    {
        printf("%i\n",ilauf);
    }
}
```

Zunächst wird eine Variable für die Zählersteuerung deklariert (hier `ilauf`). Diese Variable wird vom Datentyp `int` deklariert, da in diesem Beispiel nur ganzzahlige Werte in der Schleifenabarbeitung angenommen zu werden brauchen. Selbstverständlich können im Bedarfsfall auch die anderen Datentypen zur Deklaration numerischer Variablen (also Variablen, die Zahlenwerte annehmen können) genutzt werden. Die Schleife beginnt mit dem Wert 1 (`ilauf = 1`) und wird solange wiederholt, wie der Wert der Schleifensteuerungsvariable kleiner oder gleich 20 ist (`ilauf <= 20`). Nimmt die Schleifensteuerungsvariable den Wert 21 an, so ist der Wahrheitswert der Bedingung (`ilauf <= 20`) `falsch` und die Schleife wird abgebrochen. Jedes mal, wenn der Schleifenrumpf abgearbeitet ist, wird der Wert der Schleifensteuerungsvariablen um 1 erhöht (`ilauf++`). Dies passiert auch, wenn der letzte gültige Wert, also 20, bereits erreicht ist. Der Wert der Schleifensteuerungsvariable `ilauf` wird noch einmal von 20 auf 21 erhöht, die Bedingung (`ilauf <= 20`) liefert den Wahrheitswert `falsch` und die Abarbeitung des Schleifenrumpfes wird abgebrochen.

Soll nur jeder 3. Wert zwischen 1 und 20 ausgegeben werden, so wird die Schrittweite verändert, um die Abarbeitung der Schleife an die neue Aufgabe anzupassen:

```
#include "stdafx.h"
#include <stdio.h>
using namespace System;
void main()
{
    int ilauf;
    for (ilauf = 1; ilauf <= 20; ilauf+=3)
    {
```

```
        printf("%i\n",ilauf);
    }
}
```

Hier werden nur noch die Zahlen 1, 4, 7, 10, 13, 16 und 19 ausgegeben. Soll das Verfahren rückwärts ablaufen, so muss die Startbedingung entsprechend erhöht werden. Das nächste Beispiel soll dazu dienen, die Zahlen von 20 bis 1 in Schritten von `2.3` auszugeben. Der Datentyp der Schleifensteuerungsvariablen muss dazu auf einen Fließkommatyp (hier `float`) gesetzt werden:

```
#include "stdafx.h"
#include <stdio.h>
using namespace System;
void main()
{
    float flauf;
    for (flauf = 20.0; flauf >= 1.0; flauf-=2.3)
    {
        printf("%f\n",flauf);
    }
}
```

Dieses Programm gibt nun der Reihe nach die Werte `20.0`, `17.7`, `15.4`, `13.1`, `10.8`, `8.5`, `6.2`, `3.9` und `1.6` aus. Anschließend kann der Wert der Schleifensteuerungsvariablen nicht weiter reduziert (inkrementiert) werden, ohne dass die Bedingung (`flauf >= 1.0`) verletzt wird. Also wird der Schleifendurchlauf abgebrochen.

In der Syntax der zählergesteuerten Schleife sind alle drei Elemente optional, d. h. sie können im Bedarfsfall auch entfallen. Auf diese Art und Weise lässt sich auch eine Schleife folgender Gestalt realisieren: `for(;;)` Hier handelt es sich um eine **Endlosschleife**. Da der zweite Ausdruck (den es ja eigentlich gar nicht gibt!) immer `wahr` ist, wird diese Schleife unendlich oft durchlaufen.

Mehrere Anweisungszeilen hinter einer `for`-Anweisung müssen immer in geschweiften Klammern zu einem Block zusammengefasst werden. Besteht die zu wiederholende Anweisung nur aus einer einzelnen Zeile, können diese Klammern entfallen.

Es ist auch möglich, zählergesteuerte Schleifen zu schachteln, d. h., innerhalb einer Schleife können sich eine oder mehrere weitere Schleifen befinden. Sollen z. B. die Zahlen von 1 bis 100 in 10 Zeilen ausgegeben werden, so kann dies folgendermaßen realisiert werden:

```
#include "stdafx.h"
#include <stdio.h>
using namespace System;
void main()
{
    int izehner, ieiner, izahl;
    for (izehner = 0; izehner <= 9; izehner++)
    {
        for (ieiner = 1; ieiner <= 10; ieiner ++)
        {
            izahl = izehner * 10 + ieiner;
            printf("%5i",izahl);
        }
        printf("\n");
    }
}
```

Das Programm produziert die Ausgabe in Bild 4.4.

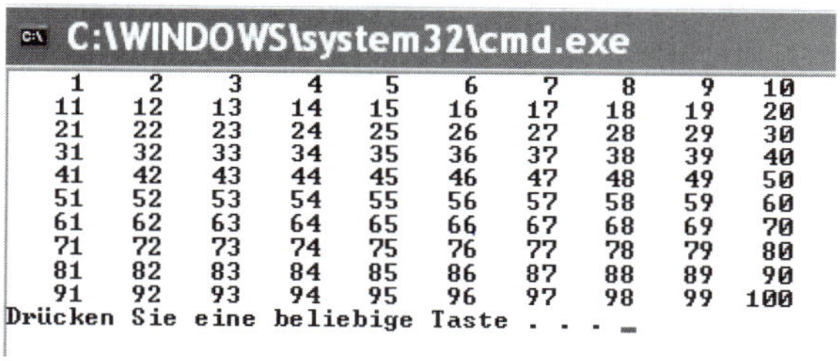

Bild 4.4 Ausgabe des Programms mit zwei geschachtelten Schleifen

Die äußere Schleife in dem Beispiel wird über die Zählersteuerungsvariable `izehner` gesteuert. Diese Variable nimmt der Reihe nach die Werte von 0 bis 9 an. In dieser Schleife ist eine weitere innere Schleife realisiert, die über die Zählersteuerungsvariable `ieiner` gesteuert wird. Diese Variable nimmt jeweils die Werte von 1 bis 10 an. Bei jedem Durchlauf der äußeren Schleife wird die innere Schleife komplett abgearbeitet. Es erfolgt die Berechnung der aktuellen auszugebenden Variable `izahl` aus `izehner` und `ieiner`. Ist die innere Schleife komplett abgearbeitet, wird mit `printf("\n");` noch ein Zeilenvorschub (`new line`) produziert, um die nächsten zehn Ausgaben in einer neuen Zeile darstellen zu können.

Da bei einer zählergesteuerten Schleife die Bedingung im Schleifenkopf überprüft wird und damit vor der Abarbeitung des Schleifenrumpfes, zählt die zählergesteuerte Schleife zu den **kopfgesteuerten Schleifen**. Die Tatsache, dass die Schleifenbedingung bei einer zählergesteuerten Schleife im Kopf und damit vor der Abarbeitung des Schleifenrumpfes durchgeführt wird, kann zur Folge haben, dass der Schleifenrumpf gar nicht abgearbeitet wird. Dies passiert immer dann, wenn die Schleifenbedingung bereits zu Beginn der Schleifenabarbeitung den Wahrheitswert `falsch` liefert.

4.7.2 Kopfgesteuerte Schleifen (while)

Häufig kommt es vor, dass die Wiederholung von Schleifen mit dem Erreichen eines bestimmten Ereignisses abgebrochen werden soll. Ein solches Ereignis kann z. B. die Eingabe eines Wertes durch den Benutzer sein. In solchen Fällen benutzt man meist die `while`-Schleife. Sie besitzt folgende Syntax:

```
while (Bedingung)
{
   Anweisung;
}
```

Im folgenden Beispiel wird eine Schleife solange wiederholt, bis ein spezielles Zeichen (im Beispiel: x) eingegeben wird. Das eingegebene Zeichen wird jeweils auf den Bildschirm ausgegeben:

```
#include "stdafx.h"
#include <stdio.h>
using namespace System;
void main()
{
   char zeichen = 'y';
   while (zeichen != 'x')
   {
      fflush(stdin);
      printf("Bitte Zeichen eingeben(x ==> Ende!): ");
      scanf("%c",&zeichen);
      printf("Sie haben %c eingegeben!\n",zeichen);
   }
}
```

Nach der Deklaration der `char`-Variablen `zeichen` und der Initialisierung dieser Variablen mit `y`, beginnt die `while`-Schleife. Die Initialisierung ist ganz wichtig, da es sich bei der `while`-Schleife um eine kopfgesteuerte Schleife handelt, d. h. der Schleifenrumpf wird nur durchlaufen, wenn die Bedingung den Wahrheitswert `wahr` liefert. Würde die Initialisierung unterbleiben, besäße `zeichen` keinen definierten Inhalt und es wäre nicht möglich, über den Wahrheitswert der Bedingung eine Aussage zu treffen. Der Schleifenrumpf soll hier solange wiederholt werden, wie `zeichen` nicht den Wert `x` besitzt. Im Schleifenrumpf wird zunächst die Standardeingabe (`stdin`) geflashed, d. h. alle evtl. noch vorhandenen Daten in diesem Eingabekanal werden gelöscht. Anschließend wird der Anwender aufgefordert, ein Zeichen einzugeben. Gleichzeitig wird er darauf hingewiesen, dass die Eingabe von `x` das Programm beendet. Das vom Anwender eingegebene Zeichen wird ausgegeben und die Frage zur Eingabe wird erneut gestellt. Natürlich nur, wenn die Eingabe kein `x` war! Die Ausgabe sieht für dieses Beispielprogramm wie in Bild 4.5 aus.

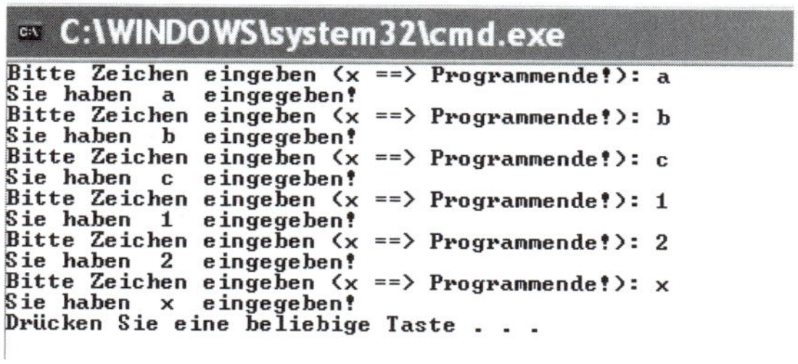

Bild 4.5
Ausgabe des Programms mit einer `while`-Schleife

4.7.3 Fußgesteuerte Schleifen (do – while)

Im Gegensatz zur `while`-Schleife findet bei der `do-while`-Schleife die Überprüfung der Wiederholungsbedingung am Schleifenende statt. Man spricht hier von einer **fußgesteuerten Schleife**. Der Schleifenrumpf dieser Schleifen wird auf jeden Fall mindestens einmal abgearbeitet. Sie besitzt die folgende Syntax:

```
do
{
   Anweisung;
} while (Bedingung);
```

Im folgenden Beispiel sollen solange Zahlen addiert werden, bis der Benutzer durch Eingabe von 0 die Summation beendet. Die errechnete Summe wird am Programmende auf den Bildschirm ausgegeben:

```
#include "stdafx.h"
#include <stdio.h>
using namespace System;
void main()
{
   float zahl, summe = 0.0;
   do
   {          fflush(stdin);
      printf("Bitte Zahl eingeben (0 => Programmende!):
      ");
      scanf("%f",&zahl);
      summe += zahl;
   } while (zahl != 0.0);
   printf("\nSumme der eingegebenen Zahlen: %f\n\
   n",summe);
}
```

Die Initialisierung der Variablen `summe` mit `0.0` ist erforderlich, da nicht sicher davon ausgegangen werden kann, dass sonst der erforderliche Startwert für die Summation (also eben `0.0`!) als Wert für `summe` vorliegt. Die Variable `zahl` braucht hingegen hier nicht initialisiert zu werden, da ihr ja in jedem Fall im Schleifenrumpf ein vom Benutzer ausgewählter Wert zugewiesen wird.

Beachtet werden muss unbedingt, dass das `while` mit einem Semikolon abgeschlossen wird. Sonst wird das Programm nicht korrekt ausgeführt!

Die Ausgabe sieht für dieses Beispielprogramm wie in Bild 4.6 aus.

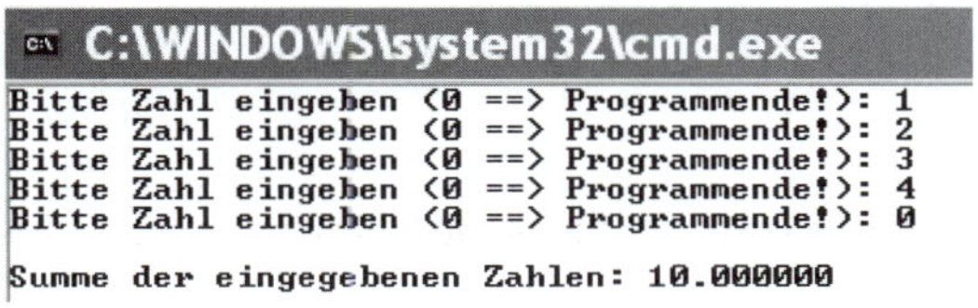

Bild 4.6 Ausgabe des Programms mit einer `do-while`-Schleife

4.7.4 Schleifenabbruch (continue)

Eine `continue`-Anweisung beendet den aktuellen Schleifendurchlauf und setzt, sofern die Schleifen-Bedingung noch erfüllt ist, die Schleife mit dem folgenden Durchlauf fort. Das folgende Programm berechnet in ganzzahligen Schritten die Werte für `1/ilauf` im Intervall `[-10, 10]`. Da die Division durch `null` nicht erlaubt ist, wird dieser Schritt mit Hilfe einer `if`-Abfrage übersprungen. Die `continue`-Anweisung sorgt dafür, dass die Schleife anschließend mit dem nächsten Wert für `ilauf` (also 1) fortgesetzt werden kann, indem wieder zum Schleifenkopf zurückgesprungen wird:

```
#include "stdafx.h"
#include <stdio.h>
using namespace System;
void main()
{
    int ilauf;
    float bruch;
    for (ilauf = -10; ilauf <= 10; ilauf ++)
    {
        if (ilauf == 0) continue;
        bruch = 1.0 / ilauf;
        printf("Wert von 1/%i: %f\n",ilauf,bruch);
    }
}
```

An diesem Beispiel kann die Ausgabe durch einen Trick erheblich verbessert werden:

```
1  #include "stdafx.h"
2  #include <stdio.h>
3  using namespace System;
4  void main()
5  {
6     int ilauf;
7     float bruch;
8     for (ilauf = -10; ilauf <= 10; ilauf ++)
9     {
10       if (ilauf == 0) continue;
11       bruch = 1.0 / ilauf;
12       printf("Wert von 1/%3i: %7.4f\n",ilauf,bruch);
13    }
14 }
```

Durch die formatierte Ausgabe in Zeile 13 werden für die Werte von `ilauf` nun fest 3 Zeichen reserviert. `bruch` wird mit insgesamt 7 Stellen ausgegeben. Davon sollen jeweils 4 Stellen auf die Ausgabe des Nachkommateils entfallen. Zu beachten ist hier, dass der Dezimalpunkt als relevante Stelle mitgezählt wird. Es stehen also `7 - 4 - 1 = 2` Stellen für den Zahlenwert vor dem Dezimalpunkt (inkl. Vorzeichen!) zur Verfügung. Die Ausgabe erhält damit das Aussehen wie in Bild 4.7.

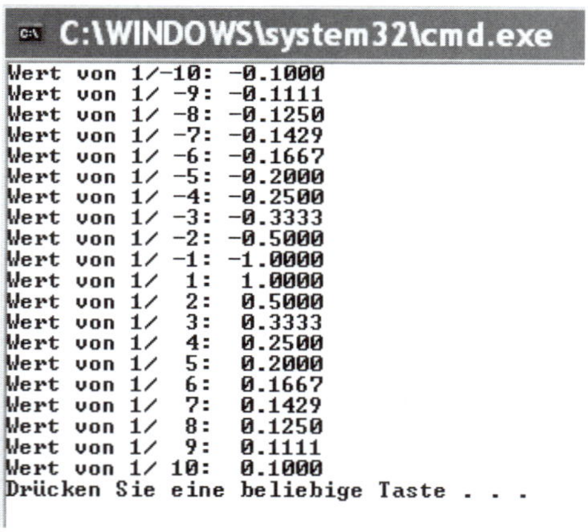

Bild 4.7
Die „schönere" Ausgabe des Programms zur Bruchrechnung mit `continue`

4.7.5 Schleifenabbruch (break)

Die `break`-Anweisung beendet eine Schleife und setzt den Programmablauf mit der ersten Anweisung nach dem Schleifenrumpf fort. Nur innerhalb einer Wiederholungsanweisung, wie in `for`-, `while`-, `do-while`-Schleifen oder innerhalb einer `switch`-Anweisung ist eine `break`-Anweisung funktionsfähig. Im folgenden Beispiel wird die `break`-Anweisung bei einer Passwort-Abfrage eingesetzt:

```
1  #include "stdafx.h"
2  #include <stdio.h>
3  using namespace System;
4  void main()
5  {
6     int passwort = 1234;
7     int anzVersuche = 1;
8     int eingabePasswort;
9     do
10    {
11       printf("Bitte Passwort eingeben: ");
12       fflush(stdin);
13       scanf("%i",&eingabePasswort);
14       if (eingabePasswort == passwort) break;
15       printf("falsches Passwort!\n");
16       printf("%i.Versuch!\n\n",anzVersuche);
17       anzVersuche++;
18    } while (anzVersuche <= 3);
19    if (anzVersuche <= 3)
20       printf("Passwort korrekt eingegeben!\n\n");
21    else
22    {
23       printf("Passwort 3x falsch eingegeben!\n");
24       printf("Programmabbruch!!\n\n");
25    }
26 }
```

Zunächst wird in Zeile 13 das gültige Passwort deklariert und initialisiert. Die Anzahl der möglichen Versuche wird auf maximal 3 in dem Programm festgelegt, der Zähler für diese Versuche in Zeile 8 zu Beginn des Ablaufs auf 1 gesetzt. In einer fußgesteuerten `do-while`-Schleife wird nun zwischen den Zeilen 10 bis 19 die Eingabe eines Passwortes verlangt. Die Eingabe wird in Zeile 15 mit der Vorgabe verglichen. Im Falle der Übereinstimmung wird dann die fußgesteuerte Schleife in Zeile 15 mit `break` verlassen und das Programm wird mit der Zeile 20 fortgesetzt. Hier wird noch überprüft, ob die Anzahl der Versuche im gültigen Bereich lag und anschließend eine entsprechende Bildschirmausgabe produziert (siehe Bild 4.8 und Bild 4.9).

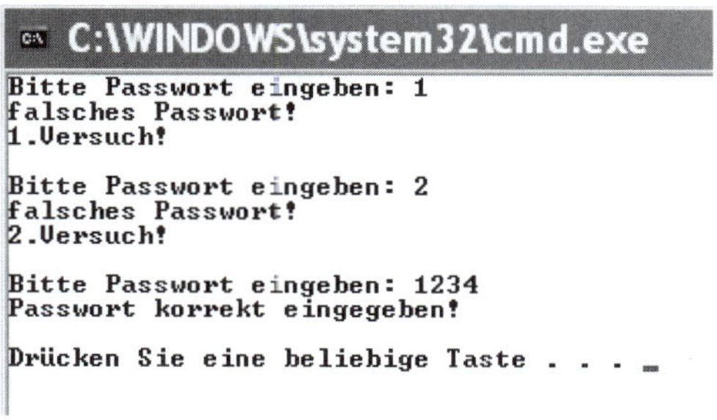

Bild 4.8
Programmausgabe Passwortabfrage mit zwei ungültigen Versuchen

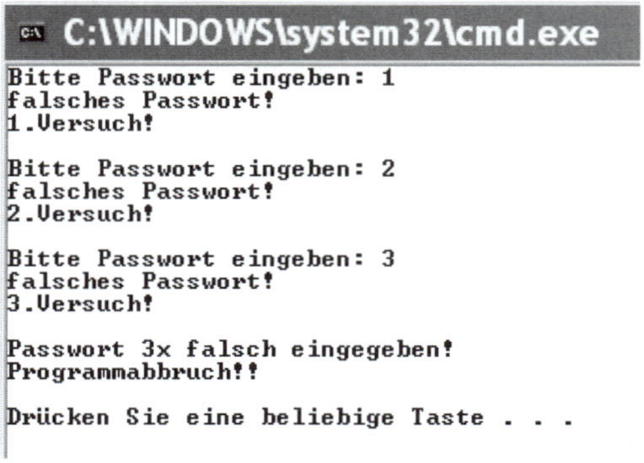

Bild 4.9
Programmausgabe Passwortabfrage mit drei ungültigen Versuchen

4.7.6 Schleifenumwandlungen

Eine `for`-Schleife kann immer durch eine `while`-Schleife ersetzt werden. Bei beiden Schleifen handelt es sich um kopfgesteuerte Schleifen, deren Arbeitsweisen vergleichbar sind und die in ihrem logischen Aufbau übereinstimmen. Die drei Elemente des Schleifenkopfes einer `for`-Schleife `Startwert`, `Bedingung` und `Schrittweite` können auch in einer `while`-Schleife völlig identisch untergebracht werden. Es ist lediglich auf die korrekte Positionierung der Elemente zu achten. So wird aus:

```
for (Startwert; Bedingung; Schrittweite)
{
   Anweisung;
}
```

in der Darstellung einer `while`-Schleife folgender Programmcode:

```
Startwert;
while(Bedingung)
{
   Anweisung;
   Schrittweite;
}
```

4.8 Funktionen

Funktionen bilden das Herzstück der C/C++-Programmierung. In Funktionen werden solche Programmteile ausgelagert,

- die mehrfach abgearbeitet werden, ohne dass diese Mehrfachabarbeitung sinnvoll in eine Wiederholungsstruktur ausgelagert werden kann, oder
- die dazu geeignet sind, die Struktur des Quelltextes zu verdeutlichen und damit zum Verständnis des Gesamtprogramms und der Lesbarkeit des Quelltextes beizutragen.

Eine der zentralen Forderungen der strukturierten Programmierung ist die Vermeidung von Sprüngen innerhalb der Programme (vgl. Kapitel 5). Dies ist in allen Fällen mit geeigneten Kontrollstrukturen möglich. Eine weitere Forderung ist die **Modularisierung**. Dabei wird ein großes Programm in mehrere kleine Programmabschnitte, die **Module** zerlegt. In C/C++ werden solche Module auch als Funktionen bezeichnet. Andere Programmiersprachen bezeichnen Module als Unterprogramme (z.B. FORTRAN) oder unterscheiden zwischen Funktionen (Module mit Rückgabewert) und Prozeduren (Module ohne Rückgabewert) (z.B. Pascal). Trotz dieser unterschiedlichen Bezeichnungen ist aber grundsätzlich dasselbe gemeint.

Diese Modularisierung bietet eine ganze Reihe von Vorteilen:

- **Bessere Lesbarkeit**

  Der Quellcode eines Programms kann schnell mehrere tausend Zeilen (kilo lines of code – kloc) umfassen. Beim Kernel des Betriebssystem Linux, der in C programmiert ist, sind es über fünf Millionen Zeilen. Um dennoch die Lesbarkeit eines solchen Programms halbwegs zu gewährleisten, ist die Modularisierung unerlässlich.

- **Wiederverwendbarkeit**

  In vielen Programmen tauchen die gleichen Problemstellungen mehrfach auf. Einzelne Programmsequenzen müssen mehrfach durchlaufen werden oder Berechnungsschritte müssen bis zur Erreichung einer gewünschten Genauigkeit des Ergebnisses wiederholt werden. Und oft findet man Teilaufgaben ebenfalls in anderen Programmen wieder. Da eigentlich nur Parameter (für die Übergabewerte) und Rückgabetyp (für das Ergebnis) für die Benutzung einer Funktion bekannt zu sein brauchen, erleichtert dies die Wiederverwendbarkeit. Eine fertige Funktion, die eine bestimmte Aufgabe erledigt, kann vom Programmierer immer wieder eingesetzt werden. Der Implementierungsaufwand (also die Lösung der konkreten Teilaufgabe) wird dramatisch reduziert.

- **Wartbarkeit**

  Durch **Copy-and-paste**-Programmierung (also das einfache Kopieren von Quelltextblöcken an andere Programmstellen) besteht die Gefahr, dass Fehler, die sich eingeschlichen haben, mit kopiert werden. Wird ein solcher Fehler entdeckt, müssen natürlich alle Stellen, wo dieser Quellcode eingesetzt worden ist, ebenfalls korrigiert werden. Das lässt sich in der Praxis oftmals nur noch schwer realisieren. Durch die Modularisierung existiert ein solcher potenzieller Fehler nur noch an einer Stelle. Es ist auch sehr viel leichter, weitere Funktionalitäten hinzuzufügen oder zu Abarbeitungen zu ändern.

4.8.1 Formaler Aufbau einer Funktion

Jede Funktion besteht rein formal aus zwei Elementen:

- dem **Funktionskopf** und
- dem **Funktionsrumpf**.

Die Bedeutung der beiden Bestandteile soll im Folgenden an einem konkreten Beispiel verdeutlicht werden:

Es soll eine Funktion realisiert werden, mit deren Hilfe das Volumen eines Quaders berechnet werden kann.

Ein quaderförmiger Körper verfügt über drei Abmessungen:

- die Breite b,
- die Tiefe t und
- die Höhe h.

Aus diesen drei Bestandteilen lässt sich mit Hilfe der Formel $V = b \cdot t \cdot h$ das Volumen V berechnen.

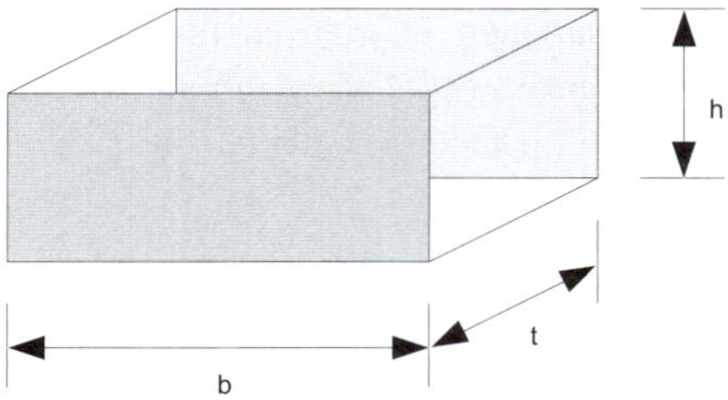

Bild 4.10
Darstellung eines Quaders

4.8.1.1 Der Funktionskopf

Es gibt Funktionen, die der aufrufenden Stelle einen Wert zurückliefern sollen (z.B. mathematische Funktionen wie `sin(x)`, `sqrt(x)`, etc), und solche, die ohne weitere Rückmeldung an die aufrufende Stelle zurückkehren sollen (z.B. reine Meldungsfunktionen für die Ausgabe von Texten). Daher war das Problem zu lösen, wie zwischen diesen beiden grundlegend unterschiedlichen Arten von Funktionen unterschieden werden kann und sie gleichzeitig formal einheitlich behandelt werden können. Gibt eine Funktion einen Wert zurück, so kann das über einen Datentypen vor dem Funktionsnamen realisiert werden. Dazu wird der entsprechende Datentyp vor den Funktionsnamen geschrieben. Für Funktionen, die keine Rückgabe liefern, ist das zunächst natürlich keine Lösung, da es ja keinen Datentyp gibt für „nix“! Es ist also an der Zeit, einen solchen Datentypen zu „erfinden“! In C/C++ besteht die Möglichkeit durch den Datentypen `void` deutlich zu machen, dass es sich eben genau um keinen Standarddatentyp handelt.

Jede Funktion besitzt einen Datentyp für den Rückgabewert. Soll die Funktion keinen Wert zurückgeben, so ist als Datentyp `void` einzusetzen.

Damit ist es möglich, einen einheitlichen Aufbau eines Funktionskopfes zu realisieren:

```
Datentyp des Rückgabewertes   Funktionsname
( Parameter, optional )
```

- Der **Datentyp des Rückgabewertes** kann nun jeder der bekannten Datentypen sein und damit genau den Wert bezeichnen, der von der Funktion zurückgegeben wird. Gibt die Funktion keinen „wirklichen" Wert zurück, so wird der Datentyp mit `void` angegeben.
- Der **Funktionsname** unterliegt den gleichen Regeln wie jede Variable. Er darf aus einer (fast!) beliebigen Kombination von Buchstaben und Ziffern bestehen, wobei keine Ziffer am Anfang stehen darf und keine reservierten.(also zum Sprachumfang von C/C++ gehörenden) Worte verwendet werden dürfen. Darüber hinaus sollten die Funktionsnamen nach Möglichkeit mit einem Kleinbuchstaben beginnen, um sich von speziellen Funktionen, die später bei der objektorientierten Programmierung (den Konstruktoren und Destruktoren) eine große Rolle spielen werden, durch ihre Lesart deutlich zu unterscheiden. Außerdem sollte der Funktionsname einen Hinweis auf die Aufgabe der Funktion geben.
- Die **optionalen Parameter** sind schließlich die Informationen in Form von Variablenwerten, die die Funktion brauchen wird, um ihre Aufgabe zu erledigen. Es gibt auch Funktionen, die keine Parameter für ihre Arbeit brauchen. In solchen Fällen bleibt die Parameterklammer, die immer nach einem Funktionsnamen erscheinen muss, um dem Compiler zu signalisieren, dass es sich bei der folgenden Deklaration eben nicht um eine Variable, sondern um eine Funktion handelt, einfach leer. Werden Parameter an eine Funktion übergeben, so werden diese in Form von Deklarationen (also eine Kombination aus Datentyp und Variablenname) in die Parameterliste eingetragen. Die einzelnen Parameter werden dabei durch Kommata voneinander getrennt.

Nachdem diese Bestandteile des Funktionskopfes geklärt sind, kann der Funktionskopf für die Quaderberechnug festgelegt werden. Er könnte demnach folgendermaßen aussehen:

```
float volumenBerechnungQuader
(float breite, float tiefe, float hoehe)
```

Als Datentyp für die Rückgabe der Funktion ist hier `float` gewählt, da das Ergebnis der Berechnung eine Fließkommazahl werden wird. Der Name der Funktion `volumenBerechnungQuader` gibt einen deutlichen Hinweis auf die Aufgabe der Funktion. Als Parameter werden hier die drei Abmessungen `breite`, `tiefe` und `hoehe` an die Funktion übergeben. Alle drei Parameter sind vom Datentyp `float`, damit auch Abmessungen in Fließkommadarstellung in die Berechnung einfließen können.

4.8.1.2 Der Funktionsrumpf

Der **Funktionsrumpf** ist die Sammlung sämtlicher Anweisungen, die während der Funktionsabarbeitung zur Anwendung gelangen sollen. Formal besitzt er folgenden Aufbau:

```
{
    /* Anweisungen */
    return (Rückgabewert); // optional!!
}
```

Eingerahmt in ein Paar geschweifte Klammern werden hier alle Programmanweisungen aufgeführt, die die Aufgabe der Funktion ausmachen. Besitzt die Funktion einen von `void` abweichenden Datentyp des Rückgabewertes, so muss die Funktion mit einer `return`-

Anweisung verlassen werden. Ist der Datentyp des Rückgabewertes im Funktionskopf jedoch mit `void` angegeben, so darf im Funktionsrumpf keine `return`-Anweisung erscheinen.

Im Beispiel der Volumenberechnung eines Quaders könnte der Funktionsrumpf also folgendermaßen aussehen:

```
{
   float volumen;
   volumen = breite * tiefe * hoehe;
   return (volumen);
}
```

Es wird zunächst eine Variable vom Datentyp `float` deklariert mit dem Namen `volumen`. Dieser Variablen wird anschließend der Wert des Produktes aus `breite`, `tiefe` und `hoehe` zugewiesen, bevor der Wert der Variablen `volumen` per `return` wieder aus der Funktion an die Stelle zurückgegeben wird, wo die Funktion aufgerufen worden ist.

Die Variable `volumen` besitzt in der vorliegenden Funktion nur eine Hilfsfunktion. Die Produktbildung könnte auch genau so gut direkt in der `return`-Anweisung geschehen:

```
{
   return (breite * tiefe * hoehe);
}
```

Da die runde Klammer um den zurückzugebenden Wert ebenfalls optional ist, kann auch sie noch weggelassen werden. So ergibt sich der Schleifenrumpf schließlich in folgender Fassung:

```
{
   return breite * tiefe * hoehe;
}
```

Die gesamte Funktion kann also dargestellt werden als:

```
float volumenBerechnungQuader (float breite, float tiefe,
                               float hoehe)
{
   return breite * tiefe * hoehe;
}
```

So vollständig, wie die Funktion `volumenBerechnungQuader` hier angegeben ist, spricht man auch von der **Definition der Funktion**.

4.8.2 Datentyp und Deklaration einer Funktion – Prototyping

Auch bei Funktionen unterscheidet man wie bei Variablen zwischen der Definition und der Deklaration. Mit:

```
float volumenBerechnungQuader (float breite, float tiefe,
                               float hoehe)
{
    return breite * tiefe * hoehe;
}
```

wird die Funktion `volumenBerechnungQuader` definiert.

Bei der Deklaration einer Funktion wird nur der Funktionskopf, gefolgt von einem Semikolon, angeben. Auch die konkrete Benamung der Parameter unterbleibt. Stattdessen werden nur die Datentypen der einzelnen Parameter angegeben. Die Funktion `volumenBerechnungQuader` würde also folgendermaßen deklariert:

```
float volumenBerechnungQuader(float, float, float);
```

Neben der Definition einer Funktion ist die Deklaration notwendig, wenn die Definition der Funktion erst nach der Benutzung der Funktion erfolgen soll. Diese Vorgehensweise ist für eine übersichtliche Programmierung unerlässlich (vgl. Abschnitt 3.6). Die reine Deklaration einer Funktion wird auch als **Prototyp** bezeichnet. Der Vorgang der Deklaration einer Funktion ist das **Prototyping**. Mit einem Funktions-Prototyp kann der Compiler überprüfen, ob die Funktion überhaupt existiert, der Datentyp des Rückgabewertes, die Anzahl und Datentypen der Argumente (Parameter) korrekt sind.

Das komplette Programm zur Berechnung des Volumens eines Quaders könnte also folgendermaßen aussehen:

```
#include "stdafx.h"
#include <stdio.h>
using namespace System;
float volumenBerechnungQuader(float, float, float);
void main()
{
    float b, t, h, v;
    printf("Herzlich willkommen zur Quader-Berechnung\n");
    printf("Bitte geben Sie eine Breite [cm] vor: ");
    scanf("%f",&b);
    printf("Bitte geben Sie eine Tiefe [cm] vor: ");
    scanf("%f",&t);
    printf("Bitte geben Sie eine Hoehe [cm] vor: ");
    scanf("%f",&h);
    v = volumenBerechnungQuader(b,t,h);
    printf("Das Volumen Ihres Quaders betraegt %f [cm^3]\
    r\n",v);
}
float volumenBerechnungQuader(float breite, float tiefe,
float hoehe)
{
    return breite * tiefe * hoehe;
}
```

■

Der Prototyp der Funktion `volumenBerechnungQuader` wird in Zeile 5 deklariert, damit die Funktion in Zeile 16 verwendet werden kann. An dieser Stelle kann der Compiler dann auch schon prüfen, ob der Typ und die Anzahl der übergebenen Parameter richtig sind. In den Zeilen 20 bis 23 wird die Funktion `volumenBerechnungQuader` definiert. Das Programm liefert schließlich die Ausgabe wie in Bild 4.11.

```
Herzlich willkommen zur Quader-Berechnung
Bitte geben Sie eine Breite [cm] vor: 12
Bitte geben Sie eine Tiefe  [cm] vor: 15
Bitte geben Sie eine Hoehe  [cm] vor: 6
Das Volumen Ihres Quaders betraegt 1080.000000 [cm^3]

Drücken Sie eine beliebige Taste . . . _
```

Bild 4.11 Ausgabe der Quader-Volumenberechnung

Die Bezeichner der Parameter (also deren Namen) müssen im Prototyp nicht angegeben werden – in der Funktionsdefinition allerdings unbedingt! Hier müssen diese Bezeichner allerdings nicht mit denen des Funktionsaufrufs (also den Bezeichnern an der Stelle, wo die Funktion eingesetzt wird) übereinstimmen.

Nach den Regeln zur Organisation eines Projektes muss der Quelltext der Quaderberechnung natürlich anders aufgebaut werden. Er ist hier in der ersten Ansicht für die Übersicht „am Stück" dokumentiert. Nach den Paradigmen der Projektorganisation sind in diesem Beispiel insgesamt drei Dateien zu realisieren:

- die **Header-Datei** zur Aufnahme des Prototypen der Berechnungsfunktion, die in Analogie zum Namen der Berechnungsfunktion etwa `volumenBerechnungQuader.h` benannt werden kann,
- die **Hauptprojektdatei**, deren Namen `QuaderBerechnung.cpp` beibehalten wird und
- die zusätzliche **cpp-Datei** zur Aufnahme der Funktionsdefinition der Berechnungsfunktion, die den gleichen Namen erhält wie die zugehörige Header-Datei, allerdings mit der Endung .cpp, also `volumenBerechnungQuader.cpp`.

Der Inhalt der einzelnen Dateien könnte in diesem Beispiel folgendermaßen aussehen:

VolumenBerechnungQuader.h:

```
#ifndef VOLUMENBERECHNUNGQUADER_H
#define VOLUMENBERECHNUNGQUADER_H
float volumenBerechnungQuader(float, float, float);
#endif
```

QuaderBerechnung.cpp:

```
#include "stdafx.h"
#include "volumenBerechnungQuader.h"
#include <stdio.h>
```

```
using namespace System;
void main()
{
    float b, t, h, v;
    printf("Herzlich willkommen zur Quader-Berechnung\n");
    printf("Bitte geben Sie eine Breite [cm] vor: ");
    scanf("%f",&b);
    printf("Bitte geben Sie eine Tiefe [cm] vor: ");
    scanf("%f",&t);
    printf("Bitte geben Sie eine Hoehe [cm] vor: ");
    scanf("%f",&h);
    v = volumenBerechnungQuader(b,t,h);
    printf("Das Volumen Ihres Quaders betraegt %f [cm^3]\n\n",v);
}
```

volumenBerechnungQuader.cpp:

```
#include "stdafx.h"
float volumenBerechnungQuader(float breite, float tiefe, float hoehe)
{
   return breite * tiefe * hoehe;
}
```

■

Aus der Sicht des Projektmappen-Explorers ergibt sich damit die Ansicht der Projektstruktur wie in Bild 4.12.

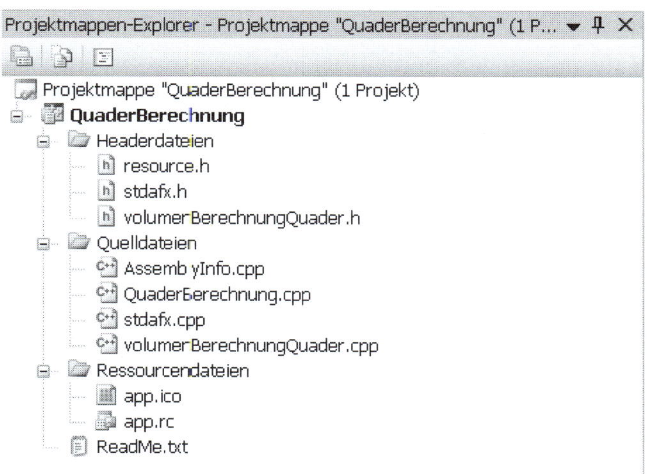

Bild 4.12 Projektmappe des „organisierten“ Quader-Berechnungs-Projektes

Neu ist der Inhalt der ersten eigenen Header-Datei `volumenBerechnungQuader.h`. Hier finden sich eine Reihe **Präprozessoranweisungen**, also Anweisungen, die vor der eigentlichen Übersetzung des Programms durch den Compiler abgearbeitet werden. Die Anweisung `#ifndef VOLUMENBERECHNUNGQUADER_H` steht für `if not defined` (falls nicht definiert) und fordert den Präprozessor auf, zu überprüfen, ob der folgende Bezeichner (hier `VOLUMENBERECHNUNGQUADER_H`) bereits definiert (und damit bekannt) ist oder nicht. Ist der Bezeichner bereits definiert, so wird zur nächsten `#endif`-Anweisung gesprungen, andernfalls mit der Folgezeile fortgefahren. In der Folgezeile wird dann der Bezeichner definiert und ihm wird der Inhalt aller folgenden Zeilen zugeordnet, hier also genau der Prototyp der Berechnungsfunktion.

Damit wird folgendes Prinzip realisiert: wird eine Header-Datei zum ersten Mal inkludiert, so wird ein Bezeichner definiert, der standardmäßig komplett in Großbuchstaben des Namens der Header-Datei angegeben wird. Der Trennungspunkt zwischen dem Namen der Header-Datei und ihrer Extension (also `h`) wird durch einen Unterstrich `_` ersetzt, da ja der Punkt `.` kein gültiges Zeichen im Namen eines Bezeichners darstellt. Wird diese Header-Datei zu einem späteren Zeitpunkt erneut inkludiert, was bei komplexen Projekten durchaus der Fall sein kann, so stellt der Präprozessor fest, dass der Bezeichner bereits bekannt ist und unterlässt die erneute Inkludierung. Dadurch wird vermieden, dass der Prototyp einer Funktion mehrfach auftaucht, was den Compiler zu einer Fehlermeldung bewegen würde, denn die Funktion wäre in ihrer Definition ja bereits bekannt.

Der Quelltext, der die `main()`-Funktion beinhaltet (also hier `QuaderBerechnung.cpp`) ist um den Include der gerade erzeugten Header-Datei zu erweitern (Zeile 3). Dafür entfällt die bisher vor der `main()`-Funktion aufgeführte Deklaration und die nach der `main()`-Funktion angeführte Definition der Berechnungsfunktion `volumenBerechnungQuader`.

Das Projekt umfasst eine weitere `cpp`-Datei `volumenBerechnungQuader.cpp`, in der neben dem eigentlichen Quelltext der Funktion (also deren Definition) der Include der Projektheaderdatei `stdafx.h` zu finden ist. Dieser Include muss in allen `cpp`-Dateien des Projektes vorhanden sein. Andernfalls erhält man eine Compiler-Fehlermeldung.

Der Vorteil dieser Unterteilung der ursprünglichen `cpp`-Datei in zwei `cpp`-Dateien und eine Header-Datei liegt darin, dass bei erneuter Verwendung der ausgelagerten Funktion nur deren Header-Datei in dem neuen Projekt-Quelltext inkludiert zu werden braucht und die Funktions-`cpp`-Datei dem Projekt hinzugefügt werden muss. Sofort ist die bereits einmal realisierte Funktion auch in anderen Projekten nutzbar. Das Prinzip der Modularisierung von Software ist damit einfach umzusetzen.

Auch Bibliotheksfunktionen wie `printf` oder `scanf` besitzen einen Prototyp. Dieser befindet sich üblicherweise in der Headerdatei `stdio.h`. Anders als in diesem Beispiel wird jedoch der Quelltext (also die Definition) der Funktionen nicht dem Projekt hinzugefügt. Vielmehr werden die bereits kompilierten Quelltexte in Form von Bibliotheken dem Projekt zur Verfügung gestellt. Entsprechend gibt es neben einer Header-Datei `stdio.h` eine Bibliothek `stdio.lib`, die sich wie die Header-Datei in den Systemverzeichnissen der Entwicklungsumgebung befindet.

Das Konzept der Prototypen wurde als erstes in C++ eingeführt und war in der ursprünglichen Sprachdefinition von Kernighan und Ritchie nicht vorgesehen. Das legendäre `Hello World`-Programm kam daher zunächst ohne `include`-Anweisung aus. Erst mit der Einführung des ANSI Standards wurden auch in C Prototypen eingeführt.

4.8.3 Das Prinzip der Parameterübergabe

Es muss unbedingt auf eine grundlegende Technik innerhalb der Programmiersprache C/C++ hingewiesen werden, die weitreichende Konsequenzen hat:

Jede Funktion erhält von der aufrufenden Funktion nur Kopien der Parameter, die in die Funktion übergeben werden. Kehrt die Funktion an die Aufrufstelle zurück, so wird in der aufrufenden Funktion mit den „Originalen" weitergearbeitet. Die Kopien werden nicht weiter benutzt.

4.8.3.1 Aufrufverfahren call by value

Ein einfaches Beispiel zeigt die Tragweite dieser Information: Es ist eine Funktion `tausche` zu realisieren, die den Wert zweier Variablen vertauschen kann. Das ist eine sehr häufige Aufgabenstellung, die z. B. in Sortierverfahren ständig angewendet werden muss. Um zwei Variablen zu tauschen (genauer: den Inhalt von zwei Variablen zu vertauschen), braucht man zunächst eine weiter Speicherzelle, in die der Inhalt der ersten Variable abgelegt werden kann. Dann kann der Inhalt der zweiten Variablen in die so frei gewordene erste Variable abgelegt werden, bevor aus der Sicherung der Inhalt der zweiten Variable zugewiesen werden kann. Im Programm kann das folgendermaßen aussehen:

```
#include "stdafx.h"
#include <stdio.h>
#include <conio.h>
using namespace System;
// Prototyp
void tausche(int,int);
void main()
{
   int zahl1 = 1, zahl2 = 2;
   tausche (zahl1,zahl2);
   printf("zahl1 = %i zahl2 = %i\n",zahl1,zahl2);
   getch();
}
void tausche(int x, int y)
{
   int z = x;
   x = y;
   y = z;
}
```

Da die Funktion `tausche` zwei Ergebnisse zu liefern hat (die beiden vertauschten Inhalte), kann sie ihr Ergebnis nicht über ein `return` zurückliefern. Also kann der Rückgabetyp der Funktion als `void` gewählt werden. Der Testlauf liefert jedoch das Ergebnis in Bild 4.13.

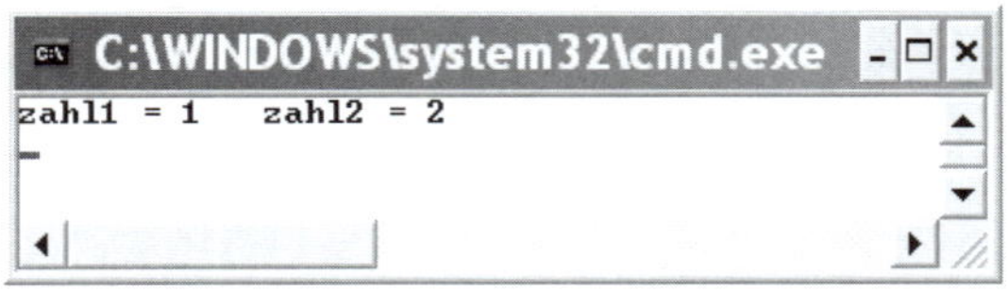

Bild 4.13
Ausgabe des Tauschprogramms

Die Werte der beiden Variablen werden also unverändert ausgegeben. Der genaue Ablauf des Programms kann durch zusätzliche Testausgaben kontrolliert werden:

```
#include "stdafx.h"
#include <stdio.h>
#include <conio.h>
using namespace System;
// Prototyp
void tausche(int,int);
void main()
{
   int zahl1 = 1, zahl2 = 2;
   tausche (zahl1,zahl2);
   printf("zahl1 = %i zahl2 = %i\n",zahl1,zahl2);
   getch();
}
void tausche(int x, int y)
{
   printf("Variablen zu Beginn von tausche:\n");
   printf("x = %i y = %i\n",x,y);
   int z = x;
   x = y;
   y = z;
   printf("Variablen am Ende von tausche:\n");
   printf("x = %i y = %i\n",x,y);
}
```

Bild 4.14 zeigt das Ergebnis.

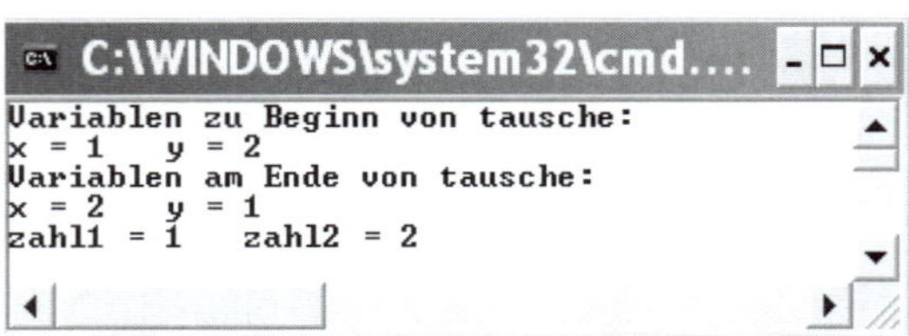

Bild 4.14
Ausgabe des Tauschprogramms mit Testausgaben in der Funktion

Innerhalb der Funktion ist es also sehr wohl zur Vertauschung der beiden Variablen gekommen. Nach der Rückkehr an die aufrufende Stelle in der `main()`-Funktion sind diese Informationen allerdings nicht mehr verfügbar. Nach dem einleitenden Hinweis über das Prinzip der Parameterübergabe ist das eigentlich nicht weiter erstaunlich.

> Werden die Parameter mit ihren Werten an eine Funktion übergeben, so handelt es sich um das Aufrufverfahren per `value`. Dieses Verfahren wird `call by value` genannt.

Diesem Phänomen liegt ein Sicherheitsaspekt zu Grunde. Man stelle sich vor, die `tausche()`-Funktion würde auf die gerade probierte Art und Weise funktionieren und es würden statt zweier Variablen zwei Konstanten an die Funktion übergeben. Diese beiden Konstanten könnten dann z. B. 0 und 1 sein! Also ein Funktionsaufruf: `tausche(0,1);` Nach dem Aufruf der `tausche()`-Funktion wäre dann aus der 0 die 1 und aus der 1 die 0 geworden. Die beiden Zustände, mit denen der Rechner arbeitet, hätten ihre Bedeutung vertauscht. Die Konsequenzen für den weiteren Ablauf eines jeden Programms auf einem so „veränderten" Rechner kann man sich kaum vorstellen. Die Frage ist nur: wie muss das Programm geschrieben werden, damit die Vertauschung wirklich funktioniert?

4.8.3.2 Aufrufverfahren call by reference

Dazu ist es sinnvoll, die Bestandteile einer Variablen genauer zu betrachten: neben dem Datentyp, dem Namen und dem Wert verfügt jede Variable auch noch über eine Adresse im Hauptspeicher, die ihr beim Programmstart mit der Deklaration zugewiesen wird und die während des Programmablaufs nicht verändert wird. Die Idee ist nun, statt des Wertes (genauer: der Kopie des Wertes!) die Adresse der Variable zu übergeben. Auch diese Adresse wird von den beteiligten Funktionen nur als Kopie gehandhabt, nach dem Aufruf arbeitet die aufrufende Funktion mit dem Original der benutzten Adresse weiter. Aber: wenn nun in der Funktion der Inhalt an dieser Adresse verändert wird, hat diese Veränderung auch außerhalb der Funktion Gültigkeit! Die aufrufende Funktion (hier `main()`) gibt also der `tausche()`-Funktion die Adressen der beiden Variablen mit, die `tausche()`-Funktion sorgt dafür, dass die beiden Variablen quasi „umziehen", also ihre Werte tauschen, kehrt in die `main()`-Funktion zurück, die sicherheitshalber mit den Original-Adressen weiterarbeitet, aber gar nicht mitbekommen hat, dass sich die Inhalte, die sich hinter den Adressen verbergen, inzwischen verändert haben.

Um diesen Trick im Programm nutzen zu können, müssen **Referenzen** für die betreffenden Variablen erzeugt werden. Dies geschieht durch:

```
Datentyp & ref = variable;
```

Als Datentyp für die Referenz ist der Datentyp der Variablen anzugeben, für die eine Referenz erzeugt werden soll. Obige Zeile bedeutet so: `ref` ist eine Referenz (symbolisiert durch den Referenzoperator `&`) auf `variable`.

Da nun in die Funktion keine einfachen Werte mehr übergeben werden, sondern Referenzen auf Variablen, ist der Datentyp sowohl in Prototyp als auch im Funktionskopf zu ändern. Dies kann dann für das Vertauschungsproblem folgendermaßen aussehen:

```
1 #include "stdafx.h"
2 #include <stdio.h>
3 #include <conio.h>
4 using namespace System;
5 // Prototyp (Übergabe der Referenzen!)
6 void tausche(int&,int&);
7 void main()
8 {
9     int zahl1 = 1, zahl2 = 2;
10    // Erzeugung der Referenzen:
11    int & ref_zahl1 = zahl1, & ref_zahl2 = zahl2;
12    tausche (ref_zahl1,ref_zahl2);
13    printf("zahl1 = %i zahl2 = %i\n",zahl1,zahl2);
14    getch();
15 }
16 void tausche(int& x, int& y)
17 {
18    printf("Variablen zu Beginn von tausche:\n");
19    printf("x = %i y = %i\n",x,y);
20    int z = x;
21    x = y;
22    y = z;
23    printf("Variablen am Ende von tausche:\n");
24    printf("x = %i y = %i\n",x,y);
25 }
```

Endlich wird das gewünschte Ergebnis erreicht, siehe Bild 4.15.

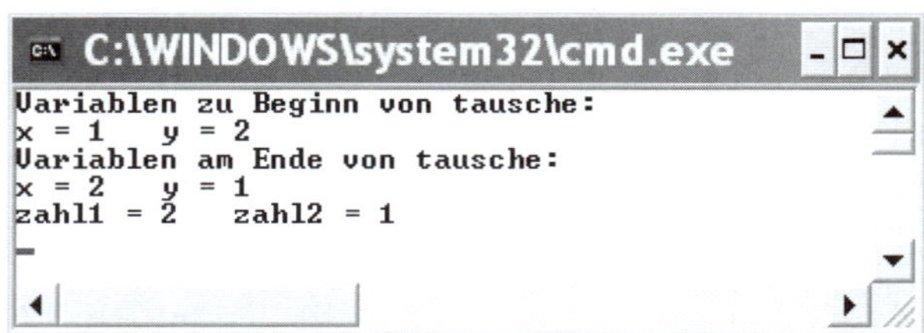

Bild 4.15 Ausgabe des Programms mit Referenzen und Testausgaben in der Funktion

Verblüffend ist die Arbeitsweise der Funktion `tausche()`: in der Parameterliste werden nun zwei Referenzen auf `int`-Variablen übergeben, aber in der Funktion selbst wird mit diesen Referenzen wie mit „normalen" Variablen gearbeitet. Und damit nicht genug: auch in der `main()`-Funktion kann die Arbeitsweise noch verkürzt werden. Die Bildung der Referenzen in der Zeile 12 und die anschließende Übergabe dieser Referenzen in die `tausche()`-Funktion sind überflüssig! Es reicht völlig aus, dem Compiler bekanntzugeben, dass Referenzen übergeben werden sollen. Anschließend können – wie bisher – die „normalen" Variablen im Funktionsaufruf übergeben werden. Der Compiler weiß dann automatisch, dass er es mit Referenzen auf eben diese Variablen zu tun hat, und regelt den weiteren Ablauf selbständig:

```
1  #include "stdafx.h"
2  #include <stdio.h>
3  #include <conio.h>
4  using namespace System;
5  // Prototyp (Übergabe der Referenzen!)
6  void tausche(int&,int&);
7  void main()
8  {
9      int zahl1 = 1, zahl2 = 2;
10     tausche (zahl1,zahl2);
11     printf("zahl1 = %i zahl2 = %i\n",zahl1,zahl2);
12     getch();
13 }
14 void tausche(int& x, int& y)
15 {
16     printf("Variablen zu Beginn von tausche:\n");
17     printf("x = %i y = %i\n",x,y);
18     int z = x;
19     x = y;
20     y = z;
21     printf("Variablen am Ende von tausche:\n");
22     printf("x = %i y = %i\n",x,y);
23 }
```

Auch dieser verkürzte Quelltext liefert das gewünschte Ergebnis. In Zeile 11 werden hier nach der Deklaration der Funktion in Zeile 7 nicht einfach die Werte der Variablen übergeben, obwohl nur deren Namen in der Parameterliste auftauchen, sondern es werden automatisch Referenzen auf diese Variablen gebildet und übergeben. Daher ist es möglich, dass nach dem Aufruf der `tausche()`-Funktion die geänderten Inhalte der Variablen in der `main()`-Funktion verfügbar sind.

Zusammenfassend kann festgehalten werden, dass eine Referenz einen Verweis auf eine Originalvariable darstellt. Jede Veränderung an der Referenz wirkt sich unmittelbar auf die referenzierte Variable aus. Referenzen werden durch den Referenzoperator & gekennzeichnet. Werden die Parameter über ihre Referenzen an eine Funktion übergeben, so handelt es sich um das Aufrufverfahren per `reference`. Dieses Verfahren wird `call by reference` genannt.

Der Sicherheitsaspekt, der den Aufrufverfahren zu Grunde liegt, bleibt auch mit dieser Referenzmethode erhalten. Die Vertauschung von Konstanten ist nicht möglich, da Konstanten keine Variablen im klassischen Sinne sind und somit auch über keine Adresse verfügen. Konstanten können also nicht referenziert werden.

4.8.3.3 Adressoperator, Zeiger und Dereferenzierung

Mit den gerade erläuterten Referenzen lassen sich nun eigentlich alle Übergabeprobleme beim Aufruf von Funktionen lösen. Nicht nur der Vollständigkeit halber, sondern weil es für das Verständnis vieler Funktionen einfach unabdingbar ist, soll nun noch das klassische Adressverfahren für den Aufruf von Funktionen kurz dargestellt werden. In der ursprünglichen Definition der Programmiersprache C waren die gerade vorgestellten einfachen Referenzen nicht vorgesehen. Stattdessen gab es die Möglichkeit, **Zeiger** oder **Pointer** einzusetzen. Auch hinter solchen Zeigern verbergen sich Adressen von Variablen, allerdings ist ihre Leistungsfähigkeit und damit ihr Einsatzbereich erheblich größer, als der der einfachen Referenzen.

Um die Adresse einer Variablen zu erhalten, wird der Adressoperator & (nicht zu verwechseln mit dem Referenzoperator gleicher Darstellung!) benutzt. Eine Variable sei z.B. vom Typ int deklariert: `int izahl;`.

Dann gibt der Ausdruck `&izahl` die Adresse der Variablen an. Eine solche Adresse ist nun selbst wieder eine Variable, die durch die Deklaration `int* ptr_izahl;` einer eigenen Speicherzelle zugewiesen werden kann.

Wird nun eine solche Adresse an eine Funktion übergeben, so muss in der Funktion aus der Adresse wieder der Wert ermittelt werden. Dies geschieht durch den Dereferenzierungsoperator *. Der Quelltext des letzten Beispiels könnte mit dieser Technik dann folgendermaßen aussehen:

```
#include "stdafx.h"
#include <stdio.h>
#include <conio.h>
using namespace System;
// Prototyp (Übergabe der Referenzen!)
void tausche(int*,int*);
void main()
{
   int zahl1 = 1, zahl2 = 2;
   tausche (&zahl1,&zahl2);
   printf("zahl1 = %i zahl2 = %i\n",zahl1,zahl2);
   getch();
}
void tausche(int* x, int* y)
{
   printf("Variablen zu Beginn von tausche:\n");
   printf("x = %i y = %i\n",*x,*y);
   int z = *x;
  *x = *y;
   *y = z;
   printf("Variablen am Ende von tausche:\n");
   printf("x = %i y = %i\n",*x,*y);
}
```

■

Im Prototyp der `tausche()`-Funktion (Zeile 7) werden zwei Adressen als Übergabeparameter deklariert. Beim Aufruf der Funktion (Zeile 11) werden die Adressen der beiden zu vertauschenden Variablen übergeben, indem auf beide Variablen der Adressoperator `&` angewendet wird. In der Kopfzeile der Funktionsdefinition (Zeile 15) werden als Parameter zwei Adressen empfangen. Der Ausdruck `int* x` besagt also: `x` ist die Adresse einer `int`-Variablen. Der Ausdruck `int* y` besagt: `y` ist die Adresse einer `int`-Variablen. Um nun den Wert aus diesen Adressen zu erhalten, wird innerhalb der Funktion auf die Adressen `x` und `y` der Dereferenzierungsoperator `*` angewendet. Um den Wert der beiden Variablen hinter den Adressen ausgeben zu können, wird in der Zeile 18 auf beide Variablen der Dereferenzierungsoperator `*` angewendet. So wird in dieser Zeile tatsächlich der Wert der beiden Adressen ausgegeben. Die zusätzlich benötigte Speicherzelle `z` in der Zeile 19 wird in der Deklarationszeile sofort mit der dereferenzierten Adresse von `x` initialisiert. In der Zeile 20 wird die dereferentierte Adresse von `y` (also der Wert der Adresse `y`) an die dereferenzierte Adresse von `x` (also dem Wert von `x`) zugewiesen. Der Wert der zusätzlichen Speicherzelle `z` wird anschließend der dereferenzierten Adresse von `y` zugeweisen. Auf diese Art und Weise sind die Werte an den Adressen von `x` und `y` nun vertauscht worden. Die abschließende `printf`-Ausgabe belegt dies.

> Durch die Deklaration: `Datentyp * name;` wird mit `name` eine Adresse auf eine Variable von `Datentyp` festgelegt. `name` kann anschließend mit Hilfe des Adressoperators `&` die Adresse einer Variablen vom Typ `Datentyp` zugewiesen werden.

4.8.4 Regeln für ein erfolgreiches Prototyping

Fassen wir die Ergebnisse zu einem „Kochbuch" für das Prototyping, also die Funktionsdeklaration, zusammen.

Der **Prototyp** besteht aus drei Elementen:

- dem Datentyp des Rückgabewertes,
- dem Funktionsnamen und
- den Parametern.

Der Datentyp des Rückgabewertes wird mit `void` (also kein Wert) festgelegt, wenn die Funktion entweder kein Ergebnis zurückgeben soll und kann (z. B. reine Meldungsfunktionen), oder wenn die Funktion mehr als ein Ergebnis liefern soll, die alle gleichrangig in ihrer Bedeutung sind, so dass keines dieser Ergebnisse z. B. als Steuerungsinformation über den Rückgabewert an die aufrufende Stelle zurückgeliefert werden sollte. Alle Ergebnisse werden in einem solchen Fall über Referenzen in der Parameterliste aus der Funktion transportiert. Besitzt die Funktion nur ein Ergebnis (gemeint ist Anzahl der Ergebnisse = 1!), oder gibt es unter den mehreren Ergebnissen eines, welches sich in seiner Bedeutung von den anderen unterscheidet, so kann und wird dieses Ergebnis mit seinem Datentyp den Datentyp des Rückgabewertes festlegen. In einem solchen Fall ist der Datentyp des Rückgabewertes von `void` verschieden und problemangemessen zu wählen.

Der Funktionsname ist „intelligent“ zu wählen. Aus ihm soll die Aufgabe der Funktion ablesbar sein. Da nur ausgewählte Sonderzeichen für die Festlegung eines Funktionsnamen in Frage kommen, sollte geschickt mit der Kombination von Groß- und Kleinschreibweisen gearbeitet werden.

Die Parameterliste, also die Liste der Variablen, die die Funktion braucht, um ihre Aufgabe erledigen zu können, ist in jedem Fall problemorientiert. Für die Übergabe der einzelnen Parameter gilt dabei: alle Parameter, die in der Funktion keine Veränderung erfahren oder deren Veränderung in der Funktion außerhalb der Funktion nicht von Bedeutung sind oder sogar unerwünscht sind, werden per `value` übergeben. Alle Parameter, die innerhalb der Funktion eine Veränderung erfahren sollen und wo diese Veränderung auch außerhalb der Funktion Bestand haben soll, werden per `reference` an die Funktion übergeben. Dabei kann in den meisten Fällen mit einfachen Referenzen gearbeitet werden. Ansonsten können auch Zeiger auf die veränderbaren Variablen eingesetzt werden. Dann ist allerdings auch mit der Dereferenzierung zu arbeiten.

In der Praxis wird man sehr selten Funktionen antreffen, die ausschließlich nach einem der verfügbaren Verfahren ihre Parameter übergeben bekommen. Vielmehr ist es in den meisten Fällen so, dass das Aufrufverfahren für jeden einzelnen Parameter zu analysieren ist.

4.8.5 Die exit()-Funktion

Die Bibliotheksfunktion `exit()` dient dazu, ein Programm an einer beliebigen Stelle zu beenden. Der Funktion ist in Klammern ein Wert als Parameter zu übergeben, der an die aufrufende Umgebung (in der Regel das Betriebssystem) zurückgegeben wird. Mit dem Wert 0 wird signalisiert, dass das Programm fehlerfrei beendet wurde. Alternativ können auch die Makros EXIT_SUCCESS und EXIT_FAILURE ausgeführt werden, um eine erfolgreiche bzw. fehlerhafte Beendigung des Programms zu realisieren.

> Unter DOS kann dieser Rückgabewert z. B. mit der Anweisung `IF ERRORLEVEL` in einer Batchdatei (Stapelverarbeitungsdatei, der Begriff stammt aus der Anfangszeit der Datenverarbeitung, als interaktive Verarbeitung noch nicht möglich war) ausgewertet und für die weitere Steuerung benutzt werden.

4.8.6 Rekursive Funktionen

Unter **Rekursion** versteht man, dass sich eine Funktion selbst wieder aufruft. Der Einsatz rekursiver Funktionen führt zu eleganten Problemlösungen. Diese Technik wird besonders dort eingesetzt, wo sich die weitere Rechnung auf einen zuvor nach gleicher Regel zu bestimmenden Wert bezieht. Sehr bekannt als Anwendung der Rekursion ist die Berechnung von Fakultäten nach der Rekursionsformel $n! = n \bullet (n-1)!$ und der Anfangsbedingung $0! = 1$. Die rekursive Funktion könnte hier folgendermaßen aussehen:

```
1  int fakultaet(int n)
2  {
3     if (n > 0)
4     {
5        return n*fakultaet(n-1);
6     }
7     else
8     {
9        return 1;
10    }
11 }
```

In Zeile 5 ruft sich die Funktion `fakultaet` wieder selbst auf. Jede Rekursion kann mit dem entsprechenden Aufwand in eine Iteration umgewandelt werden, indem entsprechende Schleifen programmiert werden. So könnte die Fakultätsberechnung auch folgendermaßen programmiert werden:

```
int fakultaet(int n)
{
   int ilauf, fakt;
   if (n > 1)
   {
      for(ilauf = 1; ilauf <= n; ilauf++)
      {
         fakt *= ilauf;
      }
      return fakt;
   }
   else
   {
      return 1;
   }
}
```

Eine Rekursion muss eine garantierte Abbruchbedingung besitzen, damit sie nicht endlos läuft. Sie ist im Gegensatz zu einer Schleife durch den verfügbaren Speicher limitiert, da bei jedem erneuten Aufruf der Funktion wieder der gesamte Speicher, den die Funktion benötigt reserviert wird. Läuft sie daher länger als Speicher zur Verfügung steht, wird das Programm abstürzen.

Eine weitere interessante Anwendung der rekursiven Programmierung ist die Fibonacci-Folge, eine unendliche Folge von Zahlen, bei der sich die jeweils folgende Zahl durch Addition der beiden vorherigen Zahlen ergibt: 0, 1, 1, 2, 3, 5, 8, 13, ... Benannt ist diese Zahlenfolge nach Leonardo Fibonacci, der damit 1202 das Wachstum einer Kaninchenpopulation beschrieb. Das Bildungsgesetz kann folgendermaßen beschrieben werden:

Die Fibonacci-Folge $f_0, f_1, f_2, \ldots$ ist durch das rekursive Bildungsgesetz $f_n = f_{n-1} + f_{n-2}$ für $n \geq 2$ mit den Anfangswerten $f_0 = 0$ und $f_1 = 1$ definiert.

Das bedeutet:

- Für die beiden ersten Zahlen werden die Werte *null* und *eins* vorgegeben.
- Jede weitere Zahl ist die Summe ihrer beiden Vorgänger.

Daraus ergibt sich folgende Folge:

0, 1, 1, 2, 3, 5, 8, 13, 21, 34, 55, 89, 144, 233, 377, 610, 987, 1.597, 2.584, 4.181, ...

Schreiben Sie ein Programm, mit dessen Hilfe ein beliebiges Element der Fibonacci-Reihe errechnet werden kann. Realisieren Sie dieses Programm mit Hilfe einer rekursiven Funktion. Der Anwender soll das gewünschte Element vorgeben können (z. B. 10) und Sie errechnen anschließend das zugehörige Element der Reihe (also z. B.: das 10. Element der Reihe ist 55). ■

Das Hauptprogramm:

```
#include "stdafx.h"
#include <stdio.h>
#include <conio.h>
#include "fibonacciFunktion.h"
using namespace System;
void main()
{
    int element;
    printf("Berechnung der Fibonacci-Zahlen\n\n");
    printf("welches Element soll berechnet werden? ");
    scanf("%i",&element);
    printf("\ndas %i.Element der Reihe besitzt den Wert %i",element,
    fibonacci (element));
    getch();
}
```

Die Header-Datei `fibonacciFunktion.h`:

```
#ifndef FIBONACCIFUNKTION_H
#define FIBONACCIFUNKTION_H
//Prototyp der Funktion
int fibonacci(int);
#endif
```

Die Funktionsdefinition `fibonacciFunktion.cpp`:

```
#include "stdafx.h"
// Definition der Funktion
int fibonacci(int zahl)
{
    if (zahl >= 2) return fibonacci(zahl-1) + fibonacci(zahl-2);
```

```
6     else if (zahl == 1) return 1;
7     else return 0;
8 }
```

Das gesamte Projekt ist aufgeteilt nach den Paradigmen der Projektorganisation in das Hauptprogramm (`Fibonacci.cpp` mit `main()`-Funktion), die Header-Datei (`fibonacci-Funktion.h`) und die Datei, die den Quelltext der eigentlichen Funktion enthält (`fibonacci Funktion.cpp`). Die eigentliche Rekursion findet in der Zeile 5 von `fibonacci-Funktion.cpp` statt. Hier wird für die aktuelle Zahl die Summe der beiden vorausgehenden Elemente berechnet.

4.9 Ein- und Ausgabe

Das Einlesen und Ausgeben von einfachen Datentypen erfolgt mit Hilfe der Funktionen `scanf()` und `printf()`. Die Funktionen sind in der Lage formatierte Ein- und Ausgaben zu erzeugen, d. h. dass man bei ihrem Einsatz einen gewissen Einfluss auf die Gestalt der entsprechenden Darstellung nehmen kann. Das ist nicht nur bei tabellarischen Anordnungen wichtig und interessant.

4.9.1 Formatierte Eingabe mit scanf()

Die Funktion `scanf()` dient zum (formatierten) Einlesen von Werten, die über die Tastatur in ein Programm eingegeben werden. In allen bisherigen Beispielen ist sie bereits eingesetzt worden. Sie muss wissen, wohin sie einen einzulesenden Wert abzuspeichern hat. Daher muss ihr beim Aufruf die Adresse der Zielvariablen übergeben werden. Die Adresse dieser Variablen wird mit Hilfe des Adressoperators & gebildet. Nach den Ausführungen zum Thema „Parameterübergabe" (siehe Abschnitt 4.8.3) ist der Einsatz des Adressoperators verständlich: die Variable, der mit Hilfe der `scanf()`-Funktion ein Wert zugewiesen werden soll, erfährt durch die `scanf()`-Funktion eine Veränderung. Sie besitzt also nach dem Funktionsaufruf einen anderen Wert als zuvor. Daher ist sie per `reference` an die `scanf()`-Funktion zu übergeben. Werden `Strings` (also Zeichenketten) eingelesen, so kann direkt die Variable angegeben werden, da in einer Stringvariable bereits die Adresse des ersten Zeichens des Strings bekannt ist. Die Funktion `scanf()` besitzt einen (nur sehr selten genutzten) Rückgabewert: die Anzahl der erfolgreich eingelesenen Zeichen. Welche Datentypen eingelesen werden sollen, wird der Funktion mit einem Formatstring angegeben. Die Anweisungen beginnen mit einem `%`, die darauf folgenden Zeichen geben an, von welchem Typ der einzulesende Wert ist, und welches Format die Eingabe hat.

Wird auf Formatierungen verzichtet, so ergeben sich die folgenden Anweisungen:

- `%c` für Daten vom Typ `char`. Die Funktion liest ein Zeichen ein und speichert dessen ASCII-Code
- `%d` oder `%i` für Daten vom Typ `int`. Die Funktion liest eine ganze Zahl ein und speichert diese in der benannten Variable ab.

- %hd für Daten vom Typ short.
- %ld für Daten vom Typ long.
- %u für Daten vom Typ unsigned int.
- %hu für Daten vom Typ unsigned short.
- %lu für Daten vom Typ unsigned long.

Für Fließkommazahlen gelten die folgenden Anweisungen:

- %f oder %e bzw. %g für Daten vom Typ float.
- %lf für Daten vom Typ double.
- %Lf für Daten vom Typ long double.

Zum Einlesen von Strings muss %s eingesetzt werden. Ohne weitere Angaben wird hier allerdings nur bis zum ersten Whitespace (Leerzeichen) eingelesen! Abhilfe kann hier die Formatierung bringen. Wird z. B. folgender Quelltext implementiert:

```
char text[100];
scanf("%[a-zA-Z0-9, .!?]",text);
```

so können sämtliche Groß- und Kleinbuchstaben zwischen a und z und zwischen A und Z sowie die Zeichen: , " " . ! und ?, also auch ein Leerzeichen, eingelesen werden.

4.9.2 Formatierte Ausgabe mit printf()

Die Funktion printf() dient zur (formatierten) Ausgabe. Es können Texte und Platzhalter für Variablenwerte angegeben werden. Die Programmzeile

```
printf("Probleme loesen mit C/C++");
```

gibt den Text Probleme loesen mit C/C++ auf der Konsole aus.

Die Platzhalter für die Variablenwerte beginnen mit einem %, die darauf folgenden Zeichen geben an, von welchem Datentyp der auszugebende Variablenwert ist und wie die Ausgabe formatiert werden soll, d. h. die Anzahl der gewünschten Stellen, ob die Ausgabe rechts- oder linksbündig erfolgen soll, ob führende Nullen ausgegeben werden sollen etc.

Wenn auf eine Formatierung verzichtet wird, ergeben sich die folgenden Anweisungen:

- %c für Daten vom Typ char. Die Funktion gibt das Zeichen aus, das dem ASCII-Code des Variablenwertes entspricht.
- %d bzw. %i für Daten vom Typ int.
- %hd für Daten vom Typ short.
- %ld für Daten vom Typ long.
- %u für Daten vom Typ unsigned int.
- %hu für Daten vom Typ unsigned short.
- %lu für Daten vom Typ unsigned long.

Für Fließkommazahlen gelten folgende Anweisungen:

- `%f` für Daten vom Typ `double` und `float`.
- `%Lf` für Daten vom Typ `long double`.
- `%e` für Daten vom Typ `double` in Exponentialdarstellung: `n.nnnne+/-xx`.
- `%E` für Daten vom Typ `double` in Exponentialdarstellung: `n.nnnnE+/-xx`.
- `%Le` für Daten vom Typ `long double` in Exponentialdarstellung: `n.nnnne+/-xx`

Wird `g` bzw. `G` anstatt `f` verwendet, so wird je nach Größe der Zahl `e` bzw. `E` oder `f` genutzt. Die Angabe `%m.nf` sorgt dafür, dass die auszugebende Zahl insgesamt mit `m` Stellen ausgegeben wird. Davon sind dann `n` Nachkommastellen und natürlich der Dezimalpunkt für die Anzahl der Vorkommastellen (inkl. Vorzeichen!) abzuziehen.

Für die Ausgabe von einem `String` ist `%s` zu benutzen. Wenn das `%`-Zeichen selbst in einer Ausgabe erscheinen soll, so muss dies mit `%%` angegeben werden.

4.9.3 Arbeiten mit Dateien

Die Header-Datei `stdio.h` stellt Datentypen und Funktionen (bzw. deren Prototypen) zur Arbeit mit Streams zur Verfügung. Ein **Stream** (Datenstrom) ist eine Quelle oder ein Ziel von Daten und kann entweder mit einer Datei oder einem Peripheriegerät verknüpft werden. Grundsätzlich werden zwei Arten von Streams unterstützt, nämlich solche für Texte und für binäre Informationen. Ein **Textstrom** ist eine Abfolge von Textzeilen. Jede Zeile enthält dabei null oder mehr Zeichen und ist mit der Zeilenendungsmarkierung `\n` abgeschlossen. Ein Stream wird durch Öffnen (`open`) mit einer Datei oder einem Gerät verbunden. Diese Verbindung wird durch Schließen (`close`) wieder aufgehoben.

Öffnet man eine Datei, so wird ein Zeiger (bzw. Pointer) auf ein Element (genau genommen handelt es sich hier um eine Struktur, also einen selbst definierten Datentyp) vom Typ `FILE` erzeugt (ein `FILE`-Pointer), in welchem alle Informationen hinterlegt sind, die zur Arbeit mit dem entsprechenden Stream erforderlich sind. Zu Beginn der Ausführung eines jeden Programms sind die drei Streams `stdin` (Standardstream für die Eingabe, ist standardmäßig mit der Tastatur verbunden), `stdout` (Standardstream für die Ausgabe, ist standardmäßig mit dem Bildschirm verbunden) und `stderr` (Standardstream für Fehler- und Statusmeldungen, ist standardmäßig ebenfalls mit dem Bildschirm verbunden) bereits geöffnet und verfügbar.

Schematisch lässt sich die Arbeit mit Dateien folgendermaßen darstellen:

1. Öffnen der Datei mit `fopen()`
2. Verarbeiten der Datensätze
   - zeichenweise Ein- und Ausgabe mit `fgetc()`, `fputc()`
   - zeilenweise Ein- und Ausgabe mit `fgets()`, `fputs()` für Textdateien
   - formatierte Ein- und Ausgabe mit `fscanf()`, `fprintf()`
   - blockweise Ein- und Ausgabe mit `fread()`, `fwrite()`
3. Schließen der Datei mit `fclose()`

4.9.3.1 Öffnen der Datei

Der Prototyp der Funktion `fopen()` besitzt folgende Gestalt:

```
FILE * fopen(const char * filename, const char * mode);
```

Die Funktion `fopen()` versucht die Datei mit dem Namen `filename` zu öffnen in dem unter `mode` festgelegten Modus.

`mode` kann dabei folgende Werte annehmen:

- `r` für lesenden Zugriff auf eine Datei, die existiert.
- `w` für schreibenden Zugriff. Dabei spielt die Existenz der Datei keine Rolle. Bestehende Dateien werden allerdings ersetzt. Man spricht hier von destruktivem Schreiben.
- `a` für anhängenden Schreibzugriff auf eine Datei. Weiter kann durch Kombination mit einem `t` oder `b` explizit angegeben werden, ob im Text- oder Binärmodus gearbeitet werden soll. Zusätzlich kann dann noch mit `+` geregelt werden, dass lesend und schreibend zugegriffen werden kann.
- `w+` bedeutet, dass lesend und schreibend auf eine eventuell schon existente Datei zugegriffen werden soll, wobei allerdings die Dateilänge zunächst den Wert `0` bekommt. Es handelt sich hier also wiederum um ein destruktives Schreiben.
- `a+` öffnet eine Datei so, dass an das Ende der evtl. bereits existenten Datei geschrieben werden kann.

Die Funktion `fopen()` liefert einen `FILE`-Pointer zurück oder eben den Wert `NULL`, falls der Zugriff gescheitert ist

4.9.3.2 Verarbeiten der Datensätze

- **Zeichenweise Ein- und Ausgabe:**

  Prototyp der Funktion `fgetc()`: `int fgetc(FILE *fp1);`

  Die Funktion `fgetc()` holt das nächste Zeichen aus der Datei `fp1`. Sie liefert den ASCII-Wert des aktuellen Zeichens aus der korrekt geöffneten Datei mit dem `FILE`-Pointer `fp1` zurück bzw. `EOF` (= `End Of File`, d.h. Ende der Datei) im Fehlerfalle oder falls das Ende der Datei erreicht ist.

  Prototyp der Funktion `fputc()`: `int fputc(int c, FILE *fp1);`

  Die Funktion `fputc()` schreibt das Zeichen `c` in die Datei mit dem `FILE`-Pointer `fp1`. Sie liefert das Zeichen `c` (als numerischen Wert) zurück bzw. `EOF` im Fehlerfalle.

- **Zeilenweise Ein- und Ausgabe für Textdateien:**

  Prototyp der Funktion `fgets()`: `char *fgets(char *s,int length,FILE *fp1);`

  Die Funktion `fgets()` liest bis `EOF`, bis `\n` oder zum Erreichen der angegebenen Länge `length` aus der Datei `fp1` in den Buffer `s`, der genügend Platz bereitgestellt haben muss. Sie liefert einen Pointer auf den Buffer `s` zurück, falls der Zugriff erfolgreich war. Im Fehlerfall wird ein `NULL`-Pointer zurückgegeben.

  Prototyp der Funktion `fputs()`: `int fputs(char *s, FILE *fp1);`

  Die Funktion `fputs()` schreibt die Zeichenkette `s` in die Datei mit dem `FILE`-Pointer `fp1`. Das Endezeichen „`\0`" der Zeichenkette wird dabei nicht in die Datei übernommen. Die

Funktion fputs() liefert die Anzahl der übertragenen Zeichen zurück. Im Fehlerfall wird EOF zurückgegeben.

- **Formatierte Ein- und Ausgabe:**

  Prototyp der Funktion fscanf(): int fscanf(FILE *fp1, char *format, ...);

  Die Funktion fscanf() kann unmittelbar mit der Funktion scanf() verglichen werden (vgl. Abschnitt 4.9.1). Die Daten werden lediglich statt von stdin aus der übergebenen Datei fp1 entnommen. Die Funktiont fscanf() liefert die Anzahl der gelesenen Parameter zurück. Im Fehlerfall wird EOF zurückgegeben.

  Prototyp der Funktion fprintf(): int fprintf(FILE *fp1,char *format, ...);

  Die Funktion fprintf() kann unmittelbar mit der Funktion printf() verglichen werden (vgl. Abschnitt 4.9.2) Die Daten werden in die über den FILE-Pointer fp1 geöffnete Datei statt nach stdout geschrieben. Die Funktion fprintf() liefert entweder die Anzahl der geschriebenen Bytes oder einen negativen Wert im Fehlerfall.

- **Blockweise Ein- und Ausgabe:**

  Prototyp der Funktion fread():

  ```
  size_t fread(void *buf, size_t size, size_t n, FILE *fp1);
  ```

  Die Funktion fread() liest aus der Datei mit dem FILE-Pointer fp1 insgesamt n*size Bytes in den Buffer buf ein. Sie liefert die Anzahl der erfolgreich gelesenen Einheiten (nicht Zeichen!) zurück oder im Fehlerfall den Wert 0.

  Prototyp der Funktion fwrite():

  ```
  size_t fwrite(void *buf, size_t size, size_t n, FILE *fp1);
  ```

  Die Funktion fwrite() schreibt in die Datei mit dem FILE-Pointer fp1 insgesamt n*size Bytes aus dem Buffer buf. Sie liefert die Anzahl der erfolgreich geschriebenen Einheiten (nicht Zeichen!) zurück oder im Fehlerfall den Wert 0.

4.9.3.3 Schließen der Datei

Prototyp der Funktion fclose(): int fclose(FILE *fp1);

Die Funktion fclose() schließt die Datei, auf die der FILE-Pointer fp1 zeigt. Sie liefert den Wert 0 zurück bzw. im Fehlerfall EOF. Das Schließen einer Datei bedeutet, dass der zugehörige Buffer zum System übertragen und gleichzeitig die Verbindung zur Datei aufgehoben wird. Wird ein Datenkanal im Programm nicht durch die Funktion fclose() geschlossen, so wird er beim ordnungsgemäßen Verlassen des Programms automatisch geschlossen.

4.9.3.4 stdio.h

Werfen wir noch einmal einen Blick in die Header-Datei stdio.h. Die Definition eines eigenen Datentyps mit der Bezeichnung _iobuf in dieser Header-Datei besitzt folgende Darstellung:

```
#ifndef _FILE_DEFINED
struct _iobuf {
```

```
          char *_ptr;
          int   _cnt;
          char *_base;
          int   _flag;
          int   _file;
          int   _charbuf;
          int   _bufsiz;
          char *_tmpfname;
          };
typedef struct _iobuf FILE;
#define _FILE_DEFINED
#endif
```

Falls der Bezeichner _FILE_DEFINED nicht definiert ist (#ifndef = if not defined), wird ein eigener Datentyp mit dem Namen _iobuf als Zusammenfassung von Elementen bereits bekannter Datentypen definiert. Die Definition dieser Struktur wird mit ; abgeschlossen. In der Folgezeile wird dann per typedef der Struktur (struct) mit dem Namen _iobuf der neue Name FILE zugeordnet. Die einzelnen Bestandteile der Struktur sind Informationen, die für die Arbeit mit der jeweiligen Datei erforderlich sind. Im Umkehrschluss beschreiben diese Informationen die betreffende Datei für die Arbeit vollständig. Die Zuordnung der entsprechenden Werte zu den Variablen geschieht durch die Funktion fopen(), die den Pointer auf einen FILE liefert.

Weiter werden alle wichtigen Kenngrößen für die Arbeit mit Dateien in stdio.h mit Werten belegt. Bei den Erläuterungen war die Rede von NULL und EOF. Hierbei handelt es sich um Bezeichner, deren Werte mit den Rückgaben einiger Funktionen abgeglichen werden müssen oder können. Der Wert von EOF ist angegeben mit: #define EOF (-1)

Das erscheint noch einleuchtend. Etwas anders verhält es sich da schon mit der Zuweisung eines Wertes für NULL:

```
#ifndef NULL
#ifdef __cplusplus
#define NULL    0
#else
#define NULL    ((void *)0)
#endif
#endif
```

Nachdem geprüft wurde, ob der Bezeichner NULL bereits definiert ist, wird eine Prüfung für den Bezeichner __cplusplus durchgeführt. In Abhängigkeit von dessen Definitionszustand wird dann entweder der Wert 0 oder das Ergebnis eines typecasts, also einer Typumwandlung, für den Bezeichner NULL als Wert genutzt. Umgewandelt wird dabei der Wert 0 in einen Pointer auf einen Datentyp void!

Diese Techniken – also der Einsatz derart kompliziert erscheinender Header-Dateien – besitzen den unschätzbaren Wert, dass alle spezifischen Elemente im Quellcode, die in Abhängigkeit vom Betriebssystem oder spezieller Einstellungen angepasst werden müssten, aus dem eigentlichen individuellen Quelltext heraus gehalten werden können. Anpassungen sind, wenn überhaupt, in den Header-Dateien erforderlich. Da diese Bestandteil des Compilers bzw. der Entwicklungsumgebung sind und damit für den spezifischen Rechner vorliegen, kann der Quellcode in der Regel von einem System auf ein anderes übertragen werden und dort dann jeweils mit dem spezifischen Compiler wieder in ein funktionsfähiges Programm umgewandelt werden.

4.9.3.5 fflush() und stdin

In den Beispielen wird vor dem Einlesen über den Eingabestream dieser mit der Anweisung `fflush(stdin)` bearbeitet. Der Zweck ist, dass nach eingehenden Tests die Funktion `fflush()`in der Entwicklungsumgebung von VC++ tatsächlich in der Lage ist, den Eingabestream `stdin` zu bereinigen.

5 Strukturierte Programmierung

Die strukturierte Programmierung ist ein Programmiersprachen übergreifendes Paradigma (Beispiel, Vorbild, Muster), das Anfang der 1970er Jahre populär wurde. Es beinhaltet die baumartige Zerlegung eines Programms in Teilprogramme (Prozeduren) und somit das Paradigma der prozeduralen Programmierung. Zudem verlangt die strukturierte Programmierung auf der untersten Ebene die Beschränkung auf lediglich drei Kontrollstrukturen:

- Sequenz (hintereinander auszuführende Programmanweisungen)
- Auswahl (Verzweigung)
- Wiederholung (Schleifen)

Die bekannteste Konsequenz dieses Prinzips ist die Vermeidung oder – abhängig von der Programmiersprache – der eingeschränkte und standardisierte Einsatz der Sprunganweisung, des *GOTO*.

Strukturierte Programmierung ist prinzipiell in allen Sprachen möglich. Es ist allerdings vorteilhaft, eine prozedurale Sprache zu ihrer Umsetzung zu verwenden, da diese Programmiersprachen das Prinzip der Strukturierung konsequent unterstützen. Mit wachsender Verbreitung der strukturierten Programmierung wurden auch Programmiersprachen entwickelt, die spezielle Merkmale beinhalten, die die strukturierte Programmierung unterstützen und solche ausschließen, die diesem Programmierstil zuwider laufen.

> **!** Folgende Programmiersprachen eignen sich beispielsweise für eine strukturierte Programmierung: Algol, C, Pascal, FORTRAN (ab FORTRAN 77) ■

Die strukturierte Programmierung ist heute in fast allen Bereichen, in denen professionelle Software entwickelt wird, eine Selbstverständlichkeit. Die neueren Programmierparadigmen wie generative Programmierung, aspektorientierte Programmierung oder objektorientierte Programmierung bauen auf der strukturierten Programmierung auf und erweitern oder ergänzen diese.

Allen Ansätzen für die Programmerstellung ist der Durchlauf folgender Stationen gemein:

- Problemstellung
- Problemanalyse
- Erstellung eines Struktogramms oder Flussdiagramms
- Programmerstellung
- Test des Programms
- Programmlauf
- Dokumentation

5.1 Problemstellung

Bei der Lösung eines Problems mit Hilfe des Computers geht man üblicherweise in mehreren Einzelschritten vor (siehe Kapitel 1). Zunächst wird das Problem also vom Kunden bzw. Auftraggeber so genau wie möglich formuliert. Dabei sind so viele Einzelheiten und Bedingungen festzulegen, dass mit Hilfe dieser Informationen im nachfolgenden Schritt eine Problemanalyse durchgeführt werden kann.

Problemstellung: Verbale Festsetzung des Problems und der Lösungsbedingungen

Die einzelnen Arbeitsschritte, die in diesem Kapitel vorgestellt und erläutert werden, sollen an folgendem Beispiel verdeutlicht werden:

Ein Kunde wünscht ein Programm, mit dem er quadratische Gleichungen lösen kann, das sind Gleichungen in der Form:

$$a \cdot x^2 + b \cdot x + c = d$$

mit beliebigen Zahlen *a*, *b*, *c*, und *d*, in der die Variable *x* im Quadrat erscheint. Gesucht ist nun der Wert für diese Variable *x*, so dass diese Gleichung erfüllt ist.

Eine solche Gleichung kann dann z. B. folgendermaßen aussehen:

$$2 \cdot x^2 - 6 \cdot x + 12 = 8$$

Das bedeutet, dass die Variablen *a*, *b*, *c* und *d* hier folgende Werte annehmen:

$a = 2$, $b = -6$, $c = 12$ und $d = 8$. Mit einigem Glück oder Erfahrung kommt man schließlich zu der Lösung, dass, wenn man für *x* die Zahlen 1 oder 2 einsetzt, die Gleichung tatsächlich aufgeht. In diesem konkreten Beispiel existieren also zwei unterschiedliche Lösungen!

5.2 Problemanalyse

Die Problemanalyse ist wohl der wichtigste Schritt auf dem Weg zu einem erfolgreichen und guten Programm. Man kann die Bedeutung der Problemanalyse für ein Programm mit der Bedeutung eines Fundamentes für ein Haus vergleichen. Wir hier nicht sorgfältig gearbeitet, werden die Ergebnisse der nachfolgenden Arbeitsschritte möglicherweise gefährdet. Zu diesem Zeitpunkt ist u. a. die Entscheidung zu treffen, ob das vorliegende Problem überhaupt mit einem Computerprogramm zu lösen ist. Dabei spielt die Frage, unter welchen zeitlichen, räumlichen und finanziellen Bedingungen dies geschehen kann, eine wesentliche Rolle. Gesetzliche Bestimmungen sind zu beachten. So schreibt beispielsweise das Datenschutzgesetz vor, welche Daten man mit, und welche Daten man ohne die Einwilligung des Betroffenen speichern oder sogar nur verarbeiten darf. Auch die Aufarbeitung einer mathematischen Theorie, die später einmal zur Lösung führen soll, gehört zur Problemanalyse.

Problemanalyse: Aufbereitung der Problemstellung für die EDV-Lösung, Klärung der Randbedingungen, Theorien usw.

Die Problemanalyse zur Problemstellung „Lösung einer quadratischen Gleichung“ könnte folgendermaßen aussehen:

Aus der Mathematik ist bekannt, dass solche Gleichungen mit Hilfe der P-Q-Formel gelöst werden können. Ein Blick in eine mathematische Formelsammlung zeigt:

Gleichungen der Gestalt

$$x^2 + p \cdot x - q = 0$$

besitzen für den Fall, dass die Diskriminante nicht negativ ist, die beiden Lösungen:

$$x_1 = -\frac{p}{2} + \sqrt{\left(\frac{p}{2}\right)^2 - q} \quad x_2 = -\frac{p}{2} - \sqrt{\left(\frac{p}{2}\right)^2 - q}$$

und

als Diskriminante *D* wird dabei folgender Ausdruck bezeichnet: $D := \left(\frac{p}{2}\right)^2 - q$

Dabei wird dann die Gleichung

$$x^2 + p \cdot x + q = 0$$

als Normalform der quadratischen Gleichung bezeichnet. Wenn es nun also gelingt, aus der Darstellungsform

$$a \cdot x^2 + b \cdot x + c = d$$

die Normalform herzustellen, dann sind mit den beiden Lösungsformeln für x_1 und x_2 die Lösungen zu errechnen.

Wie gelangt man von der allgemeinen Darstellung zur Normalform? Dazu sind einige Umformungen an der Gleichung vorzunehmen:

$$a \cdot x^2 + b \cdot x + c = d \quad | \div a$$

$$\Leftrightarrow \quad x^2 + \frac{b}{a} \cdot x + \frac{c}{a} = \frac{d}{a}$$

Aber gilt diese Äquivalenz wirklich immer? Oder gibt es Situationen, in denen die Division durch *a* gar nicht erlaubt ist?

Selbstverständlich gibt es solche Situationen: Was ist mit dem Fall $a = 0$? Hier ist eine Division durch *a* verboten. Allerdings besitzt die Gleichung in diesem Fall auch ein etwas anderes Aussehen:

$$b \cdot x + c = d$$

Dies ist natürlich keine quadratische Gleichung, sondern nur noch eine lineare Gleichung. Trotzdem muss der Fall $a = 0$ gesondert betrachtet werden. Obige Äquivalenzumformung muss also umgeschrieben werden zu:

$$\begin{aligned} & a \cdot x^2 + b \cdot x + c = d \; \left| \div a, \text{ falls } a \neq 0 \right. \\ \Leftrightarrow \quad & x^2 + \frac{b}{a} \cdot x + \frac{c}{a} = \frac{d}{a} \end{aligned}$$

Nun kann der Wert der rechten Seite durch Subtraktion nach links verschoben werden:

$$\begin{aligned} & x^2 + \frac{b}{a} \cdot x + \frac{c}{a} = \frac{d}{a} \quad \left| -\frac{d}{a} \right. \\ \Leftrightarrow \quad & x^2 + \frac{b}{a} \cdot x + \frac{c}{a} - \frac{d}{a} = 0 \end{aligned}$$

Zwei Umbenennungen werden vorgenommen:

$$p := \frac{b}{a}, \qquad q := \frac{c-d}{a}$$

Und man erhält schließlich die quadratische Gleichung in ihrer Normalform:

$$x^2 + p \cdot x + q = 0$$

Zu dieser Gleichung wird die Diskriminante berechnet. Ist deren Wert nicht negativ, so kann die P-Q-Formel angewendet werden.

Bleibt der Fall $a = 0$ zu analysieren.

Die Ausgangsgleichung

$$a \cdot x^2 + b \cdot x + c = d$$

besitzt hier nun die Gestalt:

$$b \cdot x + c = d$$

Es handelt sich also offensichtlich um eine lineare Gleichung, deren Lösung zu bestimmen ist. Der Versuch, diese Gleichung nach der Variablen x aufzulösen, führt erneut über eine Divisionsoperation; diesmal ist die Gleichung durch b zu dividieren. Und auch hier ist diese Operation nur für den Fall $b \neq 0$ definiert. Also muss erneut eine Fallunterscheidung durchgeführt werden:

$$
\begin{aligned}
& b \cdot x + c = d && | \div b,\ \text{falls } b \neq 0 \\
\Leftrightarrow\quad & x + \frac{c}{b} = \frac{d}{b} && | -\frac{c}{b} \\
\Leftrightarrow\quad & x = \frac{d}{b} - \frac{c}{b} = \frac{d-c}{b} &&
\end{aligned}
$$

Der verbleibende Fall

$a = b = 0$

führt schließlich zu einer Gleichung der Form:

$c = d$

Deren Betrachtung ist im Sinne der Lösung einer Gleichung sicherlich nicht mehr sinnvoll. Also sollte der Anwender im Falle einer derartigen Eingabe auf deren Sinnlosigkeit aufmerksam gemacht werden. Eine Berechnung wird allerdings unterbleiben.

5.3 Struktogramm nach Nassi-Shneiderman

Ein **Nassi-Shneiderman-Diagramm** ist ein Diagrammtyp zur Darstellung von Programmentwürfen im Rahmen der strukturierten Programmierung. Dieser Diagrammtyp wurde 1972/1973 von Isaac Nassi und Ben Shneiderman entwickelt und ist später in der DIN 66261 genormt worden.

Da Nassi-Shneiderman-Diagramme Programmstrukturen darstellen, werden sie auch als **Struktogramme** bezeichnet. Die Methode zerlegt das Gesamtproblem, das man mit dem gewünschten Algorithmus lösen will, in immer kleinere Teilprobleme – bis schließlich nur noch elementare Grundstrukturen wie Sequenzen (Abläufe) und Kontrollstrukturen (Bedingungen) zur Lösung des Problems übrig bleiben. Diese können dann durch ein Nassi-Shneiderman-Diagramm grafisch dargestellt werden. Die Vorgehensweise entspricht einem **Top-down-Verfahren**, bei dem ein Gesamtkonzept entwickelt wird, das Schritt für Schritt durch Verfeinerung aufgelöst wird. In der theoretischen Informatik wurde nachgewiesen, dass sich jeder beliebige Algorithmus ohne Sprunganweisung (*GOTO*) formulieren lässt.

In Nassi-Shneiderman-Diagrammen lassen sich erstaunlich einfach auch komplexe und komplizierte Kontrollstrukturen moderner Programmiersprachen abbilden, so dass diese Form der Visualisierung bis heute ihren Platz in der Dokumentation und Aufbereitung von Problemlösungen beibehalten hat. Zwar sind die Diagramme in der professionellen Softwareentwicklung inzwischen durch andere Verfahren abgelöst worden, aber in der Ausbildung ist der Zugang mittels Struktogramm zur strukturierten Programmierung nach wie vor hilfreich und leicht zu erlernen. Weil sie ursprünglich für prozedurale Programmiersprachen entwickelt wurden, bildete man in Struktogrammen nur die eigentliche Prozedur (bzw. deren Logik) und keine Deklarationsbereiche von Variablen und Konstanten ab. Solche Struktogramme werden dann auch als **einfache Struktogramme** bezeichnet. Dadurch ist jedoch speziell für einen C/C++-Programmierer nicht sofort deutlich, welcher Datentyp einer Variablen zugeordnet werden muss. Werden zur Verdeutlichung Deklarationen von Variablen und Konstanten im Struktogramm aufgenommen, so sind diese im ersten Anweisungsblock unterzubringen. Solche Nassi-Shneiderman-Diagramme werden dann als **erweiterte Struktogramme** bezeichnet.

Grundsätzlich erhält jede Anweisung einen eigenen Strukturblock. Existieren mehrere Anweisungen gleicher oder ähnlicher Art, so dürfen diese nicht in einem Strukturblock zusammengefasst werden.

Jede Anweisung muss mindestens aus einer Zuweisung bestehen, also z. B. aus einem Ausdruck wie: `zielvariable` ← `quellVariable`. Eine Zuweisung wird durch einen nach links gerichteten Pfeil dargestellt. Ältere Struktogramme benutzen alternativ aus alten Pascal-Zeiten als Zuweisungszeichen den Doppelpunkt gefolgt vom Gleichheitszeichen, wie z. B.: `zielvariable:= quellVariable`. Das Ziel einer Anweisung steht immer links vom Zuweisungszeichen. Rechts davon steht die Quelle.

Die meisten der nachfolgenden Strukturelemente können ineinander geschachtelt werden. Das aus den unterschiedlichen Strukturblöcken zusammengesetzte Struktogramm ist im Ganzen rechteckig, also genauso breit wie sein breitester Strukturblock.

> **!** Struktogramme sollten keine programmiersprachenspezifische Befehlssyntax enthalten. Sie müssen so programmiersprachenunabhängig formuliert werden, dass die dargestellte Logik einfach zu verstehen und als Codiervorschrift prinzipiell in jede beliebige Programmiersprache umgesetzt werden kann. Über jedes Struktogramm gehört ein sprechender Name, um die Zuordnung zu der beschriebenen Aufgabe zu gewährleisten. Ergänzende und kommentierende Texte sind ausdrücklich und sehr empfehlenswert! ■

Folgende Elemente sind in Struktogrammen einsetzbar:

- Sequenz
- Alternation
- Verschachtelung
- Verzweigung
- Schleifen
- Programm- oder Funktionsaufruf
- Aussprung

5.3.1 Sequenz

Jede Anweisung wird in einen rechteckigen Strukturblock geschrieben (siehe Bild 5.1). Die Strukturblöcke werden nacheinander von oben nach unten durchlaufen. Leere Strukturblöcke, also Strukturblöcke ohne Anweisung, sind nur in Verzweigungen zulässig.

Anweisung 1 / Anweisungsblock 1
Anweisung 2 / Anweisungsblock 2
....
Anweisung n / Anweisungsblock n

Bild 5.1
Sequenz

```
// PQ-Formel.cpp: Hauptprojektdatei.
#include "stdafx.h"
#include <stdio.h>
#include <conio.h>
#include <math.h>
using namespace System;
// Hauptfunktion
void main()
{
   // Deklarationen
   float a, b, c, d, x1, x2, p, q, diskriminante;
   int iergebnis;
   // Einlesen der Koeffizienten
   printf("Programm zur Loesung der quadratischen
           Gleichung\n\n");
   printf("a * x^2 + b * x + c = d\n\n");
   printf("Bitte geben Sie den Wert fuer a ein: ");
   scanf("%f",&a);
   printf("Bitte geben Sie den Wert fuer b ein: ");
   scanf("%f",&b);
   printf("Bitte geben Sie den Wert fuer c ein: ");
   scanf("%f",&c);
   printf("Bitte geben Sie den Wert fuer d ein: ");
   scanf("%f",&d);
   // Lösung der quadratischen Gleichung durch Umformung
   // in die Normalform (falls möglich) und Anwnedung der
   // P-Q-Formel
   if(a == 0)
   {
      if(b == 0)
      {
         iergebnis = 4;
      }
      else
      {
         x1 = (d-c) / b;
         iergebnis = 3;
```

```
        }
    }
    else
    {
        p = b/a;
        q = (c-d)/a;
        diskriminante = pow(p/2,2) - q;
        if (diskriminante < 0) iergebnis = 0;
        if (diskriminante == 0)
        {
            x1 = -p/2;
            iergebnis = 1;
        }
        else
        {
            x1 = -p/2 + sqrt(diskriminante);
            x2 = -p/2 - sqrt(diskriminante);
            iergebnis = 2;
        }
    }
    // Steuerung der switch-Anweisung mit dem
    // Ergebnis iergebnis
    switch(iergebnis)
    {
        case 0:  printf("\n\nDie Gleichung ist nicht
        loesbar,
                            da die Diskriminante negativ
                            ist!");
                 break;
        case 1:  printf("\n\nDie Gleichung besitzt nur eine
                            Loesung x1 = x2 = %.2f",x1);
                 break;
        case 2:  printf("\n\nDie Gleichung besitzt die
        beiden
                            Loesungen\nx1 = %6.2f\nx2 =
                            %6.2f",x1,x2);
                 break;
        case 3:  printf("\n\nDie Gleichung ist linear!\n
        Sie
                            besitzt die Loesung
                            x = %.2f",x1);
                 break;
        case 4:  printf("\n\nIhre Eingabe ist unsinnig!!");
                 break;
        default: printf("Dieser Fall darf hier nicht
                        passieren!!");
    }
    // Anzeigen der produzierten Ausgabe
    getch();
}
```

Jede Anweisung und damit jede Sequenz muss mindestens aus einer Zuweisung bestehen, also z. B. aus einem Ausdruck wie:

```
zielvariable ← quellVariable.
```

bzw. für geübte Ersteller und Umsetzer von Struktogrammen, die mit Zuweisungsoperationen keine Probleme mehr haben durch:

```
zielvariable = quellVariable.
```

Eine „klassische" Sequenz findet man in dem obigen Listing also z. B. in Zeile 32, einen Anweisungsblock z. B. in den Zeilen 36 und 37.

5.3.2 Alternation

Nur wenn die Bedingung, die abzuprüfen ist, zutreffend (`wahr`) ist, wird der Anweisungsblock 1 durchlaufen. Ein Anweisungsblock kann aus einer oder mehreren Anweisungen bestehen. Trifft die Bedingung nicht zu (`falsch`), wird der Anweisungsblock 2 durchlaufen (siehe Bild 5.2).

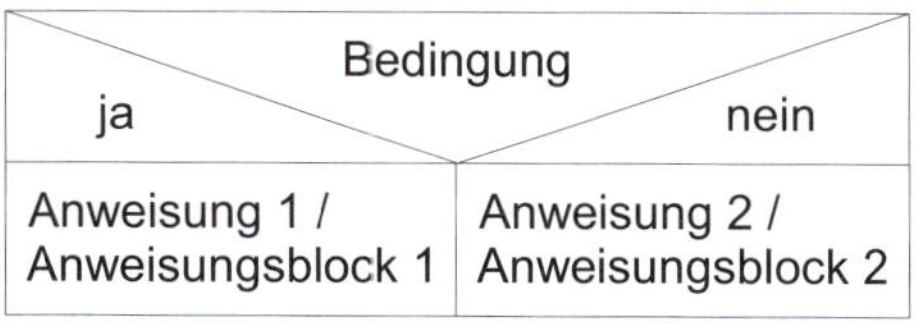

Bild 5.2
Alternation (Bedingung)

Eine Alternation findet man im Listing zur P-Q-Formel z. B. in den Zeilen 30 bis 38:

```
30        if(b == 0)
31        {
32           iergebnis = 4;
33        }
34        else
35        {
36           x1 = (d-c) / b;
37           iergebnis = 3;
38        }
```

Hier wird überprüft, ob der Wert von `b` null entspricht. Ist die Antwort wahr, wird der Variablen `iergebnis` der Wert 4 zugewiesen, ist die Antwort nicht wahr, werden die Anweisungen der Zeilen 36 und 37 abgearbeitet. Im Struktogramm würde dieser Programmausschnitt also folgendermaßen darzustellen sein wie in Bild 5.3.

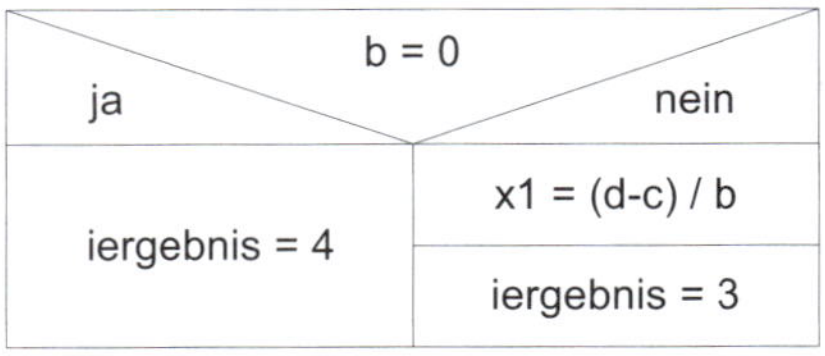

Bild 5.3
Beispiel für eine Alternation

> **!** Es besteht auch die Möglichkeit, dass ein Anweisungsblock komplett leer bleibt, d. h. dass das Programm für den Fall keine spezielle Anweisung auszuführen hat. ■

Im Beispiel der P-Q-Formel kommt ein solcher Fall in einer C-typischen Kurzschreibweise ebenfalls vor:

```
45      if (diskriminante < 0) iergebnis = 0;
```

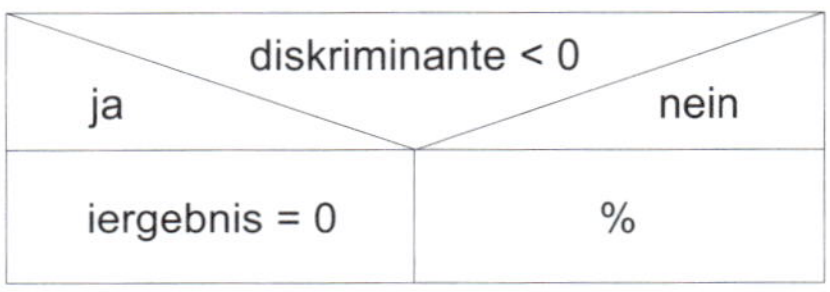

Bild 5.4
Beispiel für eine Alternation mit leerem Anweisungsblock

Die Kennzeichnung % in dem linken Anweisungsblock steht dabei zur Verdeutlichung einer leeren Anweisung.

5.3.3 Verschachtelung

Folgt innerhalb einer Alternation eine weitere Bedingung in einem der Anweisungsblöcke, so erhält man eine Verschachtelung. Eine weitere Verschachtelung ist hier natürlich ebenso im `nein`-Fall möglich. Und auch in allen tiefer liegenden Fällen. Auf die Art und Weise erhält man sehr schnell eine komplexe Struktur (siehe Bild 5.5).

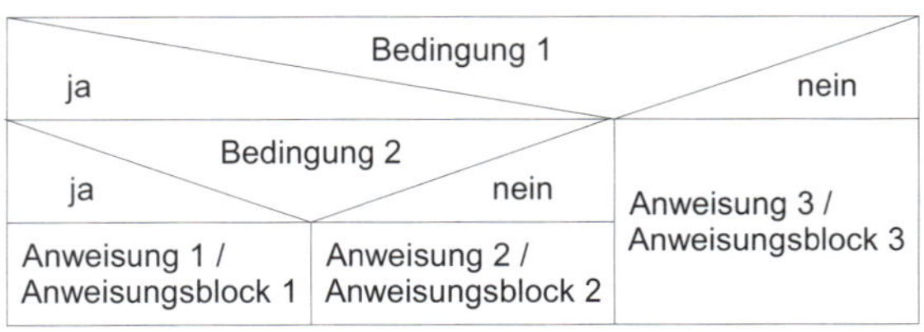

Bild 5.5
Mehrfachalternation (Verschachtelung)

Im Beispiel der P-Q-Formel existiert eine solche Verschachtelung in den Zeilen 28 bis 57.

Die Bedingung 1 steht für die Abfrage, ob `a` den Wert null besitzt. Ist diese Bedingung erfüllt, so wird in der Bedingung 2 geprüft, ob `b` ebenfalls den Wert null besitzt. Entsprechend besteht „Anweisung 1“ aus der Zeile:

```
32          iergebnis = 4;
```

Der Anweisungsblock 2 besteht aus den Programmzeilen:

```
36          x1 = (d-c) / b;
37          iergebnis = 3;
```

Im Anweisungsblock 3 werden die Programmzeilen 42 bis 55 dargestellt, die wiederum eine Alternation beinhalten. Im Struktogramm würde also für diese Programmsequenz folgende Darstellung zu finden sein (siehe Bild 5.6).

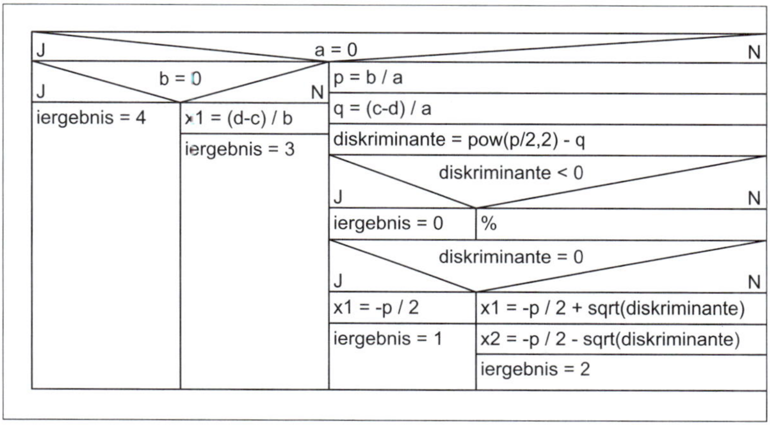

Bild 5.6 Beispiel für eine verschachtelte Alternation

Die Anweisung `diskriminante = pow(p/2,2) - q` enthält dabei die Anwendung der Potenzfunktion `pow( )`. Hier wird der Wert der Basis, also `p/2`, mit dem Exponenten, also `2`, potenziert. Errechnet wird so der Ausdruck

$$\text{diskrimninante} = \left(\frac{p}{2}\right)^2$$

Die Anweisung `x1 = -p /2 + sqrt(diskriminante)` enthält eine Anwendung der `square-root-Funktion sqrt( )`, also das Radizieren (Wurzelziehen, Quadratwurzel) eines Argumentes:

$$x_1 = \frac{p}{2} + \sqrt{\text{diskrimninante}}$$

5.3.4 Verzweigung

Besonders dann, wenn mehr als drei abzuprüfende Bedingungen existieren, bzw. es mehr als drei mögliche und gültige Antworten auf die gestellte Bedingung gibt, ist die Verzweigung geeignet (siehe Bild 5.7): Der Wert der Steuerungsvariable kann dabei sowohl auf

Gleichheit wie auch auf Gültigkeitsbereiche (größer oder kleiner allerdings nur bei Zahlen) geprüft werden und der entsprechend zutreffende Fall mit dem zugehörigen Anweisungsblock wird anschließend durchlaufen. Eine Fallauswahl kann in der Regel auch in eine verschachtelte Auswahl umgewandelt werden, dies erhöht allerdings nicht die Übersichtlichkeit.

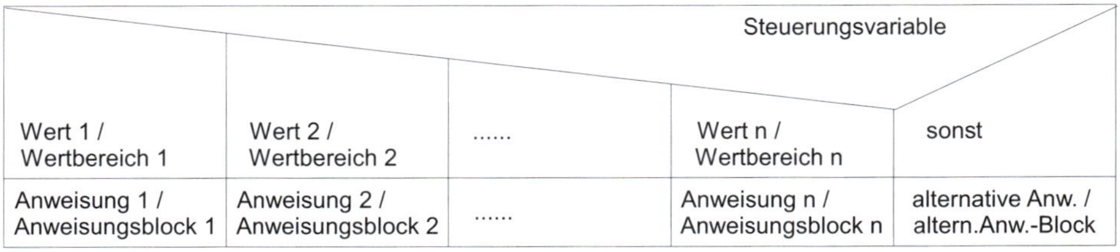

Bild 5.7 Verzweigung

Um sicher zu stellen, dass auch wirklich alle denkbaren Alternativen abgefangen sind, wird die Verzweigung um einen `default`-Fall ergänzt, der alle die Antworten beinhaltet, die nicht durch `Wert 1` bis `Wert n` abgedeckt sind.

Auch eine solche Konstruktion findet sich im Beispiel der P-Q-Formel. In den Zeilen 60 bis 81 findet sich eine Verzweigung, die in C/C++ mit Hilfe einer `switch`-Anweisung realisierbar ist:

```
60    switch(iergebnis)
61    {
62       case 0:  printf("\n\nDie Gleichung ist nicht loesbar,
63                            da die Diskriminante negativ
64                            ist!");
65                break;
66       case 1:  printf("\n\nDie Gleichung besitzt nur eine
67                            Loesung x1 = x2 = %.2f",x1);
68                break;
69       case 2:  printf("\n\nDie Gleichung besitzt die beiden
70                            Loesungen\nx1 = %6.2f\nx2 =
71                            %6.2f",x1,x2);
72                break;
73       case 3:  printf("\n\nDie Gleichung ist linear!\n Sie
74                            besitzt die Loesung
75                            x = %.2f",x1);
76                break;
77       case 4:  printf("\n\nIhre Eingabe ist unsinnig!!");
78                break;
79       default: printf("Dieser Fall darf hier nicht
80                        passieren!!");
81    }
```

■

Verzweigt wird hier über die Steuerungsvariable `iergebnis`. Je nachdem, welchen Wert diese Variable annimmt, wird in den zugehörigen `case` des Quellcodes gesprungen und dieser abgearbeitet. Damit im Anschluss kein folgender `case` abgearbeitet wird, wird die Bearbeitung der einzelnen `cases` durch ein `break` abgeschlossen. Diese Anweisung sorgt dafür, dass das Programm an der der Zeile 81 folgenden Anweisung fortgesetzt wird. Für den `default-case` ist ein solcher Abbruch nicht mehr erforderlich, da es sich ja hier um die letzte Auswahlmöglichkeit handelt. Im Struktogramm würde man eine Darstellung wie in Bild 5.8 finden.

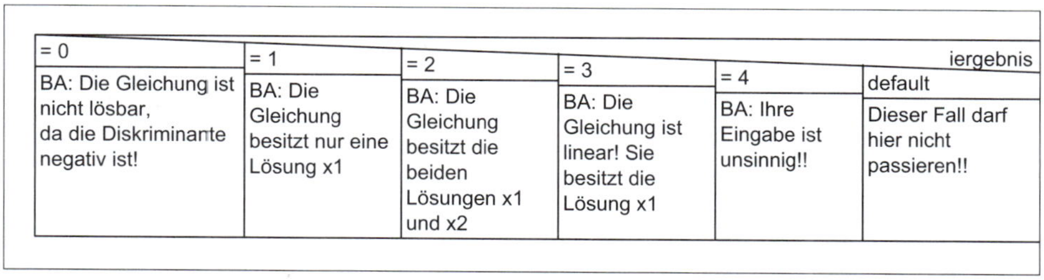

Bild 5.8 Beispiel für eine `switch-case`-Anweisung

Hier findet man im Struktogramm den Quelltext nur ansatzweise wieder. Die konkrete Ausprägung der Ausgaben wird dem Programmierer überlassen. Es werden lediglich die Variablen benannt, die auszugeben sind. Der Hinweis BA steht als Abkürzung für Bildschirmausgabe. Der Programmierer weiß an solchen Stellen, wie er mit der jeweiligen Programmiersprache die gewünschte Bildschirmausgabe realisiert.

5.3.5 Schleifen

Schleifen sind Wiederholungsstrukturen. Sie sind geeignet, Programmteile zu dokumentieren, die mehrfach durchlaufen werden müssen.

> In der strukturierten Programmierung werden grundsätzlich vier unterschiedliche Arten von Schleifen unterschieden:
>
> - zählergesteuerte Schleife
> - kopfgesteuerte Schleife
> - fußgesteuerte Schleife
> - Endlosschleife

5.3.5.1 Zählergesteuerte Schleife

Eine zählergesteuerte Schleife ist eine Wiederholungsstruktur, bei der die Anzahl der Durchläufe festgelegt ist. Als Bedingung muss eine Zählvariable angegeben und mit einem Startwert initialisiert werden. Ebenso muss ein Endwert und die (Zähl-) Schrittweite angegeben werden (siehe Bild 5.9).

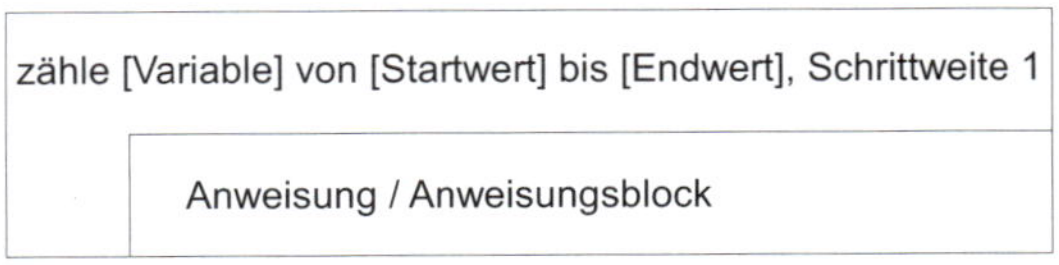

Bild 5.9 Iteration (Schleife)

Nach jedem Durchlauf des Schleifenkörpers (Anweisungsblock) wird die Zählvariable um die positive Schrittweite inkrementiert, also erhöht (bzw. bei negativer Schrittweite entsprechend dekrementiert, also erniedrigt) und mit dem Endwert verglichen. Ist der Endwert über- bzw. unterschritten, wird die Schleife verlassen. Ansonsten wird der Anweisungsblock, der in diesem Fall dem Schleifenrumpf entspricht, erneut durchlaufen und die Gültigkeitsprüfung anschließend wieder durchgeführt. Erst, wenn die Gültigkeit der Zählersteuerungsvariablen nicht mehr gegeben ist, wird die Schleife beendet und das Programm fährt mit dem nächsten Anweisungsblock fort. ■

Im Beispiel der P-Q-Formel findet sich keine Iteration. Als einfache Anwendung kann folgende Aufgabenstellung dienen:

Es ist ein Programm zu realisieren, mit dessen Hilfe für die natürlichen Zahlen von 1 bis 100 jeweils die Quadratzahlen und die Wurzelwerte berechnet werden sollen. Diese Zahlen sollen anschließend tabellarisch ausgegeben werden. ■

Das zugehörige Struktogramm könnte hier dann wie in Bild 5.10 dargestellt aussehen.

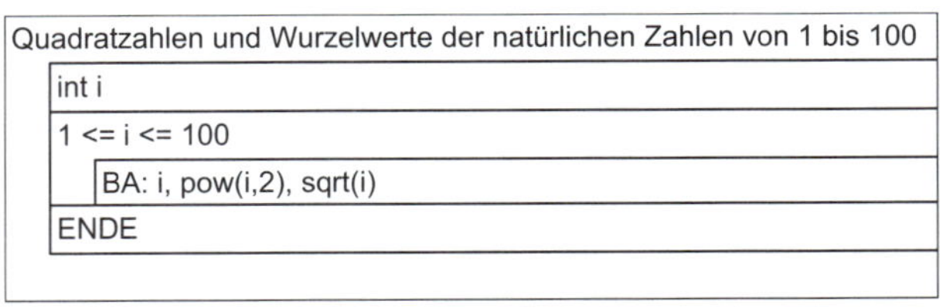

Bild 5.10 Beispiel für eine zählergesteuerte Schleife

Die Zeile `1 <= i <= 100` stellt hier die Kopfzeile der Iteration dar. Die Zählersteuerungsvariable `i` wird beginnend mit dem Wert 1 in Schritten von 1 (es ist ja keine explizite Schrittweite angegeben!) erhöht. Dieses Verfahren wird so lange wiederholt, bis `i` den Wert von 100 erreicht hat. Anschließend wird das Programm beendet.

Die Zeile `BA: i, pow(i,2), sqrt(i)` stellt in dieser Iteration den Schleifenrumpf dar. Auch hier wird mit den beiden Funktionen `pow( )` und `sqrt( )` gearbeitet. Die Ergebnisse der Anwendung dieser Funktionen auf das Argument `i` wird unmittelbar für die Bildschirmausgabe benutzt.

Der Quelltext sieht dann folgendermaßen aus:

```
1  // QuaWuz.cpp: Hauptprojektdatei.
2  #include "stdafx.h"
3  // Standardincludes
4  #include "stdio.h"
5  #include "stdlib.h"
6  #include "conio.h"
7  // mathematische Funktionen
8  #include "math.h"
9  using namespace System;
10 void main()
11 {
12    int i;
13    // Ausgabe des Tabellenkopfes
14    printf("\n\n\t     i | pow(i,2) | sqrt(i)\n");
15    for (i = 1; i <= 100; i++)
16    {
17       printf("\t-----+----------+--------\n");
18       printf("\t %3i |     %5.0f |
19                %5.2f\n",i,pow(i,2.),sqrt(i*1.));
20    }
21    getch();
22 }
```

Um die gewünschten Funktionen für die Ausgabesteuerung nutzen zu können, wird wieder das Standard-Paket der hilfreichen Includes (Zeilen 4 bis 6) verwendet. Zusätzlich werden in diesem Programm mathematische Funktionen für die Berechnung von Potenzen und Wurzelwerten gebraucht, so dass der Zugriff auf mathematische Funktionen durch den Include der Zeile 8 zu gewährleisten ist. Andernfalls würde es bei der Übersetzung dieses Programms in der Zeile 19 Probleme geben, da die Funktionen `pow( )` und `sqrt( )` nicht bekannt wären.

Nach der Deklaration der Schleifensteuerungsvariablen `i` (Zeile 12) wird der Kopf der zu erstellenden Tabelle ausgegeben. Die Funktion `printf( )`(in Zeile 14) wird dabei mit einigen Steuerungszeichen aufgerufen:

- `\n` steht für `new line`, also einen Zeilenvorschub
- `\t` steht für einen Tabulatorsprung, also eine Rechtsverschiebung der folgenden Ausgabe um eine Tabulatoreinheit.

Anschließend folgt in den Zeilen 15 bis 20 die zählergesteuerte Schleife. Der Schleifensteuerungsvariablen `i` wird in der Initialisierungsphase der Wert 1 zugewiesen (`i = 1`). Die Gültigkeit der Schleife, und damit die Wiederholung des Schleifenrumpfes (Zeilen 16 bis 20), ist so lange gegeben, wie `i` einen Wert besitzt, der kleiner oder gleich 100 ist (`i <= 100`). Die Schrittweite in dieser zählergesteuerten Schleife beträgt 1, was an der Inkrementbildung `i++` (bedeutet ja nichts anderes als: `i = i + 1` !) abzulesen ist.

Der Schleifenrumpf beinhaltet die Ausgabe zweier Tabellenzeilen. Zunächst wird eine Trennlinie geschrieben, bevor in der Folgezeile jeweils aktuelle Zahlenwerte zu dem entsprechenden Schleifendurchlauf dokumentiert werden. In den Zeilen 18 und 19 ist eine sehr kompakte Variante der Ausgabe von Berechnungsergebnissen gewählt worden. Die Platzhalter `%3i`, `%5.0f` und `%5.2f` werden der Reihe nach für die Ausgabe des Schleifensteuerungswertes `i`, seiner zweiten Potenz und seines Wurzelwertes benutzt. Dabei handelt es sich um eine spezielle Formatierung. Für ein `integer`-Format gibt die Zahl zwischen dem einleitenden Zeichen `%` und der Typbezeichnung `i` – hier also die 3 – die Anzahl der Stellen an, die für die Ausgabe der Variablen vorgesehen sein sollen. Der Variablenwert wird dabei rechtsbündig in den reservierten Bereich eingetragen. Führende Nullen werden unterdrückt und durch Leerzeichen ersetzt. Bei einer tabellarischen Ausgabe erreicht man mit dieser Formatierung, dass die Zahlen zeilenweise rechtsbündig untereinanderstehen. Die Rückgabewerte der Funktionen `pow( )` und `sqrt( )` besitzen den Datentyp `double`. Dieser kann mit Hilfe eines `float`-Formates ausgegeben werden. Auch hier wird eine spezielle Formatierung genutzt. Der Quadratwert einer natürlichen Zahl ist wieder eine natürliche Zahl. Diese könnte also in einem `integer`-Format ausgegeben werden. Da die errechnete Zahl des Funktionsaufrufes von `pow( )` aber eine `double`-Zahl liefert, wird nun auf ein `float`-Format zurückgegriffen, bei dem allerdings die Nachkommastellen unterdrückt werden!

Das Format `%n.mf` mit den beiden Ziffern `n` und `m` ermöglicht vielfache Manipulationen der Darstellung einer Fließkommazahl. Die Ziffer `n` gibt die Gesamtstellenzahl an, mit der die Zahl auszugeben ist. Diese Gesamtstellenzahl `n` setzt sich als Summe aus der Anzahl der Nachkommastellen und der Anzahl der Vorkommastellen zuzüglich einer Stelle für den Dezimalpunkt und möglicherweise einer Stelle für ein negatives Vorzeichen zusammen. Reicht diese Gesamtstellenzahl für die Ausgabe einer konkreten Zahl im Programm allerdings nicht aus, so benutzt das Programm automatisch eine höhere und ausreichende Anzahl von Stellen. Dies kann zu unbeabsichtigten Formatverschiebungen im Druckbild führen. Man hat sich also vor der Verwendung dieser Ausgabeform darüber Gedanken zu machen, wie viele Stellen die Ausgabe tatsächlich maximal benötigen kann!

In unserem Beispiel sollen die Quadratzahlen aller natürlichen Zahlen von 1 bis 100 ausgegeben werden. Die größte darzustellende Zahl wird also das Quadrat von 100 (100 · 100 = 10000) sein. Es werden also maximal fünf Stellen benötigt, wenn kein Dezimalpunkt und keine Nachkommastellen ausgegeben werden sollen. Sollten diese Werte mit einer Nachkommastelle ausgegeben werden, so müsste `n` den Wert 7 (= 5 + 1 + 1) für 5 Vorkommastellen, einen Dezimalpunkt und eine Nachkommastelle annehmen. Der Platzhalter im Format hätte dann die Form `%7.1f`.

Der Wurzelwert der Schleifensteuerungsvariablen `i` wird mit zwei Nachkommastellen ausgegeben. Der Platz von `%5.2f` ist ausreichend, um Zahlen bis zu einer Größe von `99.99` auszugeben. In der `printf()`-Anweisung der Zeilen 18 und 19 werden nun direkt die Ergebnisse der Funktionsaufrufe der Potenz- und Wurzelfunktion mit den entsprechenden Formatierungen ausgegeben.

Sieht man sich in der Header-Datei `math.h` die Prototypen

```
double __cdecl pow(_In_ double _X, _In_ double _Y);
double __cdecl sqrt(_In_ double _X);
```

der Funktionen an, so stellt man fest, dass alle Argumente in den Parameterlisten vom Datentyp `double` vereinbart sind. Um dem Rechnung zu tragen, wird im Quelltext die Funktion `pow( )` mit der Parametrisierung `i` und `2.` und die Funktion `sqrt( )` mit der Parametrisierung i*1. aufgerufen. Dadurch entstehen für die Abarbeitung der Funktionen die erforderlichen Datendarstellungen der Argumente. Die erzeugte Ausgabe sieht dann aus wie in Bild 5.11.

```
   i | pow(i,2)  | sqrt(i)
-----+-----------+--------
   1 |         1 |   1.00
-----+-----------+--------
   2 |         4 |   1.41
-----+-----------+--------
   3 |         9 |   1.73
-----+-----------+--------                 ...........
   4 |        16 |   2.00
-----+-----------+--------      -----+----------+--------
   5 |        25 |   2.24         95 |     9025 |   9.75
-----+-----------+--------      -----+----------+--------
   6 |        36 |   2.45         96 |     9216 |   9.80
-----+-----------+--------      -----+----------+--------
   7 |        49 |   2.65         97 |     9409 |   9.85
-----+--------------------      -----+----------+--------
   8 |        64     2.83         98 |     9604 |   9.90
-----+--------------------      -----+----------+--------
   9 |        81     3.00         99 |     9801 |   9.95
-----+--------------------      -----+----------+--------
  10 |       100     3.16        100 |    10000 |  10.00
-----+--------------------
...........
```

Bild 5.11 Ausgabe des Testprogramms mit formatierter Darstellung

5.3.5.2 Kopfgesteuerte Schleife

Bei einer kopfgesteuerten Schleife handelt es sich um eine Wiederholungsstruktur mit vorausgehender Bedingungsprüfung, d. h. der Schleifenkörper (Anweisungsblock) wird nur dann durchlaufen, wenn (und im weiteren Verlauf: solange) die Bedingung zutreffend (wahr) ist (siehe Bild 5.12). Das Symbol entspricht dem der zählergesteuerten Schleife.

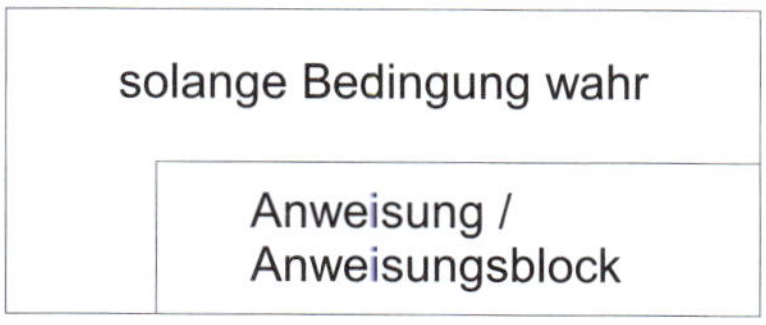

Bild 5.12 Kopfgesteuerte Schleife

> Bei einer zählergesteuerten Schleife handelt es sich um eine kopfgesteuerte Schleife. Die Bedingung im Schleifenkopf wird vor dem ersten Durchlauf geprüft und eine solche Schleife nicht zwangsläufig durchlaufen.

Ein Beispiel für eine zählergesteuerte Schleife, die nicht durchlaufen wird, wäre etwa:

```
// keinDurchlauf.cpp: Hauptprojektdatei.
#include "stdafx.h"
#include "stdio.h"
#include "stdlib.h"
#include "conio.h"
```

```
6 using namespace System;
7 void main()
8 {
9     int i;
10    for (i = 1; i >= 2; i++)
11    {
12        printf("ich bin im Schleifenrumpf!");
13    }
14    getch();
16 }
```

In Zeile 6 ist für die Gültigkeit dieser Schleife die Bedingung `i >= 2` angegeben. Da mit der Initialisierung `i = 1` diese Bedingung aber nicht erfüllt ist, wird der Schleifenrumpf gar nicht durchlaufen, es erfolgt auch keine Inkrementierung von `i` und das Programm wird mit der Zeile, die dem Schleifenrumpf folgt, also Zeile 14, fortgesetzt.

Kopfgesteuerte Schleifen werden auch als **abweisende** oder **vorprüfende Schleifen** bezeichnet, da sie vor dem möglichen Durchlauf des Anweisungsblockes die Bedingung prüfen und der Anweisungsblock gegebenenfalls nicht durchlaufen wird.

Die „klassische" kopfgesteuerte Schleife in C/C++ ist die `while`-Schleife:

```
while(Bedingung) { Anweisung / Anweisungsblock }
```

Sie wird immer dann eingesetzt, wenn der Wahrheitswert der Bedingung vor dem Erreichen der Schleife nicht bekannt ist, wie z. B. im folgenden Programmausschnitt:

```
......
char antwort = 'j';
while (antwort=='j'||antwort=='J')
{
    printf("sollen weitere Daten eingelesen werden?");
    scanf("%s",&antwort);
    ......
}
```

Hier soll also eine Eingabe mittels wiederholter Abfrage gesteuert werden. Der Wert der `char`-Variablen `antwort` wird zunächst auf `j` gesetzt, damit die kopfgesteuerte Schleife anläuft. Innerhalb der Schleife wird dann der Wert von `antwort` durch die Abfrage und folgende Wertzuweisung durch die Funktion `scanf( )` aktualisiert. Die Schleife wird so oft wiederholt, wie der Anwender auf die Frage mit `j` oder `J` antwortet. Jede andere Eingabe führt zum Abbruch der Schleife, da die Bedingung im Schleifenkopf nicht mehr erfüllt wäre.

Wenn die zählergesteuerte Schleife ebenfalls eine kopfgesteuert Schleife ist, dann muss es ja auch möglich sein, eine zählergesteuerte Schleife als `while`-Schleife darzustellen! Wie sieht denn dann die Schleife

```
for (int i = 1; i <= 100; i++)
{  .......
}
```

als „klassiche“ kopfgesteuerte `while`-Schleife aus?

```
int i = 1;
while (i <= 100)
{  .......
   i++
}
```

- Vor Beginn der `while`-Schleife muss die Steuerungsvariable der `for`-Schleife deklariert und initialisiert werden.
- Die Bedingung der `for`-Schleife wird exakt in den Kopf der `while`-Schleife übernommen.
- Die Verarbeitung der Schrittweite muss innerhalb des Schleifenrumpfes der `while`-Schleife durchgeführt werden.

5.3.5.3 Fußgesteuerte Schleifen

Bei fußgesteuerten Schleifen handelt es sich um Wiederholungsstrukturen mit nachfolgender Bedingungsprüfung für den Abbruch. d. h. dass der Schleifenkörper (Anweisungsblock) mindestens einmal durchlaufen wird, auch wenn die Bedingung von Anfang an nicht zutreffend (`falsch`) war (siehe Bild 5.13).

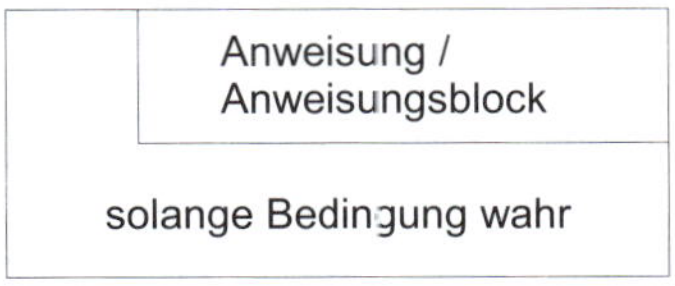

Bild 5.13
Fußgesteuerte Schleife

Der Anweisungsblock einer fußgesteuerten Schleife wird in jedem Fall einmal durchlaufen, auch wenn die Steuerungsbedingung nicht wahr ist. Fußgesteuerte Schleifen werden auch als **nicht-abweisende** oder **nachprüfende Schleifen** bezeichnet, da sie erst nach dem Durchlauf des Anweisungsblockes die Bedingung prüfen.

5.3.5.4 Endlosschleifen

Eine Endlosschleife ist eine ohne vorher festgelegte Endbedingung ablaufende Wiederholungsstruktur (siehe Bild 5.14). Sie kann nur durch einen Abbruch (`break`) beendet werden.

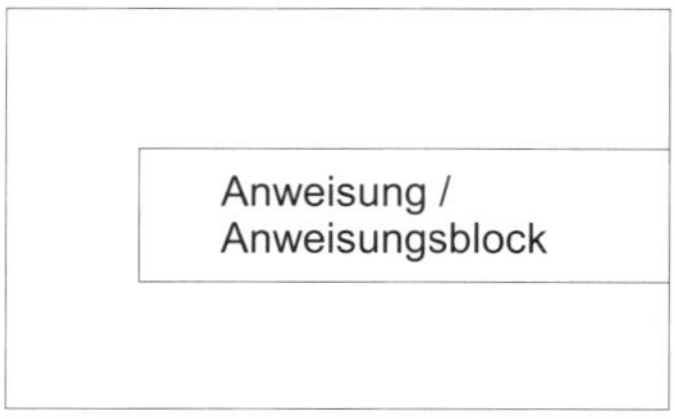

Bild 5.14
Endlosschleife

5.3.5.5 Kriterien zur Schleifenauswahl

Es stellt sich die Frage, ob es nicht gewisse Kriterien gibt, die die Auswahl der jeweils günstigsten Schleifenstruktur ermöglicht. Die vielleicht nicht sehr befriedigende Antwort auf diese Frage lautet allerdings: nein!

Allenfalls können gewisse Tipps gegeben werden, um Schleifen bei der konkreten Problemlösung möglichst syntaktisch elegant zu realisieren, oder jedenfalls so umzusetzen, dass mögliche logische Fehler vermieden werden können:

- Zählergesteuerte Schleifen (also `for`-Konstruktionen) sollten immer dann eingesetzt werden, wenn die Anzahl der Iterationen feststeht. Sind Start- und Endwert mit Schrittweite bekannt, so ergibt die zählergesteuerte Schleife die Syntax, die am deutlichsten die Vorgehensweise im Quelltext dokumentieren kann.
- Kopfgesteuerte Schleifen (also `while`-Konstruktionen) sind dann sinnvoll, wenn die Anzahl der Schleifendurchläufe zu Beginn der Iteration nicht klar ist. Das kann der Fall sein, wenn die Endbedingung während der Iteration verändert werden muss, oder die Schrittweite während der Iteration manipuliert werden kann. Diese Schleifen sind dann sinnvoll, wenn zu Beginn der Iteration nicht in jedem denkbaren Fall klar ist, dass der Schleifenrumpf mindestens einmal durchlaufen werden muss.
- Fußgesteuerte Schleifen (also `do-while`-Konstruktionen) sind immer dann einzusetzen, wenn die Abbruchbedingung erst in der Iteration, also im Schleifenrumpf, exakt zu ermitteln ist – d. h., dass die zu prüfende Bedingung möglicherweise von Ergebnissen abhängt, die erst im Schleifenrumpf ermittelt werden. Diese Schleifen sind dann sinnvoll, wenn zu Beginn der Iteration klar ist, dass der Schleifenrumpf mindestens einmal durchlaufen werden muss.

5.3.6 Programm- oder Funktionsaufruf

Bild 5.15 zeigt das Symbol für den Aufruf eines Programms oder einer Funktion. Nach deren Durchlauf wird zu der aufrufenden Stelle zurückgesprungen und der nächstfolgende Strukturblock durchlaufen.

Bild 5.15
Aufruf (eines Programms oder einer Funktion)

Da die meisten C-Programme aus einer großen Anzahl von Funktionsaufrufen bestehen, ist das Symbol für den Aufruf einer Funktion das Symbol, welches am häufigsten eingesetzt wird. Steht von vornherein fest, dass der Quellcode mit C/C++ realisiert wird, wird häufig, aus Gründen der Übersichtlichkeit, auf dieses Symbol verzichtet und Funktionsaufrufe von Standardfunktionen, also Funktionen aus C-Bibliotheken (z. B. `scanf`, `printf`, etc.) werden als einfache Anweisung (Sequenz) dargestellt. Aufrufe eigener Funktionen werden grundsätzlich als Funktionsaufruf mit dem entsprechenden Symbol gekennzeichnet.

Jede eigene, d. h. selbst geschriebene Funktion erhält grundsätzlich ein eigenes Struktogramm.

5.3.7 Aussprung

Der Aussprung (vgl. `break` bzw. `continue`) stellt durch die Angabe des Zielortes die Beendigung eines Programmteils dar (siehe Bild 5.16). Er wird bei Programm- oder Funktionsaufrufen für den Rücksprung verwendet.

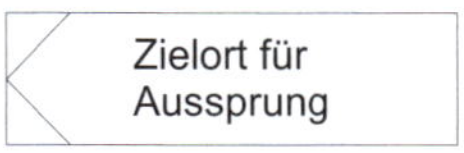

Bild 5.16
Aussprung

Der Aussprung darf nicht als das verstanden werden, was Nassi und Shneiderman mit den Struktogrammen vermeiden wollten: die Sprunganweisung (`GOTO` bzw. in C/C++ `goto`).

Vielmehr wird mit dem Aussprung eine Möglichkeit geschaffen, die Bearbeitung eines Blockes (der in C/C++ durch geschweifte Klammern angezeigt wird) abzubrechen und die Bearbeitung nach der den Block umschließenden Struktur (also der entsprechenden geschlossenen geschweiften Klammer) fortzusetzen (vgl. `break`), oder in der Abarbeitung wieder an den Anfang des abzuarbeitenden Blockes zurückzuspringen (vgl. `continue`).

5.3.8 Rechnergestützte Erstellung von Struktogrammen

Da jede Problemstellung, die mit Hilfe eines Struktogramms dargestellt und dokumentiert werden soll in einem rechteckigen Rahmen unterzubringen ist, stößt man mit reiner „Handarbeit", also der Arbeit mit Lineal und Bleistift, schnell an seine Grenzen. Zu Beginn der Entwicklung eines Struktogramms ist es, speziell für den Anfänger, nicht immer möglich, die Gesamtdimension des zu erstellenden Struktogramms abzusehen. Speziell der rechte Rand des Rechtecks bereitet erfahrungsgemäß Probleme. Wird das Rechteck zu schmal konstruiert, kommt es bei verschachtelten Alternationen oftmals zu Platzmangel. Das bedeutet dann, dass ein Struktogramm nicht in einem Arbeitsgang konstruierbar ist, sondern seine Erstellung selbst einen gewissen Iterationsprozess darstellt. Abhilfe schaffen da Programme, mit denen es möglich ist, rechnergestützt Struktogramme zu erstellen. Solche Programme bieten den Vorteil, dass sie (in der Regel) über eine gewisse Intelligenz verfügen. Das Struktogramm wächst quasi bei seiner Erstellung in den verfügbaren Grenzen mit. Einige Systeme bieten darüber hinaus die Möglichkeit, aus einem Struktogramm direkt einen Pseudo-Quellcode generieren zu lassen, der, zumindest bei einfachen Problemen, mit durchaus vertretbarem Aufwand in den gewünschten und lauffähigen Quellcode umgearbeitet werden kann. Alle Systeme bieten aber den unschlagbaren Vorteil, dass die mit ihrer Hilfe erzeugten Struktogramme druckreif sind und in Projektdokumentationen den gewünschten professionellen Eindruck hinterlassen. Die Struktogramm-Editoren lassen sich allesamt als Freeware im Internet finden. Mitunter ist etwas Vorsicht geboten, weil so mancher Ersteller eines Struktogramm-Editors eigene, d.h. nicht normgerechte Symbole verwendet oder die Handhabung eines Struktogramm-Editors sehr gewöhnungsbedürftig erscheint. Hier seien aus der Fülle der Struktogramm-Editoren zwei vorgestellt, die sich in entsprechenden Praxis-Anwendungen bewährt haben:

- StruktEd
- hus-Struktogrammer

> **!** Der Download beider Struktogramm-Editoren ist an vielen Stellen im Internet zu finden. Man googelt einfach nach einem der beiden Namen und wird sehr schnell fündig. Beide Editoren sind unmittelbar nach ihrem Download ohne weiteren Installationsaufwand einsatzbereit. ■

5.3.8.1 StruktEd

Bei *StructEd* (siehe Bild 5.17) handelt es sich um einen sehr robusten Struktogramm-Editor, der alle Elemente zur Erstellung vollwertiger Struktogramme unterstützt und einfach zu bedienen ist. Schnell gelingt es auch dem Anfänger, komplexere Struktogramme zu erstellen. Die integrierte Hilfe (Menü-Punkt: ?) erläutert sämtliche Arbeitsschritte ausführlich.

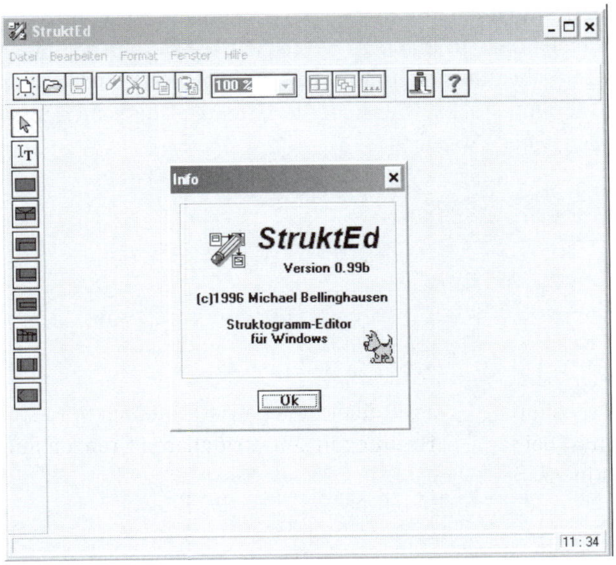

Bild 5.17
StruktEd

Die Editierbarkeit bestehender Struktogramme ist mit den integrierten Funktionalitäten (Menü-Punkt: *Bearbeiten*) völlig ausreichend und gewährleistet, dass die Struktogramme mit der Überarbeitung von Projekten mitwachsen können. Die erstellten Struktogramme lassen sich sehr komfortabel formatieren und skalieren und können den vorhandenen Ausdruckmöglichkeiten angepasst werden (siehe Bild 5.18).

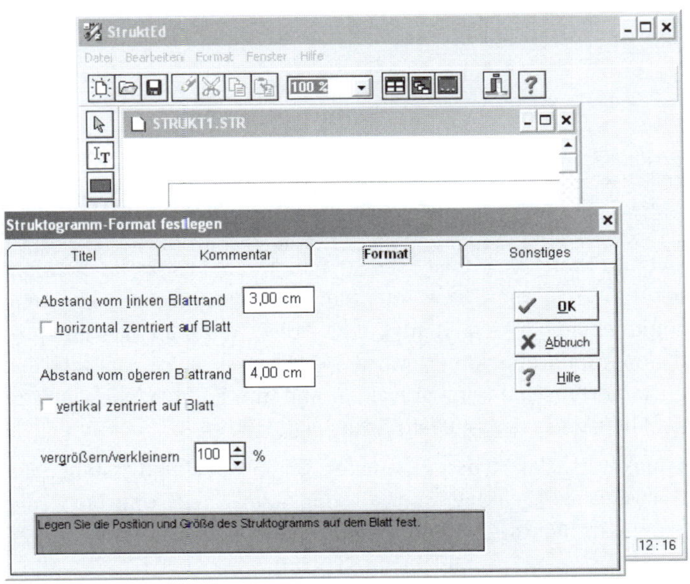

Bild 5.18 Formatierungsmöglichkeiten bei StruktEd

Des Weiteren lassen sich der Titel des Struktogramms und ein erläuternder Text für eine aussagekräftige Dokumentation angeben wie in Bild 5.19 dargestellt. Diese Informationen erscheinen später oberhalb des eigentlichen Struktogramms und erleichtern die Zuordnung zur beschriebenen Aufgabe des Programmstücks. Hier kann der Titel als Überschrift über das zu erstellende Struktogramm angegeben werden.

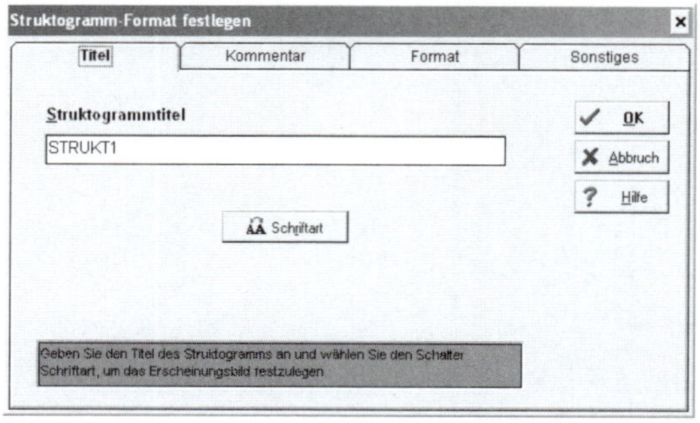

Bild 5.19
Titeleingabe bei StruktE

Bild 5.20 zeigt die Eingabemöglichkeit eines erläuternden Textes als Kommentar zum Struktogramm. Der eingegebene Text erscheint zwischen dem Titel und der ersten Anweisung des Struktogramms.

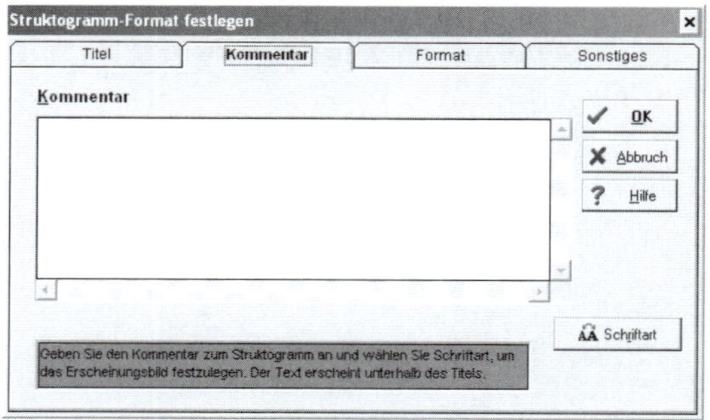

Bild 5.20
Kommentareingabe bei StruktEd

Da jede Funktion innerhalb eines Projektes ein eigenes Struktogramm besitzt, ist die Möglichkeit der Anordnung mehrerer Struktogramme innerhalb der Benutzeroberfläche sehr hilfreich. Nachdem im Hauptmenu über den Menü-Punkt *Datei/Neu* oder das entsprechende Icon ein neues Struktogramm angefordert wurde, kann man durch Auswahl der Elemente in der Icon-Liste das gewünschte Symbol wählen und durch einen Klick auf die linke Maus-Taste dieses anschließend in der Zeichenfläche positionieren.

Auf diese Art lässt sich beispielsweise das Struktogramm aus Bild 5.21 schnell erstellen. Es handelt sich hier um ein erweitertes Struktogramm, da der erste Anweisungsblock die Deklaration der drei Fließkommazahlen `h1`, `h2` und `x` vom Datentyp `float` beinhaltet. Der zweite Anweisungsblock deklariert eine Ganzzahl `i` vom Typ `int`.

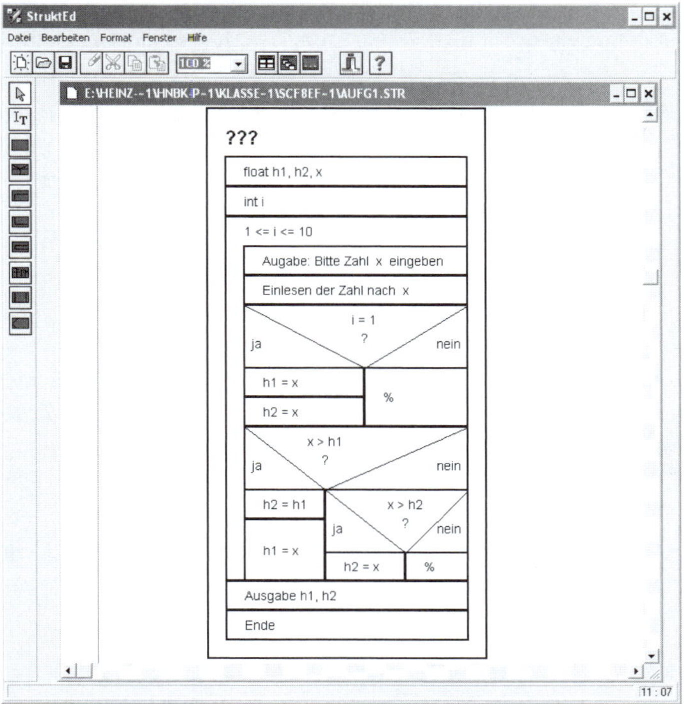

Bild 5.21 Beispiel eines mit StruktEd erstellten Struktogramms

Es folgt eine **zählergesteuerte Schleife**, die bis auf die Ausgabe der Ergebnisse und den Ende-Block das restliche Struktogramm umfasst. Die Schreibweise `1 <= i <= 10` im Kopf dieser Schleife bedeutet, dass die Zählersteuerungsvariable `i` den Startwert 1 zugewiesen bekommt und die Gültigkeit der Schleife so lange gegeben ist, wie `i` Werte annimmt, die kleiner oder gleich 10 sind. Da keine Angaben über die Veränderung der Zählersteuerungsvariable `i` gemacht sind, bedeutet dies, dass `i` bei jedem Schleifendurchlauf um den Wert 1 erhöht (inkrementiert) wird. Andernfalls wäre im Schleifenkopf eine explizite Angabe über die Veränderung des Wertes der Zählersteuerungsvariablen `i` erforderlich.

In der zählergesteuerten Schleife, die nun 10 mal durchlaufen wird, fordert das Programm den Anwender per Ausgabe auf den Bildschirm zunächst auf, eine Zahl `x` einzugeben. Die Eingabe wird anschließend in die Programm-Variable `x` eingelesen.

Es folgt die **erste Alternation**. Für den Fall, dass der aktuelle Wert der Variablen gleich 1 ist, werden die beiden Anweisungen (also ein Anweisungsblock als klassische Sequenz) unterhalb der Antwort `ja` ausgeführt, also der Programm-Variablen `h1` der Wert von `x` und ebenfalls der Programm-Variablen `h2` dieser Wert zugewiesen. Ist die Antwort auf die Frage, ob `i` gleich 1 ist mit `nein` zu beantworten, so ist keine Anweisung auszuführen. Dies ist im Struktogramm durch das Symbol `%` angedeutet.

Nun folgt eine **verschachtelte Alternation**. Ist die Frage, ob `x` echt größer (`>`) ist als `h1` mit `ja` zu beantworten, wird `h1` der Programm-Variablen `h2` zugeordnet und `x` wird der Programm-Variablen `h1` zugewiesen. Ist `x` nicht größer als `h1` (also `x` ist kleiner oder gleich `h1`), so folgt eine zweite Alternation, die hier die Verschachtelung darstellt. Hier wird `x` mit `h2` verglichen. Besitzt x einen Wert, der größer ist als h2, so wird der Programm-Variablen h2 dieser Wert zugewiesen. Ist x hingegen auch nicht größer als h2, geschieht keinerlei Anweisung.

Damit ist das **Ende der zählergesteuerten Schleife** erreicht, das Programm springt wieder in den Kopf der Schleife, führt die Veränderung der Schleifensteuerungsvariable i aus (hier also eine Erhöhung um den Wert 1), prüft die Gültigkeit des aktuellen Wertes von i (also, ob dieser nach wie vor kleiner oder gleich 10 ist) und führt den Schleifenrumpf erneut durch. Ist die Gültigkeit der Steuerungsvariable i nicht mehr gegeben (also besitzt i einen Wert, der größer ist als 10), so wird die Schleife abgebrochen und mit der auf die Schleife folgenden Anweisung, hier also der Ausgabe der Werte der Programm-Variablen h1 und h2 fortgefahren, bevor das Ende des Programms erreicht ist.

Was ist die Aufgabe dieses Programms? Da der Titel nur durch ??? angegeben wurde und keinerlei erläuternder Kommentar angegeben ist, erschließt sich die Antwort auf diese Frage nicht automatisch. Sich der Aufgabenstellung zu nähern, die ein Programm besitzt, welches aus obigem Struktogramm zu entwickeln ist, gelingt, indem man einen kompletten Programmdurchlauf analysiert.

Insgesamt sind in das Programm 10 Zahlen einzulesen, nehmen wir als Beispiel folgende Werte:

```
-23, 16, 57, 39, -2, 100, -67, -35, 103, 33
```

Die Tatsache, dass hier nur Ganzzahlen für das Beispiel verwendet werden, stellt keine sonderliche Einschränkung dar. Die Funktionsweise des Programms ist gemäß den Deklarationen im Struktogramm auch mit Fließkommazahlen gewährleistet.

Die zählergesteuerte Schleife weist im ersten Durchlauf der Zählersteuerungsvariablen i den Wert 1 zu, fordert dann per Bildschirmausschrift den Anwender auf, eine Zahl x einzugeben. Diese Eingabe wird im Programm in die Variable x abgelegt. Im ersten Durchlauf wird hier also x der Wert -23 zugewiesen.

Im Anschluss ergibt die Überprüfung, ob x den Wert 1 besitzt, die Aussage wahr, also lautet die Antwort ja. Und somit wird der aktuelle Wert von x den beiden Variablen h1 und h2 zugewiesen. D. h., dass für den Fall i=1 nun alle drei Variablen x, h1 und h2 den gleichen Wert, nämlich -23 besitzen.

Die folgende Abfrage, ob x größer sei als h1, ist aufgrund der Gleichheit mit nein zu beantworten, so dass der linke Anweisungsblock, der sich unter der Antwort ja befindet, nicht zur Ausführung gelangen kann. Stattdessen wird der rechte Zweig weiter verfolgt. Hier wird nun in der verzweigten Abfrage untersucht, ob x denn größer ist als h2. Auch diese Frage ist mit nein aufgrund der Gleichheit zu beantworten. Damit erreicht man die Anweisung, die nur durch % beschrieben ist und bedeutet, dass keinerlei Aktion auszuführen ist.

Der erste Schleifendurchlauf ist nun abgeschlossen, so dass automatisch wieder in den Schleifenkopf verzweigt wird. Die Schleifensteuerungsvariable i wird nach den festgelegten Regeln aktualisiert (hier also um den Wert 1 auf den aktuellen Wert 2 erhöht), es wird überprüft, ob der aktuelle Wert immer noch die Gültigkeitsbedingung der Schleife i<=10 erfüllt und dann, falls die Bedingung erfüllt ist, der Schleifenrumpf erneut durchlaufen. Da dies für i=2 offensichtlich der Fall ist, wird also der gesamte Schleifenrumpf erneut abgearbeitet. Die zweite Zahl wird eingelesen und so bekommt x den aktuellen Wert von 16 zugewiesen.

Die Abfrage, ob die Schleifensteuerungsvariable i den Wert 1 besitzt kann ab dem zweiten Durchlauf nicht mehr mit ja beantwortet werden, sodass in der Folge immer der rechte Teil der Alternation zu durchlaufen ist, in dem keine weitere Aktion stattfindet.

Der Vergleich mit dem aktuellen Wert von h1 ergibt, dass x größer ist als h1 (da 16 > -23). Also wird der aktuelle Wert von h1 der Variablen h2 zugewiesen, während h1 den aktuellen Wert von x zugewiesen bekommt. Am Ende des zweiten Schleifendurchlaufs besitzen die Variablen also folgende Werte: i = 2, x = 16, h1 = 16 und h2 = -23.

Es erfolgt der Rücksprung in den Schleifenkopf, die Erhöhung der Schleifensteuerungsvariablen i auf den Wert 3 und ein erneuter Durchlauf des Schleifenrumpfes. x erhält den Wert 57. Dieser ist größer als 16 und damit erhalten nun h2 den Wert von 16, dem aktuellen Wert von h1, während 57 h1 zugewiesen wird. Am Ende des dritten Schleifendurchlaufs besitzen die Variablen also folgende Werte: i = 3, x = 57, h1 = 57 und h2 = 16.

Erneut erfolgt der Rücksprung in den Schleifenkopf, die Erhöhung der Schleifensteuerungsvariablen i auf den Wert 4 und ein weiterer Durchlauf des Schleifenrumpfes. x erhält nun den Wert 39. Dieser ist nicht größer als 57, d.h. es wird untersucht, ob x größer ist als h2. Da h2 den Wert von 16 besitzt, ist dies offensichtlich der Fall, so dass hier der aktuelle Wert von x auf h2 umgespeichert wird. Am Ende des vierten Schleifendurchlaufs besitzen die Variablen also folgende Werte: i = 4, x = 39, h1 = 57 und h2 = 39.

Erneut erfolgt der Rücksprung in den Schleifenkopf, die Erhöhung der Schleifensteuerungsvariablen i auf den Wert 5 und ein weiterer Durchlauf des Schleifenrumpfes. x erhält den Wert -2. Dieser ist nicht größer als 57, d.h. es wird untersucht, ob x größer ist als h2. Da h2 den Wert von 39 besitzt, ist dies nicht der Fall, so dass hier also keine weitere Aktion erfolgt. Am Ende des fünften Schleifendurchlaufs besitzen die Variablen also folgende Werte: i = 5, x = -2, h1 = 57 und h2 = 39.

Im Schleifenkopf erfolgt die Erhöhung der Schleifensteuerungsvariablen i auf den Wert 6 und ein weiterer Durchlauf des Schleifenrumpfes. x erhält nun den Wert 100. Dieser ist größer als der aktuelle Wert von h1 mit 57, d.h. h2 wird mit dem Wert von h1 und h1 mit dem Wert von x versorgt. Am Ende des sechsten Schleifendurchlaufs besitzen die Variablen also folgende Werte: i = 6, x = 100, h1 = 100 und h2 = 57.

Erneut erfolgt der Rücksprung in den Schleifenkopf, die Erhöhung der Schleifensteuerungsvariablen i auf den Wert 7 und ein weiterer Durchlauf des Schleifenrumpfes. x erhält den Wert -67. Dieser ist nicht größer als 100, d.h. es wird untersucht, ob x größer ist als h2. Da h2 den Wert von 57 besitzt, ist dies nicht der Fall, so dass hier also keine weitere Aktion erfolgt. Am Ende des siebten Schleifendurchlaufs besitzen die Variablen also folgende Werte: i = 7, x = -67, h1 = 100 und h2 = 57.

Im Schleifenkopf erfolgt die Erhöhung der Schleifensteuerungsvariablen i auf den Wert 8 und ein weiterer Durchlauf des Schleifenrumpfes. x erhält nun den Wert -35. Damit ergibt sich ein Ablauf der Alternationen wie im vorangegangenen Durchlauf. Am Ende des achten Schleifendurchlaufs besitzen die Variablen also folgende Werte: i = 8, x = -35, h1 = 100 und h2 = 57.

Erneut erfolgt der Rücksprung in den Schleifenkopf, die Erhöhung der Schleifensteuerungsvariablen i auf den Wert 9 und ein weiterer Durchlauf des Schleifenrumpfes. x erhält den

Wert 103. Dieser ist größer als 100. Dieser ist größer als der aktuelle Wert von h1 mit 100, d. h. h2 wird mit dem Wert von h1 und h1 mit dem Wert von x versorgt. Am Ende des neunten Schleifendurchlaufs besitzen die Variablen also folgende Werte: i = 9, x = 103, h1 = 103 und h2 = 100.

Im Schleifenkopf wird die Schleifensteuerungsvariable i auf den Wert 10 erhöht und ein weiterer Durchlauf des Schleifenrumpfes wird durchgeführt. x erhält nun den Wert 33. Dieser ist nicht größer als 103, d. h. es wird untersucht, ob x größer ist als h2. Da h2 den Wert von 100 besitzt, ist dies nicht der Fall, so dass hier also keine weitere Aktion erfolgt. Nach dem zehnten Schleifendurchlauf besitzen die Variablen nun folgende Werte: i = 10, x = 33, h1 = 103 und h2 = 100.

Ein letztes Mal wird in den Schleifenkopf zurückgesprungen und die Schleifensteuerungsvariable i um den Wert von 1 inkrementiert. Damit nimmt i den Wert von 11 an und die Gültigkeitsbedingung der Schleife (i <= 10) ist nicht mehr erfüllt. Dies hat zur Folge, dass der Schleifenrumpf nicht erneut durchlaufen wird, sondern mit der Anweisung fortgefahren wird, die der Schleife folgt. In dem vorliegenden Beispiel also der Ausgabe der aktuellen Werte der beiden Variablen h1 und h2 auf dem Bildschirm. Als letztgültige Wertzuweisung hat die Variable h1 den Wert 103 und die Variable h2 den Wert 100 erhalten, so dass die Bildschirmausgabe genau diese beiden Zahlen dokumentieren wird.

Was ist also die Aufgabe, die das Programm, welches sich aus dem Struktogramm realisieren lässt, erfüllt?

Betrachtet man die eingelesenen Zahlen: -23, 16, 57, 39, -2, 100, -67, -35, 103 und 33 und dann das Ergebnis des Programmlaufes: h1 = 103 h2 = 100, so kann man feststellen, dass aus der eingegebenen Zahlenkolonne aus 10 Zahlen die beiden größten herausgesucht wurden und diese als h1 (die größte der 10 Zahlen) und h2 (die zweitgrößte der 10 Zahlen) ausgegeben wurden.

Mit dieser Erkenntnis kann nun das vorliegende Struktogramm dahingehend überarbeitet werden, dass ihm ein sprechender Titel (also ein Titel, der Auskunft über die Aufgabenstellung) und ein erläuternder Kommentar zur Arbeits- und Funktionsweise des Programms hinzugefügt wird. Das Endergebnis könnte dann wie in Bild 5.22 aussehen.

Ein Nachteil dieses Programms: es stellt in den Ansichten, in denen die Datensätze geöffnet und gespeichert werden die Dokumente in maximal 12-stelliger Breite (8 Zeichen für den Dateinamen, eine Stelle für den trennenden Punkt . und drei Stellen für Dateierweiterung, hier: str) dar. Dabei werden längere Namen abgekürzt und mit behelfsmäßigen Zeichen und einer Tilde ~ ausgedrückt.

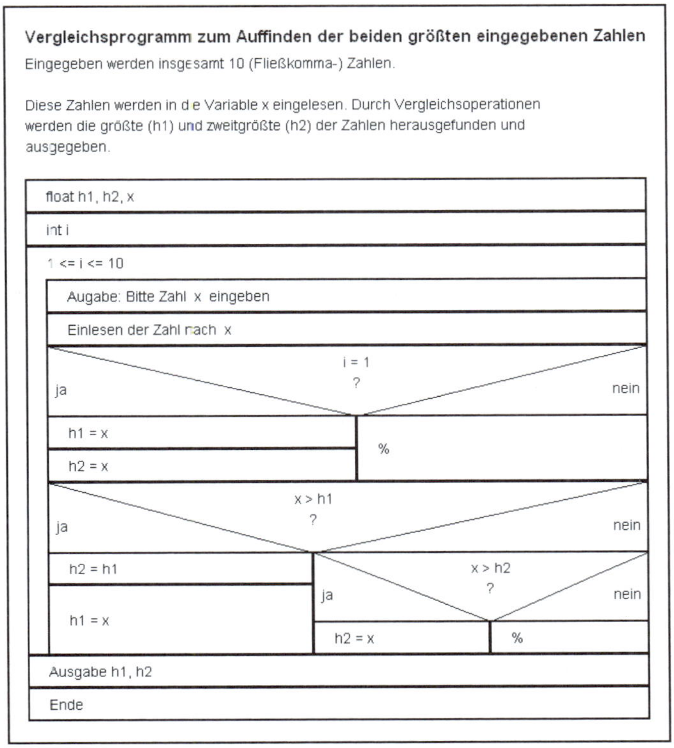

Bild 5.22 Kommentiertes und mit Titel versehenes Beispielstruktogramm

5.3.8.2 hus-Struktogrammer

Bei *hus-Struktogrammer* handelt es sich ebenfalls um einen sehr soliden Struktogramm-Editor, der in einem etwas moderneren Gewand daher kommt. Er ist ausgerichtet auf den Einsatz in einem 32-Bit-System, so dass die Navigation auf einem bestehenden Dateisystem ohne Veränderung von Datei- oder Strukturnamen geschieht (siehe Bild 5.23).

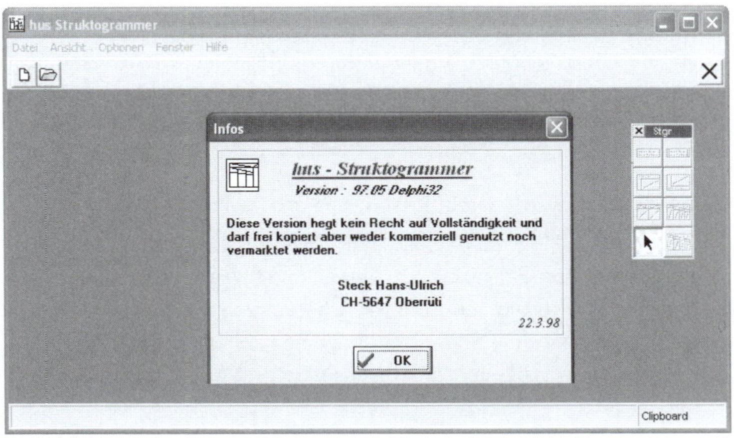

Bild 5.23 hus-Struktogrammer

Der hus-Struktogrammer verfügt ebenfalls über eine vollständige Hilfe-Funktionalität. Großen Wert wurde bei der Entwicklung dieses Programms auf die optische Gestaltung der erstellten Struktogramme gelegt. So kann der Anwender auf jeder Ebene Einfluss auf die gewählten Schriftarten und Farben nehmen.

Die Verwendung der erzielten Ergebnisse in Form von WMF-Dateien (Windows-Metafiles) ermöglicht die Einbindung in die unterschiedlichsten Dokumentationsprogramme. Zur Beschriftung aller Elemente steht jeweils ein Mini-Editor zur Verfügung (siehe Bild 5.24). Diese textlichen Beschreibungen können zu jedem Zeitpunkt verändert und überarbeitet werden, wobei die *Intelligenz* dieses Programms dann dafür sorgt, dass die Texte jeweils vollständig dargestellt werden und der verfügbare Platz optimal genutzt wird. Wird Text ergänzt, so werden sämtliche Grafiken des Struktogramms den neuen Erfordernissen angepasst.

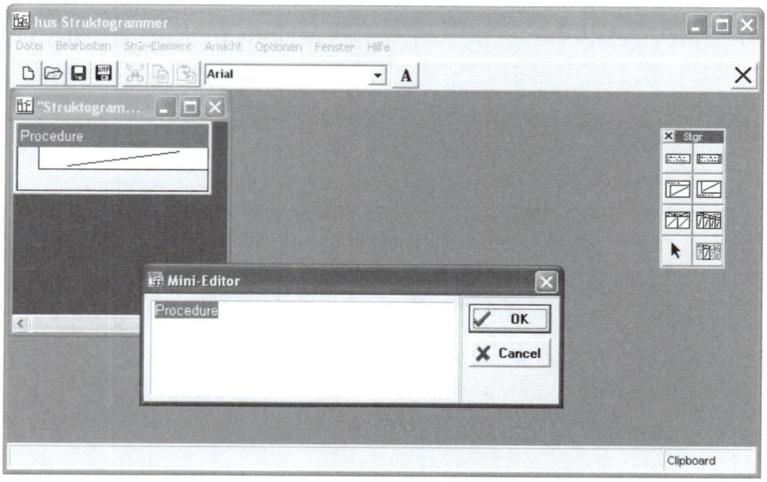

Bild 5.24 Beschriftung der Elemente im hus-Struktogrammer

Die Auswahl der einzelnen Struktogramm-Elemente erfolgt entweder durch Auswahl aus einer Selektionsliste, die wiederum frei auf der Arbeitsfläche positionierbar ist, oder durch Auswahl eines Unterpunktes aus dem Menü-Punkt *StGr-Element*. Die Icon-Leiste mit Elementen für die Funktionalitäten *Ausschneiden, Kopieren* und *Einfügen* ist sensitiv gesteuert, d. h. dass die einzelnen Icons nur dann aktiv geschaltet sind, wenn ihre Funktionalität im aktuellen Kontext auch einsetzbar ist.

Es soll ein Programm erstellt werden, mit dessen Hilfe das Verhalten zweier ineinander geschachtelter Schleifen getestet werden kann.

Die äußere Schleife soll mit dem Startwert 1 beginnen und bis zu einem vom Anwender vorgegebenen Endwert in Schritten von 1 hochgezählt werden, während die innere Schleife mit dem Startwert 0 beginnen soll und ebenfalls bis zu einem vom Anwender vorgegebenen Endwert in Schritten von 1 hochgezählt werden soll.

Außerdem sollen die Werte der inneren Schleifensteuerungsvariablen bei jedem Durchlauf addiert werden und diese Summe soll in der äußeren Schleife jeweils mit dem Wert der äußeren Schleifensteuerungsvariablen multipliziert werden. In der inneren Schleife soll ein Zähler installiert werden, der jeden Schleifendurchlauf registriert und eine Zählvariable kontinuierlich hochzählt.

Am Ende der äußeren Schleife, also noch *in* der äußeren Schleife, sollen die aktuellen Werte der äußeren und inneren Schleifensteuerungsvariablen, die Summe aus der inneren Schleife und das Ergebnis der Multiplikation ausgegeben werden. Nach der äußeren Schleife soll abschließend noch der Wert des Zählers ausgegeben werden. ■

Die Aufgabenstellung klingt zunächst etwas kompliziert. Sie ist jedoch ein weiteres Beispiel dafür, dass sich mit Hilfe der grafischen Elemente eines Struktogramms ein solches Problem sehr einfach darstellen lassen wird.

Zunächst sollen die **Erfordernisse des Programms** analysiert werden:

- Es werden zwei zählergesteuerte Schleifen zu realisieren sein, also werden zwei Schleifensteuerungsvariablen benötigt. `i` bezeichne die Schleifensteuerungsvariable der äußeren Schleife, `k` die der inneren Schleife.
- Der Anwender soll für beide Schleifen die Endwerte vorgeben können. Also sind zwei weitere Variablen vorzuhalten, in die der Anwender seine Werte eingeben können muss. `n` und `m` sollen diese beiden Variablen für die äußere und die innere Schleife bezeichnen.
- In der inneren Schleife soll eine Summation stattfinden. Also wird eine Variable für die Summe benötigt. Diese sei mit `s` bezeichnet.

! Bei der späteren Programmierung ist darauf zu achten, dass dieser Variablen an der richtigen Stelle im Programm ein Startwert, hier also eine 0 zugewiesen wird, da bei einer Umsetzung in C ja nicht davon ausgegangen werden kann, dass Variablen definierte Startwerte besitzen! ■

- Außerdem soll in der inneren Schleife der Gesamtablauf des Programms mit einem Zähler kontrolliert werden. Die erforderliche Variable sei mit `z` bezeichnet. Auch hier ist auf eine Initialisierung (also die Zuweisung eines geeigneten Startwertes) zu achten!
- Fehlt nur noch eine Variable für die Produktbildung. Diese sei mit `p` bezeichnet.

! Da das Produkt jeweils am Ende der äußeren Schleife aktuell berechnet wird, braucht diese Variable nicht initialisiert zu werden. ■

Das fertige Struktogramm könnte aussehen wie in Bild 5.25.

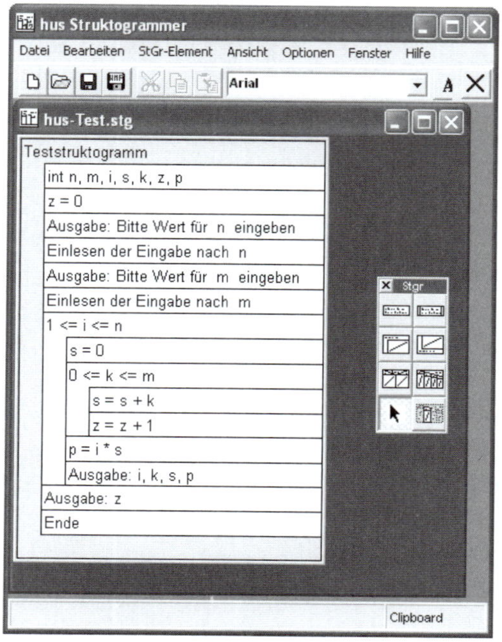

Bild 5.25 Anwendungsbeispiel im hus-Struktogrammer

Es kann eine alternative Darstellungsmöglichkeit genutzt werden, die es ermöglicht, das Struktogramm in eine Dokumentation einzubinden. Dazu kann das Struktogramm in eine sog. WMF-Datei umgewandelt werden. Unter dem Menü-Punkt *Datei* findet man einen Untermenü-Punkt *Export to Metafile* ... (siehe Bild 5.26).

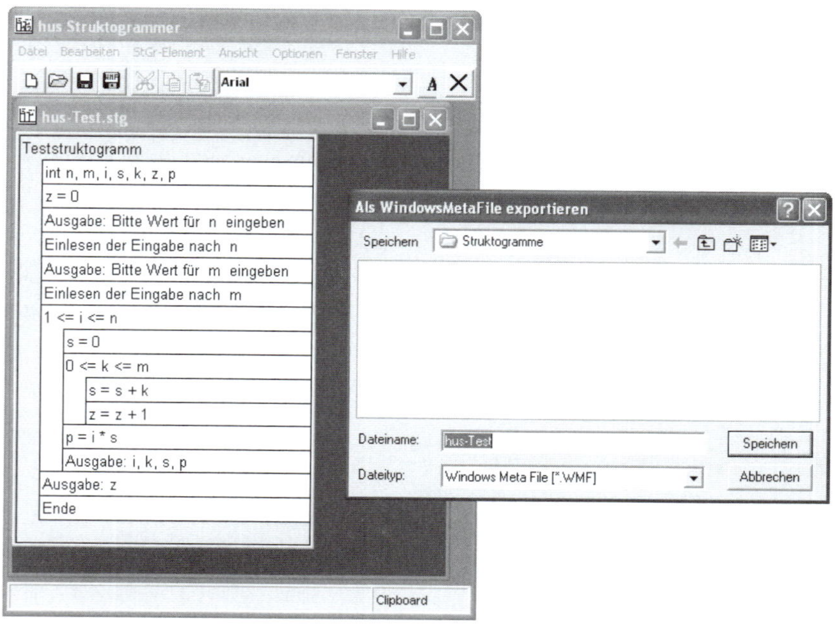

Bild 5.26 Export des Struktogramms in eine WMF-Datei im hus-Struktogrammer

Das Ergebnis ist eine „druckreife“ Ausgabe des erstellten Struktogramms (siehe Bild 5.27).

Das vorliegende Programm soll für `n = 4` und `m = 5` ausgeführt werden. Welche Ausgaben werden erzeugt?

Die Zählersteuerungsvariable `i` der äußeren Schleife nimmt im vorliegenden Beispiel der Reihe nach die Werte 1, 2, 3 und 4 an, die Zählersteuerungsvariable `k` der inneren Schleife nimmt der Reihe nach die Werte 0, 1, 2, 3, 4 und 5 an.

Bevor die äußere Schleife mit ihrer Arbeit beginnt, wird der Zählervariablen z der Wert 0 zugewiesen. Unmittelbar nach der Zuweisung des Startwertes 1 zur Zählersteuerungsvariablen `i` der äußeren Schleife wird der Summenvariablen `s` ebenfalls der Wert 0 zugewiesen.

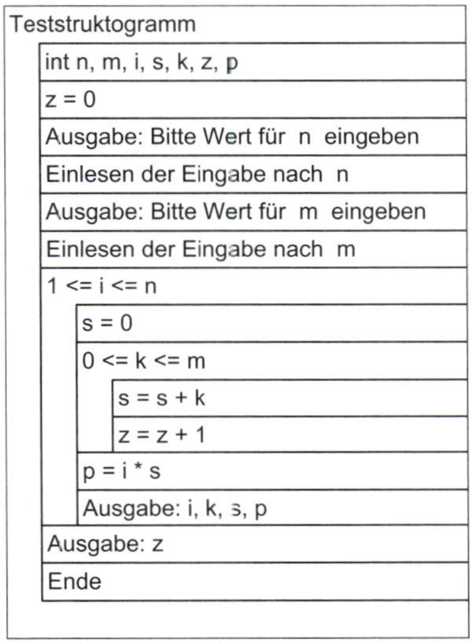

Bild 5.27
Darstellung der WMF-Datei des hus-Struktogrammers

Nun beginnt die innere Schleife ihre Arbeit. Dabei wird der Zählersteuerungsvariablen `k` der Startwert 0 zugewiesen. `s` erhält die Summe aus dem aktuellen Wert von `s` (also 0) und dem aktuellen Wert von `k` (ebenfalls 0), also 0. `z` wird um den Wert 1 erhöht, indem der aktuelle Wert von `z` (also 0) um 1 erhöht wird. `z` erhält hier also den Wert von 1. Aktuell besitzen die Variablen also folgende Werte: `i = 1, k = 0, s = 0, z = 1`.

Damit ist die innere Schleife komplett durchlaufen und es wird zurückgesprungen in die Kopfzeile der Schleife, der Wert der Schleifensteuerungsvariablen `k` wird um 1 auf nun 1 erhöht (Schrittweite) und es wird überprüft, ob der nun aktuelle Wert der Schleifensteuerungsvariablen `k` noch die Abbruchbedingung (`k <= m` mit `m = 5`) erfüllt. Dies ist offensichtlich der Fall, also werden die beiden Zeilen des Schleifenrumpfes erneut abgearbeitet. `s` erhält so den Wert 1 (`= 0 + 1`) und `z` den Wert von 2 (`= 1 + 1`). Aktuell besitzen die Variablen nun also folgende Werte: `i = 1, k = 1, s = 1, z = 2`.

Erneut wird zurückgesprungen in den Kopf der inneren Schleife, `k` wird inkrementiert (um die Schrittweite erhöht), bekommt also den Wert 2 zugewiesen. Auch hier ist die Abbruchbedingung (`2 <= 5`) noch erfüllt, so dass der Schleifenrumpf erneut durchlaufen wird. Diesmal erhalten `s` den Wert 3 (`= 1 + 2`) und `z` den Wert 3 (`= 2 + 1`). Aktuelle Werte: `i = 1, k = 2, s = 3, z = 3`.

Der erneute Rücksprung in den Kopf der inneren Schleife ergibt nun einen Wert von 3 für k, der immer noch der Abbruchbedingung (3 <= 5) genügt, so dass der Schleifenrumpf erneut durchlaufen wird. Diesmal erhalten s den Wert 6 (= 3 + 3) und z den Wert 4 (= 3 + 1). Aktuelle Werte: i = 1, k = 3, s = 6, z = 4.

Erneut wird zurückgesprungen in den Kopf der inneren Schleife, k wird inkrementiert, bekommt also den Wert 4 zugewiesen. Auch hier ist die Abbruchbedingung (4 <= 5) noch erfüllt, so dass der Schleifenrumpf erneut durchlaufen wird. Diesmal erhalten s den Wert 10 (= 6 + 4) und z den Wert 4 (= 3 + 1). Aktuelle Werte: i = 1, k = 4, s = 10, z = 5.

Der erneute Rücksprung in den Kopf der inneren Schleife ergibt nun einen Wert von 5 für k, der immer noch der Abbruchbedingung (5 <= 5) genügt, so dass der Schleifenrumpf erneut durchlaufen wird. Diesmal erhalten s den Wert 15 (= 10 + 5) und z den Wert 6 (= 5 + 1). Aktuelle Werte: i = 1, k = 5, s = 15, z = 6.

Erneut wird zurückgesprungen in den Kopf der inneren Schleife, k wird inkrementiert, bekommt nun also den Wert 6 zugewiesen, der die Abbruchbedingung allerdings nicht mehr erfüllt, so dass der Schleifenrumpf nicht mehr durchlaufen wird. Die aktuellen Werte lauten nun: i = 1, k = 6; s = 15, z = 6.

> **!** Der aktuelle Wert einer Schleifensteuerungsvariablen einer Schleife, die hochgezählt wird, ist nach deren Beendigung höher als der Wert der Abbruchbedingung! ■

Damit ist die innere Schleife komplett abgearbeitet und das Programm wird in der Folgezeile nach dieser Schleife fortgesetzt, also mit der Produktbildung p = i · s, d. h. p bekommt den Wert 15 (= 1 · 15) zugewiesen.

Demnach werden in der ersten Ausgabezeile des Programms folgende Werte dokumentiert:

```
i = 1, k = 6, s = 15, p = 15.
```

Nun ist auch der Schleifenrumpf der äußeren Schleife einmal komplett abgearbeitet worden und es erfolgt ein Rücksprung in die Kopfzeile der äußeren Schleife. Hier wird die Schleifensteuerungsvariable i inkrementiert und bekommt der Wert 2 (= 1 + 1) zugewiesen, der die Abbruchbeding der äußeren Schleife erfüllt, denn 2 <= 4, also beginnt der Ablauf der Abarbeitung der inneren Schleife erneut!

> **!** Zu beachten ist, dass die Zählervariable z nicht erneut initialisiert wird, d. h. dass mit dem letzten aktuellen Wert dieser Variablen weitergearbeitet wird! ■

Die Summenvariable s bekommt den Wert 0 zugewiesen, bevor die Zählersteuerungsvariable k der inneren Schleife wieder der Reihe nach die Werte 0, 1, 2, 3, 4 und 5 annimmt.

> Eigentlich müsste bei der Auflistung der Werte der Zählersteuerungsvariablen k natürlich auch die 6 angegeben werden. Da k diesen Wert jedoch nur „außerhalb“ der Schleife annimmt, also nicht mit diesem Wert im Schleifenrumpf gearbeitet wird, kann er bei der Auflistung vernachlässigt werden, sofern man sich darüber im Klaren ist, dass er eben nach der Abarbeitung der Schleife tatsächlich angenommen wurde! ■

Es werden also der Reihe nach folgende aktuelle Werte angenommen:

```
i = 2, k = 0, s = 0,  z = 7.
i = 2, k = 1, s = 1,  z = 8.
i = 2, k = 2, s = 3,  z = 9.
i = 2, k = 3, s = 6,  z = 10.
i = 2, k = 4, s = 10, z = 11.
i = 2, k = 5, s = 15, z = 12.
i = 2, k = 6, s = 15, z = 12.
```

Nachdem die innere Schleife erneut komplett abgearbeitet ist, wird das Programm in der Folgezeile nach dieser Schleife fortgesetzt, also mit der Produktbildung `p = i · s`, d. h. `p` bekommt der Wert 30 (= 2 · 15) zugewiesen. Demnach werden in der zweiten Ausgabezeile des Programms folgende Werte dokumentiert:

```
i = 2, k = 6, s = 15, p = 30
```

Nun ist auch der Schleifenrumpf der äußeren Schleife erneut komplett abgearbeitet worden und es erfolgt ein Rücksprung in die Kopfzeile der äußeren Schleife. Hier wird die Schleifensteuerungsvariable `i` inkrementiert und bekommt den Wert 3 (= 2 + 1) zugewiesen, der die Abbruchbeding der äußeren Schleife erfüllt, denn 3 <= 4, also beginnt der Ablauf der Abarbeitung der inneren Schleife erneut!

Die Summenvariablen `s` bekommt wieder den Wert 0 zugewiesen bevor innere Schleife abgearbeitet wird. Es werden also der Reihe nach folgende aktuelle Werte angenommen:

```
i = 3, k = 0, s = 0,  z = 13.
i = 3, k = 1, s = 1,  z = 14.
i = 3, k = 2, s = 3,  z = 15.
i = 3, k = 3, s = 6,  z = 16.
i = 3, k = 4, s = 10, z = 17.
i = 3, k = 5, s = 15, z = 18.
i = 3, k = 6, s = 15, z = 18.
```

Nachdem die innere Schleife erneut komplett abgearbeitet ist, wird das Programm in der Folgezeile nach dieser Schleife fortgesetzt, also mit der Produktbildung `p = i · s`, d. h. `p` bekommt den Wert 45 (= 3 · 15) zugewiesen. Demnach werden in der dritten Ausgabezeile des Programms folgende Werte dokumentiert:

```
i = 3, k = 6, s = 15, p = 45
```

Ebenso erfolgt die Erzeugung der vierten Ausgabezeile des Programms:

```
i = 4, k = 6, s = 15, p = 60.
```

Es wurden dabei der Reihe nach folgende Werte angenommen:

```
i = 4, k = 0, s = 0,  z = 19.
i = 4, k = 1, s = 1,  z = 20.
i = 4, k = 2, s = 3,  z = 21.
i = 4, k = 3, s = 6,  z = 22.
i = 4, k = 4, s = 10, z = 23.
i = 4, k = 5, s = 15, z = 24.
i = 4, k = 6, s = 15, z = 24.
```

Damit ist auch die äußere Schleife vollständig abgearbeitet, denn beim nächsten Rücksprung in die Kopfzeile der äußeren Schleife erhält die Schleifensteuerungsvariable `i` den Wert 5, der die Abbruchbedingung nicht mehr erfüllt, so dass der Schleifenrumpf nicht erneut durchlaufen wird. Es kommt zur finalen Ausgabe des Wertes von `z` bevor das Programm beendet wird: `z = 24`

Insgesamt produziert dieses Programm bei Eingabe von `n = 4` und `m = 5` also folgende Ausgaben:

```
i = 1, k = 6, s = 15, p = 15
i = 2, k = 6, s = 15, p = 30
i = 3, k = 6, s = 15, p = 45
i = 4, k = 6, s = 15, p = 60
z = 24
```

Und die Frage, wie oft der innere Kern der Iterationen in diesem Programm wiederholt wird, kann mit `24 mal` beantwortet werden.

Ermitteln Sie eine Formel in Abhängigkeit der beiden Variablen n und m, mit deren Hilfe im vorliegenden Programm sofort bestimmt werden kann, wie oft der innere Kern der Alternationen durchlaufen wird! ■

Im oben durchgeführten Testlauf ist mit den Werten für `n = 4` und `m = 5` für `z` ein Wert von `z = 24` produziert worden. Kann dieses `z = 24` mit Hilfe der beiden Endwerte der äußeren und inneren Schleife ausgedrückt werden?

Bei jedem Durchgang der äußeren Schleife ist die innere Schleife jeweils komplett abgearbeitet worden. Da bei der inneren Schleife der Schleifenrumpf insgesamt 6 mal wiederholt wird, da `k` ja die gültigen Werte von 0 bis 5 annimmt, bedeutet dies, dass der innere Kern der Alternationen für jeden Durchlauf der äußeren Schleife 6 mal durchlaufen wird. Die äußere Schleife wird insgesamt 4 mal durchlaufen, also ergibt sich für die Gesamtanzahl der Wiederholungen der beiden Zeilen `s = s + k` und `z = z + 1`:

```
Anzahl = 6 + 6 + 6 + 6 = 4 · 6 = 24
```

Dabei ergibt sich der erste Faktor in diesem Produkt, also die 4 durch die 4-fache Wiederholung der äußeren Schleife, der zweite Faktor, also die 6 durch die 6-fache Wiederholung der inneren Schleife.

Da die äußere Schleife mit dem Startwert 1 beginnt, kann die Anzahl ihrer Durchläufe bei einer Schrittweite der Inkrementierung von 1 direkt mit dem Endwert der Schleife, hier also `n` angegeben werden. Die innere Schleife beginnt mit einem Startwert von 0, d. h. die Anzahl ihrer Durchläufe bei einer Schrittweite der Inkrementierung von 1 kann mit einem um erhöhten Endwert der Schleife, also `m + 1` angegeben werden.

> Die gesuchte Formel zur Ermittlung der Anzahl der Iterationen im oben durch das Struktogramm beschriebenen Programm kann angegeben werden durch: Anzahl = `n · (m + 1)`

5.4 Flussdiagramm nach DIN 66001

Ein **Flussdiagramm** (oder auch **Programmablaufplan**) ist eine weitere Möglichkeit der grafischen Darstellung der Problemlösung als Vorbereitung auf die Implementierung (also die Codierung) in einer Programmiersprache. Beginnend mit einem Grobentwurf, der schrittweise immer weiter verfeinert wird, entsteht ein Entwurf, der schließlich so exakt ist, dass die Umsetzung in eine Programmiersprache auch von fachfremden Programmierern vorgenommen werden kann.

Liegt eine Problemlösung als grobes Flussdiagramm vor, so können leicht Teilprobleme ausgegliedert und von unterschiedlichen Programmierern bearbeitet werden. Oftmals entsteht ein Gesamtprogramm dabei lediglich aus dem sinnvollen Zusammenfügen von bereits verfügbaren Teillösungen. Zur Darstellung eines Flussdiagramms werden die Symbole nach DIN 66001 verwendet. Ähnlich wie bei Struktogrammen stehen auch hier zahlreiche grafische Symbole für die Erstellung von Flussdiagrammen zur Verfügung (siehe Bild 5.28).

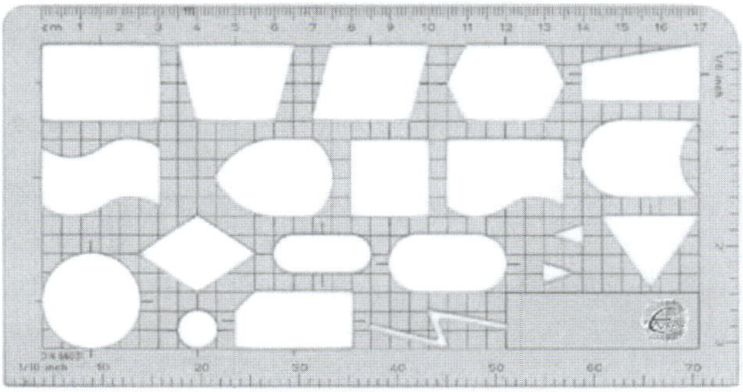

Bild 5.28 Lineal und Symbolschablone für die Elemente nach DIN 66001

Solche Lineale sind bei der Erstellung von Flussdiagrammen sehr hilfreich, denn die Anzahl der grafischen Symbole in der DIN 66001 ist erheblich größer als die Elemente eines Struktogramms.

Die wichtigsten Elemente im Überblick:

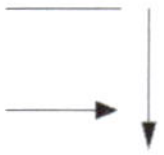

Die **Ablauflinien** mit der Vorzugsrichtung von oben nach unten bzw. von links nach rechts, haben die Aufgabe, die Sinnbilder in der Bearbeitungsform miteinander zu verbinden.

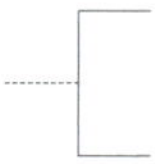

Bemerkungen können an alle anderen Sinnbilder angefügt werden und dienen dazu, den Programmablauf zu erläutern oder weitergehende Kommentare anzufügen.

Die **Grenzstelle** grenzt ein Programm ein. Ein Programm beginnt immer mit der Grenzstelle `START` und endet mit der Grenzstelle `ENDE`.

Eine **Übergangsstelle** kennzeichnet Verbindungen, wenn ein Flussdiagramm aufgeteilt ist oder über mehrere Seiten geht.

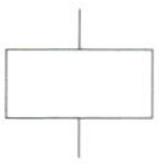

Das allgemeine **Operationssymbol** ist zur Aufnahme aller im Programm durchzuführenden Anweisungen wie z. B. Addition oder Subtraktion gedacht.

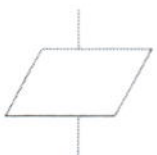

Das **Ein- und Ausgabesymbol** bezeichnet die Stellen im Programm, an denen Daten für den Programmablauf eingegeben werden oder Ergebnisse vom Programm geliefert werden. Dabei können sämtliche peripheren Geräte zum Einsatz kommen.

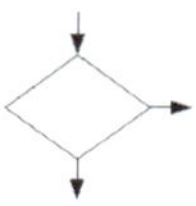

Das **Verzweigungssymbol** stellt eine Programmverzweigung dar, die in Abhängigkeit von einer Bedingung auszuführen ist.

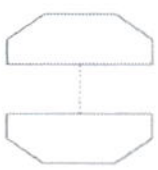

Das Symbol für die **Schleifenbegrenzung** wird für Programmteile eingesetzt, die wiederholt durchlaufen werden. In beiden zusammengehörenden Enden in den von den schrägen Linien begrenzten Flächen müssen die gleichen Bezeichnungen stehen. In diesem Sinnbild wird oft angegeben, wie, d. h. mit welchen Start- und Endwert und mit welcher Schrittweite die Wiederholung durchzuführen ist.

Ein **Flussdiagramm nach DIN 66001** ist eine alternative graphische Darstellung der Einzelschritte zur systematischen Lösung des Problems.

Ein einfaches Beispiel macht anschaulich deutlich, wie Flussdiagramme aussehen können (siehe Bild 5.29).

Es soll der maximale Wert von zwei Variablen (hier `a` und `b`) festgestellt und der Variablen `max` zugewiesen werden. Während eine solche Fragestellung im Struktogramm mit Hilfe des Alternationssymbols sehr übersichtlich darzustellen ist, werden hier bereits mehrere Ablauflinien benötigt, um eine klaren Programmablauf zu skizzieren.

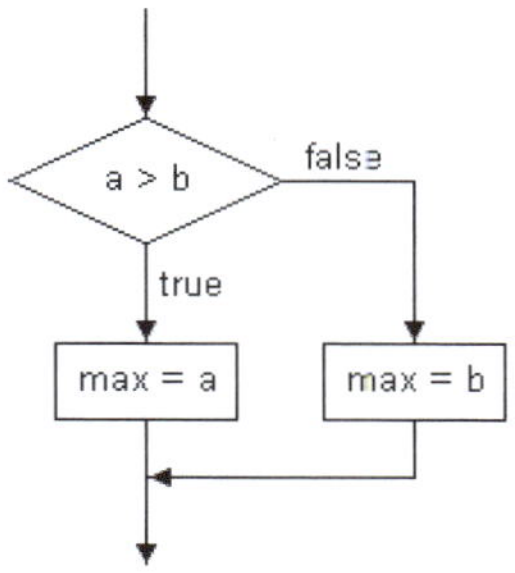

Bild 5.29
Flussdiagramm zur Maximumsbestimmung zweier Größen

Es gibt auch für die Erstellung von Flussplänen Programme, die grafisch einwandfreie Ergebnisse liefern. Allerdings sind Struktogramme bzgl. ihrer Übersichtlichkeit hier deutlich im Vorteil. Eine Gegenüberstellung der Symbole nach DIN 66001 und der Nassi-Shneiderman-Darstellung findet sich im Anhang.

5.5 Programmerstellung

Das Programm wird schließlich von Spezialisten geschrieben (**Implementierung**), die eine oder mehrere Programmiersprachen beherrschen. Der Programmierer selbst braucht für die Wahrnehmung seiner Aufgaben nicht unbedingt das Problem zu kennen, er muss lediglich die Umsetzung der Anweisungen aus einem Struktogramm oder Flussdiagramm beherrschen.

Unter **Programmerstellung** versteht man die Umsetzung der Anweisungen aus dem Struktogramm oder Flussdiagramm in eine Programmiersprache.

5.6 Programmtest

Wenn der Quellcode des Programms eingegeben ist, werden zunächst diejenigen Fehler beseitigt, die gegen die Vereinbarungen der Programmiersprache verstoßen, die **syntaktischen Fehler**. Ist der Quellcode anschließend syntaktisch fehlerfrei, werden im nächsten Schritt evtl. vorhandene logische Fehler zu beseitigen sein, sofern sie denn bei den Testläufen überhaupt entdeckt werden. **Logische Fehler** sind dabei solche, die nicht zum gewünschten Ergebnis führen. Die Formulierung „gewünschtes Ergebnis“ zeigt dabei schon sehr deutlich, dass derjenige, der für einen Programmtest verantwortlich ist, sehr genaue Kenntnisse über die Ergebnisse eines Programmes in Abhängigkeit von den zu verarbeitenden Informationen besitzen muss. Um einen seriösen Programmtest durchführen zu können, muss sich der Tester also im Vorfeld schon geeignete Testein- und -ausgabedaten bereitlegen. Erst, wenn ein Programm eine Vielzahl von inszenierten Testläufen erfolgreich absolviert hat, kann mit einiger Wahrscheinlichkeit davon ausgegangen werden, dass das Programm logisch sinnvoll programmiert worden ist. Aber selbst dann wird es immer noch Programmteile geben, die von den Testläufen nicht berührt wurden, so dass eine gewisse Restunsicherheit bleibt.

Speziell, um logische Fehler aufspüren zu können, sind bei einem Programmlauf die aktuellen Werte aller beteiligten Variablen von allergrößtem Interesse. Um nicht an unzähligen Stellen im Quellcode Ausgaben programmieren zu müssen, wird für solche Fehlersuchen der **Debugger** eingesetzt. Dazu wird das Programm im Debug-Mode gestartet, indem im Hauptmenü der Punkt *Debuggen* und anschließend *Debugging starten* ausgewählt wird (siehe Bild 5.30).

Nachdem das Debugging gestartet wurde, kann durch die Funktionstasten F11 und F10 entweder das Programm in Einzelschritten oder in Prozedurschritten durchlaufen werden. Im Quelltext können spezielle Haltepunkte festgelegt werden, an denen eine genaue Betrachtung der aktuellen Wertebelegung aller Variablen sinnvoll ist. Die Auflistung der Variablenwerte erfolgt in einem Fenster in der unteren linken Ecke der Entwicklungsoberfläche von VC++.

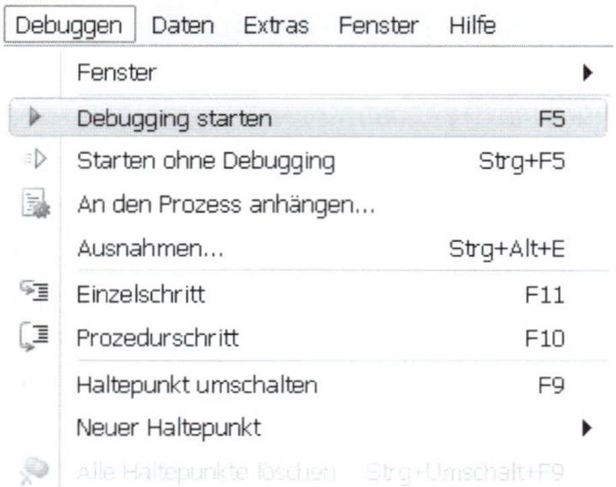

Bild 5.30
Debugging starten

5.7 Programmlauf

Der Programmlauf endlich ermittelt das gewünschte Ergebnis mit den Daten, die der Kunde oder das Problem an sich vorgeben. In diesem Stadium ist die Aufgabe des Programmierers bzw. Systemanalytikers zunächst erfüllt. Üblicherweise wird mit dem Kunden jedoch eine gewisse Programmpflege vereinbart. Diese Pflege geht zum einen davon aus, dass der Programmierer auch weiterhin für eine mögliche Fehlerkorrektur in der Betriebsphase des Programms zur Verfügung steht. Zum anderen kann eine solche Pflege auch die Anpassung des Programms an geänderte Randbedingungen wie Umstellung von Betriebssystemen, Hardwareveränderungen etc. beinhalten.

5.8 Dokumentation nach DIN 66230

Obwohl Computerprogramme und die zugehörige Dokumentation untrennbare Softwarebestandteile sind, wird die Dokumentation im Entwicklungsprozess häufig vernachlässigt. Dabei ist eine vollständige, übersichtlich gegliederte, für den jeweiligen Benutzerkreis verständliche, mit der Funktionalität des Programms übereinstimmende Dokumentation eine Grundvoraussetzung für die reibungslose Benutzung (aus Anwendersicht) und Pflege, d. h. Änderung oder Programmerweiterung (aus Entwicklersicht). Zu den in der Praxis oft auftretenden Dokumentationsmängeln zählen u. a., dass Dokumentationen oft in einer schwer verständlichen Fachsprache verfasst sind, oder, dass die vorhandenen Dokumentationen nicht den tatsächlichen Leistungsstand der Software darstellen.

Die Programmdokumentation ist also notwendige Voraussetzung für die Anwendung eines Programms. Sie dient außerdem als Grundlage für die Entscheidung über den Einsatz eines Programms sowie als Hilfsmittel bei der zweckentsprechenden und wirtschaftlichen Installation, Benutzung, Fehlerbeseitigung, Aktualisierung und Schulung.

Die Norm beinhaltet eine gegliederte Liste der zur Programmdokumentation erforderlichen Unterlagen. Sie enthält jedoch keine Aussagen über formale Gliederungen bestimmter Dokumente und über dabei zu verwendende Formulare. Insbesondere legt sie nicht fest, in welcher Form diese Angaben im konkreten Einzelfall zu Dokumenten, z. B. zu einem Benutzerhandbuch oder einer Bedienungsanleitung, zusammengefasst werden.

DIN 66230 stellt drei Gruppen der Programmdokumentation zusammen:

- Programmkenndaten
- Funktion und Aufbau des Programms
- Betrieb, Installation und Test des Programms

In diesen drei Gruppen werden alle notwendigen Angaben zusammengefasst, die zur ausführlichen Beschreibung eines Programms oder Programmpakets (Programmpaket = Zusammenfassung verschiedener Programme zur Lösung eines Problems) notwendig sind. Ergänzend können hinzugefügt werden:

- Nutzungsvereinbarungen
- Entwicklungsunterlagen

Im Einzelnen umfassen die Gruppen folgende Informationen:

5.8.1 Funktion und Aufbau des Programms

Hierzu gehören:

Aufgabenstellung: Ausführliche fachbezogene Beschreibung der mit dem Programm zu lösenden Aufgaben inkl. der der Problemstellung zugrundeliegenden Theorien, Gesetze, Normen, Vorschriften usw. mit Literaturverweis.

Aufgabenlösung: Beschreibung der Lösungsverfahren und Algorithmen, in Bezug gesetzt zu der Aufgabenstellung und dem Programmaufbau; Zusammenstellung der Bezeichnungen, Vereinbarungen, Maßeinheiten, des Zeichenvorrats usw.

Programmaufbau: Beschreibung des Aufbaus des Programms aus Programmbausteinen, bezogen auf die Darstellung in verschiedenen Phasen, z. B. der Quellsprache, dem Zustand nach der Übersetzung und während des Ablaufs, soweit sich diese voneinander unterscheiden.

Programmablauf: Beschreibung der durch das Programm festgelegten Abläufe, z. B. nach DIN 66001 (Informationsverarbeitung, Sinnbilder für Datenfluss- und Programmablaufpläne)

Interne Daten: Beschreibung des Aufbaus und der Bedeutung der Daten, mit denen das Programm während seines Ablaufs arbeitet und die normalerweise nicht nach außen in Erscheinung treten, z. B. Verzeichnis der temporären Dateien, Datei- und Satzbeschreibungen, Feldbeschreibungen, Schlüsselübersichten.

Ein- und Ausgabe: Beschreibung des Aufbaus und der Bedeutung der Daten (Datensätze, Datenfelder usw.), die an den Schnittstellen zu Benutzern oder getrennt ablaufenden Programmen zur Verarbeitung übernommen oder als Ergebnisse übergeben werden (Ein- und Ausgabebeschreibung). Dabei sind Abhängigkeiten von speziellen Eigenschaften des Datenträgers, der Zugriffsart und der Speicherungsform anzugeben.

Datensicherung: Beschreibung der im Programm vorgesehenen Maßnahmen zur Sicherung der vom Programm bearbeiteten Daten gegen Zerstörung und Verlust sowie zur Wiederherstellung eines früheren Zustands der Daten.

Datenschutz: Beschreibung der im Programm vorgesehen Maßnahmen zum Schutz der vom Programm bearbeiteten Daten gegen missbräuchliche Kenntnisnahme und Veränderung.

5.8.2 Programmkenndaten

Hierzu gehören:

Bezeichnung: Name, Varianten- und Versionsbezeichnung sowie Erstellungsdatum, soweit sie zur Identifizierung des Programms im Datenverarbeitungssystem und im Schriftwechsel benötigt werden.

Aufgabe: Kurzbeschreibung der mit dem Programm lösbaren Aufgaben bzw. des Aufgabentyps; ferner Angabe besonderer Voraussetzungen und Einschränkungen. Diese Angaben müssen die Auswahl ermöglichen, ob das Programm für eine gegebene Aufgabe einsetzbar erscheint. Gegebenenfalls Hinweise auf diesbezügliche Fachliteratur.

Zuständigkeit: Angabe, wer das Programm entwickelte, vertreibt und wartet: Namen und Adressen der betreffenden Personen, Firmen, Institute usw.

Gerätebedarf: Angabe der Zentraleinheiten und der peripheren Einheiten, die für den Ablauf des Programms erforderlich sind. Zu den peripheren Einheiten gehören Ein- und Ausgabegeräte sowie Datenfernverarbeitungseinrichtungen.

Speicherbedarf: Angaben, die es im konkreten Einzelfall erlauben, den Bedarf an Hauptspeichern und peripheren Speichern zu ermitteln.

Programmbedarf: Angabe anderer Programme, die zum Ablauf des beschriebenen Programms erforderlich sind, z. B. Betriebssysteme, Hilfsprogramme und Unterprogramme, mit Verweis auf deren Programmdokumentation.

Programmiersprache: Angabe der bei der Programmierung verwendeten Programmiersprachen; gegebenenfalls Spezifizierung der Programmteile nach den verwendeten Programmiersprachen. Angabe der Erweiterungen und Einschränkungen des Sprachumfangs und Bezeichnung der verwendeten Compilers mit Verweis auf die zugehörige Programmdokumentation.

Deskriptoren: Schlüsselwörter, Stichwörter usw., die das Programm hinreichend kennzeichnen und als Suchbegriffe dienen können.

5.8.3 Betrieb des Programms

Hierzu gehören:

Bedienung: Beschreibung der Anweisungen zur Vorbereitung, zum Start, zur Steuerung und zur Überwachung des Programmablaufs hinsichtlich der Zentraleinheit und der peripheren Einheiten; ferner Beschreibung der die Steuerung betreffenden Meldungen des Programms.

Fehlerbehandlung: Beschreibung der vorgesehenen Maßnahmen zur Behandlung irregulärer Situationen während des Programmablaufs.

Wiederanlaufverfahren: Beschreibung der im Programm vorgesehenen Maßnahmen zum Wiederanlauf des Programms nach Störungen und Unterbrechungen.

Test: Angabe der Testmethoden, -programme, -daten und -ergebnisse, mit denen das Programm auf Fehler geprüft wurde und auch bei Installation, bei Fehlerbeseitigung und bei Aktualisierung geprüft werden kann.

Anpassungshinweise: Angaben, wie das Programm an vorhersehbare oder zu erwartende Änderungen der Geräteausstattung durch andere Programme oder an abweichende Anforderungen der Aufgabenstellung angepasst werden kann.

5.8.4 Ergänzungen

Hierzu gehören:

Nutzungsvereinbarungen: Zusammenstellung der Unterlagen über Vereinbarungen zur Nutzung des Programms, z.B. Angaben zum Vertrieb und zur Instandhaltung des Programms, Angaben zu Kauf- und Mietpreisen incl. Konditionen, Angaben zu Installations-, Schulungs- und Instandhaltungskosten, Angaben über Urheberrechte, Gewährleistungen, Weitergabe, Mitbenutzung, Mietdauer, Kündigungsfristen, öffentliche Förderung.

Entwicklungsunterlagen: Zusammenstellung der Unterlagen, die zur Entwicklung des Programms führten oder während dessen Entwicklung angefertigt wurden, soweit Gesetze, Bestimmungen, Vereinbarungen usw. dies vorschreiben, oder diese Entwicklungsunterlagen die Programmdokumentation in ihrem Gebrauchswert wesentlich ergänzen.

5.9 Aspekte des Qualitätsmanagements EN-ISO 9000

An den Ausführungen zur Programmdokumentation ist deutlich der Lauf der Zeit abzulesen. Der Bezug zu einem ursprünglich auf den Gebrauch in professionellen Großrechenzentren abzielenden Einsatz von Programmen ist deutlich. Die Thematik an sich hat an Bedeutung allerdings keinesfalls eingebüßt. Ganz im Gegenteil! Seit Ende der 1990er Jahre gibt es Bestrebungen von Unternehmen der IT-Branche, die sich mit der Entwicklung von Software beschäftigen, sich ihre Leistungsfähigkeit durch entsprechende Zertifikate anerkennen zu lassen. Dabei ist es durchaus zweifelhaft, ob der Gedanke der Zertifizierung von Software als einem fertigen Produkt sinnvoll ist, oder ob ein Zertifikat über einen qualitativ hochwertigen Umgang mit Software sinnvoller ist. Beiden Varianten kann man in der Praxis begegnen.

Die Zertifizierung einer Software ist eine Maßnahme, die durch einen externen Sachverständigen durchgeführt wird und deren Zweck es ist, zu bestätigen, dass die Software gewissen festgelegten formalen Anforderungen entspricht. Zu diesen Anforderungen gehört u. a. die Überprüfung sämtlicher Entwicklungsschritte:

- Festlegung der Forderungen des Auftraggebers
- Planung der Entwicklung
- Planung der Qualitätssicherung
- Design und Implementierung
- Test und Validierung
- Annahme, Vervielfältigung, Lieferung und Installation
- Wartung

Darüber hinaus soll die Softwarezertifizierung durch Tests die Fehlerfreiheit der Software feststellen. Durch einen unabhängigen Dritten, den Zertifizierer, wird offiziell bestätigt, dass alle Entwicklungsprozesse korrekt eingehalten wurden, die Ergebnisse jeder Entwicklungsstufe vorliegen und die Software durch intensive Tests den festgelegten Anforderungen entspricht.

Eine derartige Überprüfung von Software ist sehr kostspielig. Es werden spezielle Prüfprogramme eingesetzt, die den Quellcode der zu zertifizierenden Software analysieren und u. a. auf seine Logik hin prüfen. Ist eine solche Prüfung erfolgreich abgeschlossen, kann dokumentiert werden, dass exakt das vorliegende Softwareprodukt die gestellten Erwartungen erfüllt. Der Gesichtspunkt der Fehlerfreiheit ist dabei mit größter Vorsicht zu genießen! Kommt es in der Folge zu einer Veränderung der Software, tritt etwa doch ein Fehler auf, der behoben werden muss, so wird die zertifizierte Software zwangsläufig verändert und verliert ihr wertvolles Zertifikat. Die Überprüfung muss also nach jeder Veränderung erneut durchgeführt werden, damit die Software weiterhin als zertifiziert bezeichnet werden kann.

Sinnvoller scheint es da zu sein, dass sich ein Unternehmen, das sich mit der Erstellung und Entwicklung von Software beschäftigt, zertifizieren lässt. Mit der Reihe EN ISO 9000 ff. sind Normen geschaffen worden, die die Grundsätze für Maßnahmen zum Qualitätsmanagement dokumentieren. Sie bilden einen Satz von Normen für Qualitätsmanagementsysteme.

Grundsätzlich unterliegt jedes Produkt anderen spezifischen Anforderungen und ist demnach nur unter speziellen Qualitätssicherungsmaßnahmen zu produzieren. Das gilt sicher auch in besonderem Maße für ein Produkt Software. Qualitätsmanagementsysteme hingegen sind nicht produktorientiert und können daher unabhängig von der Branche und ihren spezifischen Produkten einen ähnlichen Aufbau festlegen. Hier wird also der Entstehungsprozess eines Produktes exakt festgelegt. Diese Art des Umgangs mit einem Produkt wird dann anschließend dem Unternehmen bescheinigt. Die Frage, wie mit einem festgestellten Fehler in der Software umgegangen werden muss (nach entsprechenden Verfahrensanweisungen), wird aus diesem Blickwinkel anders zu beantworten sein, als wenn mit jeder Fehlerbeseitigung erneute Zertifizierungskosten verbunden sind. Dass Software unter allen Umständen immer fehlerfrei funktioniert, wird kein Entwickler ernsthaft behaupten. Dass der Umgang mit aufgetretenen Fehlern im Kundeninteresse nach festgelegten Regeln und Abläufen in einem Unternehmen, das Software entwickelt, zu einer fehlerkorrigierten Fassung der Software führt, ist für den Anwender dieser Software schließlich wichtiger, als die Einschätzung eines Sachverständigen, dass die Software, nach allem, was seine Testverfahren leisten können, fehlerfrei ist. Dementsprechend gehen viele Firmen aus der IT-Branche genau diesen Weg und lassen ihr Qualitätsmanagementsystem nach EN ISO 9001 zertifizieren. Diese Norm legt die Anforderungen an ein Qualitätsmanagementsystem (QM-System) für den Fall fest, dass eine Organisation ihre Fähigkeit darlegen muss, Produkte bereitzustellen, welche die Anforderungen der Kunden erfüllen. Sie beschreibt modellhaft das gesamte Qualitätsmanagementsystem und stellt die Basis für ein umfassendes Qualitätsmanagementsystem mit acht Grundsätzen dar:

1. Kundenorientierung
2. Verantwortlichkeit der Führung
3. Einbeziehung der beteiligten Personen
4. Prozessorientierter Ansatz
5. Systemorientierter Managementansatz
6. Kontinuierliche Verbesserung
7. Sachbezogener Entscheidungsfindungsansatz
8. Lieferantenbeziehungen zum gegenseitigen Nutzen

Die Einführung eines Qualitätsmanagementsystems ist eine strategische Entscheidung für ein Unternehmen, das sich stärker an seinen Kunden orientieren will, um Wettbewerbsvorteile zu erlangen. Die Norm gibt dabei allerdings nur einen bestimmten Rahmen vor.

5.10 Algorithmus – was ist das?

Algorithmen sind clevere Verfahren, Probleme verschiedenster Art effizient zu lösen. Dabei geht es nicht nur um arithmetische Probleme wie etwa eine effiziente Addition oder Multiplikation, sondern auch um ganz alltägliche Fragestellungen. Wie durchsucht man möglichst schnell sein Bücherregal nach einem bestimmten Buch? Wie findet man den Ausgang aus einem Labyrinth? Wie berechnet man die kürzeste Verbindung zwischen zwei Städten,

z. B. für die Programmierung eines Navigationsgerätes? Diese und andere Fragen werden durch geschickte Algorithmen gelöst.

Unter einem Algorithmus versteht man also eine Verarbeitungsvorschrift, die so präzise formuliert sein muss, dass sie von einem mechanisch oder elektronisch arbeitenden Gerät durchgeführt werden kann. Aus der Präzision der sprachlichen Darstellung des Algorithmus muss die Abfolge der einzelnen Verarbeitungsschritte eindeutig hervorgehen. Dabei sind Wahlmöglichkeiten durchaus zugelassen. Nur muss dann genau festgelegt sein, wie die Auswahl einer Möglichkeit erfolgen soll.

Algorithmen besitzen folgende charakteristische **Eigenschaften**:

- Im Allgemeinen löst ein Algorithmus eine ganze Klasse von Problemen. Die Auswahl eines einzelnen Problems aus einer Klasse erfolgt über Parameter.
- Algorithmen sind determiniert, d. h.: ein Algorithmus liefert mit den gleichen Eingabewerten und Startbedingungen stets das gleiche Ergebnis.
- Die Beschreibung eines Algorithmus muss eine endliche Länge besitzen.
- Für die Praxis sind meist nur solche Algorithmen von Bedeutung, die für jede Eingabe nach endlich vielen Schritten ein Resultat liefern. Ausnahmen sind z. B. Steuerungsalgorithmen eines Rechnersystems, die endlos ablaufen müssen.
- Ein Algorithmus muss deterministisch sein, d. h. zu jedem Zeitpunkt seiner Ausführung darf höchstens eine Möglichkeit der Fortsetzung bestehen.

Algorithmen sind deterministische Verfahren zur Lösung von Problemen in endlich vielen Schritten und mit endlichem Platzbedarf.

Für eine natürliche Zahl *n* soll die Fakultät *n*! berechnet werden, d. h. es ist das Produkt aller Zahlen von 1 bis *n* zu berechnen.

Erforderliche Eingabe: natürliche Zahl n

Ausgabe: `n!`

Für die Berechnung werden ein Zähler `zaehler` und ein Zwischenergebnis `zerg` gebraucht. Damit kann folgender Algorithmus formuliert werden:

1. *Setze* `zaehler` *auf den Startwert* `1`
2. *Setze* `zerg` *auf den Wert* `1`
3. *Wenn* `zaehler >= n`, `zerg` *ausgegeben und Algorithmus beenden*
4. *Erhöhe* `zaehler` *um* `1`
5. *Set zeze*`zerg` *auf* `zerg • zaehler`
6. *Gehe zu 3*

Mit diesem Algorithmus soll der Wert von 5! berechnet werden:

1. `zaehler = 1`

2. `zerg = 1`

3. `zaehler >= 5? (zaehler = 1)` *Antwort: nein*

4. `zaehler = 1 + 1 = 2`

5. `zerg = 1 · 2 = 2`

6. Gehe zu 3

3. `zaehler >= 5? (zaehler = 2)` *Antwort: nein*

4. `zaehler = 2 + 1 = 3`

5. `zerg = 2 · 3 = 6`

6. Gehe zu 3

3. `zaehler >= 5? (zaehler = 3)` *Antwort: nein*

4. `zaehler = 3 + 1 = 4`

5. `zerg = 6 · 4 = 24`

6. Gehe zu 3

3. `zaehler >= 5? (zaehler = 4)` *Antwort: nein*

4. `zaehler = 4 + 1 = 5`

5. `zerg = 24 · 5 = 120`

6. Gehe zu 3

3. `zaehler >= 5? (zaehler = 5)` *Antwort: ja*

Ausgabe:`5! = 120`

Ende!

Dieser Algorithmus lässt sich neben der hier zunächst gewählten verbalen Beschreibung mit Hilfe eines Struktogramms darstellen:

In Bild 5.31 ist die Variante einer kopfgesteuerten Schleife gewählt, da je nach Eingabe von `n` nicht zwingend ein Schleifendurchlauf erforderlich bzw. gewünscht ist, was bei einer fußgesteuerten Schleife immer mindestens einmal der Fall wäre! Die Bezeichnung `TE` steht hier für eine Eingabe über die Tastatur an das Programm (Tastatureingabe).

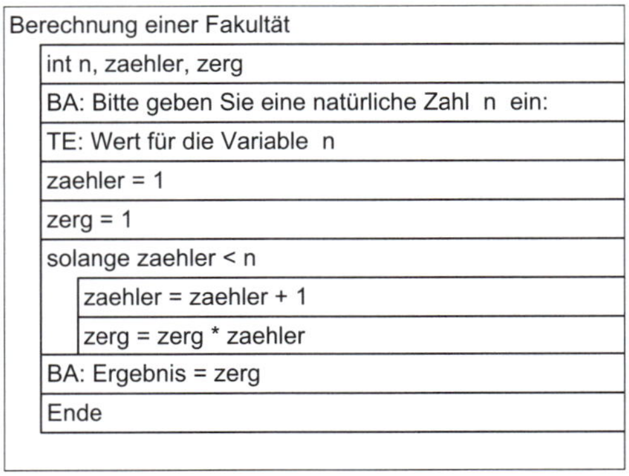

Bild 5.31
Struktogramm zur Fakultätsberechnung

Wenn man die verbale Variante des Algorithmus mit dem Struktogramm vergleicht, dann stellt man fest, dass in Schritt 3 bei der Beschreibung von `zaehler <= n` die Rede ist, während nach dem Struktogramm die Wiederholung durchzuführen ist, `solange zaehler < n` (also echt kleiner!) ist. Dieser Umstand ist dem Schritt 6 der beschreibenden Variante zuzurechnen: hier wird ein klassisches `goto`, also ein Sprung unterstellt, den es in der strukturierten Programmierung nicht gibt! (Oder besser: nicht geben soll!) Da im Schleifenrumpf der kopfgesteuerten Schleife die Inkrementierung der Zählervariablen `zaehler` passiert, muss bei der Darstellung im Struktogramm darauf geachtet werden, dass diese Zählervariable auch genau in der erforderlichen Art und Weise verändert und verarbeitet wird. ■

Der Quelltext zu dieser Variante könnte dann folgendermaßen aussehen:

```
// fakultät.cpp: Hauptprojektdatei.
#include "stdafx.h"
#include <stdio.h>
#include <stdlib.h>
#include <conio.h>
using namespace System;
void main()
{
   int n, zaehler, zerg;
   printf("Bitte geben Sie eine natuerliche Zahl n ein:
   scanf("%i",&n);
   zaehler = 1;
   zerg = 1;
   while(zaehler < n)
   {
      zaehler = zaehler + 1;
      zerg = zerg * zaehler;
   }
```

```
19    printf("\nErgebnis: %i! = %i",n,zerg);
20    getch();
21 }
```

Die Zeilen 16 und 17 dieses Listings lassen sich auch mit der entsprechenden Kenntnis der Anwendung von Operatoren anders schreiben:

```
16          zaehler++;
17          zerg *= zaehler;
```

Produzieren wird dieses Programm dann die Ausgabe aus Bild 5.32.

Bild 5.32 Ausgabe der Fakultätsberechnung

Da in diesem Beispiel, was die Schleifenauswahl betrifft, der Ablauf der Schleife mit Start-, Endwert und Schrittweite völlig klar ist, empfiehlt sich der Einsatz einer zählergesteuerten Schleife. Im Struktogramm würde dies aussehen wie in Bild 5.33.

Der Umfang des Struktogramms hat sich reduziert. Die Initialisierung und Inkrementierung der Zählervariablen `zaehler` übernimmt komplett die Schleifensteuerung, so dass sich der Programmierer damit nicht auseinanderzusetzen braucht.

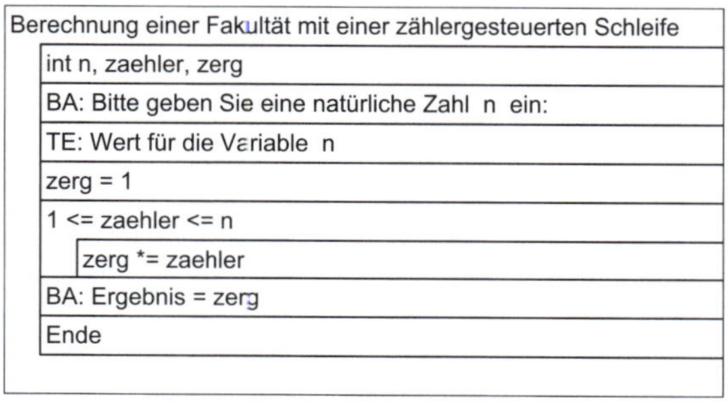

Bild 5.33 Struktogramm zur Fakultätsberechnung mit zählergesteuerter Schleife

Der Quelltext zu dieser Variante könnte dann folgendermaßen aussehen:

```
// Fakultät_for.cpp: Hauptprojektdatei.
#include "stdafx.h"
#include <stdio.h>
#include <stdlib.h>
#include <conio.h>
```

```
using namespace System;
void main()
{
   int n, zaehler, zerg;
   printf("Bitte geben Sie eine natuerliche Zahl n ein:
   scanf("%i",&n);
   zerg = 1;
   for (zaehler = 1; zaehler <= n; zaehler++)
   {
      zerg *= zaehler;
   }
   printf("\nErgebnis: %i! = %i",n,zerg);
   getch();
}
```

Ein weiteres schönes Beispiel für einen Algorithmus ist das Problem des größten gemeinsamen Teilers zweier Zahlen, das auf den **euklidischen Algorithmus** führt:

Problem: zu zwei natürlichen Zahlen a und b, mit a > 0 und b > 0, soll der größte gemeinsame Teiler (ggT) bestimmt werden.

Eingabe: zwei natürliche Zahlen a und b

Ausgabe: eine natürliche Zahl als ggT von a und b

Euklidischer Algorithmus:

1. Teile a durch b.
2. Geht die Division auf, so ist b der ggT.
3. Geht die Division nicht auf, so bleibt ein Rest r. Ersetze a durch b und b durch r und wiederhole Schritt 1.

Oder im Struktogramm: Diese Darstellung (siehe Bild 5.34) des Algorithmus entspricht exakt der verbalen Beschreibung. Wird sie in einen Quelltext umgesetzt, so wird das daraus entstehende Programm auch für die meisten Beispiele exakte Ergebnisse liefern, allerdings nicht für alle! Warum das so ist, wird im Abschnitt 5.12 noch einmal dargestellt.

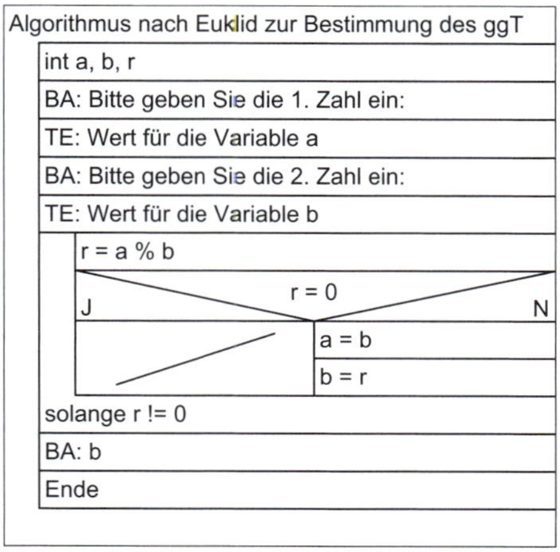

Bild 5.34
Der euklidische Algorithmus zur Bestimmung des ggT

Implementieren Sie den Quelltext des euklidischen Algorithmus nach dem vorgegebenen Struktogramm und untersuchen Sie das Programm auf Schwachstellen. ■

■ 5.11 EVA-Prinzip

Die Lösung sämtlicher Probleme erfolgt grundsätzlich nach einem identischen Muster. Dabei kann die Abfolge in drei Arbeitsvorgänge aufgeteilt werden:

- Daten eingeben,
- diese Daten nach der vorgegebenen Aufgabenstellung verarbeiten,
- Ergebnisse ausgeben.

Dieses **EVA-Prinzip** (Eingabe, Verarbeitung, Ausgabe siehe Bild 5.35) erkennt man in irgendeiner Weise mehr oder weniger deutlich bei allen Problemlösungen wieder. Es stellt ein übergeordnetes Prinzip der Datenverarbeitung dar und beschreibt keine Detaillösungen, die für die Erstellung von Programmen erforderlich sind, sondern zeigt den Zusammenhang zwischen Daten und Programmstrukturen auf, von der Ein- bis zur Ausgabe. Trotzdem kann es sehr gut genutzt werden, um einen ersten groben Entwurf eines Programmes darzustellen. Im nächsten Schritt können dann alle drei Ebenen weiter verfeinert werden.

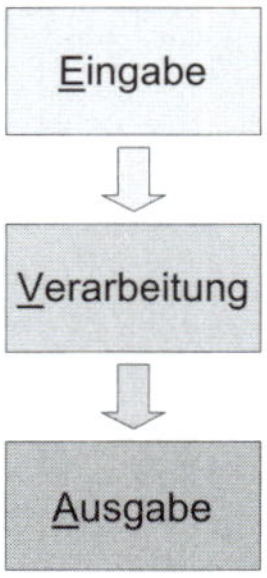

Bild 5.35
Das EVA-Prinzip

Die Problemanalyse stellt dabei das Hilfsmittel dar, um die drei Ebenen weiter mit Inhalt zu füllen. In ihr sind bereits die Daten analysiert und festgelegt worden, die für eine Eingabe erforderlich sind. Die einzelnen Schritte der Abarbeitung sind ebenfalls aus der Problemanalyse heraus bekannt und können in der Verarbeitung realisiert werden. Dabei gelangen die im vorangegangenen Abschnitt beschriebenen Algorithmen zum Einsatz. Die konkrete Ausprägung der Darstellung der erzielten Ergebnisse schließlich ist der Ausgabe vorbehalten. In der Praxis ist es dabei oftmals so, das die Verarbeitung und die Ausgabe nicht strikt zu trennen sind. Ein gutes Beispiel stellt die Umsetzung der P-Q-Formel aus Abschnitt 5.3.1 dar.

5.12 Programmierung von Formelwerken

Besonders angenehm sind Formelwerke in Programme umzusetzen, da bereits die gesamte Denkarbeit erledigt ist. Die Analyse, wie man von einer konkreten Problemstellung zu einer Lösung gelangt, ist bereits so aufbereitet, dass das Ergebnis in einer Formel abgelesen werden kann. Ein schönes Beispiel ist die Lösungsformel der quadratischen Gleichung

$$x^2 + p \cdot x + q = 0$$

die die beiden Lösungen x_1 und x_2 darstellt als:

$$x_{1,2} = -\frac{p}{2} \pm \sqrt{\left(\frac{p}{2}\right)^2 - q}$$

In Abschnitt 5.3.1 ist bereits die Umsetzung dieser Formel in einen Quelltext durchgeführt worden. Dort ist auch hergeleitet worden, dass die kritischen mathematischen Operationen solcher Formeln mit größter Sorgfalt umzusetzen sind. Als kritische Operation ist das Radizieren (also das Ziehen der Wurzel) zu benennen, da diese Operation ja nur für nichtnegative Zahlen (also positive Zahlen inkl. 0) definiert ist. Daher sind für die Herleitung der quadratischen Gleichung in dieser Normalform und deren anschließender Lösung nach der Formel bereits mehrere zusätzliche Untersuchungen des Zahlenmaterials in Form von

Alternationen durchzuführen gewesen. Denn eine Entscheidung, wie mit einem evtl. gar nicht definierten Argument in einer mathematischen Funktion verfahren werden soll, wird das Programm dem Programmierer niemals abnehmen. Im Gegenteil: die Reaktion eines Programms auf eine nicht zulässige mathematische Operation ist immer eindeutig: das Programm wird mit einer Fehlermeldung abbrechen, der Anwender des Programms, der in der Regel ja nicht der Programmierer ist, hat keine Chance, korrigierend einzugreifen oder die Quelle des Fehlers nachzuvollziehen.

Folgender Quelltext soll dieses Programmverhalten verdeutlichen:

```
// Fehlermeldung.cpp: Hauptprojektdatei.
#include "stdafx.h"
#include <stdio.h>
#include <stdlib.h>
#include <conio.h>
#include <math.h>
using namespace System;
void main()
{
    float x = 0.0, y = 1.1 / x;
    printf("x = %f \ny = 1.1/x = %f\n",x,y);
    printf("sqrt(y) = %f",sqrt(y));
    getch();
}
```

Nach einer mutwilligen Division durch 0 wird aus dem Ergebnis auch noch die Wurzel gezogen und die einzelnen Resultate auf dem Monitor ausgegeben (siehe Bild 5.36).

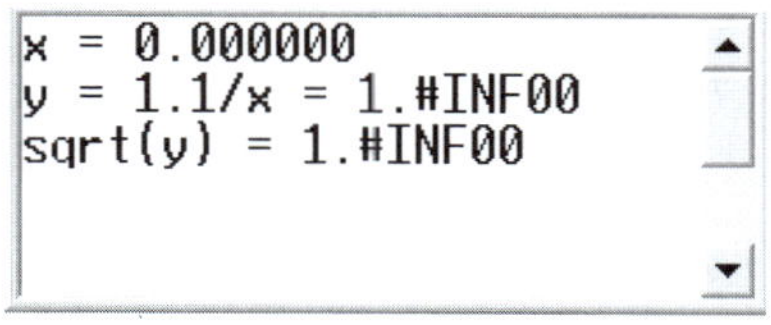

Bild 5.36
Ergebnisdarstellungen fehlerhafter Formelbehandlungen

Nach diesem sehr konstruierten Beispiel soll noch einmal der euklidische Algorithmus aus Abschnitt 5.10 genauer betrachtet werden. Im Text der Problemstellung ist die Rede von zwei natürlichen Zahlen, die größer als 0 sein sollen. Von diesen Zahlen wird dann der ggT (größter gemeinsamer Teiler) berechnet. Was passiert aber, wenn der Benutzer des Programms mutwillig oder versehentlich eine nicht zulässige Eingabe tätigt? Konkret: was passiert, wenn eine der beiden Zahlen doch mit 0 vorgegeben wird? Oder sogar beide? Um das Formelwerk programmieren zu können, muss zunächst die Basis überarbeitet werden. Das erweiterte Struktogramm könnte z. B. aussehen wie in Bild 5.37.

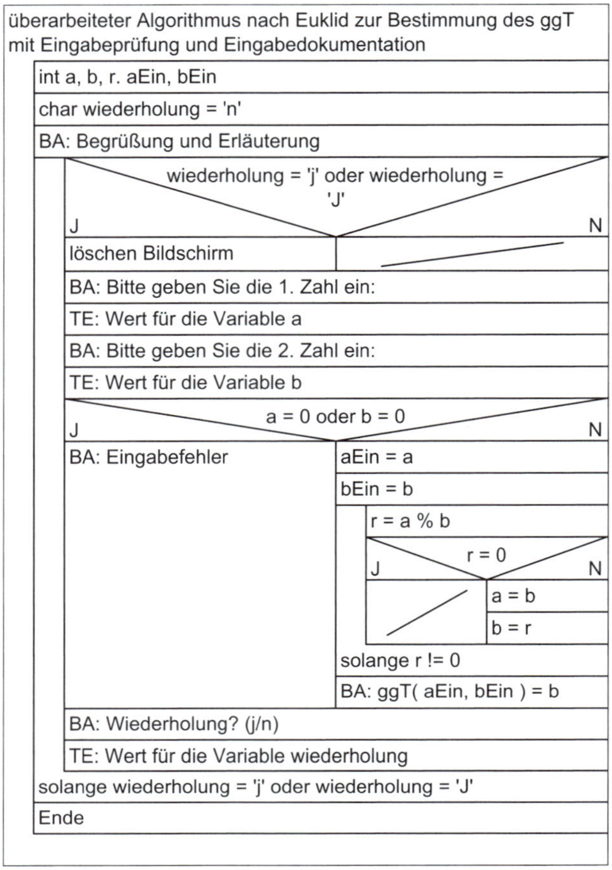

Bild 5.37 Überarbeitetes Struktogramm zum euklidischen Algorithmus

Ein Komfort-Merkmal ist in diese überarbeitete Fassung aufgenommen worden: das gesamte Programm wird überlagert durch eine Wiederholungssteuerung, mit der der Anwender mehrfach eine Berechnung auslösen kann, ohne das Programm zwischendurch jeweils neu starten zu müssen. Diese Steuerung übernimmt die Variable `wiederholung`. Der Kern des ursprünglichen Algorithmus nimmt nur noch einen kleinen Teil des Struktogramms in Anspruch. Ein Großteil entfällt nun auf die Eingabeprüfung und Fehlerbehandlung. Die Eingabevariablen `a` und `b` werden nun noch in Sicherheitsvariablen (`aEin` und `bEin`) abgelegt, damit sie bei der Ausgabe verfügbar sind.

Die Implementierung sieht folgendermaßen aus:

```
// Euklid.cpp: Hauptprojektdatei
#include "stdafx.h"
#include <stdlib.h>
#include <stdio.h>
#include <conio.h>
using namespace System;
```

```
void main()
{
   int a, b, r, aEin, bEin;
   char wiederholung = 'n';
   printf("\n\nggT-Rechner\n");
   printf("===========\n\n");
   printf("Bitte geben Sie zwei natuerliche Zahlen ein
   (Ganzzahlen > 0!),\n");
   printf("deren groesster gemeinsamer Teiler bestimmt
   werden soll!\n\n");
   do  // Wiederholungssteuerung
   {
      if (wiederholung == 'j' || wiederholung == 'J')
      system("cls");  // Löschen des Bildschirms
      printf("Bitte geben Sie die 1. Zahl ein: ");
      scanf("%i",&a);
      printf("Bitte geben Sie die 2. Zahl ein: ");
      scanf("%i",&b);
      if (a <= 0 || b <= 0)
      {
         printf("\nunzulaessige Eingabe!! (Ganzzahlen >
         0!!)");
      }
      else
      {
         aEin = a;  // Sicherung der Eingabe von a
         bEin = b;  // und b für die Ausgabe
         do
         {
            r = a % b;  // Modulo-Division mit Rest
            if (r == 0)
            {           // leerer Anweisungsblock
            }
            else
            {
               a = b;   // Neubelegung von a
               b = r;   // und b
            }
         }while(r != 0);
          printf("\nggT(%i,%i) = %i",aEin, bEin, b);
      }
      printf("\n\nWiederholung? (j/n) ");
      scanf("%s",&wiederholung);
   }while (wiederholung == 'j' || wiederholung == 'J');
}
```

■

Das Programm produziert z. B. die Ausgabe aus Bild 5.38.

```
ggT-Rechner
===========

Bitte geben Sie zwei natuerliche Zahlen ein (Ganzzahlen > 0!),
deren groesster gemeinsamer Teiler bestimmt werden soll!

Bitte geben Sie die 1. Zahl ein: 120
Bitte geben Sie die 2. Zahl ein: 168

ggT(120,168) = 24

Wiederholung? (j/n) _
```

Bild 5.38 Ausgabe des euklidischen Algorithmus

6 Lösung einfacher Probleme

Die nachfolgenden Beispiele dienen der schrittweisen Einführung der Arbeitstechniken zur erfolgreichen Lösung (zunächst einfacher) Probleme. Es werden stets die Arbeitsschritte

- Problemstellung,
- Problemanalyse,
- Struktogramm,
- Programm und
- Programmtest/Programmlauf

durchlaufen.

6.1 Umrechnung von Temperatursystemen

Weltweit sind unterschiedliche Temperaturskalen in Gebrauch, mit deren Hilfe Temperaturen festgelegt und gemessen werden. Im Folgenden sollen die Skalen Celsius, Kelvin und Fahrenheit betrachtet und ineinander umgerechnet werden:

- **Temperaturmessung in Grad Celsius (°C)**

Die erste Celsius-Temperaturskala, die 1742 vom schwedischen Physiker Anders Celsius entwickelt wurde, definierte den Eispunkt von Wasser als 100 °C und den Dampfpunkt als 0 °C. Später wurden die beiden Werte vertauscht, also der Eispunkt von Wasser als 0 °C und sein Dampfpunkt als 100 °C definiert, wodurch sich die uns heute vertraute Temperaturskala ergibt.

- **Temperaturmessung in Grad Kelvin (K)**

Diese Einheit wurde nach dem englischen Physiker William Thomson, dem späteren Lord Kelvin, benannt, der mit 24 Jahren die thermodynamische Temperaturskala einführte. Er entdeckte den absoluten Nullpunkt (−273,15 °C, tiefstmögliche Temperatur) und definierte diese Marke als Ausgangspunkt für eine wissenschaftliche Temperaturskala. Die Kelvin-Skala ist im Grunde nur eine verschobene Celsius-Temperaturskala, da der Abstand zwischen zwei Grad auf dieser Skala mit dem Abstand zwischen zwei Grad auf der Celsius-Skala übereinstimmt. Lediglich der Nullpunkt ist gegenüber der Celsius-Skala verschoben.

Der absolute Nullpunkt bei −273,15 °C entspricht 0 K, d. h. bei der Kelvin-Temperaturmessung kann es keine negativen Temperaturen geben.

- **Temperaturmessung in Grad Fahrenheit (°F)**

1714 definierte der Physiker Gabriel Daniel Fahrenheit diese Temperatureinheit. Als Nullpunkt legte er die tiefste Temperatur fest, die er erzeugen konnte. Mit einer Kältemischung aus Eis, Wasser und Salmiak erreichte er −17,78 °C. Der Gefrierpunkt von Wasser liegt bei dieser Skala bei 32 °F, der Siedepunkt von Wasser bei 212 °F. Zwischen dem Gefrier- und dem Siedepunkt des Wassers liegen also 180 Grad, während auf der Celsius-Temperaturskala diese Temperaturdifferenz in 100 Teile geteilt wird.

Die Temperaturmessung in Fahrenheit (°F) ist hauptsächlich in den USA, jedoch auch in England üblich. Die Temperaturmessung in Kelvin wird hauptsächlich in der Wissenschaft verwendet. Für eine Reihe markanter Temperaturen kann die Tabelle 6.1 betrachtet werden.

Tabelle 6.1 Umgerechnete Temperaturen in den einzelnen Temperatursystemen

Messwert	Skala		
	T_{Kelvin} Kelvin-Skala (K)	$T_{Celsius}$ Celsius-Skala (°C)	$T_{Fahrenheit}$ Fahrenheit-Skala (°F)
mittlere Oberflächentemperatur der Sonne	5778 K	5505 °C	9941 °F
Schmelzpunkt von Eisen	1808 K	1535 °C	2795 °F
Schmelzpunkt von Blei	600,01 K	327,46 °C	621,43 °F
Siedepunkt von Wasser	373,15 K	100 °C	212 °F
höchste im Freien gemessene Lufttemperatur	330,95 K	57,80 °C	136,04 °F
Körpertemperatur des Menschen	308,71 K	35,56 °C	96 °F
Tripelpunkt von Wasser	273,16 K	0,01 °C	32,02 °F
Gefrierpunkt von Wasser	273,15 K	0 °C	32 °F
tiefste Temperatur in Danzig, Winter 1708/09	255,37 K	-17,78 °C	0 °F
Schmelzpunkt von Quecksilber	234,32 K	-38,83 °C	-37,89 °F
tiefste im Freien gemessene Lufttemperatur	183,95 K	-89,2 °C	-128,56 °F
Gefrierpunkt von Alkohol	158,75 K	-114,40 °C	-173,92 °F
Siedepunkt von Stickstoff	77,35 K	-195,80 °C	-320,44 °F
Absoluter Nullpunkt	0 K	-273,15 °C	-459,67 °F

Die **Problemstellung** besteht hier aus der Umrechnung aus und in unterschiedliche Einheitensysteme. Eine vorgegebene Temperatur eines Systems soll also in eine Temperatur eines anderen Systems umgerechnet werden.

Für die **Problemanalyse** wird zunächst das erforderliche Datenmaterial für die Ein- und Ausgabe festgelegt. Der Benutzer muss sein Quellsystem (das ursprüngliche Temperatursystem, aus dem die Temperatur umgerechnet werden soll) und eine umzurechnende Temperatur angeben, dann kann die Temperatur im Zielsystem (dem Temperatursystem, in das die eingegebene Temperatur umgerechnet werden soll) ausgegeben werden.

Aus den oben definierten Temperaturskalen ergeben sich die Umrechnungsformeln aus Tabelle 6.2.

Tabelle 6.2 Temperaturumrechnungen

nach	von		
	T_{Kelvin} Kelvin-Skala (K)	$T_{Celsius}$ Celsius-Skala (°C)	$T_{Fahrenheit}$ Fahrenheit-Skala (°F)
T_{Kelvin}	$= T_{Kelvin}$	$= T_{Celsius} + 273{,}15$	$= (T_{Fahrenheit} + 459{,}67) \bullet 5 / 9$
$T_{Celsius}$	$= T_{Kelvin} - 273{,}15$	$= T_{Celsius}$	$= (T_{Fahrenheit} - 32) \bullet 5 / 9$
$T_{Fahrenheit}$	$= T_{Kelvin} \bullet 1{,}8 - 459{,}67$	$= T_{Celsius} \bullet 1{,}8 + 32$	$= T_{Fahrenheit}$

Mit Hilfe dieser Formeln lassen sich nun alle Temperaturen einer gegebenen Skala in eine andere umrechnen. Bild 6.1 zeigt das **Struktogramm** zum Temperaturumrechnungsprogramm.

Um die Berechnung übersichtlich steuern zu können, ist es hilfreich, eine Steuerungsvariable `rechnung` einzubauen. Diese Variable vom Datentyp `int` soll eine zweistellige Zahl sein, in deren erster (also Zehner-) Stelle das Eingabesystem durch die Ziffern 1 bis 3 und in der zweiten Stelle (also in den Einern) das Ausgabesystem ebenfalls durch die Ziffern 1 bis 3 abgelegt werden kann. Mit der Festlegung `1: °C`, `2: °F` und `3: K` ist damit klar, dass z. B. `rechnung = 32` bedeutet, dass eine Umrechnung von Kelvin (3) nach Fahrenheit (2) stattfinden soll.

Die zentrale Ausgabe der Ergebnisse nach der Berechnung, die über eine `switch`-Anweisung gesteuert werden kann, ist für die Ausgaben der beteiligten Einheiten nicht hilfreich. Daher sollte die Ausgabe besser in den einzelnen `cases` realisiert werden. Außerdem verträgt das Programm durchaus noch ein wenig Plausibilitätsprüfung bei der Eingabe der Daten. Sollte das Zielsystem mit dem Ausgangssystem übereinstimmen (z. B. beide °C), so wird gar keine Berechnung erforderlich. Also kann die Eingabe an den entsprechenden Stellen etwas intelligenter gesteuert werden. Das folgende Listing trägt diesen Aspekten bereits Rechnung. Mit einfachen `do-while`-Anweisungen lassen sich Eingaben so lange wiederholen, bis eine gültige Eingabe vorliegt. Die Angabe des Zielsystems lässt sich nach der Auswahl des Ursprungssystems ebenfalls elegant über eine `switch`-Anweisung steuern.

Solche Abweichungen vom ursprünglichen Struktogramm sind im Sinne der Anwenderfreundlichkeit durchaus erwünscht und im Rahmen der Gestaltungsfreiheit des Programmierers auch in der Praxis üblich. Anschließend wird dann das Struktogramm dem erweiterten Leistungsstand des Programms angepasst!

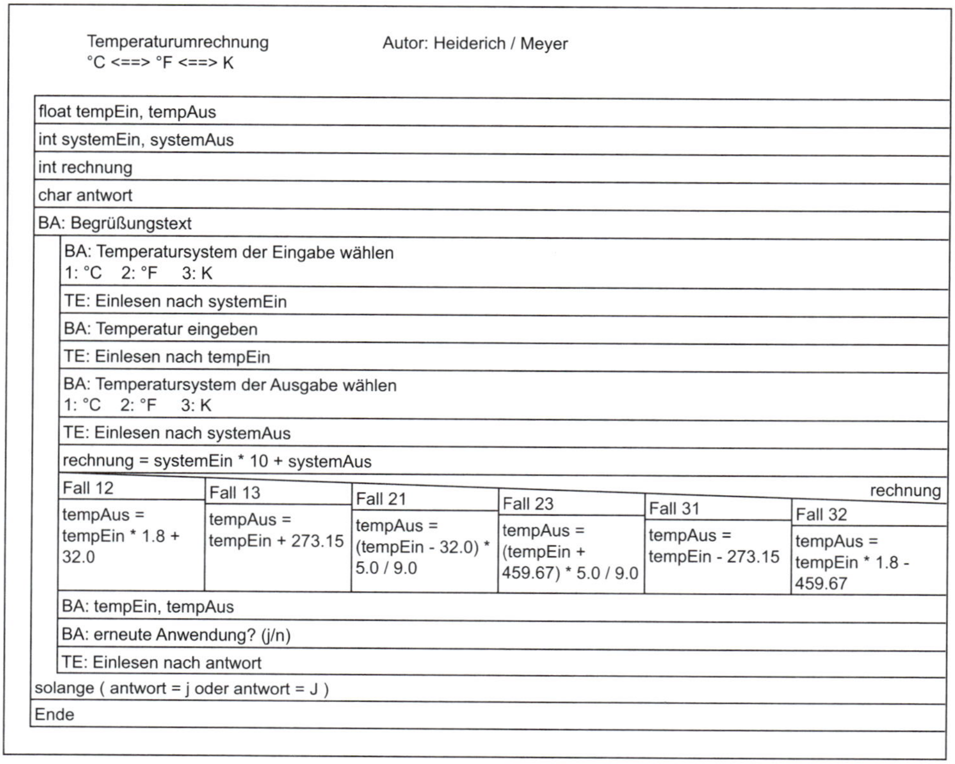

Bild 6.1 Struktogramm zum Temperaturumrechnungsprogramm

Programm:

```
// Programm 6.1.cpp: Hauptprojektdatei.
// Programm zur Umrechnung von Temperaturen
// °C <==> °F <==> K
// Autor: Heiderich / Meyer
// ------------------------------------------
#include "stdafx.h"
#include <stdlib.h>
#include <stdio.h>
using namespace System;
void main()
{
    // Deklarationen
    float tempEin, tempAus;    // Temperaturen
    int systemEin, systemAus; // Temperatursysteme
    int rechnung; // Seuerungsvariable für die Berechnung
    char antwort; // Steuerungsvariable für eine Wiederholung
    // Begrüssung
    printf("\n\nProgramm zur Umrechnung von Temperaturen\n");
    printf("----------------------------------------\n");
```

```
// Beginn der Wiederholungssteuerung
do
{
   // Eingabefehler abfangen, Abfrage wird wiederholt
   // bis zur gültigen Eingabe eines Einheitensystems
   do
   {
      printf("\naus welchem Einheitensystem soll
      umgerechnet werden?\n\n");
      // \xF8 stellt das Grad-Zeichen hexadezimal aus der
      // ASCII-Tabelle dar!
      printf("1: \xF8\C     2: \xF8\F     3: K\n\n");
      printf("Ihre Wahl: ");
      fflush(stdin);
      scanf("%i",&systemEin);
   } while (systemEin != 1 && systemEin != 2 &&
   systemEin != 3);
   // Eingabe der Temperatur
   printf("\nbitte geben Sie die umzurechnende
   Temperatur an: ");
   fflush(stdin);
   scanf("%f",&tempEin);
   // Eingabe Zielsystem
   printf("\nin welches Einheitensystem soll
   umgerechnet werden?\n\n");
   switch(systemEin)
   {
      case 1: printf("2: \xF8\F     3: K\n\n");
              break;
      case 2: printf("1: \xF8\C     3: K\n\n");
              break;
      case 3: printf("1: \xF8\C     2: \xF8\F\n\n");
   }
   do
   {
      printf("Ihre Wahl: ");
      fflush(stdin);
      scanf("%i",&systemAus);
      // Plausibilitätsprüfung !
   } while ((systemEin == 1 && systemAus != 2 &&
   systemAus != 3) ||
            (systemEin == 2 && systemAus != 1 &&
   systemAus != 3) ||
            (systemEin == 3 && systemAus != 1 &&
   systemAus != 2));
   // Umrechnung und Ausgabe
   // Steuerungsvariable Berechnung
   rechnung = systemEin * 10 + systemAus;
   switch(rechnung)
   {
      // °C ==> °F
```

```
            case 12: tempAus = tempEin * 1.8 + 32.0;
                     printf("\n\n%.2f\xF8\C = %.2f\xF8\F\n\n",
                     tempEin,tempAus);
                     break;
            // °C ==> K
            case 13: tempAus = tempEin + 273.15;
                     printf("\n\n%.2f\xF8\C = %.2fK\n\n",
                     tempEin,tempAus);
                     break;
            // °F ==> °C
            case 21: tempAus = (tempEin - 32.0) * 5.0 / 9.0;
                     printf("\n\n%.2f\xF8\F = %.2f\xF8\C\n\n",
                     tempEin,tempAus);
                     break;
            // °F ==> K
            case 23: tempAus = (tempEin + 459.67) * 5.0 / 9.0;
                     printf("\n\n%.2f\xF8\F = %.2fK\n\n",
                     tempEin,tempAus);
                     break;
            // K ==> °C
            case 31: tempAus = tempEin - 273.15;
                     printf("\n\n%.2fK = %.2f\xF8\C\n\n",
                     tempEin,tempAus);
                     break;
            // K ==> °F
            case 32: tempAus = tempEin * 1.8 - 459.67;
                     printf("\n\n%.2fK = %.2f\xF8\F\n\n",
                     tempEin,tempAus);
        }
        // Wiederholung gewünscht?
        printf("\n\nerneute Berechnung? (j/n)");
        fflush(stdin);
        scanf("%c",&antwort);
    } while(antwort == 'j' || antwort == 'J');
}
```

Programmtest: Das Programm kann gut mit Hilfe der in der Tabelle angegebenen Temperaturen der unterschiedlichen Temperatursysteme getestet werden.

■

Bild 6.2 zeigt den **Programmlauf**.

```
Programm zur Umrechnung von Temperaturen
----------------------------------------

aus welchem Einheitensystem soll umgerechnet werden?
1: °C     2: °F     3: K
Ihre Wahl: 1
bitte geben Sie die umzurechnende Temperatur an: 35.56
in welches Einheitensystem soll umgerechnet werden?
2: °F     3: K
Ihre Wahl: 2

35.56°C = 96.01°F


erneute Berechnung? (j/n)j
aus welchem Einheitensystem soll umgerechnet werden?
1: °C     2: °F     3: K
Ihre Wahl: 1
bitte geben Sie die umzurechnende Temperatur an: -89.2
in welches Einheitensystem soll umgerechnet werden?
2: °F     3: K
Ihre Wahl: 3

-89.20°C = 183.95K


erneute Berechnung? (j/n)_
```

Bild 6.2 Ausgabe der Temperaturumrechnungen

6.2 Flächenberechnung geradlinig begrenzter Flächen (Polygone)

Problemstellung: Ein Kästchen soll aus Goldblech gefertigt und in beachtlicher Stückzahl produziert werden. Für die Kalkulation ist es erforderlich, die genaue Fläche zu kennen.

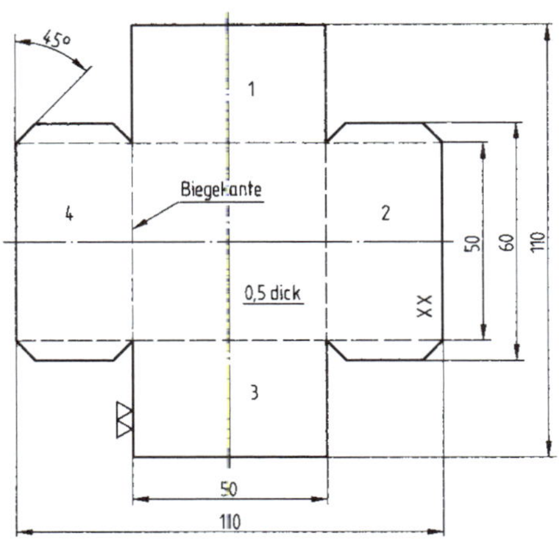

Bild 6.3 Darstellung der Abwicklung

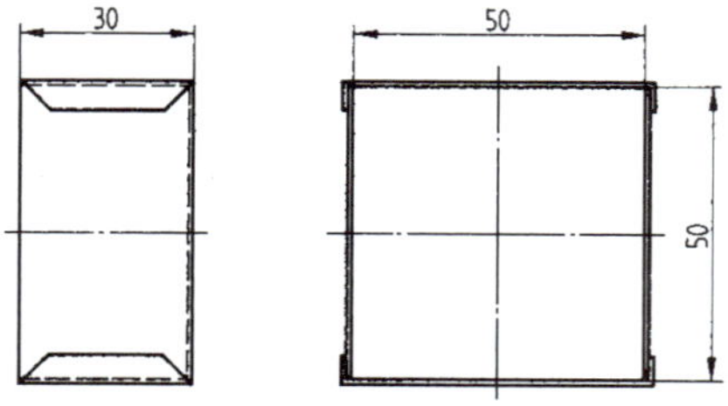

Bild 6.4
Darstellung des gefalteten Kästchens

Problemanalyse: Mit elementaren Mitteln kann die Gesamtfläche aus der Zerlegung in Teilflächen berechnet werden. Das ist mühsam und führt zu Fehlern. Mit dem Gaußschen Integralsatz ist es möglich, den Flächeninhalt einer beliebig vieleckigen (polygonen) Fläche aus den Eckpunktkoordinaten zu berechnen.

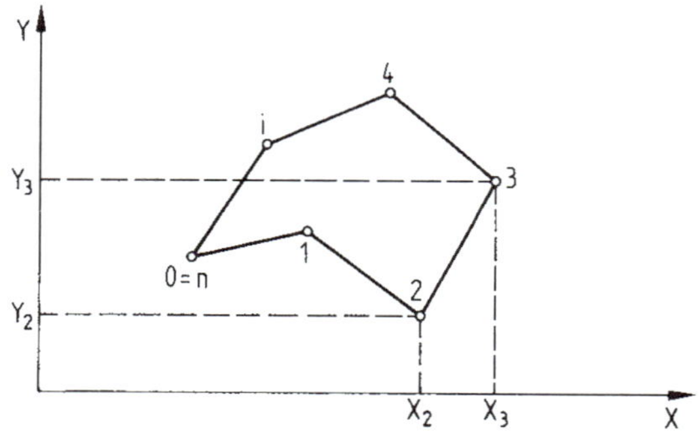

Bild 6.5
Vergabe der Nummern für die Eckpunkte

Es ist zu beachten, dass der `0.` und der `n.` Eckpunkt gleich sind und beide angegeben werden müssen. Das Struktogramm ist dann im Kern eine zählergesteuerte Schleife für die Summenbildung.

Struktogramm: Das Struktogramm aus Bild 6.6 stellt zunächst nur den Ablauf des Algorithmus dar. Die Lösung sämtlicher Probleme, die bei der Umsetzung in den Quellcode noch anstehen, ist nicht betrachtet. Diese Vorgehensweise ist durchaus üblich, wenn derjenige, der die Problemlösung formuliert (in der Regel der Systemanalytiker) und derjenige, der die Lösung programmiert (der Programmierer) über entsprechende Erfahrungen in der Zusammenarbeit verfügen. Der Programmierer weiß dann, was für die Implementierung (also die Programmierung) an Programmiertechniken erforderlich ist.

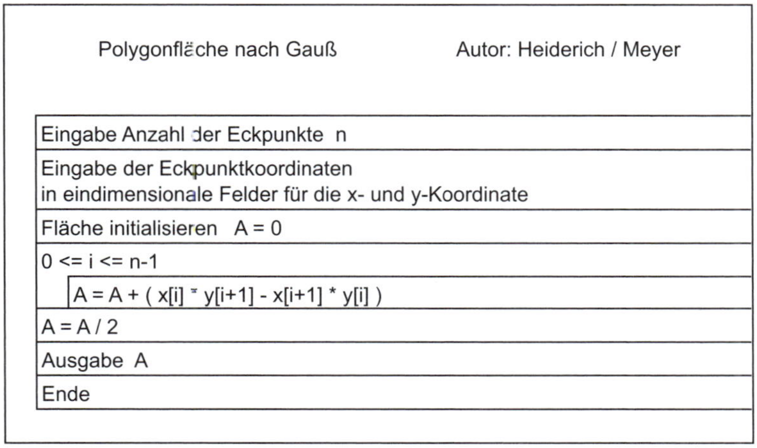

Bild 6.6 Struktogramm zur Polygonflächenberechnung

Programm: Für die Umsetzung werden zwei eindimensionale Arrays für die Aufnahme der Koordinaten in x- und in y-Richtung gebraucht. Allerdings ist die Größe der Felder zu Beginn des Programms nicht bekannt, denn die Eingabe der für die Dimensionierung erforderlichen Größe `n` geschieht erst im Programm. Dieses Problem lässt sich auf zwei unterschiedliche Arten lösen:

1. Im Programm werden Felder einer beliebigen Größe (z. B. mit einer Dimension von 100) in der Hoffnung angelegt, dass die vom Anwender angegebene Anzahl `n` maximal diesen Wert erreicht. Wird der Wert per Eingabe überschritten, so erfolgt eine entsprechende Fehlermeldung und das Programm muss abgebrochen werden. Diese Variante ist nicht sehr elegant. Entweder wird Speicherplatz vergeudet, weil zu groß dimensioniert wurde, oder der Anwender möchte ein Problem bearbeiten, das den vorgegebenen Rahmen sprengt.
2. Die Alternative besteht darin, die Felder dynamisch anzulegen. Erst, wenn der Anwender den Umfang seiner Feldelemente bekannt gegeben hat (wenn also die tatsächliche Größe von `n` bekannt ist), werden im Programm – zur Laufzeit – die erforderlichen Felder in der benötigten Dimension angelegt. Diese Technik nutzt die Standardfunktion `malloc()`. In der hier vorliegenden Umsetzung soll diese Technik dargestellt werden.

Programm:

```
// Programm 6.2.cpp: Hauptprojektdatei.
// Programm zur Polygonflächenberechnung nach Gauß
// Autor: Heiderich / Meyer
// ---------------------------------------------
#include "stdafx.h"
#include <stdio.h>
#include <stdlib.h>
#include <conio.h>
using namespace System;
int main()
```

```
{
    int n, i;
    float a;
    char antwort;
    // Begrüßung
    printf("\n\nProgramm zur Polygonfl\x84\chenberechnung
    nach Gau\xE1\n");
    printf("-----------------------------------------------
    --------\n");
    do // Beginn der Wiederholungssteuerung
    {
        // Eingabe der Anzahl der Eckpunkte
        printf("\nBitte geben Sie die Anzahl der Eckpunkte an: ");
        fflush(stdin);
        scanf("%i",&n);
        // dynamisches Anlegen der Felder
        float *x = (float*)malloc(n * sizeof(float));
        float *y = (float*)malloc(n * sizeof(float));
        if(x == NULL || y == NULL)
        {
            printf("Kein Virtueller RAM mehr verfuegbar \n");
            return EXIT_FAILURE;
        }
        // Eingabe der Koordinaten
        printf("\nEingabe der Koordinaten:\n\n");
        for (i = 0; i <= n; i++)
        {
            printf("%4i.Ecke    x-Koordinate: ",i);
            fflush(stdin);
            scanf("%f",&x[i]);
            printf("                y-Koordinate: ");
            fflush(stdin);
            scanf("%f",&y[i]);
        }
        a = 0.0; // Initialisierung der Fläche (Nullsetzen)
        // Berechnung der Fläche nach dem Gauß-Algorithmus
        for (i = 0; i <= n-1; i++)
        {
            a = a + (x[i]*y[i+1] - x[i+1]*y[i]);
        }
        a = a / 2.0;
        // Ausgabe der Ergebnisse
        printf("\nDie berechnete Fl\x84\che betr\x84\gt
        %.2fFE\n",a);
        // Wiederholungssteuerung
        printf("\nerneute Anwendung? (j/n)");
        fflush(stdin);
        scanf("%c",&antwort);
    } while (antwort =='j' || antwort == 'J');
    return 0;
}
```

Nachdem in Zeile 23 der Wert für die Variable `n` und damit die erforderliche Anzahl von Elementen in den Arrays für die Koordinaten festliegen, werden diese beiden Arrays in den Zeilen 25 und 26 angelegt. Der Rückgabewert der Funktion `malloc()` wird durch `(float*)` in einen Pointer auf eine `float`-Variable umgewandelt. Dieser so umgewandelte Wert wird als Startwert für einen Zeiger auf eine `float`-Variable `x` (bzw. `y`) genutzt, die nun als Array in der angegebenen Anzahl (also `n`) existiert. Sollte bei diesem Verfahren ein Fehler passiert sein (kein Hauptspeicher mehr verfügbar), so gibt `malloc()` einen `NULL`-Pointer zurück, der anschließend abgefragt werden kann. Hat `malloc()` einen solchen `NULL`-Pointer zurückgegeben, muss das Programm beendet werden. Dies geschieht durch den Rücksprung mit `return` und der Rückgabe von `EXIT_FAILURE`.

Test des Programms: Der Programmtest wird an einer einfachen Fläche durchgeführt, z. B. einem Rechteck, dessen Fläche mit Länge und Breite im Kopf ermittelt werden kann. Ist die Länge 4LE (LE - Längeneinheiten) und die Breite 2LE ergibt die Fläche 8FE (FE - Flächeneinheiten). Bild 6.7 verdeutlicht den Gaußschen Ansatz für ein Rechteck.

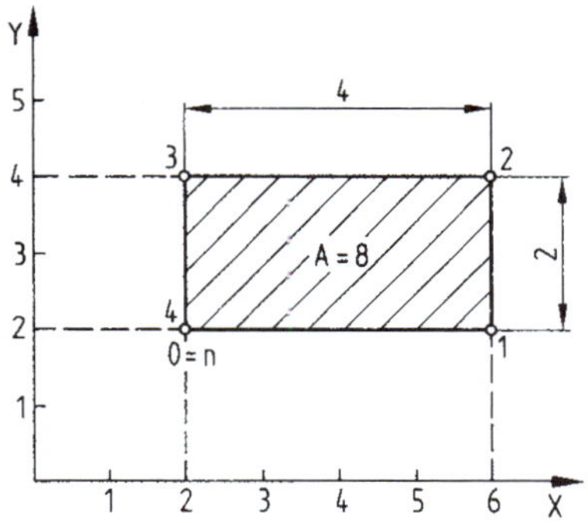

Bild 6.7
Einfaches Rechteck im Koordinatensystem

Anzahl der Eckpunkte n = 4

Tabelle 6.3 Koordinaten des Rechtecks aus Bild 6.7

Punkt	0	1	2	3	4
X_i	2	6	6	2	2
Y_i	2	2	4	4	2

```
Programm zur Polygonflächenberechnung nach Gauß
-----------------------------------------------

Bitte geben Sie die Anzahl der Eckpunkte an: 4

Eingabe der Koordinaten:

    0.Ecke      x-Koordinate: 2
                y-Koordinate: 2
    1.Ecke      x-Koordinate: 6
                y-Koordinate: 2
    2.Ecke      x-Koordinate: 6
                y-Koordinate: 4
    3.Ecke      x-Koordinate: 2
                y-Koordinate: 4
    4.Ecke      x-Koordinate: 2
                y-Koordinate: 2

Die berechnete Fläche beträgt 8.00FE
```

Bild 6.8 Programmausgabe der Rechteckberechnung

Das Programm errechnet den Wert 8 (siehe Bild 6.8). Auch mit komplexeren Polygonen liefert das Programm richtige Ergebnisse (siehe Bild 6.9 bis Bild 6.12).

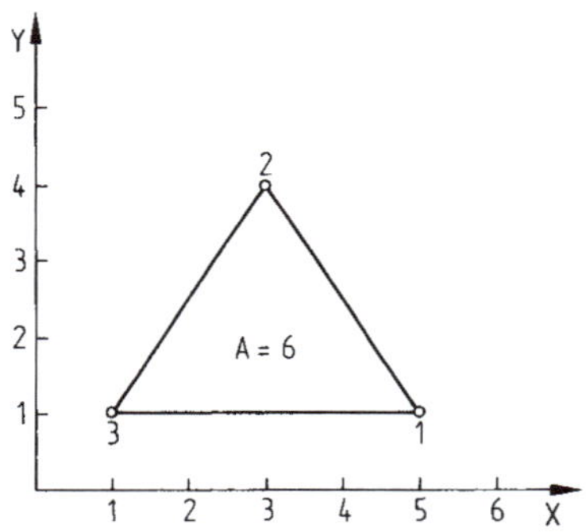


```
Programm zur Polygonflächenberechnung nach Gauß
-----------------------------------------------

Bitte geben Sie die Anzahl der Eckpunkte an: 3

Eingabe der Koordinaten:

    0.Ecke      x-Koordinate: 1
                y-Koordinate: 1
    1.Ecke      x-Koordinate: 5
                y-Koordinate: 1
    2.Ecke      x-Koordinate: 3
                y-Koordinate: 4
    3.Ecke      x-Koordinate: 1
                y-Koordinate: 1

Die berechnete Fläche beträgt 6.00FE
```

Bild 6.9 Dreieck im Koordinatensystem und Programmausgabe

Das Programm errechnet als Flächenmaßzahl den Wert `A = 6FE`, den man leicht nachrechnen kann.

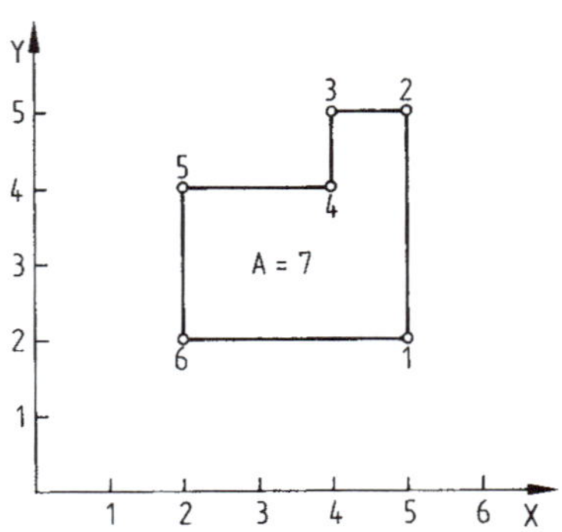


```
Programm zur Polygonflächenberechnung nach Gauß
-----------------------------------------------

Bitte geben Sie die Anzahl der Eckpunkte an: 6

Eingabe der Koordinaten:

    0.Ecke      x-Koordinate: 2
                y-Koordinate: 2
    1.Ecke      x-Koordinate: 5
                y-Koordinate: 2
    2.Ecke      x-Koordinate: 5
                y-Koordinate: 5
    3.Ecke      x-Koordinate: 4
                y-Koordinate: 5
    4.Ecke      x-Koordinate: 4
                y-Koordinate: 4
    5.Ecke      x-Koordinate: 2
                y-Koordinate: 4
    6.Ecke      x-Koordinate: 2
                y-Koordinate: 2

Die berechnete Fläche beträgt 7.00FE
```

Bild 6.10 Zusammengesetzte Fläche im Koordinatensystem und Programmausgabe

Als Ergebnis für die Flächenmaßzahl errechnet das Programm den richtigen Wert A = 7.

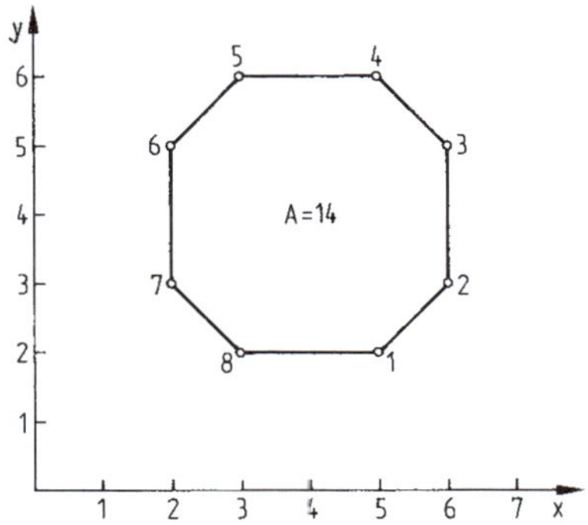


```
Programm zur Polygonflächenberechnung nach Gauß
-----------------------------------------------
Bitte geben Sie die Anzahl der Eckpunkte an: 8
Eingabe der Koordinaten:
    0.Ecke      x-Koordinate: 3
                y-Koordinate: 2
    1.Ecke      x-Koordinate: 5
                y-Koordinate: 2
    2.Ecke      x-Koordinate: 6
                y-Koordinate: 3
    3.Ecke      x-Koordinate: 6
                y-Koordinate: 5
    4.Ecke      x-Koordinate: 5
                y-Koordinate: 6
    5.Ecke      x-Koordinate: 3
                y-Koordinate: 6
    6.Ecke      x-Koordinate: 2
                y-Koordinate: 5
    7.Ecke      x-Koordinate: 2
                y-Koordinate: 3
    8.Ecke      x-Koordinate: 3
                y-Koordinate: 2
Die berechnete Fläche beträgt 14.00FE
```

Bild 6.11 Achteck im Koordinatensystem und Programmausgabe

Auch hier wird mit A = 14FE der richtigen Wert berechnet.

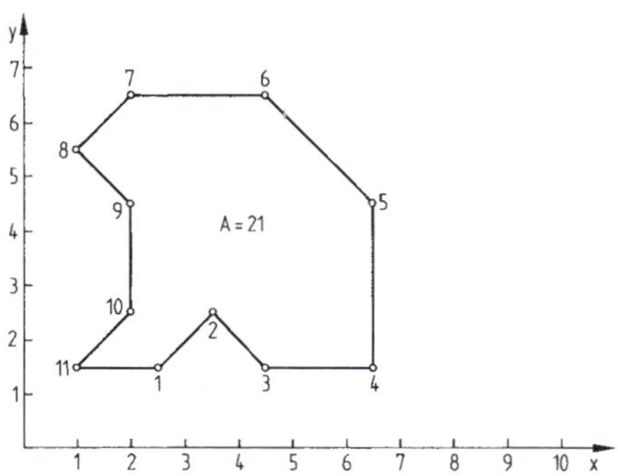


```
Programm zur Polygonflächenberechnung nach Gauß
-----------------------------------------------
Bitte geben Sie die Anzahl der Eckpunkte an: 11
Eingabe der Koordinaten:
    0.Ecke      x-Koordinate: 1
                y-Koordinate: 1.5
    1.Ecke      x-Koordinate: 2.5
                y-Koordinate: 1.5
    2.Ecke      x-Koordinate: 3.5
                y-Koordinate: 2.5
    3.Ecke      x-Koordinate: 4.5
                y-Koordinate: 1.5
    4.Ecke      x-Koordinate: 6.5
                y-Koordinate: 1.5
    5.Ecke      x-Koordinate: 6.5
                y-Koordinate: 4.5
    6.Ecke      x-Koordinate: 4.5
                y-Koordinate: 6.5
    7.Ecke      x-Koordinate: 2
                y-Koordinate: 6.5
    8.Ecke      x-Koordinate: 1
                y-Koordinate: 5.5
    9.Ecke      x-Koordinate: 2
                y-Koordinate: 4.5
   10.Ecke      x-Koordinate: 2
                y-Koordinate: 2.5
   11.Ecke      x-Koordinate: 1
                y-Koordinate: 1.5
Die berechnete Fläche beträgt 21.00FE
```

Bild 6.12 Komplexes Polygon im Koordinatensystem und Programmausgabe

Man erkennt, dass auch dieses Ergebnis richtig ist, so dass wir uns mit dem eingangs gestellten Problem nochmals befassen können.

Programmlauf: Die Eckpunkte der Abwicklung des Goldkästchens könnten wir durchnummerieren und kämen auf n = 20. Aufgrund der Symmetrie bräuchten wir aber nur 8 Eckpunkte und hätten ein Viertel der Gesamtfläche ermittelt. Die Multiplikation mit vier ergäbe die gesuchte Flächenmaßzahl.

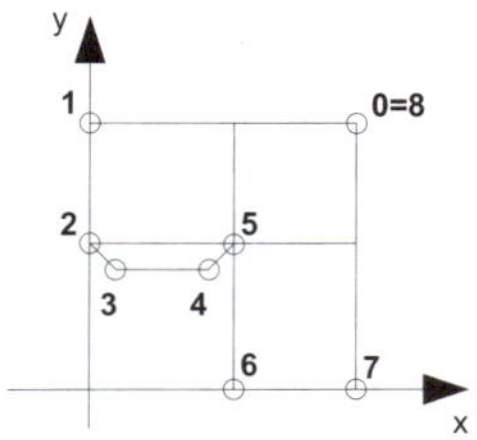


```
Programm zur Polygonflächenberechnung nach Gauß
-----------------------------------------------

Bitte geben Sie die Anzahl der Eckpunkte an: 8

Eingabe der Koordinaten:

    0.Ecke      x-Koordinate: 5.5
                y-Koordinate: 5.5
    1.Ecke      x-Koordinate: 0
                y-Koordinate: 5.5
    2.Ecke      x-Koordinate: 0
                y-Koordinate: 3
    3.Ecke      x-Koordinate: .5
                y-Koordinate: 2.5
    4.Ecke      x-Koordinate: 2.5
                y-Koordinate: 2.5
    5.Ecke      x-Koordinate: 3
                y-Koordinate: 3
    6.Ecke      x-Koordinate: 3
                y-Koordinate: 0
    7.Ecke      x-Koordinate: 5.5
                y-Koordinate: 0
    8.Ecke      x-Koordinate: 5.5
                y-Koordinate: 5.5

Die berechnete Fläche beträgt 22.50FE
```

Bild 6.13 Detailbetrachtung der Problemstellung im Koordinatensystem und Programmausgabe

Das Programm errechnet ein Viertel der Gesamtfläche mit `22,50FE`, so dass die Gesamtfläche `4 * 22,50FE = 90,00FE` ergibt.

6.2.1 Erste Problemvariation: Berechnung der Schwerpunktkoordinaten S(x_S ; y_S) von polygonförmig begrenzten Flächen

Die Schwerpunktkoordinaten eines Polygons mit n Eckpunkten können wie folgt berechnet werden:

$$x_S = \frac{1}{6 \cdot A} \cdot \sum_{i=0}^{n-1} (x_i + x_{i+1}) \cdot (x_i \cdot y_{i+1} - x_{i+1} \cdot y_i)$$

$$y_S = \frac{1}{6 \cdot A} \cdot \sum_{i=0}^{n-1} (y_i + y_{i+1}) \cdot (x_i \cdot y_{i+1} - x_{i+1} \cdot y_i)$$

A ist die Fläche des Polygons die sich nach Bild 6.5 berechnet.

Problemanalyse: Zur Berechnung der Schwerpunktkoordinaten muss als erstes die Fläche A des Polygons aus den gegebenen Eckpunktkoordinaten mit Programm 6.2 ermittelt werden. Vergleichbar mit dem Struktogramm aus Bild 6.6 ist der Algorithmus für die Schwerpunktkoordinaten x_S und y_S zu berechnen. Das Programm ist einfach zu programmieren, weil es lediglich eine Erweiterung des Programms 6.2 darstellt. Als Ergebnisse erhält man:

Flächenform	vgl. Bild	x_S	y_S
Rechteck	6.7	4,00	3,00
Dreieck	6.9	3,00	2,00
Einfaches Polygon	6.10	3,64	3,21
Achteck	6.11	4,00	4,00
Komplexes Polygon	6.12	3,95	3,95

6.2.2 Zweite Problemvariation: Suche nach einem „günstigen" Treffpunkt

Das jährliche Semestertreffen eines Absolventenjahrgangs soll an einem Ort stattfinden, der für alle Teilnehmerinnen und Teilnehmer „günstig" liegt. Nach langer Diskussion einigt man sich darauf, dass die Wohnorte der Teilnehmerinnen und Teilnehmer die Eckpunkte eines Polygons darstellen könnten und man sich in einem Lokal treffen sollte, das in der Nähe des Schwerpunktes liegt.

Problemanalyse: Um die Wohnorte in Eckpunktkoordinaten umzurechnen, bietet es sich an, eine Karte aus dem Internet herunterzuladen und ein kartesisches Koordinatensystem darüber zu legen. Die Skalierung der Achsen können sie frei wählen, sie muss nur äquidistant sein. Je genauer sie die Einteilung der x- und y-Achse wählen je genauer wird die Lösung. Die Wohnorte, d. h. die Eckpunktkoordinaten kann man jetzt ablesen und notieren. Wie man den Schwerpunkt mit seinen x- und y-Koordinaten berechnet ist bekannt.

Hinweis: Bevor Sie sich an das Semestertreffen heranwagen empfehlen wir, das Problem auf eine Skatrunde mit drei Teilnehmern, die an drei unterschiedlichen Orten wohnen, zu reduzieren (s. Bild 6.14)! Alle Plausibilitätsbetrachtungen werden dadurch etwas einfacher und übersichtlicher. Viel Spaß bei der Schwerpunkt- bzw. „günstigen" Standort-Suche.

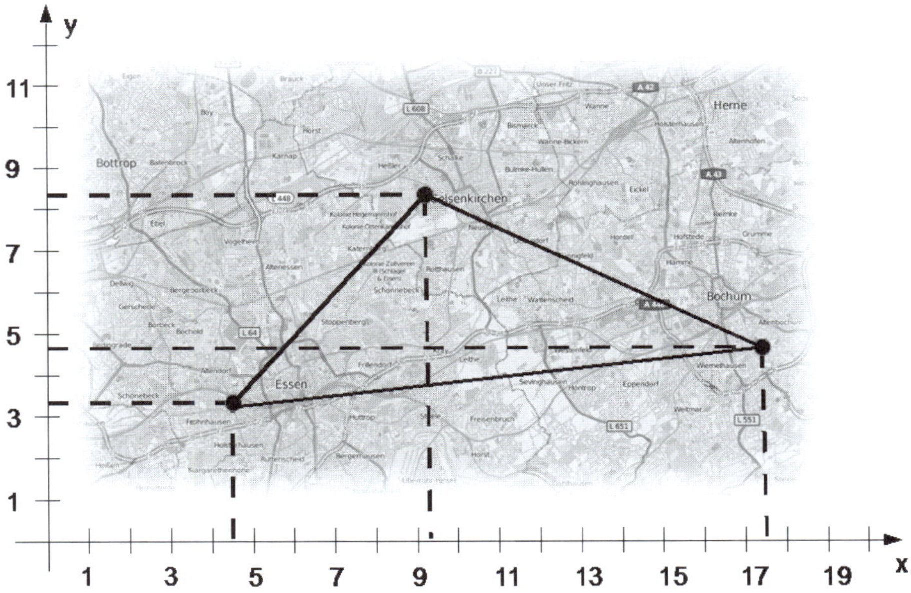

Bild 6.14 Karte (s. http://www.openstreetmap.de/) mit skalierten Achsen

6.3 Berechnung einer Brückenkonstruktion

Problemstellung: Eine Stahlbetonbrücke über einen Fluss hat Form und Abmessungen wie in Bild 6.15. Der Untergurt der Brücke kann durch die Gleichung

$$f(x) = -5{,}461 \cdot 10^{-3} m^{-1} \cdot (x - 69m)^2 + 26m$$

beschrieben werden, wenn der Koordinatenursprung im linken Auflager liegt. Für eine Statikberechnung werden die Längen der senkrechten Stäbe, die auf dem Untergurt stehen, benötigt.

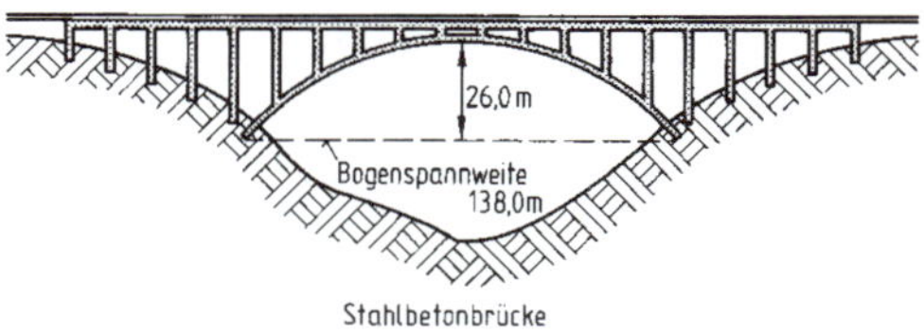

Bild 6.15 Darstellung der Brückenkonstruktion

Problemanalyse: Man erkennt, dass die Stablängen aus der Differenz von Fahrbahnhöhe und Untergurthöhe ermittelt werden. Mathematisch formuliert: die Stablängen ermittelt man aus der Differenz der Funktionswerte von *f*(*x*) zur Fahrbahnhöhe. Die zugehörige Funktionsgleichung heißt demnach:

$$l(x) = 29m - f(x)$$

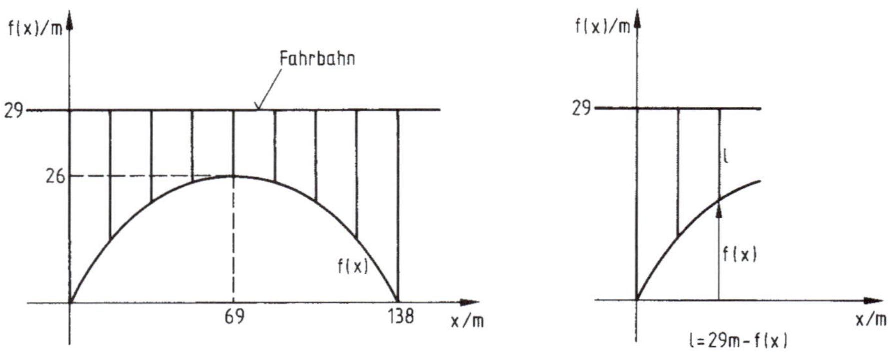

Bild 6.16 Die Brückenkonstruktion im Koordinatensystem und Länge der Untergurte

Das Programm zur Berechnung der Stablängen reduziert sich auf die Programmierung der Funktionsgleichung *l*(*x*). Dividiert man jetzt noch die Bogenspannweite durch die um eins verminderte Anzahl der Stäbe, so erhält man die x-Werte, an denen man *f*(*x*) berechnen muss.

Das zugehörige **Struktogramm** (siehe Bild 6.17) besteht im Wesentlichen aus einer zählergesteuerten Schleife für die Längenberechnung der Stäbe.

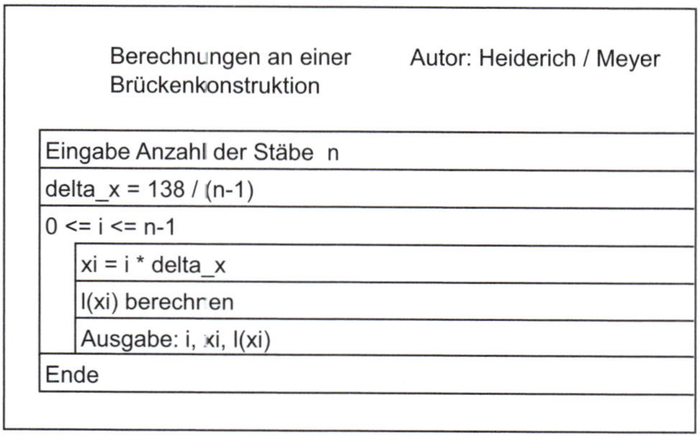

Bild 6.17 Struktogramm zur Berechnung an einer Brückenkonstruktion

Dieses Struktogramm ist bereits das Ergebnis der Problemanalyse, es enthält allerdings zu wenige für den Programmierer erforderliche Informationen für eine erfolgreiche Implementierung. Das Ergebnis der Auswertung von $l(x)$ braucht nur für eine Ausgabe berechnet zu werden, die Gestaltung der kompletten Ausgabe sollte sinnvollerweise als Tabelle geschehen. Eine genaue Beschreibung der Funktion $l(x)$ ist für die Berechnung erforderlich und muss dem Programmierer in Form einer Formel angegeben werden. Das Struktogramm in Bild 6.18 stellt eine Überarbeitung der Problemlösung zur schnellen Implementierung dar.

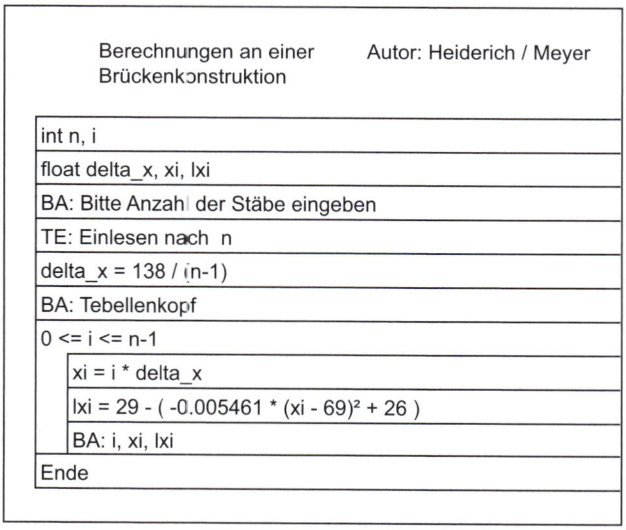

Bild 6.18 Überarbeitetes Struktogramm zur Berechnung an einer Brückenkonstruktion

Programm:

```
// Programm 6.3.cpp: Hauptprojektdatei.
// Programm zur Berechnung einer Brückenkonstruktion
// Autor: Heiderich / Meyer
// --------------------------------------------------
#include "stdafx.h"
#include <stdio.h>
#include <stdlib.h>
#include <math.h>
using namespace System;
void main()
{
    int n, i;
    float delta_x, xi, lxi;
    char antwort, c1 = '\x81', c2 = '\x84';
    // Begrüßung
    printf("\n\nProgramm zur Berechnung einer Br%cckenkonstruktion\n",c1);
    printf("------------------------------------------------------\n");
    // Beginn der Wiederholungssteuerung
    do
    {
        // Eingabe der Anzahl der Stäbe
        printf("\nBitte geben Sie die Anzahl der St%cbe an: ",c2);
        fflush(stdin);
        scanf("%i",&n);
        // Berechnung der Abstände
        // Vorsicht: "138" statt "138.0" führt zu einer int-Division!
        delta_x = 138.0 / (n-1);
        // Ausgabe Tabellenkopf
        printf("\nErgebnisse der Br%cckenberechnung:\n",c1);
        printf("----------------------------------\n\n");
        printf("Anzahl der St%cbe : %i\n",c2,n);
        printf("Abstand der St%cbe: %.2f m\n",c2,delta_x);
        // Ausgabe Tabellenkopf
        printf("\nStab-Nr. |  bei x | Stabl%cnge\n",c2);
        printf("         |    [m] |       [m]\n");
        printf("---------+--------+----------\n");
        // Berechnung der Länge der Stäbe und Ausgabe
        for (i = 0; i <= n-1; i++)
        {
            xi = i * delta_x;
            lxi = 29.0 - ( -0.005461 * pow(xi-69, 2) + 26 );
            printf("   %2i    | %6.2f |   %6.2f \n",i+1,xi,lxi);
            printf("---------+--------+----------\n");
        }
        printf("\nerneute Anwendung? (j/n)");
```

```
46          fflush(stdin);
47          scanf("%c",&antwort);
48       } while (antwort =='j' || antwort == 'J');
49  }
```

In Zeile 8 wird in diesem Programm die Header-Datei `math.h` inkludiert, um im Programm den Zugriff auf mathematische Funktionen realisieren zu können. Gebraucht wird eine Funktion für die Potenzberechnung, denn in der Formel von *f*(*x*) erscheint ein Quadrat. Selbstverständlich kann dieser Ausdruck durch eine einfache Multiplikation der Basis (hier `x-69`) mit sich selbst ersetzt werden. Viel eleganter ist allerdings der Einsatz der entsprechenden Funktion: $pow(x, y) = x^y$, die in der mathematischen Bibliothek verfügbar ist. Wird nun der Exponent mit 2 angegeben (als `y = 2` gesetzt) und die Basis mit `x-69` (also `x = x-69` gesetzt), so erhält man den Ausdruck, der den Kern der Zeile 41 des Listings bildet.

In diesem Programm ist die Umsetzung der Umlaute (ü und ä) durch eine andere Technik gelöst worden: die beiden Umlaute sind zu Beginn des Programms in Zeile 14 zwei Hilfs-`char`-Variablen `c1` und `c2` zugeordnet worden. An den Stellen, wo sie in einer Ausgabe gebraucht werden, wird nun durch das Formatzeichen `%c` Platz für genau ein Zeichen geschaffen, an dessen Stelle dann der entsprechende `char`-Wert ausgegeben werden kann.

Da das Programm über eine tabellarische Ausgabe verfügen soll, empfiehlt sich der Einsatz entsprechender Formate, die dafür sorgen, dass die Zahlen in den Spalten der Tabelle ordentlich untereinander stehen. Alle Abmessungen werden mit zwei Nachkommastellen ausgegeben, erkennbar durch den Einsatz von `.2` in den Zeilen 32 und 42. Da die Anzahl der möglichen Vorkommastellen 3 beträgt (die Brücke spannt einen Bogen von 138m!), müssen also insgesamt 3 Vorkomma- und 2 Nachkommastellen vorhanden sein. Mit dem Dezimalzeichen sind dies insgesamt also 6 Stellen, daher die Formatierung mit `%6.2f`.

Bild 6.19 zeigt den **Programmtest/Programmlauf**.

```
Programm zur Berechnung einer Brückenkonstruktion
-------------------------------------------------

Bitte geben Sie die Anzahl der Stäbe an: 9

Ergebnisse der Brückenberechnung:
---------------------------------

Anzahl der Stäbe : 9
Abstand der Stäbe: 17.25 m

Stab-Nr.  |  bei x  | Stablänge
          |   [m]   |       [m]
----------+---------+----------
    1     |   0.00  |    29.00
----------+---------+----------
    2     |  17.25  |    17.62
----------+---------+----------
    3     |  34.50  |     9.50
----------+---------+----------
    4     |  51.75  |     4.62
----------+---------+----------
    5     |  69.00  |     3.00
----------+---------+----------
    6     |  86.25  |     4.62
----------+---------+----------
    7     | 103.50  |     9.50
----------+---------+----------
    8     | 120.75  |    17.62
----------+---------+----------
    9     | 138.00  |    29.00
----------+---------+----------

erneute Anwendung? (j/n)_
```

Bild 6.19
Programmausgabe der Berechnung einer Brückenkonstruktion

6.4 Schaltjahrüberprüfung

Problemstellung: Ein Programm soll entscheiden, ob bestimmte Jahreszahlen zu einem Schaltjahr gehören oder nicht. Die Jahreszahl soll dabei im Programm als vierstellige Texteingabe eingelesen werden. Anschließend soll diese Eingabe einer Eingabeprüfung auf numerischen Inhalt unterzogen werden. Die Schaltjahr- und Eingabeüberprüfungen sollen jeweils in eine eigene Funktion ausgelagert werden, um sie bei Bedarf in anderen Programmen nutzen zu können. Für diese Funktionen sind entsprechende Header-Dateien zu realisieren, in denen die Prototypen der Funktionen abgelegt sind (Funktionsdeklaration). Das Projekt ist gemäß den Paradigmen der Projektorganisation (vgl. Abschnitt 3.6) aufzubauen.

Problemanalyse: Der heute praktisch weltweit gültige gregorianische Kalender (benannt nach Papst Gregor XIII.) wurde Ende des 16. Jahrhunderts entwickelt und 1582 durch eine päpstliche Bulle per Dekret. Er löste zahlreiche andere Kalenderformen, die im Laufe der Jahrhunderte gültig waren, ab. Mit diesem Kalender wurde die sog. julianische Schalttagsregelung, die auf Julius Cäsar zurückzuführen ist, dahingehend geändert, dass in allen Jahren, deren Jahreszahl durch vier teilbar ist, der 29. Februar als Schalttag eingefügt wurde. Eine Ausnahme bilden allerdings die vollen Jahrhundertjahre 1700, 1800, 1900 usw., auch Säkularjahre genannt. Hiervon erhalten nur diejenigen einen Schalttag, deren Jahreszahl durch 400 teilbar ist (was zuletzt beim Jahr 2000 der Fall war). Jedes vierte Säkularjahr ist somit ein Schaltjahr. Das gregorianische Kalenderjahr hat auf diese Art und Weise eine durchschnittliche Länge von 365,2425 Tagen.

Zusammengefasst besagen die Regeln für die Bestimmung von Schaltjahren:

- Ist die Jahreszahl durch 4 teilbar, steht sie für ein Schaltjahr.
- Ist die Jahreszahl zusätzlich durch 100 teilbar, so steht sie nicht für ein Schaltjahr.
- Ist die Jahreszahl zusätzlich durch 400 teilbar, so steht sie trotzdem für ein Schaltjahr.

Struktogramm: Da in der Aufgabenstellung vorgegeben ist, dass die einzelnen Programmschritte in Funktionen auszulagern sind und jede Funktion ihr eigenes Struktogramm bekommt, ist hier nicht nur ein Struktogramm, sondern drei Struktogramme sind zu realisieren.

Die Funktion `schaltpruef` stellt quasi das Herzstück des Programms dar. In ihr wird der eigentliche Prüfalgorithmus abgearbeitet, indem der Reihe nach überprüft wird, ob die eingegebene Jahreszahl ohne Rest durch 4, 100 und 400 teilbar ist. Dazu wird jeweils das Ergebnis der Division mit der Zahl vor der Division verglichen.

Im Steuerungsprogramm des Projektes wird die Eingabe als Zeichenkette zunächst an die Funktion `numpruef` zur Überprüfung auf numerischen Inhalt übergeben. Ist diese Überprüfung ohne Beanstandung passiert, so wird die Zeichenkette in eine `int`-Variable umgewandelt und anschließend der Funktion `schaltpruef` für die eigentliche Überprüfung auf Schaltjahre übergeben. Je nach Ergebnis dieser Überprüfung erfolgt die Ausgabe, bevor eine erneute Überprüfung durchgeführt werden kann.

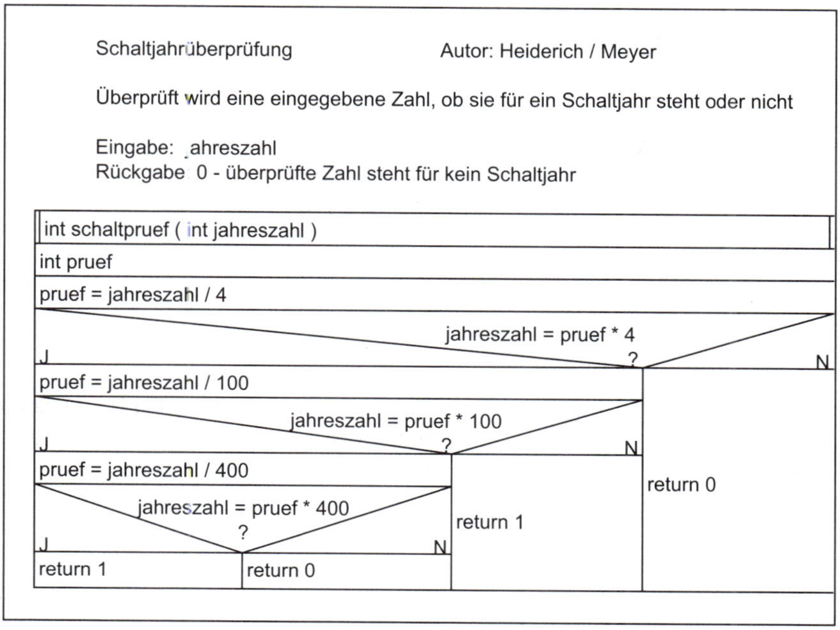

Bild 6.20 Struktogramm des Algorithmus zur Schaltjahrüberprüfung

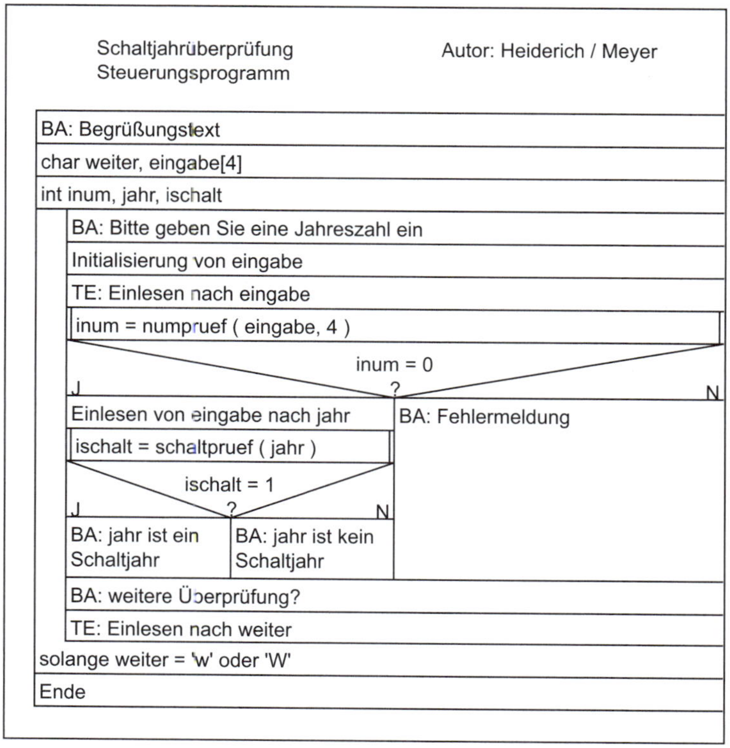

Bild 6.21 Struktogramm des Steuerungsprogramms der Schaltjahrüberprüfung

Mit Hilfe der Funktion `numpruef` kann für eine (beliebig lange!) Zeichenkette, die als Pointer übergeben wird, überprüft werden, ob nur zulässige Zeichen in der Zeichenkette vorkommen. Die zulässigen Zeichen werden in einem `char`-Array `num` abgelegt. In zwei ineinander geschachtelten zählergesteuerten Schleifen über die Anzahl der zu prüfenden Stellen und die Anzahl der gültigen Zeichen wird dann die eingegebene Zeichenkette überprüft.

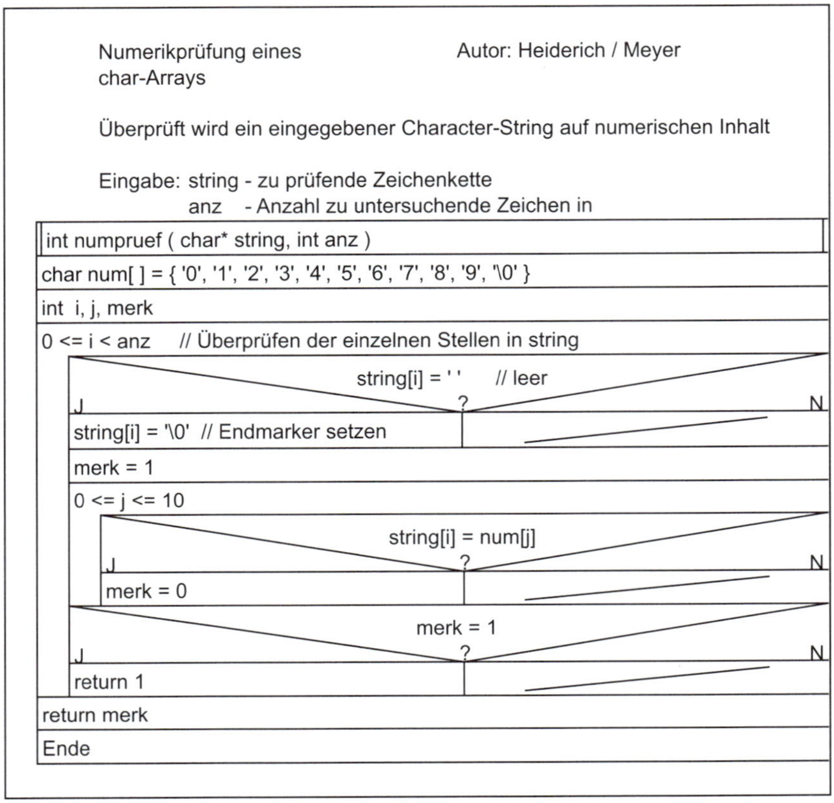

Bild 6.22 Struktogramm zur Prüfung einer numerischen Eingabe

Programm: Gemäß der Organisation dieses Projektes als wiederverwendbare Einzelfunktionen besteht der zu dokumentierende Teil des Quelltextes aus insgesamt fünf Teilen:

1. der Hauptprojektdatei in der der Quelltext des Steuerungsprogramms abgelegt ist,
2. der Headerdatei der Funktion `numpruef`, die in der Hauptprojektdatei inkludiert werden muss,
3. der Headerdatei der Funktion `schaltpruef`, die in der Hauptprojektdatei includiert werden muss,
4. der Quelltextdatei der Funktion `numpruef` und
5. der Quelltextdatei der Funktion `schaltpruef`.

Listing der Hauptprojektdatei:

```
// Programm 6.4.cpp: Hauptprojektdatei.
// Programm zur Überprüfung von Schaltjahren
// Autor: Heiderich / Meyer
// ------------------------------------------
#include "stdafx.h"
#include "numpruef.h"
#include "schaltpruef.h"
#include <stdio.h>
#include <stdlib.h>
using namespace System;
void main()
{
   int i, inum, jahr, ischalt;
   char weiter, eingabe[4], c1 = '\x9a', c2 = '\x81',
   c3 = '\x84', c4 = '\x94';
   // Begrüßung
   printf("\n\nProgramm zur %cberpr%cfung von
   Schaltjahren\n",c1,c2);
   printf("------------------------------------------\n");
   // Beginn der Wiederholungssteuerung
   do
   {
      printf("\nBitte geben Sie eine Jahreszahl ein: --> ");
      // Initialisierung von eingabe
      for (i = 0; i < 4; i++)
      {
         eingabe[i] = '\0';
      }
      fflush(stdin);
      scanf("%s",&eingabe);
      // Numerikprüfung von eingabe
      inum = numpruef(eingabe, 4);
      if (inum == 0)
      {
          // Einlesen von eingabe nach jahr
          sscanf(eingabe,"%i",&jahr);
          // Schaltjahrprüfung
          ischalt = schaltpruef(jahr);
          if (ischalt==1)
          {
           printf("\nDie von Ihnen vorgegebene
           Jahreszahl %i steht f%cr ein Schaltjahr\
           n",jahr,c2);
          }
          else
          {
           printf("\nDie von Ihnen vorgegebene
           Jahreszahl %i steht f%cr kein Schaltjahr\
           n",jahr,c2);
          }
```

```
        }
        else
        {
            printf("\nIhre Eingabe '%s' enth%clt
            ung%cltige Zeichen!!\n",eingabe,c3,c2);
            printf("Bitte korrigieren!!\n");
        }
        printf("\nM%cchten Sie eine weitere %cberpruefung
        durchf%chren?\n",c4,c1,c2);
        printf("(W)eiter oder (E)nde. Ihre Wahl: --> ");
        fflush(stdin);
        scanf("%c",&weiter);
    }
    while(weiter=='w'||weiter=='W');
}
```

Listing der Headerdatei `numpruef.h`:

```
#ifndef NUMPRUEF_H
#define NUMPRUEF_H
int numpruef(char*, int);
#endif
```

Listing der Headerdatei `schaltpruef.h`:

```
#ifndef SCHALTPRUEF_H
#define SCHALTPRUEF_H
int schaltpruef(int);
#endif
```

Listing der Quelltextdatei `numpruef.cpp`:

```
#include "stdafx.h"
/*  Überprüft wird ein eingegebener Character-String
    auf numerischen Inhalt
    Eingabe:  string --> zu prüfende Zeichenkette
              anz    --> Anzahl zu untersuchende
                         Zeichen in String
    Rückgabe: 0 - Zeichenkette enthält nur numerische Zeichen
                  (gültig, o.k.)
              1 - Zeichenkette enthält ungültige
                  (nichtnumerische) Zeichen */
int numpruef(char *string, int anz)
{
   char num[] = {'0','1','2','3','4','5','6','7','8','9','\0'};
   int i, j, merk;
   // Überprüfen der einzelnen Stellen in string
   for(i = 0; i < anz; i++)
   {
      if (string[i] == ' ') string[i] = '\0';
      merk = 1;
      for(j = 0; j <= 10; j++)
```

```
      {
         if(string[i] == num[j]) merk = 0;
      }
      if(merk == 1) return (1);
   }
   return(merk);
}
```

Listing der Quelltextdatei `schaltpruef.cpp`:

```
#include "stdafx.h"
/*   Überprüft wird eine eingegebene Zahl, ob sie für ein
     Schaltjahr steht oder nicht
     Eingabe:  jahreszahl
     Rückgabe: 0 - überprüfte Zahl steht für kein Schaltjahr
               1 - überprüfte Zahl steht für ein Schaltjahr */
int schaltpruef(int jahreszahl)
{
   int pruef;
   pruef = jahreszahl / 4;
   if (jahreszahl == pruef*4)
   {
      pruef = jahreszahl / 100;
      if (jahreszahl == pruef*100)
      {
         pruef = jahreszahl / 400;
         if (jahreszahl == pruef*400) return (1);
         else return (0);
      }
      else                            return (1);
   }
   else                               return (0);
}
```

■

Programmtest/Programmlauf: Bild 6.23 zeigt die Programmausgabe der Schaltjahrüberprüfung.

```
Programm zur Überprüfung von Schaltjahren
-----------------------------------------

Bitte geben Sie eine Jahreszahl ein: --> 2010

Die von Ihnen vorgegebene Jahreszahl 2010 steht für kein Schaltjahr

Möchten Sie eine weitere Überpruefung durchführen?
<W>eiter oder <E>nde. Ihre Wahl: --> w

Bitte geben Sie eine Jahreszahl ein: --> 1900

Die von Ihnen vorgegebene Jahreszahl 1900 steht für kein Schaltjahr

Möchten Sie eine weitere Überpruefung durchführen?
<W>eiter oder <E>nde. Ihre Wahl: --> w

Bitte geben Sie eine Jahreszahl ein: --> 1960

Die von Ihnen vorgegebene Jahreszahl 1960 steht für ein Schaltjahr

Möchten Sie eine weitere Überpruefung durchführen?
<W>eiter oder <E>nde. Ihre Wahl: --> w

Bitte geben Sie eine Jahreszahl ein: --> 2012

Die von Ihnen vorgegebene Jahreszahl 2012 steht für ein Schaltjahr

Möchten Sie eine weitere Überpruefung durchführen?
<W>eiter oder <E>nde. Ihre Wahl: --> w

Bitte geben Sie eine Jahreszahl ein: --> abc

Ihre Eingabe 'abc' enthält ungültige Zeichen!!
Bitte korrigieren!!

Möchten Sie eine weitere Überpruefung durchführen?
<W>eiter oder <E>nde. Ihre Wahl: --> _
```

Bild 6.23 Programmausgabe der Schaltjahrüberprüfung

6.5 Ein Problem aus der Energiewirtschaft

Problemstellung: Eine Tagesbelastungskurve stellt die Belastung eines Kraftwerkes über einen Zeitraum von 24 Stunden dar. Aus der Tagesbelastungskurve kann die Elektrizitätswirtschaft viele für den Betrieb von Kraftwerken wichtige Informationen gewinnen.

Man erkennt z. B., dass ein bestimmter Leistungsanteil ständig vom Kraftwerk geliefert werden muss. Der Energietechniker bezeichnet diese Last als Grundlast. Sie lastet die dafür eingesetzten Kraftwerke zu 100 % aus.

Den oberen Teil der Tagesbelastungskurve bezeichnet man als Spitzenlast, die höchste, zu einem bestimmten Zeitpunkt tatsächlich auftretende Belastung ist die Höchstlast (maximale Leistung). In modernen Kraftwerken wird die Belastung mit geeigneten Erfassungsgeräten gemessen und auf einem Magnetband aufgezeichnet. Dieses Magnetband wird dann mit einer Datenverarbeitungsanlage ausgewertet und liefert den verantwortlichen Kraftwerksbetreibern die gewünschten Ergebnisse.

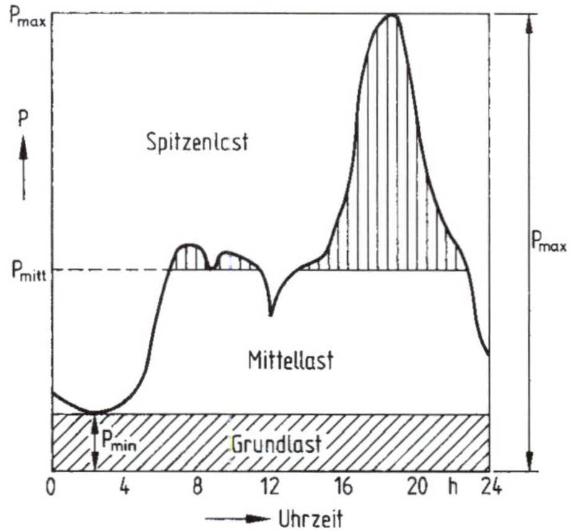

Bild 6.24
Tagesbelastungskurve eines Kraftwerkes

Es soll das Programm entwickelt werden, mit dem man auf einer Datenverarbeitungsanlage folgende Ergebnisse ermitteln kann:

- die mittlere Leistung (arithmetischer Mittelwert),
- die minimale Leistung,
- die maximale Leistung,
- die betragsmäßig größte Abweichung vom Mittelwert.

Für die Auswertung am PC wird davon ausgegangen, dass die Daten auf einem üblichen Datenträger abgespeichert sind oder im Internet verfügbar sind. In der Testphase werden die Daten jedoch der Einfachheit halber über die Tastatur eingegeben.

Problemanalyse: Zur Lösung des Problems müsste man wissen, wie viele Daten ausgewertet werden sollen, oder – sollten die Daten auf einem Magnetband gespeichert sein – ob das Bandende besonders gekennzeichnet ist, weil man für den arithmetischen Mittelwert ja die Anzahl der Werte kennen muss.

Es sei angenommen, dass eine Rückfrage beim EVU (Energieversorgungsunternehmen) ergeben hat, dass alle 15 Minuten eine Leistungsmessung vorgenommen wird, also insgesamt 96 Messwerte ausgewertet werden sollen.

Das mathematische Verfahren zur Berechnung des arithmetischen Mittelwertes ist bekannt: Man addiert alle Messwerte und teilt dann die Summe durch die Anzahl der Messwerte.

$$\overline{P} = \frac{P_1 + P_{2+} \ldots + P_n}{n}$$

$\overline{P}$ = *arithmetischer Mittelwert*

P_1 = 1. *Leistungswert*

P_2 = 2. *Leistungswert*

.

.

.

P_n = *n. Leistungswert*

n = *Anzahl der Messwerte*

Mit diesen Angaben ist das Problem vollständig beschrieben: Randbedingungen und die mathematische Theorie sind bekannt. Für das weitere Vorgehen sei vereinbart, dass jedes der vier Teilprobleme für sich gelöst wird. Danach wird eine Lösung für alle vier Probleme zusammen angegeben.

Die Teilstruktogramme verwenden keine Felder als Datentyp, sondern gehen davon aus, dass ein Datum von irgendeiner Datenquelle eingelesen und ausgewertet wird. Im Gesamtprogramm wird zunächst ein Array mit den Leistungswerten der Tagesbelastungskurve belegt und danach ausgewertet.

Bild 6.25 bis Bild 6.28 zeigen die **Struktogramme der Teilprobleme**.

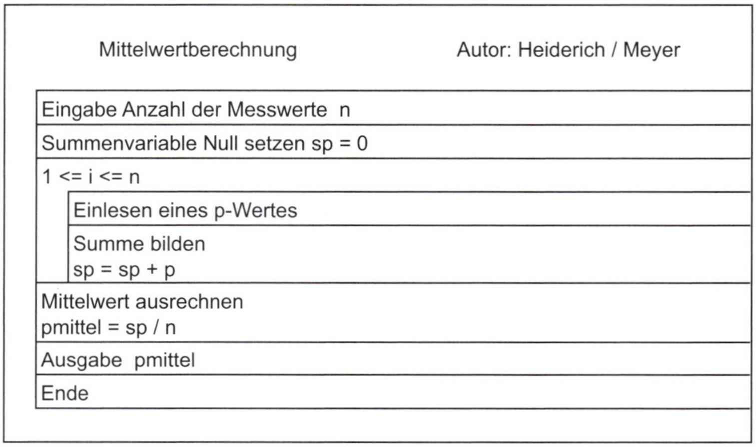

Bild 6.25 Struktogramm zur Mittelwertberechnung

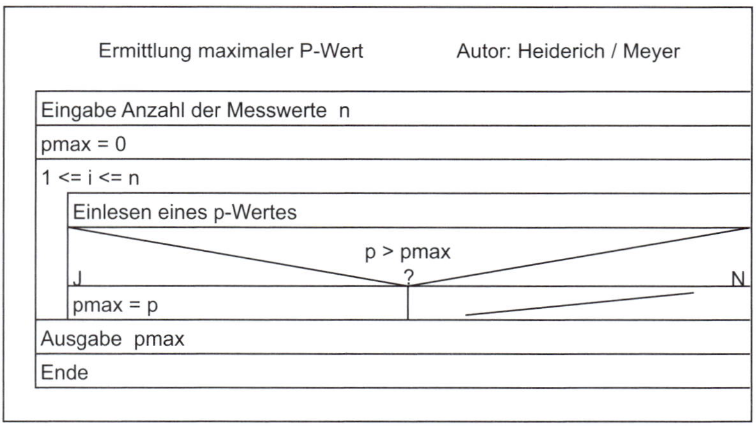

Bild 6.26 Struktogramm zur Ermittlung des Maximums

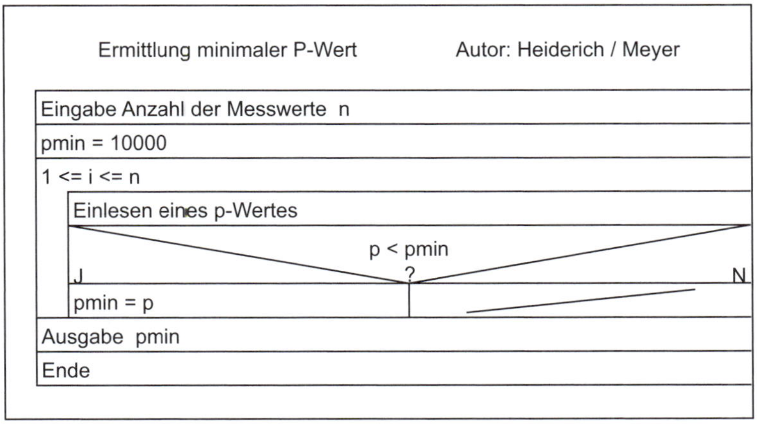

Bild 6.27 Struktogramm zur Ermittlung des Minimums

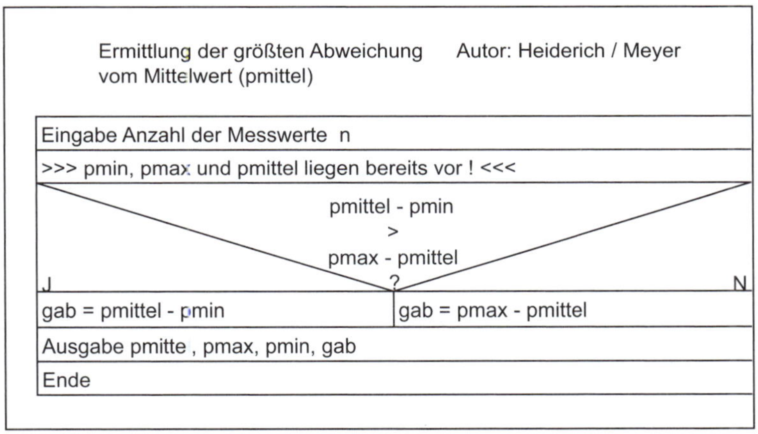

Bild 6.28 Struktogramm zur Ermittlung der maximalen Abweichung

Nachdem die Einzelprobleme gelöst sind, können die Ergebnisse zur Lösung des Gesamtproblems zusammengefasst werden. Bild 6.29 zeigt das **Struktogramm für das Gesamtproblem.**

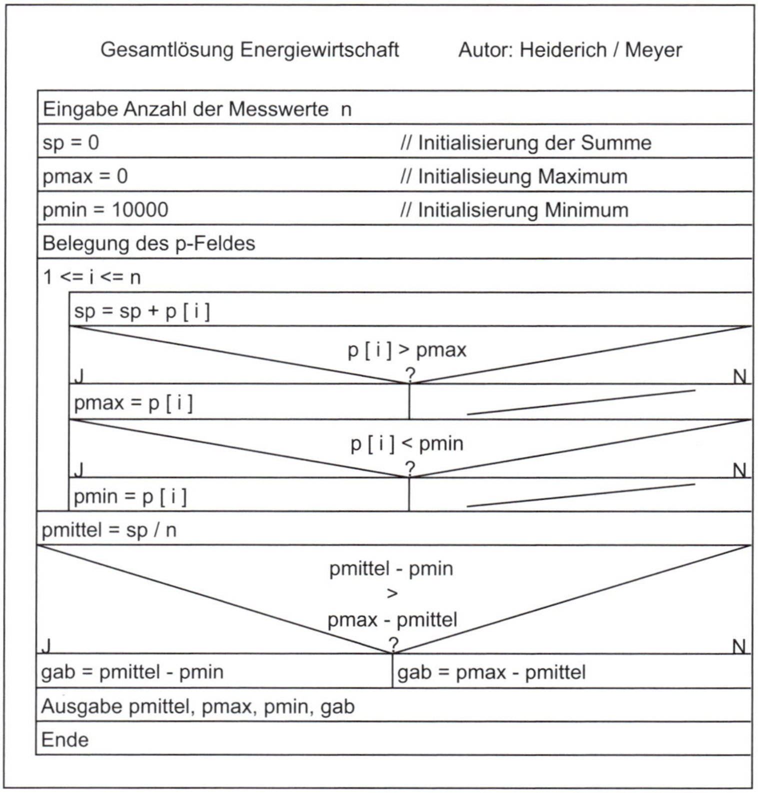

Bild 6.29 Struktogramm des Gesamtproblems „Energiewirtschaft“

Programm

Teil 1: Mittelwertbestimmung

```
// Programm 6.5 Mittelwert.cpp: Hauptprojektdatei.
// Programm zur Ermittlung des Mittelwertes von Messwerten
// Autor: Heiderich / Meyer
// --------------------------------------------------------
#include "stdafx.h"
#include <stdio.h>
#include <stdlib.h>
using namespace System;
void main()
{
   int n, i;
   float sp, pmittel, p;
   char weiter, c1 = '\x84', c2 = '\x94', c3 = '\x81';
   // Begrüßung
   printf("\n\nProgramm zur Ermittlung des Mittelwertes
   von Messwerten\n");
```

```
    printf("-------------------------------------------------
    -----------\n");
    // Beginn der Wiederholungssteuerung
    do
    {
        // Anzahl Messwerte
        printf("\nBitte geben Sie die Anzahl der
        Messwerte ein: --> ");
        fflush(stdin);
        scanf("%i",&n);
        // Initialisierung der Summe
        sp = 0.0;
        printf("\n"); // Leerzeile
        // Schleife über die Anzahl der Messwerte
        for (i = 1; i <= n; i++)
        {
            printf("Bitte geben Sie den %3i.Messwerte ein:
            --> ",i);
            fflush(stdin);
            scanf("%f",&p);
            sp += p;
        }
        // Berechnung Mittelwert
        pmittel = sp / n;
        // Ausgabe
        printf("\nDer Mittelwert der eingegebenen
        Messwerte betr%cgt: %f\n",c1,pmittel);
        printf("\nM%cchten Sie eine weitere Berechnung
        durchf%chren?\n",c2,c3);
        printf("(W)eiter oder (E)nde. Ihre Wahl: --> ");
        fflush(stdin);
        scanf("%c",&weiter);
    }
    while(weiter=='w'||weiter=='W');
}
```

Teil 2: Maximumsbestimmung

```
// Programm 6.5 Maximum.cpp: Hauptprojektdatei.
// Programm zur Ermittlung des Maximums von Messwerten
// Autor: Heiderich / Meyer
// -------------------------------------------------
#include "stdafx.h"
#include <stdio.h>
#include <stdlib.h>
using namespace System;
void main()
{
    int n, i;
    float pmax, p;
    char weiter, c1 = '\x84', c2 = '\x94', c3 = '\x81';
```

```
    // Begrüßung
    printf("\n\nProgramm zur Ermittlung des Maximums von Messwerten\n");
    printf("----------------------------------\n");
    // Beginn der Wiederholungssteuerung
    do
    {
        // Anzahl Messwerte
        printf("\nBitte geben Sie die Anzahl der Messwerte ein: --> ");
        fflush(stdin);
        scanf("%i",&n);
        // Initialisierung Maximalwert
        pmax = 0.0;
        printf("\n"); // Leerzeile
        // Schleife über die Anzahl der Messwerte
        for (i = 1; i <= n; i++)
        {
            printf("Bitte geben Sie den %3i.Messwerte ein: --> ",i);
            fflush(stdin);
            scanf("%f",&p);
            if (p > pmax) pmax = p;
        }
        // Ausgabe
        printf("\nDas Maximum der eingegebenen Messwerte betr%cgt: %f\n",c1,pmax);
        printf("\nM%cchten Sie eine weitere Berechnung durchf%chren?\n",c2,c3);
        printf("(W)eiter oder (E)nde. Ihre Wahl: --> ");
        fflush(stdin);
        scanf("%c",&weiter);
    }
    while(weiter=='w'||weiter=='W');
}
```

Teil 3: Minimumsbestimmung

```
// Programm 6.5 Minimum.cpp: Hauptprojektdatei.
// Programm zur Ermittlung des Minimums von Messwerten
// Autor: Heiderich / Meyer
// ----------------------------------
#include "stdafx.h"
#include <stdio.h>
#include <stdlib.h>
using namespace System;
void main()
{
    int n, i;
    float pmin, p;
```

```
    char weiter, c1 = '\x84', c2 = '\x94', c3 = '\x81';
    // Begrüßung
    printf("\n\nProgramm zur Ermittlung des Minimums von Messwerten\n");
    printf("------------------------------------------------------\n");
    // Beginn der Wiederholungssteuerung
    co
    {
       // Anzahl Messwerte
       printf("\nBitte geben Sie die Anzahl der Messwerte ein: --> ");
       fflush(stdin);
       scanf("%i",&n);
       // Initialisierung Minimalwert
       pmin = 10000.0;
       printf("\n"); // Leerzeile
       // Schleife über die Anzahl der Messwerte
       for (i = 1; i <= n; i++)
       {
          printf("Bitte geben Sie den %3i.Messwerte ein: --> ",i);
          fflush(stdin);
          scanf("%f",&p);
          if (p < pmin) pmin = p;
       }
       // Ausgabe
       printf("\nDas Minimum der eingegebenen Messwerte betr%cgt: %f\n",c1,pmin);
       printf("\nM%cchten Sie eine weitere Berechnung durchf%chren?\n",c2,c3);
       printf("(W)eiter oder (E)nde. Ihre Wahl: --> ");
       fflush(stdin);
       scanf("%c",&weiter);
    }
    while(weiter=='w'||weiter=='W');
}
```

Gesamtprogramm:

```
// Programm 6.5 größte Abweichung.cpp: Hauptprojektdatei.
// Programm zur Ermittlung von Mittelwert, Maximums, Minimum
// und der größten Abweichung vom Mittelwert von Messwerten
// Autor: Heiderich / Meyer
// -------------------------------------------------------
#include "stdafx.h"
#include <stdio.h>
#include <stdlib.h>
using namespace System;
void main()
```

```
{
   int n, i;
   float sp, pmittel, p, pmax, pmin, gab;
   //                ö           ß           ä           ü
   char weiter, c1 = '\x94', c2 = '\xE1', c3 = '\x84',
   c4 = '\x81';
   // Begrüßung
   printf("\n\nProgramm zur Ermittlung von Mittelwert,
   Maximum, Minimum\n");
   printf("und der gr%c%cten Abweichung vom Mittelwert
   von Messwerten\n",c1,c2);
   printf("-----------------------------------------------
   -----------\n");
   // Beginn der Wiederholungssteuerung
   do
   {
      // Anzahl Messwerte
      printf("\nBitte geben Sie die Anzahl der Messwerte
      ein: --> ");
      fflush(stdin);
      scanf("%i",&n);
      // Initialisierungen
      sp = 0.0;
      pmax = 0.0;
      pmin = 10000.0;
      printf("\n"); // Leerzeile
      // Schleife über die Anzahl der Messwerte
      // mit Summenbildung, ermittlung von Maximum und
      Minimum
      for (i = 1; i <= n; i++)
      {
         printf("Bitte geben Sie den %3i.Messwerte ein:
         --> ",i);
         fflush(stdin);
         scanf("%f",&p);
         sp += p;
         if (p > pmax) pmax = p;
         if (p < pmin) pmin = p;
      }
      // Berechnung Mittelwert
      pmittel = sp / n;
      // maximale Abweichung
      if (pmittel-pmin > pmax -pmittel) gab = pmittel - pmin;
      else gab = pmax - pmittel;
      // Ausgabe
      printf("\nErgebnisse:\n");
      printf("-----------\n\n");
      printf("Mittelwert . . . . . . . . . . . :
      %6.2f\n",pmittel);
      printf("Maximum  . . . . . . . . . . . . :
      %6.2f\n",pmax);
```

```
        printf("Minimum . . . . . . . . . . . . :
        %6.2f\n",pmin);
        printf("gr%c%cte Abweichung vom Mittelwert :
        %6.2f\n",c1,c2,gab);
        printf("\nM%cchten Sie eine weitere Berechnung
        durchf%chren?\n",c1,c4);
        printf("(W)eiter oder (E)nde. Ihre Wahl: --> ");
        fflush(stdin);
        scanf("%c",&weiter);
    }
    while(weiter=='w'||weiter=='W');
}
```

Programmtest/Programmlauf: Das Programm wird mit einfachen überschaubaren Zahlen getestet. Wählt man beispielsweise für n = 5 die Zahlen (entspricht 5 P-Werten) 1, 2, 3, 4, 5, so erwarten wir als Ergebnis P_{Mittel} = 3, P_{Min} = 1, P_{Max} = 5 und GAB = 2 (GAB = größte Abweichung). Mit n = 5 und den Zahlen 1, 1, 3, 4, 4, erwartet man das Ergebnis P_{Mittel} = 2.6, P_{Min} = 1, P_{Max} = 4 und GAB=1.6. Der Testlauf liefert die Ergebnisse aus Bild 6.30.

```
Programm zur Ermittlung von Mittelwert, Maximum, Minimum
und der größten Abweichung vom Mittelwert von Messwerten
--------------------------------------------------------

Bitte geben Sie die Anzahl der Messwerte ein: --> 5

Bitte geben Sie den   1.Messwerte ein: --> 1
Bitte geben Sie den   2.Messwerte ein: --> 2
Bitte geben Sie den   3.Messwerte ein: --> 3
Bitte geben Sie den   4.Messwerte ein: --> 4
Bitte geben Sie den   5.Messwerte ein: --> 5

Ergebnisse:
-----------

Mittelwert . . . . . . . . . . . :   3.00
Maximum  . . . . . . . . . . . . :   5.00
Minimum  . . . . . . . . . . . . :   1.00
größte Abweichung vom Mittelwert :   2.00

Möchten Sie eine weitere Berechnung durchführen?
(W)eiter oder (E)nde. Ihre Wahl: --> w

Bitte geben Sie die Anzahl der Messwerte ein: --> 5

Bitte geben Sie den   1.Messwerte ein: --> 1
Bitte geben Sie den   2.Messwerte ein: --> 1
Bitte geben Sie den   3.Messwerte ein: --> 3
Bitte geben Sie den   4.Messwerte ein: --> 4
Bitte geben Sie den   5.Messwerte ein: --> 4

Ergebnisse:
-----------

Mittelwert . . . . . . . . . . . :   2.60
Maximum  . . . . . . . . . . . . :   4.00
Minimum  . . . . . . . . . . . . :   1.00
größte Abweichung vom Mittelwert :   1.60
```

Bild 6.30 Programmausgabe des Gesamtprogramms zur Energiewirtschaft

6.6 Logarithmische Achsenteilung

Vorbemerkung: In der Technik kommt es häufig vor, dass eine physikalische Größe einen großen Definitions- oder Wertebereich hat. So hört das menschliche Ohr Frequenzen von ca. 10 Hertz bis annähernd 20 kHz. Wenn man also die Qualität von Lautsprechern beispielsweise über den gesamten Frequenzbereich darstellen will, und man wählt einen Maßstab von 10 Hz gleich einen cm, müsste eine Darstellungsbreite von immerhin 20 m vorgesehen werden. Selbst bei einem Maßstab von 10 Hz pro mm würde das Diagramm 2 m breit! Also doch etwas umständlich in der Handhabung auf jedwedem Medium.

Eine logarithmische Teilung hilft uns da weiter.

Problemstellung: Heißleiter (NTC) sind elektrische Widerstände, die bei niedrigen Temperaturen schlecht und bei hohen gut leiten. Sie werden beispielsweise als Sensoren verwendet, wenn die physikalische Größe Temperatur in eine elektrische Größe umgewandelt werden soll. Die Widerstandsabhängigkeit von der Temperatur ist durch die folgende Gleichung gegeben:

$$R_T = R_{TO} \cdot e^{B \cdot (\frac{1}{T} - \frac{1}{TO})}$$

R_T	Widerstand in Ω bei der Temperatur T in K
R_{TO}	Widerstand in Ω bei der Temperatur TO in K
B	Materialkonstante in K

Für den Heißleiter A 34-2/30 (SIEMENS) ist die Kennlinie R_T in Abhängigkeit von der Temperatur in °C zu berechnen:

Temperaturbereich	$0 \leq \Theta \leq 300$ °C
Schrittweite	$\Delta\Theta = 20$ °C
Materialkonstante	B = 3440 K
Bezugswiderstand	RTO = 5000 Ω bei Θ = 20 °C

Im vorgegebenen Temperaturbereich nimmt der Heißleiter folgende Werte an:

Θ = 0 °C, R_T = 11817,2 Ω, Θ = 300 °C, R_{TO} = 16,1 Ω

Der Widerstand des Heißleiters nimmt Werte über drei bzw. vier Dekaden an. Die senkrechte Achse wird bei einem Maßstab von 10 Ω pro cm und drei Dekaden (10 Ω bis 10 000 Ω) immerhin 1000 cm oder 10 m lang. Selbst wenn man 100 Ω pro cm als Maßstab ansetzt, wird die senkrechte Achse immer noch 1 m lang. Versuchen Sie selbst den Graphen bei linearer Achsenteilung mit verschiedenen Maßstäben zu zeichnen. Sie werden sich wundern und umso glücklicher sein, wenn sie die logarithmische Achsenteilung anwenden können!

Problemanalyse: Bei einer logarithmischen Achsenteilung wird nicht der Zahlenwert einer physikalischen Größe aufgetragen, sondern der Logarithmus des Zahlenwertes. Die Einteilung innerhalb einer Dekade ist nach den Logarithmusgesetzen gleich (s. Bild 6.31).

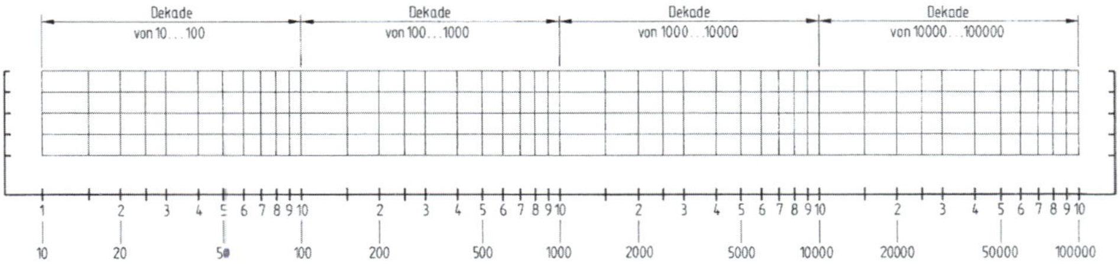

Bild 6.31 Logarithmische Achsenteilung

Mit dieser logarithmischen Darstellung kann man einen Bereich von 10 bis 100 000, also vier Dekaden, auf dieser Buchbreite darstellen! Vier Dekaden wäre beispielsweise auch ein Bereich von 0,01 bis 100. Wenn man jetzt die Länge der Dekade in Längeneinheiten (LE) festlegt, z. B. eine Dekade soll 5 cm betragen, dann ist eine Zuordnung von darzustellendem Wert und Länge auf der Achse möglich (s Bild 6.32).

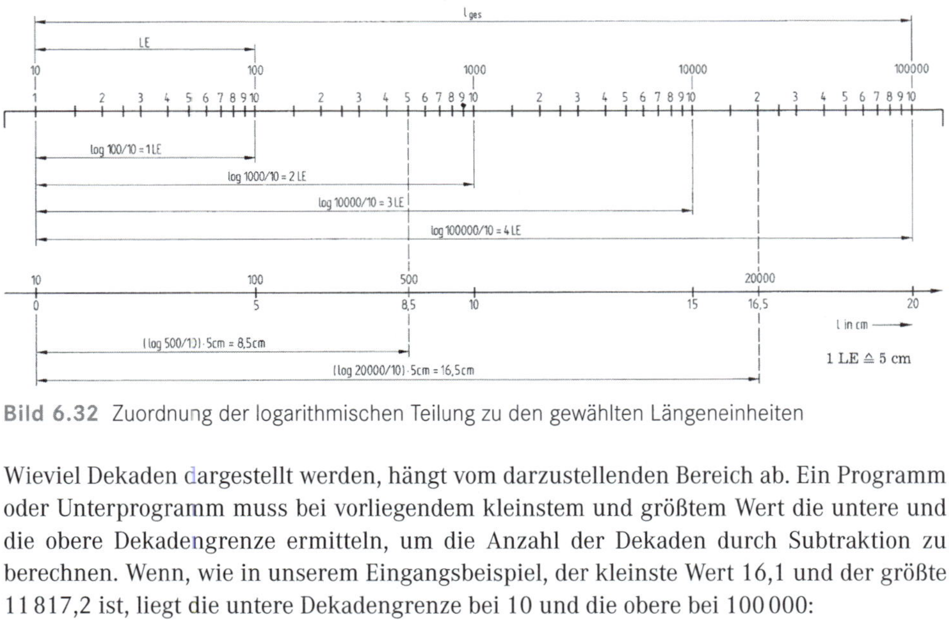

Bild 6.32 Zuordnung der logarithmischen Teilung zu den gewählten Längeneinheiten

Wieviel Dekaden dargestellt werden, hängt vom darzustellenden Bereich ab. Ein Programm oder Unterprogramm muss bei vorliegendem kleinstem und größtem Wert die untere und die obere Dekadengrenze ermitteln, um die Anzahl der Dekaden durch Subtraktion zu berechnen. Wenn, wie in unserem Eingangsbeispiel, der kleinste Wert 16,1 und der größte 11 817,2 ist, liegt die untere Dekadengrenze bei 10 und die obere bei 100 000:

UD = int(log10(16,1)) = 1 Untere Dekadengrenze: $10^1 = 10$

OD = int(log10(11817,2)) + 1 = 5 Obere Dekadengrenze: $10^5 = 100\,000$

Die Anzahl der Dekaden ergibt sich aus der Differenz von OD-DU, was in unserem konkreten Fall vier ergibt. Prüfen Sie diesen Lösungsansatz selbst mit anderen Werten nach!

Mit Hilfe des folgenden Programms lassen sich nun die Dekaden ermitteln, wenn jeweils der kleinste und größete Wert gegeben ist:

```
// Programm 6.6.1.cpp
// Ermittlung der Anzahl der Dekaden bei logarithmischer Achsenteilung
// Autor: Heiderich/Meyer
// -----------------------------------------------------------------
```

```
#include "stdafx.h"
#include "math.h"
#include "stdlib.h"
#include "conio.h"
#include "stdio.h"
using namespace System;
void main()
{
    float wert_oben, wert_unten;
    char weiter, c1 = '\x9a', c2 = '\x81', c3 = '\x94', c4 = '\xE1';
    int od, ud, dk;
    // Begrüßung
    printf("\n\n\tProgramm zur %cberpr%cfung logarithmischer Teilungen\n",c1,c2);
    printf("\t---------------------------------------------------\n");
    // Beginn der Wiederholungssteuerung
    do
    {
        printf("\n\tBitte geben Sie den oberen Wert an:  ");
        fflush(stdin);
        scanf("%f",&wert_oben);
        printf("\tBitte geben Sie den unteren Wert an: ");
        fflush(stdin);
        scanf("%f",&wert_unten);
        // Ermittlung der oberen Dekade
        od = log10(wert_oben) + 1;
        // Ermittlung der unteren Dekade
        ud = log10(wert_unten);
        // Anzahl der Dekaden
        dk = od - ud;
        // Ausgabe
        printf("\n\tgr%c%cere Dekade     : %i",c3,c4,(int)pow(10.,od));
        printf("\n\tkleinere Dekade    : %i",(int)pow(10.,ud));
        printf("\n\tAnzahl der Dekaden: %i\n",dk);
        printf("\n\tM%cchten Sie eine weitere %cberpruefung durchf%chren?\n",c3,c1,c2);
        printf("(W)eiter oder (E)nde. Ihre Wahl: --> ");
        fflush(stdin);
        scanf("%c",&weiter);
    }while(weiter=='w'||weiter=='W');
}
```

Die erzielten Ergebnisse sind in Bild 6.33 dargestellt:

```
Programm zur Überprüfung logarithmischer Teilungen
--------------------------------------------------

Bitte geben Sie den oberen Wert an:  345
Bitte geben Sie den unteren Wert an: 6

größere Dekade    : 1000
kleinere Dekade   : 1
Anzahl der Dekaden: 3

Möchten Sie eine weitere Überprüfung durchführen?
(W)eiter oder (E)nde. Ihre Wahl: --> w

Bitte geben Sie den oberen Wert an:  6789.9
Bitte geben Sie den unteren Wert an: .087

größere Dekade    : 10000
kleinere Dekade   : 0
Anzahl der Dekaden: 5

Möchten Sie eine weitere Überprüfung durchführen?
(W)eiter oder (E)nde. Ihre Wahl: -->
```

Bild 6.33
Ausgabe der Dekadenermittlung

Das Struktogramm (s. Bild 6.34) sei nur grob skizziert, weil die Lösungstrategie hinreichend klar ist. Die Eingabe muss alle Daten des NTC-Widerstandes mit Temperaturbereich und Schrittweite der Temperaturwerte berücksichtigen. Zusätzlich für die Zeichnungserstellung muss die Gesamthöhe der Zeichnung eingegeben werden. Mit diesen Werten können die Dekadengrenzen errechnet werden. In einer Schleife werden dann die Widerstandswerte und die Länge in cm berechnet und tabellarisch ausgegeben. Schlussendlich werden unter der Tabelle noch einige Informationen ausgegeben.

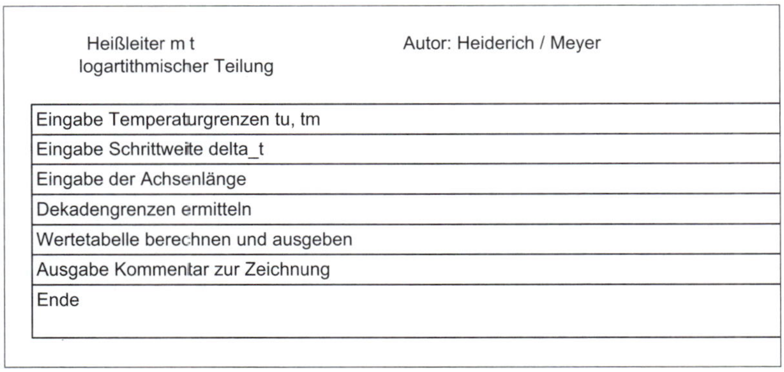

Bild 6.34 Struktogramm zur logarithmischen Teilung der Heißleiterberechnung

Das zugehörige Programm erstellt dann folgende Ausgabe (s. Bild 6.35):

Quellcode zur logartithmischen Teilung der Heißleiterberechnung

```
// Programm 6.6.2.cpp: Hauptprojektdatei.
// Heissleiter mit logarithmischer Teilung
// Autor: Heiderich/Meyer
// --------------------------------------
#include "stdafx.h"
#include "math.h"
#include "stdlib.h"
#include "conio.h"
#include "stdio.h"
using namespace System;
void main()
{
   float tu, tm, delta_t, achsenlaenge, t;
   float b, ro, ru, rm, yo, yu, rt, lc;
   char weiter, c1 = '\x84', c2 = '\x81', c3 = '\x94', c4 = '\xE1';
   char cg = '\xF8';
   int od, ud, dk;
   // Begrüßung
   printf("\n\n\tHeissleiter mit logarithmischer Teilung\n");
   printf("\t---------------------------------------\n");
   // Beginn der Wiederholungssteuerung
   do
   {
      printf("\n\tBitte geben Sie den unteren Temeraturwert an [%cC]: ",cg);
      fflush(stdin);
      scanf("%f",&tu);
      // Umrechnung in Kelvin
      tu += 273.;
      printf("\tBitte geben Sie den oberen  Temeraturwert an [%cC]: ",cg);
      fflush(stdin);
      scanf("%f",&tm);
      // Umrechnung in Kelvin
      tm += 273.;
      printf("\tBitte geben Sie die Schrittweite an [%cC]          : ",cg);
      fflush(stdin);
      scanf("%f",&delta_t);
      printf("\n\tBitte geben Sie die Achsenl%cnge an [cm]           : ",c1);
      fflush(stdin);
      scanf("%f",&achsenlaenge);
      b = 3440.;
      ro = 5000.;
      ru = ro * exp(b*(1./tu - 1./293.));
      rm = ro * exp(b*(1./tm - 1./293.));
      if (rm > ru)
      {
         yo = rm;
         yu = ru;
      }
      else
```

```
        {
            yo = ru;
            yu = rm;
        }
        // Ermittlung der oberen Dekade
        od = log10(yo) + 1;
        // Ermittlung der unteren Dekade
        ud = log10(yu);
        // Anzahl der Dekaden
        dk = od - ud;
        // Ausgabe
        printf("\n");
        printf("\n\t+---------------------------------------+");
        printf("\n\t|     Heissleiter / log. Einteilung     |");
        printf("\n\t+---------------------------------------+");
        printf("\n\t|   t [%cC]    |   RT [Ohm]   |   l [cm]   |",cg);
        printf("\n\t+---------------------------------------+");
        for (t = tu; t <= tm; t += delta_t)
        {
            rt = ro * exp(b*(1./t - 1./293.));
            lc = achsenlaenge / dk * (log10(rt) - 1.);
            printf("\n\t|  %7.1f   |  %8.2f   |  %6.2f   |",t-273, rt, lc);
        }
        printf("\n\t+---------------------------------------+");
        printf("\n\t| Zeichnungsmassstab:                   |");
        printf("\n\t| -------------------                   |");
        printf("\n\t| Gesamth%che der Zeichnung [cm]:%8.2f
        |",c3,achsenlaenge);
        printf("\n\t| Anzahl der Dekaden           :%8i |",dk);
        printf("\n\t| Abstand zwischen Dekaden [cm]:%8.2f
        |",achsenlaenge / dk);
        printf("\n\t| Beschriftung gr%c%cte Dekade   :%8i |",c3,c4,(int)
        pow(10.,od));
        printf("\n\t| Beschriftung kleinste Dekade :%8i |",(int)pow(10.,ud));
        printf("\n\t+---------------------------------------+");
        printf("\n\n\tM%cchten Sie eine weitere Berechnung durchf%chren?\
        n",c3,c2);
        printf("\t(W)eiter oder (E)nde. Ihre Wahl: --> ");
        fflush(stdin);
        scanf("%c",&weiter);
    }while(weiter=='w'||weiter=='W');
}
```

```
Heissleiter mit logarithmischer Teilung
---------------------------------------

Bitte geben Sie den unteren Temeraturwert an [°C]: 0
Bitte geben Sie den oberen  Temeraturwert an [°C]: 300
Bitte geben Sie die Schrittweite an [°C]         : 20

Bitte geben Sie die Achsenlänge an [cm]          : 20


+-----------------------------------------+
|     Heissleiter / log. Einteilung       |
+-----------------------------------------+
|   t [°C]    |   RT [Ohm]    |   l [cm]  |
+-----------------------------------------+
|      0.0    |   11817.20    |   15.36   |
|     20.0    |    5000.00    |   13.49   |
|     40.0    |    2361.36    |   11.87   |
|     60.0    |    1220.37    |   10.43   |
|     80.0    |     679.68    |    9.16   |
|    100.0    |     403.07    |    8.03   |
|    120.0    |     252.08    |    7.01   |
|    140.0    |     164.99    |    6.09   |
|    160.0    |     112.30    |    5.25   |
|    180.0    |      79.08    |    4.49   |
|    200.0    |      57.36    |    3.79   |
|    220.0    |      42.70    |    3.15   |
|    240.0    |      32.53    |    2.56   |
|    260.0    |      25.30    |    2.02   |
|    280.0    |      20.03    |    1.51   |
|    300.0    |      16.12    |    1.04   |
+-----------------------------------------+
| Zeichnungsmassstab:                     |
| -------------------                     |
| Gesamthöhe der Zeichnung [cm]:   20.00  |
| Anzahl der Dekaden           :       4  |
| Abstand zwischen Dekaden [cm]:    5.00  |
| Beschriftung größte Dekade   :  100000  |
| Beschriftung kleinste Dekade :      10  |
+-----------------------------------------+

Möchten Sie eine weitere Berechnung durchführen?
(W)eiter oder (E)nde. Ihre Wahl: -->
```

Bild 6.35 Ausgabe der Heißleiterberechnung

Mit diesen Ergebnissen lässt sich nun die Kennlinie des Heißleiters erstellen (s. Bild 6.36):

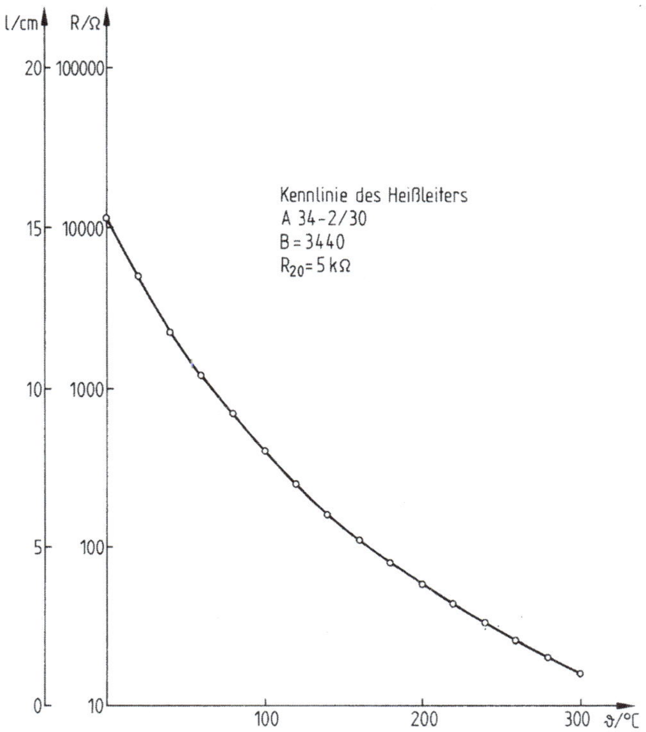

Bild 6.36 Kennlinie des Heißleiters A 34-2/30

Weiter hinten im Buch werden wir zeigen (s. Abschnitt 8.1), wie man aus der Wertetabelle automatisch einen Graphen zeichnen kann.

7 Objektorientierte Programmierung (OOP)

Softwareanwendungen sollen möglichst präzise die Komplexität der wirklichen Welt nachbilden. Um die Software selbst nicht zu komplex werden zu lassen, muss man sich die Welt so zugänglich machen, dass man sie erfolgreich in Softwareprogrammen abbilden kann.

Spätestens, wenn die Programme attraktiver realisiert werden sollen, indem ihnen eine grafische Benutzeroberfläche hinzugefügt wird, wird die Beschäftigung mit der **OOP** unumgänglich. Es brauchen jedoch nicht alle theoretischen Aspekte erörtert zu werden. Ein gesundes Grundverständnis reicht, um anschließend erfolgreich und mit dem erforderlichen Durchblick in die **GUI-Programmierung** (**G**raphical **U**ser **I**nterface), also die Erstellung von grafischen Benutzerschnittstellen oder schlicht grafischen Benutzeroberflächen, einsteigen zu können.

7.1 Modellbildung mittels Abstraktion

Im Allgemeinen bildet man sich gedankliche Modelle von Dingen und Ausschnitten der Welt, um diese verstehen und mit ihnen interagieren, also in Handlung treten zu können. Ein solches gedankliches Modell ist eine vereinfachte Betrachtung der Wirkweise eines Objekts, also der Art und Weise, wie dieses Objekt auf und mit seiner Umgebung wirkt. Die Betrachtung dieser Wirkweise ermöglicht schließlich die Interaktion mit diesem Objekt.

Dieser Prozess der Modellbildung entspricht im Wesentlichen der Entwicklung von Software und führt zu einem Modell, das von einem Computer verändert werden kann. Das hierfür zu Grunde liegende gedankliche Modell muss einfacher strukturiert sein als der betrachtete Ausschnitt der realen Welt, welchen es repräsentieren soll. Ansonsten ist es nutzlos, weil nicht beobachtete Wirkweisen nicht zuverlässig vorhergesagt und damit in ihrer Auswirkung nicht beurteilt werden können.

Dies bedeutet, dass genau die Merkmale eines Systems als Grundlage des gedanklichen Modells herausgestellt werden müssen, die für das Verständnis notwendig und erforderlich sind. Irrelevante, überflüssige oder nebensächliche Merkmale dürfen hingegen in dem Modell nicht erscheinen.

> **!** Zu beachten ist, dass verschiedene Arten von Aufgaben unterschiedliche Informationsdetails und -mengen benötigen.

Ein Entwicklerteam, das ein Computerprogramm schreiben möchte, das exakt simuliert, wie z. B. ein Fahrkartenautomat arbeitet, muss mit Hilfe von Abstraktion, also dem Weglassen von Einzelheiten und dem Überführen auf etwas Allgemeineres oder Einfacheres, genau die Eigenschaften und Operationen eines Objekts herausfiltern, die notwendig für die spezifische Betrachtungsart sind. Was bedeutet in diesem Fall „notwendig"?

Soll die Fahrkartenautomatensimulation von Ingenieuren verwendet werden, die tatsächlich einen Fahrkartenautomaten bauen, dann müssen die Informationen so präzise sein, dass die Simulation genau darstellt, was passiert, wenn der Automat fertig ist. Ist die Software zur Simulation der Vorgänge in einem Produktionsbetrieb zur Herstellung von Fahrkartenautomaten gedacht, dann müssen die Informationen über den Fahrkartenautomaten selbst nicht sonderlich detailliert sein. In jedem Fall besitzt man zum Schluss, wenn entschieden wurde, was einbezogen wird und was nicht, eine Abstraktion eines Fahrkartenautomaten.

7.2 Klassen und Objekte

Im Allgemeinen erfolgt die Unterteilung von Informationen jeder Art in zwei Kategorien:

- **Funktionen** und
- **Daten**.

Die meisten Aufgaben lassen sich mit dieser Betrachtungsweise der Welt bewältigen. Das hier zu Grunde liegende Prinzip der prozeduralen Programmierung stellt anfangs alle zu bewältigenden Aufgaben zusammen. Hiernach wird jede Aufgabe in kleinere Teilaufgaben unterteilt, bis man auf der Ebene einer Programmanweisung angelangt ist. Die prozedurale Programmierung beginnt fast unmittelbar mit der Implementierung des Programms; den Schritten, aus denen jede Funktion besteht, und den Eigenschaften der Daten, mit denen diese Funktionen später arbeiten werden. Bei dieser Vorgehensweise wird vorrangig nach dem Wie gefragt.

Als Grundlage der **objektorientierten Programmierung** dient von Anfang an eine abstraktere, also eine verallgemeinerte Sichtweise auf die konkrete Problemstellung. Die vorrangige Frage gilt hier dem Zweck des Programms, also dem Was. Hierbei ist das Ziel die Bestimmung der Objekte und deren Wechselbeziehungen. Zu diesem Zweck werden die auszuführenden Operationen bestimmt und die Informationen, die aus diesen Operationen resultieren. Damit jedes Objekt auch genau „weiß", wie es seine Operationen auszuführen hat und welche Informationen es zu „beschaffen" hat bzw. an welche Informationen es sich später noch „erinnern" muss, wird jedem Objekt seine Verantwortlichkeit für die jeweilige Operation und Information zugeteilt.

Das objektorientierte Design, also die objektorientierte Darstellungsform, unterteilt das System in **Entitäten** (gegebene Größen), die genau „wissen“, wie sich ihre Aufgaben innerhalb des Systems darstellen. Dieses Wissen umfasst sowohl Funktionen wie auch Daten, so dass jedes Objekt „weiß“ wie es bestimmte Funktionen ausführen muss, um die ihm zugewiesenen Verantwortlichkeiten zu erfüllen. Hierfür stehen dem Objekt Informationen zur Verfügung, die es selbst betreffen, nicht aber das gesamte System. Dieses Verfahren bezeichnet man als **Kapselung** und versteht darunter das Verfahren, bei dem Daten und die auf diese Daten wirkenden Operationen in einem einzigen Objekt zusammengefasst werden. Ein Objekt hat somit Kenntnisse über sich selbst. Der Umgebung eines Objekts ist allerdings das in einem Objekt gekapselte Wissen verborgen. Das Wesen der Kapselung lässt sich am besten an einem Beispiel verdeutlichen:

In einer Fernsehwerbung unterhalten sich zwei Leute darüber, wie viel Geld sie sparen würden, wenn sie vor einem Ferngespräch eine besondere Vorwahl wählen.

Der eine fragt ungläubig: „Wie funktioniert das überhaupt?“

Darauf der andere: „Warum ist die Banane krumm? Ist doch egal!“

Das ist das Wesen der Kapselung: wenn ein Objekt seine Operationen ausführt, sind diese Operationen verborgen. Diese Vorgehensweise wird auch als „Verbergen von Informationen“ bezeichnet und sie ermöglicht es, die Privatsphäre eines Objekts zu verändern, ohne dadurch andere Entitäten des Systems in Mitleidenschaft zu ziehen. Arbeit wird in einem objektorientierten System erledigt, indem ein Objekt eine Anforderung an ein anderes Objekt sendet, worin letzteres zur Ausführung einer Operation oder Freigabe von Informationen aufgefordert wird. Diese erste Anforderung kann selbstverständlich eine umfangreiche und komplexe Folge von weiteren Anforderungen nach sich ziehen. In der objektorientierten SW-Entwicklung ist ein Objekt ein individuelles Exemplar von Dingen (z. B. Roboter, Auto), Personen (z. B. Kunde, Mitarbeiter) oder Begriffen (z. B. Bestellung, Auslieferung) der realen Welt.

> **!** Ein **Objekt** besitzt einen bestimmten Zustand und reagiert mit einem definierten Verhalten auf seine Umwelt. Es ist grundsätzlich eine konkrete Ausprägung eines durch die zugehörige Klasse definierten Musters.

Der Zustand eines Objekts wird durch seine Attributwerte bzw. Daten und die jeweiligen Verbindungen zu anderen Objekten bestimmt. Attribute sind hierbei die Eigenschaften eines Objekts, wobei diese Eigenschaften verschiedene Werte annehmen können. Nach dem bisherigen Verständnis könnte also eine Variable eines bestimmten Datentyps im Rahmen einer Klasse als Attribut bezeichnet werden. Das Verhalten eines Objekts wird durch seine Menge von Operationen, mit denen es mit seiner Umgebung interagieren kann, beschrieben.

> **!** Die Begriffe **Exemplar** bzw. **Instanz** werden synonym für den Begriff Objekt verwendet.

Eine Änderung oder Abfrage des Zustands eines Objekts ist nur über seine Operationen (auch Methoden genannt - solche Methoden bzw. Operationen sind nach dem bisherigen

Verständnis mit den Funktionen vergleichbar) möglich. Die Attributwerte und die Verbindungen sind außerhalb des Objekts also nicht sichtbar. Man spricht daher von einem **Geheimnisprinzip**.

Eine Klasse ist im Allgemeinen eine Gruppe von Dingen, Lebewesen oder Begriffen mit gemeinsamen Merkmalen. In der objektorientierten Welt ist eine Klasse eine Zusammenfassung von Objekten mit denselben Eigenschaften (Attributen), demselben Verhalten (Operationen/Methoden) und denselben Beziehungen.

Eine **Klasse** besitzt einen Mechanismus, um Objekte zu erzeugen. Jedes erzeugte Objekt gehört zu genau einer Klasse.

Es gibt aber auch Klassen, von denen keine Objekte erzeugt werden. Sie werden „abstrakte Klassen" genannt. Das Konzept der abstrakten Klasse ist besonders für die Vererbung von Bedeutung. Sie werden nur modelliert, um ihre Informationen an spezialisierte Klassen zu vererben. Beziehungen zwischen Klassen bzw. Objekten sind Assoziationen und oder Vererbungsstrukturen (d. h. eine Klasse bzw. deren Objekt bekommt gewisse oder alle Merkmale einer anderen Klasse vererbt). Das Verhalten einer Klasse wird durch die Nachrichten beschrieben, auf die diese Klasse bzw. deren Objekte reagieren können. Jede Botschaft aktiviert eine Operation gleichen Namens.

Die **Klassenbeschreibung** dient als eine Schablone, die angibt, wie ein Objekt dieser Klasse aussehen soll.

Bei der grafischen Darstellung von Klassen (der UML – Unified Modeling Language) werden der Klassenname und in der Regel noch Attribut- und Operationsnamen angegeben. Ein solches Diagramm besitzt – als **Klassendiagramm** – (in der UML gibt es darüber hinaus noch weitere Diagrammtypen) grundsätzlich den Aufbau aus Bild 7.1.

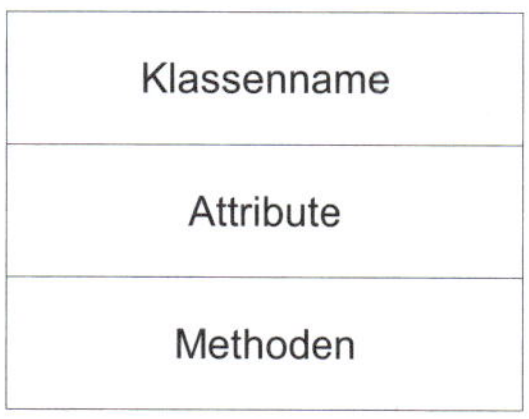

Bild 7.1
Aufbau des UML-Klassendiagramm

Jede Klasse soll einen ganz bestimmten Zweck innerhalb des Softwaresystems erfüllen. Jedes Objekt weiß, zu welcher Klasse es gehört und kann zur Laufzeit ermitteln, zu welcher Klasse es gehört, wenn das denn erforderlich sein sollte. Da alle Objekte zwar unterschiedliche Attributwerte, jedoch gleiche Operationen besitzen, sind die Operationen der Klasse zugeordnet. Und da jedes Objekt seine Klasse kennt, kann es dort alle benötigten Operationen vorfinden. Umgekehrt weiß eine Klasse in der Regel nicht, welche Objekte sie besitzt bzw. welche von ihr erzeugt wurden.

> **!** Eine Klasse und die Menge aller Objekte dieser Klasse dürfen nicht verwechselt werden! Die Klasse ist eine Abstraktion, die gemeinsame Eigenschaften von Objekten (Attribute) und Regeln zur Erzeugung von Objekten beschreibt. Die Menge der Objekte ist einfach nur eine Ansammlung von Objekten. ■

7.3 Attribute und Methoden einer Klasse

Attribute beschreiben die Daten, die von den Objekten einer Klasse angenommen werden können. Jedes Attribut ist von einem bestimmten Typ. Dabei kann ein Attribut jeden beliebigen Datentypen annehmen. Attribute können also auch selbst Objekte einer Klasse oder Elemente einer Struktur (d.h. eines selbst definierten Datentyps, für den aus bekannten Datentypen eine Einheit zusammengestellt wurde) sein.

Alle Objekte einer Klasse besitzen dieselben Attribute, jedoch individuelle Attributwerte. Der Attributname sollte im Kontext, also im Sinnzusammenhang der Klasse eindeutig sein. Selbstverständlich können gleichnamige Attribute in unterschiedlichen Klassen existieren. Daher beschreibt der Attributname die gespeicherten Daten in einer Klasse. Im Allgemeinen wird ein Substantiv dafür verwendet.

> **!** Da ein Attributname nur innerhalb der Klasse eindeutig ist, wird außerhalb des Klassenkontextes die Bezeichnung `Klasse.Attribut` verwendet (Name der Klasse - Punkt - Name des Attributes). ■

Attribute dürfen nur über Operationen der zugehörigen Klasse geändert beziehungsweise gelesen werden. Um das zu gewährleisten, werden spezielle Zugriffsrechte vergeben. Diese lauten: `private` (privat), `public` (öffentlich) und `protected` (geschützt). **Operationen** bzw. **Methoden** sind ausführbare Tätigkeiten im Sinne eines Algorithmus. Sie wurden in der bisherigen Betrachtung als Funktionen bezeichnet. Alle Objekte einer Klasse verwenden dieselben Operationen. Jede Methode kann auf alle Attribute der Klasse zugreifen. In der Parameterklammer, die auf den Methodennamen folgt, können die Übergabeparameter stehen. Über den Datentyp des Rückgabewertes gibt eine Methode nach getaner Arbeit gegebenenfalls einen Wert zurück. Im Sinne der bisherigen Arbeit mit Funktionen vereinfacht die OOP die Wahl des Rückgabetyps in vielen Fällen, da die Methoden der Klasse unmittelbaren Zugriff auf die Attribute der Klasse haben. Soll also ein Attributwert mit Hilfe einer Methode verändert werden, dann braucht dieses Attribut weder in der Parameterliste noch als Rückgabewert angegeben zu werden. Innerhalb des Methodenrumpfes (also in den Ausführungszeilen der Methode) steht ein solches Attribut uneingeschränkt zur Verfügung.

> **!** Die Menge aller Operationen bzw. Methoden wird auch als **Verhalten**, **Schnittstelle** oder **Protokoll** der Klasse bezeichnet. ■

Operationen lassen sich in drei Kategorien unterteilen:

- Objektoperationen,
- Konstruktoren und
- Klassenoperationen.

Objektoperationen oder einfach Operationen werden immer auf ein bereits bestehendes Objekt angewendet. Operationen, die es ermöglichen, neue Objekte einer Klasse zu erzeugen bzw. zu konstruieren, bezeichnet man als **Konstruktoren**. Sie erzeugen dabei in der Regel nicht nur neue Objekte sondern auch Initialisierungen, also Zuweisungen von Startwerten und Datenerfassungen, bieten also die Möglichkeit der individuellen Datenzuweisung. Jede Klasse muss mindestens eine Konstruktoroperation besitzen. Sie besteht im einfachsten Fall aus dem Klassennamen gefolgt von einem `()`-Paar. Ein solcher Konstruktor existiert in C++-Programmen immer für jede Klasse und wird als Default- oder Standard-Konstruktor bezeichnet. Existieren über den Default-Konstruktor hinaus weitere Konstruktoren, so zeichnen sich diese durch eine abweichende Parametrisierung aus. Solche Konstruktoren werden auch als überladene Konstruktoren bezeichnet. Grundsätzlich besteht sogar die Möglichkeit jede Methode zu überladen. Man spricht auch von einem **Overloading**. Dies passiert immer dann, wenn eine Methode mit unterschiedlichen Parametrisierungen existiert. Sinnvoll ist eine solche Überladung immer dann, wenn zwei Methoden im Prinzip die gleiche Aufgabe besitzen, für die Abarbeitung der Aufgabe aber unterschiedliche Parameter benötigen. Beim Aufruf einer Methode im Programm erkennt der Compiler selbständig, welche der überladenen Varianten an der konkreten Stelle gemeint ist, indem er die Parameterliste analysiert. Eine **Klassenoperation** ist eine Operation, die der jeweiligen Klasse zugeordnet ist und nicht auf die Objekte einer Klasse angewendet werden kann. Eine Operation wird als **externe Operation** bezeichnet, wenn sie von außerhalb des Systems direkt aufgerufen wird. Eine externe Operation kann dann weitere interne Operationen aktivieren. Eine interne Operation wird immer von einer anderen Operation innerhalb des Systems aktiviert. Nach so viel Theorie nun ein konkretes Beispiel:

7.4 Bruchrechnung mit OOP

> Es soll ein Programm in OOP zur Bruchrechnung umgesetzt werden, d. h. es ist eine Klasse `C_Bruch` mit den erforderlichen Attributen und Methoden zu realisieren.

Das Problem ist sehr überschaubar und daher zur Einführung gut geeignet. Dennoch bietet selbst diese einfache Aufgabenstellung ausreichend Potenzial, um alle wesentlichen Aspekte eines objektorientierten Programms darzustellen.

Problemanalyse: Ein mathematischer Bruch verfügt über zwei Elemente, die als Attribute dargestellt werden müssen: einen Zähler und einen Nenner. Nach den Regeln der klassischen Mathematik sind beide Attribute als ganze Zahlen (also die natürlichen Zahlen inkl. Vorzeichen) zu wählen, da jeder Bruch als Quotient von zwei ganzen Zahlen dargestellt werden kann. Die Aufgabenstellung soll insofern etwas vereinfacht werden, als die zu realisierenden Berechnungsmöglichkeiten nur die vier Grundrechenarten von Brüchen umfassen sollen. Diese sind folgendermaßen definiert:

- Addition: $\frac{a}{b}+\frac{c}{d}=\frac{a\cdot d+c\cdot b}{b\cdot d}$ mit $b,d\neq 0$
- Subtraktion: $\frac{a}{b}+\frac{c}{d}=\frac{a\cdot d+c\cdot b}{b\cdot d}$ mit $b,d\neq 0$
- Multiplikation: $\frac{a}{b}\cdot\frac{c}{d}=\frac{a\cdot c}{b\cdot d}$ mit $b,d\neq 0$
- Division: $\frac{a}{b}\div\frac{c}{d}=\frac{a\cdot d}{b\cdot c}$ mit $b,c,d\neq 0$

Programm: Die Klasse, die erstellt werden soll, wird direkt als Header-Datei `C_Bruch.h` angelegt. Sie kann folgendes Aussehen besitzen:

```
#ifndef C_BRUCH_H
#define C_BRUCH_H
// Definition der Klasse C_Bruch
// Sammlung aller Attribute und Methoden zur Bruchrechnung
class C_Bruch
{
  // Attribute der Klasse: diese Variablen sind also für jedes
  // Objekt der Klasse verf ügbar. Da sie „private" sind, kann auf
  // sie nur mit Hilfe von Methoden der Klasse zugegriffen werden
  private:
     int zaehler;
     int nenner;
  // Methoden der Klasse: diese Methoden können auf jedes Objekt
  // der Klasse angewendet werden. Da sie „public" sind, kann dies
  // an jeder Stelle im Programm geschehen
  public:
     C_Bruch();                            // Standardkonstruktor
     C_Bruch(int);                         // Überladener Konstrukt.
     C_Bruch(int,int);                     // Überladener Konstrukt.
     ~C_Bruch();                           // Destruktor
     void setZaehler(int);                 // Zuweisung Zähler
```

```
22        void setNenner(int);                   // Zuweisung
                                                 Nenner
23        int getZaehler();                      // Rückgabe
                                                 Zähler
24        int getNenner();                       // Rückgabe
                                                 Nenner
25        C_Bruch bruchAddition(C_Bruch);        // Addition
                                                 von Brüchen
26                                               // - Rückgabe
                                                 Bruch
27        C_Bruch bruchSubtraktion(C_Bruch);     // Subtraktion
28                                               // - Rückgabe
                                                 Bruch
29        C_Bruch bruchMultiplikation(C_Bruch);//
                                                 Multiplikation
30                                               // - Rückgabe
                                                 Bruch
31        C_Bruch bruchDivision(C_Bruch);        // Division
                                                 von Brüchen
32                                               // - Rückgabe
                                                 Bruch
33        C_Bruch bruchKuerzen();                // Kürzen von
                                                 Brüchen
34                                               // - Rückgabe
                                                 Bruch
35        int ggT(int,int);                      // Ermittlung
                                                 des größten
36                                               // gemeinsamen
                                                 Teilers
37                                               // zweier
                                                 Zahlen (wird
38                                               // beim Kürzen
                                                 gebraucht)
39        void bruchDoku();                      //
                                                 Dokumentation
                                                 (Ausgabe)
40                                               // von Brüchen
41   }; // Ende der Klasse
42   #endif
```

Erläuterung: Eingeleitet wird die Klasse in der Zeile 5 durch das Schlüsselwort `class`. Dem folgt der Bezeichner der Klasse (hier: `C_Bruch`), also der Name, mit dem später im Programm auf diese Klasse zugegriffen werden kann. Alle Einträge in die Klasse werden zwischen die folgende geschweifte Klammer auf { bis zur zugehörigen geschweiften Klammer zu } geschrieben. Wichtig ist, dass der abschließenden geschweiften Klammer ein Semikolon ; zu folgen hat (Zeile 41). Die Attribute der Klasse besitzen üblicherweise das Zugriffsrecht `private`. Damit wird das Prinzip der Kapselung gewahrt. Die Attribute der Klasse `C_Bruch` befinden sich in den Zeilen 10 bis 12. Die Zeilen 16 bis 40 umfassen die Prototypen der Methoden der Klasse. Das Zugriffsrecht für diese Methoden wird mit `public`, also öffentlich festgelegt, um später von jeder Stelle im Programm auf die entsprechenden Methoden zugreifen zu können. Zunächst sind hier drei Konstruktoren deklariert, mit denen später Objekte der Klasse erzeugt werden können.

Dazu gibt es den Destruktor der Klasse, eine spezielle Methode, die die Aufgabe hat, Objekte zu zerstören, um den ihnen zugewiesenen Speicherplatz wieder freizugeben. Die Konstruktoren besitzen den gleichen Namen wie die Klasse selbst und keinen Datentyp für einen Rückgabewert. Der Destruktor bekommt vor den Namen der Klasse zusätzlich ein ~, eine Tilde. Auch er besitzt keinen Datentyp für einen Rückgabewert. Es folgen jeweils zwei sog. `set`- und `get`-Methoden, die die Aufgabe haben, die Werte der Attribute für bereits erzeugte Objekte setzen bzw. auslesen zu können. Entsprechend besitzen die `set`-Methoden einen Übergabeparameter von dem Datentyp des Attributes, den sie setzen sollen, während die `get`-Methoden einen Datentyp für einen Rückgabewert des Attributes besitzen, den sie auslesen sollen.

Anschließend folgen die vier Berechnungsmethoden der Grundrechenarten für die Bruchrechnung. Alle vier Methoden besitzen als Datentyp für die Rückgabe die Klasse `C_Bruch` selbst, d.h. sie werden später jeweils ein Objekt der Klasse zurückgeben. Das ist logisch, weil ja z.B. die Addition zweier Brüche wieder ein Bruch sein wird. Neu ist, dass hier ein komplexer Datentyp Verwendung findet; das Prinzip entspricht allerdings exakt dem der einfachen Datentypen. Eine weitere Methode beschäftigt sich mit dem Kürzen von Brüchen, damit die Ergebnisse in einer ordentlichen – eben gekürzten – Fassung dargestellt werden können. Dazu wird die Ermittlung eines größten gemeinsamen Teilers (ggT) eine Rolle spielen, dessen Ermittlung ebenfalls in einer eigenen Methode realisiert wird.

Fehlt nur noch eine Methode, die geeignet ist, einen Bruch ausgeben zu können. Auffällig ist, dass z.B. die Berechnungsmethoden nur einen Übergabeparameter vom Datentyp der Klasse besitzen. Diese Methoden werden später jedoch auf ein Objekt der Klasse angewendet werden, so dass sich die Übergabe eines weiteren Argumentes erübrigt. Gleiches Verhalten gilt auch für die Methoden zum Kürzen und zur Dokumentation. Als UML-Klassendiagramm ergibt sich die Darstellung aus Bild 7.2.

Um Schreibarbeit in der UML-Darstellung zu sparen, gibt es auch für die Zugriffsrechte eine grafische Notation:

public: +

private: –

protected: #

Im Klassendiagramm kann also unmittelbar abgelesen werden, dass die Attribute (alle Einträge im mittleren Rechteck) privat sind, also vor einem unberechtigten und unbeabsichtigten Zugriff von außerhalb der Klasse geschützt sind, während alle Methoden (die Einträge im unteren Rechteck) als öffentlich deklariert sind.

```
C_Bruch
---------------------------------------
- int zaehler;
- int nenner;
---------------------------------------
+ C_Bruch();
+ C_Bruch(int);
+ C_Bruch(int,int);
+ ~C_Bruch();
+ void setZaehler(int);
+ void setNenner(int);
+ int getZaehler();
+ int getNenner();
+ C_Bruch bruchAddition(C_Bruch);
+ C_Bruch bruchSubtraktion(C_Bruch);
+ C_Bruch bruchMultiplikation(C_Bruch);
+ C_Bruch bruchDivision(C_Bruch);
+ C_Bruch bruchKuerzen();
+ int ggT(int,int);
+ void bruchDoku();
```

Bild 7.2
Die Klasse C_Bruch als UML-Klassendiagramm

Im nächsten Schritt können die Methoden der Klasse implementiert, also die tatsächliche Ausprägung der Methodenrümpfe angegangen werden. Die zugehörige Methodendatei `C_Bruch.cpp` kann folgendermaßen aussehen:

```
#include "C_Bruch.h"
#include "stdio.h"
// Implementierung der Klassen-Methoden
// Standardkonstruktor
C_Bruch::C_Bruch()
{
}
// Überladener Konstruktor
C_Bruch::C_Bruch(int nr)
{
   printf("\n\tBitte Zaehler des %i.Bruchs angeben: ",nr);
   scanf("%i",&zaehler);
   do
   {
      printf("\tBitte Nenner  des %i.Bruchs angeben: ",nr);
      scanf("%i",&nenner);
      if (nenner == 0)
      {
         printf("\n\n\tNenner duerfen nicht 0 sein!!\n");
         printf("\tEingabe bitte korrigieren!!\n\n");
      }
   } while(nenner == 0);
}
// Überladener Konstruktor
C_Bruch::C_Bruch(int neuZaehler, int neuNenner)
{
   zaehler = neuZaehler;
   nenner  = neuNenner;
```

```
}
// Destruktor
C_Bruch::~C_Bruch()
{
}
// Zuweisung Zähler
void C_Bruch::setZaehler(int neuZaehler)
{
   zaehler = neuZaehler;
}
// Zuweisung Nenner
void C_Bruch::setNenner(int neuNenner)
{
   nenner  = neuNenner;
}
// Rückgabe Zähler
int C_Bruch::getZaehler()
{
   return zaehler;
}
// Rückgabe Nenner
int C_Bruch::getNenner()
{
   return nenner;
}
// Addition von Brüchen - Rückgabe Bruch
C_Bruch C_Bruch::bruchAddition(C_Bruch summand)
{
   C_Bruch result;
   result.zaehler = zaehler * summand.nenner +
                              summand.zaehler * nenner;
   result.nenner  = nenner * summand.nenner;
   return result;
}
// Subtraktion von Brüchen - Rückgabe Bruch
C_Bruch C_Bruch::bruchSubtraktion(C_Bruch subtrahend)
{
   C_Bruch result;
   result.zaehler = zaehler * subtrahend.nenner -
                              subtrahend.zaehler * nenner;
   result.nenner  = nenner * subtrahend.nenner;
   return result;
}
// Multiplikation von Brüchen - Rückgabe Bruch
C_Bruch C_Bruch::bruchMultiplikation(C_Bruch faktor)
{
   C_Bruch result;
   result.zaehler = zaehler * faktor.zaehler;
   result.nenner  = nenner * faktor.nenner;
   return result;
}
```

```
// Division von Brüchen - Rückgabe Bruch
C_Bruch C_Bruch::bruchDivision(C_Bruch divisor)
{
   C_Bruch result;
   result.zaehler = zaehler * divisor.nenner;
   result.nenner  = nenner * divisor.zaehler;
   return result;
}
// Kürzen von Brüchen - Rückgabe Bruch
C_Bruch C_Bruch::bruchKuerzen()
{
   C_Bruch result;
   int sign = 1;
   if (zaehler < 0)
   {
      sign = -sign;
      zaehler = -zaehler;
   }
   if (nenner < 0)
   {
      sign = -sign;
      nenner = -nenner;
   }
   int teiler = ggT(zaehler,nenner);
   result.zaehler = sign * zaehler / teiler;
   result.nenner  = nenner / teiler;
   return result;
}
// Ermittlung des größten gemeinsamen Teilers zweier Zahlen
// (wird beim kürzen gebraucht)
int C_Bruch::ggT(int z1,int z2)
{
   int rest;
   while(z2 > 0)
   {
      rest = z1 % z2;
      z1 = z2;
      z2 = rest;
   }
   return z1;
}
// Dokumentation (Ausgabe) von Brüchen
void C_Bruch::bruchDoku()
{
   if (zaehler != 0)
   {
      printf("\tBruch = %i / %i\n",zaehler,nenner);
   }
   else
   {
```

```
        printf("\tBruch = 0\n");
    }
}
```

Die Syntax der Implementierung der Klassenmethoden sieht hier folgendermaßen aus:

```
Datentyp Klassenname::Methodenname(Parameter)
```

In den Methoden, in denen ein Rückgabewert vom Datentyp der Klasse erzeugt wird (hier also ein Objekt aus `C_Bruch`), wird zunächst ein entsprechendes Objekt deklariert, bevor in der Methode die Attribute dieses Objektes versorgt werden. Der Zugriff auf solche Attribute ist erlaubt, da alle Methoden der Klasse Zugriff auf die Attribute der Klasse haben. Zu erkennen sind solche Attribute immer an der Darstellung:

```
Objektname.Attributname
```

An den Stellen, an denen nur der Name eines Attributes gebraucht wird, ist dieses Attribut jeweils dem Objekt zugehörig, auf das die entsprechende Methode angewendet wurde. Dieser Zusammenhang kann aus dem folgenden Hauptprogramm erkannt werden:

```
// Bruchrechnung.cpp : Definiert den Einstiegspunkt
// für die Konsolenanwendung.
#include "stdafx.h"
#include "stdio.h"
#include "conio.h"
#include "C_Bruch.h"
void main()
{
    // Erzeugung und Versorgung von Bruch1
    C_Bruch b1 = C_Bruch(1);
    // Erzeugung und Versorgung von Bruch2
    C_Bruch b2 = C_Bruch(2);
    // Deklaration von Ergbenisbruch
    // (Standardkonstruktor wird aufgerufen)
    C_Bruch erg;
    printf("\n\tAusgabe von Bruch1:\n");
    b1.bruchDoku();
    printf("\tevtl. gekuerzt:\n");
    b1 = b1.bruchKuerzen();
    b1.bruchDoku();
    printf("\n\tAusgabe von Bruch2:\n");
    b2.bruchDoku();
    printf("\tevtl. gekuerzt:\n");
    b2 = b2.bruchKuerzen();
    b2.bruchDoku();
    printf("\n\tAddition von Bruch1 und Bruch2:\n");
    erg = b1.bruchAddition(b2);
    erg.bruchDoku();
    printf("\tevtl. gekuerzt:\n");
```

```
30      erg = erg.bruchKuerzen();
31      erg.bruchDoku();
32      printf("\n\tSubtraktion von Bruch1 und Bruch2:\n");
33      erg = b1.bruchSubtraktion(b2);
34      erg.bruchDoku();
35      printf("\tevtl. gekuerzt:\n");
36      erg = erg.bruchKuerzen();
37      erg.bruchDoku();
38      printf("\n\tMultiplikation von Bruch1 und Bruch2:\n");
39      erg = b1.bruchMultiplikation(b2);
40      erg.bruchDoku();
41      printf("\tevtl. gekuerzt:\n");
42      erg = erg.bruchKuerzen();
43      erg.bruchDoku();
44      printf("\n\tDivision von Bruch1 und Bruch2:\n");
45      if (b2.getZaehler() == 0)
46      {
47         printf("\n\tDivision nicht moeglich, da Zaehler
           von\n");
48         printf("\tBruch2 0 ist!!\n");
49      }
50      else
51      {
52         erg = b1.bruchDivision(b2);
53         erg.bruchDoku();
54         printf("\tevtl. gekuerzt:\n");
55         erg = erg.bruchKuerzen();
56         erg.bruchDoku();
57      }
58      getch();
59   }
```

In den Zeilen 10 und 12 werden die beiden Objekte b1 und b2 der Klasse C_Bruch dadurch erzeugt, dass für sie jeweils der überladene Konstruktor aufgerufen wird, in dem der Anwender aufgefordert wird, den Zähler und den Nenner des Bruchs einzugeben. In der Zeile 17 wird dann auf das Objekt b1 die Methode bruchDoku() angewendet, bevor in der Zeile 19 überprüft wird, ob der Bruch evtl. zu kürzen ist, indem die Methode bruchKuerzen() wiederum auf das Objekt b1 angewendet wird. Das Ergebnis dieses Methodenaufrufs, also ein Bruch, wird dem Objekt b1 direkt wieder zugewiesen, so dass im Anschluss die möglicherweise gekürzte Fassung der Eingabe in b1 steht. Analog wird mit dem Objekt b2 verfahren. In Zeile 27 beginnt die Berechnung. Zunächst wird auf das Objekt b1 die Methode bruchAddition() angewendet, die dafür sorgt, dass zu dem Objekt b1 das als Parameter übergebene Objekt b2 addiert wird. Der Bruch, der als Rückgabewert aus der Methode zurückkommt, wird dem Objekt erg aus der Klasse C_Bruch zugewiesen. Bevor das Ergebnis dokumentiert wird, indem nun die Methode bruchDoku() auf das Objekt erg angewendet wird, wird noch geprüft, ob das Ergebnis gekürzt werden kann. Dies geschieht wieder durch die Anwendung der Methode bruchKuerzen(), diesmal auf das Objekt erg in der Zeile 30. Anschließend wird die endgültige Ergebnisdarstellung in der Zeile 31 ausgegeben. Der Ablauf der anderen Rechenarten funktioniert völlig analog.

```
Bitte Zaehler des 1.Bruchs angeben: 3
Bitte Nenner  des 1.Bruchs angeben: 9

Bitte Zaehler des 2.Bruchs angeben: 8
Bitte Nenner  des 2.Bruchs angeben: 12

Ausgabe von Bruch1:
Bruch = 3 / 9
evtl. gekuerzt:
Bruch = 1 / 3

Ausgabe von Bruch2:
Bruch = 8 / 12
evtl. gekuerzt:
Bruch = 2 / 3

Addition von Bruch1 und Bruch2:
Bruch = 9 / 9
evtl. gekuerzt:
Bruch = 1 / 1

Subtraktion von Bruch1 und Bruch2:
Bruch = -3 / 9
evtl. gekuerzt:
Bruch = -1 / 3

Multiplikation von Bruch1 und Bruch2:
Bruch = 2 / 9
evtl. gekuerzt:
Bruch = 2 / 9

Division von Bruch1 und Bruch2:
Bruch = 3 / 6
evtl. gekuerzt:
Bruch = 1 / 2
```

Bild 7.3
Programmausgabe der Bruchrechnung

■ 7.5 Vererbung

Ein weiterer wichtiger Aspekt in der OOP ist die Möglichkeit der **Vererbung**. Um nicht jedes Mal eine Klasse neu programmieren zu müssen, kann in den objektorientierten Sprachen angeben werden, dass eine Klasse alle Elemente (also Attribute) und Methoden einer anderen Klasse erben soll, d.h. die neue Klasse enthält von vorneherein alle Daten und Methoden der alten Klasse. Diese kann dann um weitere Attribute und Methoden ergänzt werden, oder bei Bedarf können auch bereits bestehende Methoden überschrieben werden. Damit wird eine Beziehung wie z.B. ein Auto ist ein Fahrzeug realisiert. Durch zusätzliche Attribute und Methoden wird die neue Klasse weiter und genauer spezifiziert. Die geerbte Klasse wird dabei als **Basisklasse** bezeichnet, die neue als **abgeleitete Klasse**. Die Struktur, die durch die Vererbung entsteht, wird als **Klassenhierarchie** bezeichnet.

Eine wichtige Variante der Vererbung speziell für das Verständnis der Entwicklung von grafischen Oberflächen mit VC++ ist die Komposition. Unter einer Komposition versteht man die Zusammensetzung eines Objektes (des Kompositionsobjektes) aus verschiedenen Einzelteilen (den Komponenten), wobei alle Teile einer solchen Komposition vom Ganzen existenzabhängig sind, d.h., dass die Teile nur in Kombination mit dem Ganzen existieren. Man spricht hier auch von der strengen Form der Aggregation.

Unter einer **Aggregation** versteht man wiederum die Zusammensetzung eines Objekts (des Aggregatobjektes) aus unterschiedlichen Einzelteilen, wobei hier diese Einzelteile vom Ganzen nicht unbedingt existenzabhängig sein müssen. Beide Varianten sind Assoziationen, wobei unter einer **Assoziation** eine beliebige Beziehung zwischen den Objekten von verschiedenen Klassen verstanden wird.

Sieht man sich nun unter dem Aspekt eine grafische Benutzeroberfläche an, so besteht diese in der Regel aus unterschiedlichen Elementen, die die Entwicklungsumgebung von VC++ bereit stellt. Soll das Beispiel aus Abschnitt 6.1 (Temperaturumrechnung) mit Hilfe einer grafischen Oberfläche überarbeitet werden, so könnte diese aussehen wie in Bild 7.4.

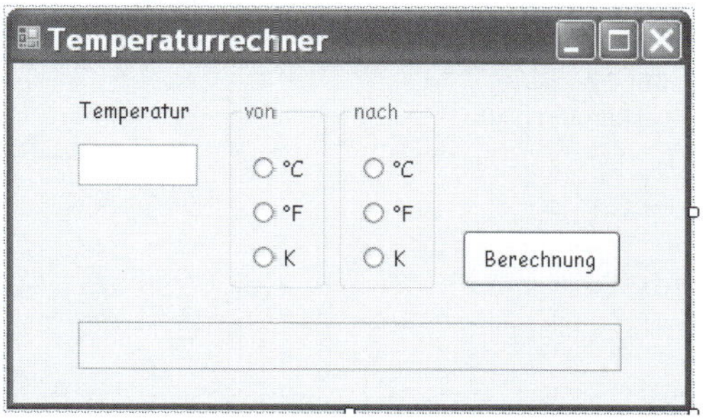

Bild 7.4
Grafische Oberfläche für die Temperaturumrechnung

Die Klasse in diesem Beispiel besteht aus der Form (Maske) und den auf ihr befindlichen insgesamt 12 Elementen, die in Tabelle 7.1 aufgelistet sind.

Tabelle 7.1 Elemente der grafischen Oberfläche zur Temperaturumrechnung

Name des Objektes	Objekt der Klasse	Bemerkung
lb_Temperatur	Label	Label zur Aufnahme des Textes „Temperatur"
tB_Eingabe	TextBox	Eingabefeld für die umzurechnende Temperatur
gB_von	GroupBox	Gruppe aller RadioButtons zur Angabe des Temperatursystems aus dem umgerechnet werden soll
rB_von_C	RadioButton	Eingabetemperatur liegt in °C vor
rB_von_F	RadioButton	Eingabetemperatur liegt in °F vor
rB_von_K	RadioButton	Eingabetemperatur liegt in K vor
gB_nach	GroupBox	Gruppe aller RadioButtons zur Angabe des Temperatursystems in das umgerechnet werden soll
rB_nach_C	RadioButton	Zieltemperatur gewünscht in °C
rB_nach_F	RadioButton	Zieltemperatur gewünscht in °F
rB_nach_K	RadioButton	Zieltemperatur gewünscht in K
bt_Rechnung	Button	Schaltfläche zur Auslösung der Umrechnung
tB_Ergebnis	TextBox	nicht-editierbares Eingabefeld für die Darstellung des Ergebnisses

Die Deklaration innerhalb der Klasse stellt sich im Quelltext folgendermaßen dar:

```
public ref class Form1 : public System::Windows::Forms::Form
{
   private: System::Windows::Forms::Label^                      lb_Temperatur;
```

```
private: System::Windows::Forms::TextBox^        tB_Eingabe;

private: System::Windows::Forms::GroupBox^       gB_von;
private: System::Windows::Forms::RadioButton^    rB_von_C;
private: System::Windows::Forms::RadioButton^    rB_von_F;
private: System::Windows::Forms::RadioButton^    rB_von_K;

private: System::Windows::Forms::GroupBox^       gB_nach;
private: System::Windows::Forms::RadioButton^    rB_nach_C;
private: System::Windows::Forms::RadioButton^    rB_nach_F;
private: System::Windows::Forms::RadioButton^    rB_nach_K;

private: System::Windows::Forms::Button^         bt_Rechnung;

private: System::Windows::Forms::TextBox^        tB_Ergebnis;
.......
```

Es werden also als Attribute der Klasse `Form1` Objekte der entsprechenden Klassen (`Label`, `TextBox`, `GroupBox`, `RadioButton` und `Button`) deklariert. Diese Objekte selbst werden innerhalb des folgenden Quellcodes nach den Vorgaben der Entwicklungsumgebung bzgl. der Wertzuweisungen ihrer Attribute so behandelt, dass das gewünschte Layout entsteht. Dabei werden zunächst die erforderlichen Konstruktoren der entsprechenden Klassen aufgerufen, bevor die Attributwerte der einzelnen Objekte zugewiesen werden. Dies alles geschieht in der (von VC++ generierten!) Methode `void InitializeComponent(void)`:

```
void InitializeComponent(void)
{
   this->tB_Eingabe     = (gcnew System::Windows::Forms::Text
Box());
   this->lb_Temperatur = (gcnew System::Windows::Forms::Label
());
   this->gB_von         = (gcnew System::Windows::Forms::Group
Box());
   this->rB_von_K       = (gcnew System::Windows::Forms::Radio
Button());
   this->rB_von_F       = (gcnew System::Windows::Forms::Radio
Button());
   this->rB_von_C       = (gcnew System::Windows::Forms::Radio
Button());
   this->bt_Rechnung    = (gcnew System::Windows::Forms::Button
());
   this->rB_nach_C      = (gcnew System::Windows::Forms::Radio
Button());
   this->rB_nach_F      = (gcnew System::Windows::Forms::Radio
Button());
   this->rB_nach_K      = (gcnew System::Windows::Forms::Radio
Button());
   this->gB_nach        = (gcnew System::Windows::Forms::Group
Box());
   this->tB_Ergebnis    = (gcnew System::Windows::Forms::Text
```

```
Box());
    this->gB_von->SuspendLayout();
    this->gB_nach->SuspendLayout();
    this->SuspendLayout();
    //
    // tB_Eingabe
    //
    this->tB_Eingabe->Font = (gcnew
System::Drawing::Font(L"Comic Sans
                             MS",9.75F,System::Drawing::FontStyle::
                             Regular,System::Drawing::GraphicsUnit::
                             Point,static_cast<System::Byte>(0)));
    this->tB_Eingabe->Location = System::Drawing::Point(41, 50);
    this->tB_Eingabe->Name = L"tB_Eingabe";
    this->tB_Eingabe->Size = System::Drawing::Size(75, 26);
    this->tB_Eingabe->TabIndex = 0;
    //
    // lb_Temperatur
    //
    this->lb_Temperatur->AutoSize = true;
    this->lb_Temperatur->Font = (gcnew
System::Drawing::Font(L"Comic
                                      Sans
MS",9.75F,System::Drawing::
                                      FontStyle::Regular,
System::Drawing::
                                      GraphicsUnit::Point,
                                      static_
cast<System::Byte>(0)));
    this->lb_Temperatur->Location = System::Drawing::Point(38, 20);
    this->lb_Temperatur->Name = L"lb_Temperatur";
    this->lb_Temperatur->Size = System::Drawing::Size(78, 18);
    this->lb_Temperatur->TabIndex = 1;
    this->lb_Temperatur->Text = L"Temperatur";
    //
    // gB_von
    //
    this->gB_von->Controls->Add(this->rB_von_C);
    this->gB_von->Controls->Add(this->rB_von_F);
    this->gB_von->Controls->Add(this->rB_von_K);
    this->gB_von->Font = (gcnew System::Drawing::Font(L"Comic
Sans MS",
                             9.75F, System::Drawing::FontStyle::
Regular,
                             System::Drawing::GraphicsUnit::Point,
                             static_cast<System::Byte>(0)));
    this->gB_von->Location = System::Drawing::Point(136, 20);
    this->gB_von->Name = L"gB_von";
    this->gB_von->Size = System::Drawing::Size(60, 120);
    this->gB_von->TabIndex = 5;
```

```
    this->gB_von->TabStop = false;
    this->gB_von->Text = L"von";
    //
    // rB_von_C
    //
    this->rB_von_C->AutoSize = true;
    this->rB_von_C->Checked = true;
    this->rB_von_C->Location = System::Drawing::Point(15, 34);
    this->rB_von_C->Name = L"rB_von_C";
    this->rB_von_C->Size = System::Drawing::Size(39, 22);
    this->rB_von_C->TabIndex = 0;
    this->rB_von_C->TabStop = true;
    this->rB_von_C->Text = L"°C";
    this->rB_von_C->UseVisualStyleBackColor = true;
    //
    // bt_Rechnung
    //
    this->bt_Rechnung->Font = (gcnew
System::Drawing::Font(L"Comic Sans
                          MS",9.75F,System::Drawing::FontStyle::
                          Regular,System::Drawing::GraphicsUnit::
                          Point,static_cast<System::Byte>(0)));
    this->bt_Rechnung->Location = System::Drawing::Point(282, 103);
    this->bt_Rechnung->Name = L"bt_Rechnung";
    this->bt_Rechnung->Size = System::Drawing::Size(100, 36);
    this->bt_Rechnung->TabIndex = 8;
    this->bt_Rechnung->Text = L"Berechnung";
    this->bt_Rechnung->UseVisualStyleBackColor = true;
    this->bt_Rechnung->Click += gcnew
System::EventHandler(this,
                                    &Form1::bt_Rechnung_Click);
    //
    // tB_Ergebnis
    //
    this->tB_Ergebnis->Font = (gcnew
System::Drawing::Font(L"Comic Sans
                          MS",12,System::Drawing::FontStyle::
                          Regular,System::Drawing::GraphicsUnit::
                          Point,static_cast<System::Byte>(0)));
    this->tB_Ergebnis->ForeColor = System::Drawing::Color::Red;
    this->tB_Ergebnis->Location = System::Drawing::Point(41, 161);
    this->tB_Ergebnis->Name = L"tB_Ergebnis";
    this->tB_Ergebnis->ReadOnly = true;
    this->tB_Ergebnis->Size = System::Drawing::Size(341, 30);
    this->tB_Ergebnis->TabIndex = 9;
    //
    // Form1
    //
    this->AutoScaleDimensions = System::Drawing::SizeF(6, 13);
    this->AutoScaleMode = System::Windows::Forms::AutoScaleMode::
Font;
```

```
        this->ClientSize = System::Drawing::Size(422, 212);
        this->Controls->Add(this->tB_Ergebnis);
        this->Controls->Add(this->bt_Rechnung);
        this->Controls->Add(this->gB_nach);
        this->Controls->Add(this->gB_von);
        this->Controls->Add(this->lb_Temperatur);
        this->Controls->Add(this->tB_Eingabe);
        this->Name = L"Form1";
        this->Text = L"Temperaturrechner";
        this->gB_von->ResumeLayout(false);
        this->gB_von->PerformLayout();
        this->gB_nach->ResumeLayout(false);
        this->gB_nach->PerformLayout();
        this->ResumeLayout(false);
        this->PerformLayout();
    }
```

Nachdem all diese Vorarbeiten von der Entwicklungsumgebung durchgeführt worden sind, kann mit der „eigentlichen" Programmierung begonnen werden. Für den Button sind u. a. die Zeilen:

```
this->bt_Rechnung->Click += gcnew System::EventHandler(this,
                                   &Form1::bt_Rechnung_Click);
```

generiert worden. Dies bedeutet, dass für den Fall, dass zur Ausführungszeit auf die Schaltfläche geklickt wird, die Methode `bt_Rechnung_Click()` der Klasse `Form1` ausgeführt wird. Diese kann in unserem Beispiel folgendermaßen implementiert werden:

```
System::Void bt_Rechnung_Click(System::Object^  sender,
                               System::EventArgs^  e)
{
   // Deklarationen
   float tempEin, tempAus;   // Temperaturen
   int rechnung; // Seuerungsvariable für die Berechnung
   int systemEin, systemAus; // Ein- und Ausgabesystem
   // Einlesen der Eingabe-Temperatur
   tempEin = System::Convert::ToDouble(this->tB_Eingabe->Text);
   // Steuerungsvariable Berechnung
   systemEin = 1;
   if (this->rB_von_F->Checked) systemEin = 2;
   if (this->rB_von_K->Checked) systemEin = 3;
   systemAus = 1;
   if (this->rB_nach_F->Checked) systemAus = 2;
   if (this->rB_nach_K->Checked) systemAus = 3;
   rechnung = systemEin * 10 + systemAus;
   switch(rechnung)
   {
      // °C ==> °C
      case 11: tempAus = tempEin;
```

```
                    break;
            // °C ==> °F
            case 12: tempAus = tempEin * 1.8 + 32.0;
                    break;
            // °C ==> K
            case 13: tempAus = tempEin + 273.15;
                    break;
            // °F ==> °C
            case 21: tempAus = (tempEin - 32.0) * 5.0 / 9.0;
                    break;
            // °F ==> °F
            case 22: tempAus = tempEin;
                    break;
            // °F ==> K
            case 23: tempAus = (tempEin + 459.67) * 5.0 / 9.0;
                    break;
            // K ==> °C
            case 31: tempAus = tempEin - 273.15;
                    break;
            // K ==> °F
            case 32: tempAus = tempEin * 1.8 - 459.67;
                    break;
            // K ==> K
            case 33: tempAus = tempEin;
        }
        // Darstellung des Ergebnisses in der TextBox tB_Ergebnis
        this->tB_Ergebnis->Text = this->tB_Eingabe->Text;
        if (systemEin == 1) this->tB_Ergebnis->Text += "°C = ";
        if (systemEin == 2) this->tB_Ergebnis->Text += "°F = ";
        if (systemEin == 3) this->tB_Ergebnis->Text += "K = ";
        this->tB_Ergebnis->Text += System::Convert::ToString
        (tempAus);
        if (systemAus == 1) this->tB_Ergebnis->Text += "°C";
        if (systemAus == 2) this->tB_Ergebnis->Text += "°F";
        if (systemAus == 3) this->tB_Ergebnis->Text += "K";
    }
```

Die Parallelen zu der Konsolenanwendung aus Abschnitt 6.1 sind im Quelltext deutlich abzulesen. In der Anwendung erhält der Benutzer das Bild aus Bild 7.5.

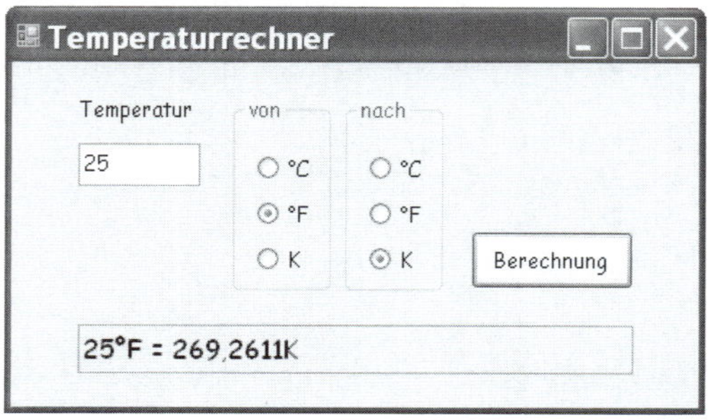

Bild 7.5
Der Temperaturrechner mit grafischer Oberfläche in der Anwendung

Wichtig ist, dass alle für die Verarbeitung aus der grafischen Oberfläche bereitgestellten Daten im Programm als Zeichenketten vorliegen. Diese sind zunächst für eine numerische Verarbeitung (also für alles, was mit Rechnungen zu tun hat) nicht geeignet!

7.6 Strings

In reinem C ist die Beschäftigung mit Zeichenketten sehr aufwendig. Für Nutzer der **STL (Standard Template Library)** vereinfacht sich die Vorgehensweise jedoch deutlich. Die STL ist eine hochflexible Sammlung von **Template-Klassen**. Diese bieten die Möglichkeit, Klassen mit unterschiedlichen Datentypen zu verwenden. Templates werden vor allem bei **Container-Klassen** verwendet. Dies sind Klassen, die Instanzen anderer Klassen aufnehmen, also genau die Variante, die in der Erstellung von GUIs – Graphical User Interfaces – zum Einsatz gelangen. Zeichenketten wurden bisher auf den Datentyp `char*` abgebildet, also als Pointer einer `char`-Variablen. Zwar stehen auch hierfür Funktionen für Verkettungen, Vergleiche oder das Kopieren zur Verfügung. Allerdings muss sich der Entwickler selbst um das Speichermanagement kümmern, denn vor der Benutzung eines `char`-Arrays muss dessen Dimension festgelegt werden. Und genau das ist in vielen Fällen gar nicht möglich bzw. sinnvoll. In C++ besitzt man mit dem Datentyp `string` aus der STL nun allerdings eine Möglichkeit, diese Probleme zu umgehen. Die Klasse `string` übernimmt dabei vor allem das Reservieren des erforderlichen Speichers. Und sogar eine möglicherweise erforderliche dynamische Erweiterung des Speichers (also zur Laufzeit) ist bereits vorhanden, ohne dass sich der Entwickler darum zu kümmern braucht.

Operationen, die mit Objekten der Klasse `string` ausgeführt werden können, sind nach Einbindung der Header-Datei `string` verfügbar: `#include <string>`. Dadurch ist `string` im Namespace `std` definiert, so dass für die korrekte Ansprache `std::string` zu verwenden ist. Alternativ erfolgt ein Import des kompletten Namespaces durch die Programmzeile: `using namespace std;`

Wichtig sind diese **Strings,** also Zeichenketten, in dem Moment, in dem der Benutzer eine grafische Oberfläche für seine Eingabe zur Verfügung gestellt bekommt. Ganz ähnlich wie bei einer Tastatureingabe der Konsolenanwendung wird in grafischen Oberflächen ebenfalls eine Eingabe in Form von Zeichenketten produziert. Bei der Konsolenanwendung übernahm die Funktion `scanf()` die Aufgabe, die Zeichenketten in den erforderlichen numerischen Datentyp umzuwandeln. Durch die Angabe der Zielvariablen (als Adresse mit `&`) und das entsprechende Format (z.B. `%i` oder `%f`) wurde aus einem String eine numerische Variable. Selbstverständlich konnte eine solche Umwandlung auch scheitern, wenn der Benutzer des Programms mutwillig oder versehentlich ein nicht-numerisches Zeichen eingegeben hat. In solchen Fällen konnte dann durch eine entsprechende `try-catch`-Anweisung ein möglicher Fehler abgefangen werden.

Auch bei den grafischen Oberflächen müssen die Eingaben in der Regel in einen der Problemstellung angepassten Datentyp umgewandelt werden. Dabei sind die Elemente der Oberfläche (z.B. Eingabefelder) Objekte entsprechender Klassen von Elementen, die für die Gestaltung von solchen grafischen Oberflächen vorgesehen sind. Die Entwicklungsumgebung von VC++ hält eine ganze Reihe von solchen Klassen bereit. Die Objekte aus solchen Klassen verfügen selbst wiederum über entsprechende Attribute, von denen jeweils eines den Text (also die sichtbare Eingabe in der Oberfläche) umfasst. Dieses Attribut gilt es dann im zugehörigen Programm umzuwandeln.

Dazu bedient man sich zunächst des **Elementverweis-Operators ->**. Dieser Operator bietet eine vereinfachte Syntax, um über Zeiger auf Klasseninstanzen (also Objekte) auf deren Elemente (also Attribute) zugreifen zu können. Ist also im Programm z.B. eine `TextBox` mit dem Namen `tB_Eingabe` erstellt worden, so besitzt diese `TextBox` u.a. ein Attribut mit dem Namen `Text`. In diesem Attribut ist der Eintrag, den ein Benutzer des Programms in der grafischen Oberfläche in diese `TextBox` vornimmt, abgelegt. Um diesen Text auslesen zu können, gelangt man mit `tB_Eingabe->Text` an den Wert des Attributes `Text`. Da die `TextBox tB_Eingabe` selbst wieder ein Element einer Klasse ist (nämlich des Forms, also der Maske), wird über das Schlüsselwort `this` als Angabe des Bezugspunktes auf das Element der grafischen Oberfläche gezeigt. Die korrekte Ansprache des `Text`-Attributes der `TextBox tB_Eingabe` lautet also: `this->tB_Eingabe->Text`

Bleibt nur noch die Frage, wie denn dieser String z.B. in einen numerischen Datentypen, mit dem man anschließend auch wieder rechnen kann, umzuwandeln ist. Wie sieht also in grafischen Oberflächen das Gegenstück zu `scanf()` aus?

7.7 Typumwandlungen

Der Typ des Wertes einer Variablen kann sich aus unterschiedlichen Gründen im Programmablauf ändern müssen – z.B. wenn in einem Iterationsverfahren unter Berücksichtigung einer höheren Genauigkeit weitergerechnet werden soll, oder weil der Nachkomma-Teil eines Wertes nicht mehr benötigt wird. Von besonderem Interesse ist die Umwandlung von Strings in numerische Werte, damit überhaupt mit einer Eingabe aus einer grafischen Oberfläche, die zunächst als `Text`-Attribut vom Datentyp `string` vorliegt, gerechnet werden kann. In solchen Fällen verwendet man Typumwandlungen, die auch als **Typkonvertierungen** bezeichnet werden. Grundsätzlich wird dabei zwischen **expliziter** und **impliziter Typumwandlung** unterschieden. Explizite Typumwandlungen werden auch als **Cast** bezeichnet.

Je nach Ausgangs- und Zieltyp kann eine Typumwandlung einschränkend (wenn Genauigkeit verloren geht, wie z.B. bei `float` nach `int`, denn hier geht der Dezimalanteil verloren) oder erweiternd (wenn Genauigkeit gewonnen wird, wie z.B. bei `float` nach `double`, denn hier wird die Zahlendarstellung exakter) sein.

Bei einer impliziten Typumwandlung wird die eigentliche Umwandlung nicht im Code aufgeführt. Sie wird vielmehr vom Compiler automatisch anhand der beteiligten Datentypen der umzuwandelnden Variablen erkannt und unmittelbar durchgeführt, z.B.:

```
int zahli = 7;
float zahlf = zahli;    // implizite Typumwandlung
```

Hier stellt der Compiler kein Problem fest. Die int-Variable zahli mit ihrem Wert 7 wird anstandslos in eine float-Variable zahlf umgewandelt. Würden beide anschließend mit einer entsprechenden printf()-Anweisung ausgegeben, so würde das Ergebnis folgendermaßen aussehen:

```
zahli = 5
zahlf = 5.000C00
```

Im Beispiel handelt es sich um eine erweiternde Typumwandlung von einem „kleinen“ zu einem „größeren“ Datentypen.

Die explizite Typumwandlung wird im Quellcode durch die Syntax (Zieltyp)Variable angegeben. Hierbei bezeichnet Zieltyp den Datentypen, in den die Variable konvertiert werden soll, z. B.:

```
float euler_f = 2.718282;
int euler_i = (int)euler_f; // explizite Typumwandlung
```

Auch hier stellt der Compiler kein Problem fest. Die float-Variable euler_f mit ihrem Wert 2.718282 wird anstandslos in eine int-Variable euler_i umgewandelt. Würden beide anschließend mit einer entsprechenden printf()-Anweisung ausgegeben, so würde das Ergebnis folgendermaßen aussehen:

```
euler_f = 2.718282
euler_i = 2
```

In diesem Beispiel handelt es sich um eine einschränkende Typumwandlung von einem größeren zu einem kleineren Datentypen. Allgemein gilt, dass die explizite Typumwandlung dem Konzept der einschränkenden Typumwandlung entspricht.

Würde das letzte Beispiel folgendermaßen implementiert

```
float euler_f = 2.718282;
int euler_i = euler_f;
```

so würde der Compiler zumindest eine Warnung erzeugen und auf den Verlust an Genauigkeit aufmerksam machen. Durch eine korrekte Typumwandlung kann diese Warnung vermieden werden, da der Programmierer auf diese Art dem Compiler signalisiert, dass er genau weiß, was er programmiert.

Dass die Typumwandlung zwischen numerischen Datentypen funktioniert, ist nicht besonders überraschend. Wie kann aber nun der Eintrag in eine TextBox in einer grafischen Oberfläche (also das Attribut Text vom Typ string) in eine Variable numerischen Datentyps umgewandelt werden?

Im namespace System existiert hierzu eine eigene Klasse mit dem Namen Convert. Diese Klasse verfügt über eine Anzahl von Methoden, die die Konvertierungen zwischen den unterschiedlichen Basisdatentypen ermöglicht. Die Arbeit innerhalb der VC++-Entwicklungsumgebung wird dadurch vereinfacht, dass man den **IntelliSense** nutzen kann. Hierbei handelt es sich um ein von Microsoft angebotenes Hilfsmittel zur automatischen Vervollständigung bei der Bearbeitung von Quellcode. Der Entwickler erhält während seiner Arbeit zusätzliche Informationen und Auswahlmöglichkeiten, die ihm die Arbeit erleichtern und die insbesondere die Menge des manuell einzugebenden Quellcodes reduzieren. Zudem braucht man sich die Namen z. B. von Methoden und deren Parametrisierungen nicht mehr zu merken. Wird z. B. der Name des `namespace System` gefolgt von zwei Doppelpunkten `::`, als Trennzeichen zwischen den Bezeichnern in der OOP, eingegeben, so erhält man die Übersicht aus Bild 7.6.

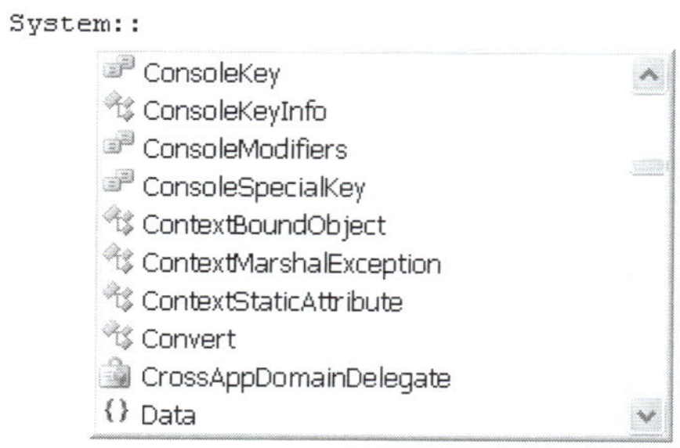

Bild 7.6
IntelliSense zum namespace System

Hier erkennt man die Klasse `Convert`, die als nächster Bezeichner aus der Liste gewählt wird und mit einem Doppelklick in den Quelltext übernommen werden kann. Schließt man auch hier wiederum `::` an, so erscheint der IntelliSense aus Bild 7.7.

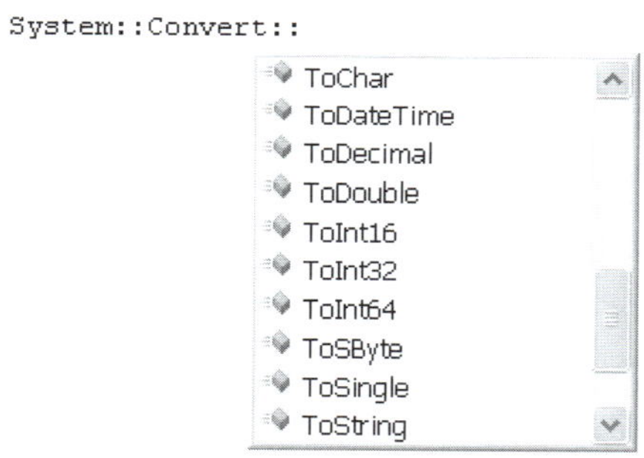

Bild 7.7
IntelliSense der Klasse Convert im namespace System

Wird hier die gewünschte Methode ausgewählt, z. B. `ToDouble`, und erneut durch Doppelklick in den Quelltext übernommen, so kann der Entwickler durch eine Methodenklammer (die nächste Hilfe erhalten (siehe Bild 7.8).

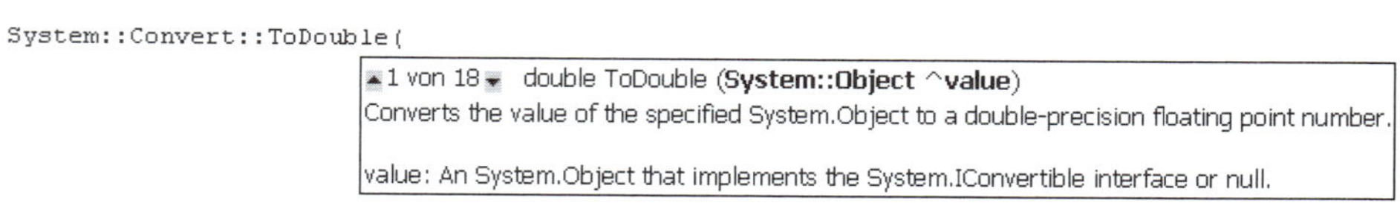

Bild 7.8 IntelliSense zur Methode ToDouble() aus der Klasse Convert aus dem namespace System

Im Beispiel kann aus 18 unterschiedlichen Ausprägungen der Methode `ToDouble()` ausgewählt werden. Bei derart verschiedenen Varianten ein und derselben Methode (d. h. des gleichen Methodennamens) spricht man von überladenen Methoden. Im Beispiel der grafischen Oberfläche aus Abschnitt 7.5 geht man also folgendermaßen vor:

Um alle Elemente der Oberfläche zu erhalten wählt man zunächst den Eigenbezug durch `this->`.

Es erscheint der IntelliSense aus Bild 7.9.

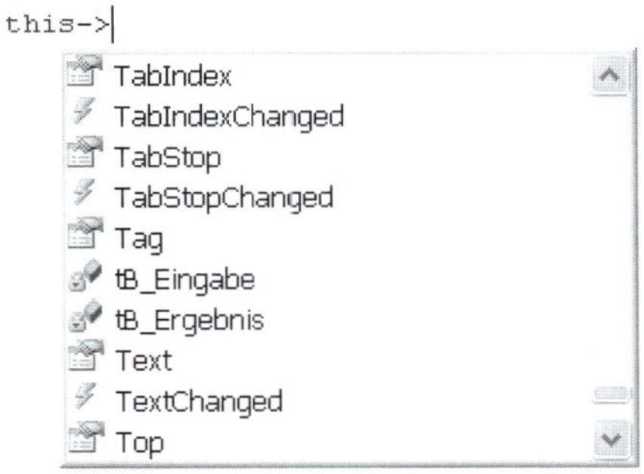

Bild 7.9
IntelliSense aller Elemente aus der Form

Der Entwickler weiß, wie seine Elemente in der Oberfläche benannt sind und findet sie anschließend auch in der Liste wieder. Nach der Selektion des gewünschten Objektes (z. B. `tB_Eingabe`) werden die weiteren möglichen Selektionskriterien angeboten, siehe Bild 7.10.

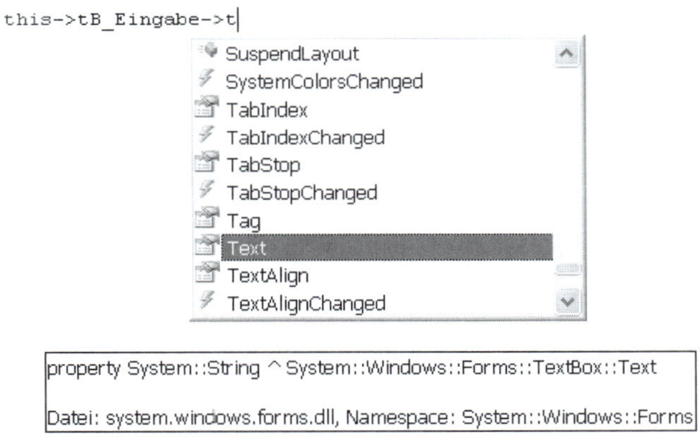

Bild 7.10 IntelliSense aller Attribute des Objektes tB_Eingabe aus der Klasse TextBox

Hier werden sofort weitere Details des Attributes angezeigt und man erkennt, dass es sich bei dem Attribut `Text` des Objektes `tB_Eingabe` aus der Klasse `TextBox` selbst um einen `String` handelt. Dieser kann mit den oben beschriebenen Techniken in den gewünschten Datentyp umgewandelt werden:

```
tempEin = System::Convert::ToDouble(this->tB_Eingabe->Text);
```

Diese Typumwandlung ist im Beispiel aus Abschnitt 7.5 in der Zeile 8 der `Button`-Methode `bt_Rechnung_Click()` angewendet worden.

Anschließend kann die Berechnung durchgeführt werden, bevor die (numerischen) Ergebnisse wieder als Strings in der grafischen Oberfläche darzustellen sind. Dies ist in den Zeilen 46 bis 54 im Quellcode realisiert worden.

Zunächst wird die Eingabe in die Ausgabe übernommen. Dann wird der `String` Stück für Stück nach dem Berechnungslauf ergänzt. Das eigentliche Ergebnis (`tempAus`) wird durch die Methode `ToString()` der Klasse `Convert` aus dem `namespace System` in einen `String` umgewandelt und ebenfalls in das Attribut `Text` des Ausgabeobjektes `tB_Ergebnis` aus der Klasse `TextBox` übernommen. Hier ist die Addition als Funktion für `Strings` so überladen, dass diese einfach aneinander gekettet werden.

7.8 Strukturierte Programmierung vs. OOP

Die wichtigsten Unterschiede zwischen der strukturierten bzw. prozeduralen und der objektorientierten Programmierung sind:

- In der prozeduralen Programmierung sind üblicherweise die Daten von den Prozeduren getrennt. Klassen hingegen vereinigen Daten und solche Methoden, mit denen auf die Daten zugegriffen werden kann.
- In der prozeduralen Programmierung gibt es intelligente Funktionen, die an den ihnen übergebenen Daten Veränderungen vornehmen können. Klassen dagegen enthalten intelligente Daten, die auf Botschaften reagieren können. Die Botschaften werden durch Methoden realisiert.
- Probleme, die mit einem bereits gelösten Problem Ähnlichkeit besitzen, werden in der prozeduralen Programmierung durch das Kopieren und Anpassen der entsprechenden Prozedur gelöst. In der OOP können Klassen vererbt, für das neue Problem angepasst und evtl. erweitert werden.
- In der prozeduralen Programmierung muss man explizit Daten verändern und Funktionen aufrufen. Klassen dagegen erhalten Botschaften, auf die sie in der Art und Weise reagieren, wie dies in der Klasse selbst beschrieben ist. Dies ist für den Benutzer der Klasse nicht sichtbar. Bei der prozeduralen Programmierung steht der Lösungsweg, bei der OOP das Problem selbst im Vordergrund.
- Die Modellierung von Klassen und deren Hierarchien oder die Darstellung der Vererbung unter den Klassen nimmt sehr viel Zeit in Anspruch, weil die Planung eines SW-Projektes in der OOP im Gegensatz zu prozeduralen Sprachen einen hohen Stellenwert besitzt.
- OOP-Anwendungen sind in den meisten Fällen rechen- und speicherintensiver und laufen daher oft langsamer ab als dies bei klassischen C-Anwendungen der Fall war.

8 Lösung fortgeschrittener Probleme

Die Probleme, die in diesem Kapitel bearbeitet werden, gehen sowohl bei der Analyse als auch bei der Codierung deutlich über die des Kapitels 6 hinaus. Hinzu kommt die Umsetzung in Software mit unterstützender grafischer Oberfläche. Die teilweise sehr langen Listings dieses Kapitels finden Sie im Internet unter *http://www.hanser-fachbuch.de/buch/Technische+Probleme+loesen+mit+C+C/9783446447844*.

8.1 Grafische Darstellung funktionaler Abhängigkeiten

Es besteht die Aufgabe, den Graphen einer konkret vorgegebenen Funktionsvorschrift (z. B. *f(x) = sin(x),* siehe Bild 8.1) auf dem Monitor mit Hilfe eines Programms darzustellen. Es existiert also ein Blatt Papier (oder zumindest die Vorstellung davon), auf dem die Funktion aufgezeichnet ist.

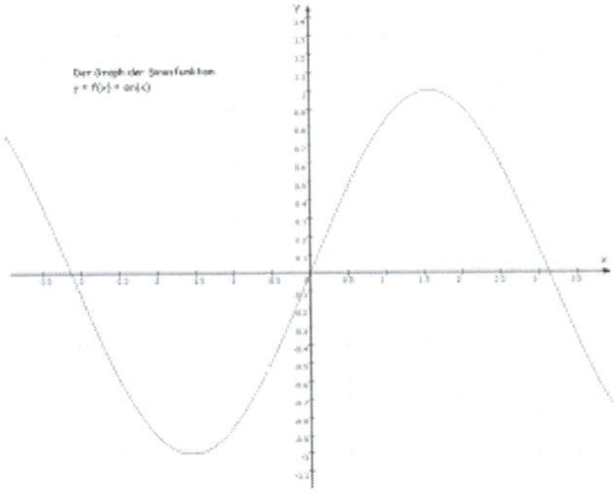

Bild 8.1
Grafische Darstellung der Sinusfunktion

Wie ist diese Darstellung erzeugt worden? In der Regel geht man dabei so vor, dass man sich zunächst über Definitions- und Wertebereich der darzustellenden Funktion Gedanken macht. Für die Sinus-Funktion ist bekannt, dass sie alle reellen Zahlen abbildet auf ein Intervall, das die Zahlen zwischen –1 und 1 umfasst. Legt man also als Definitionsbereich beispielsweise sämtliche Zahlen zwischen etwa -3,5 und 3,5 zu Grunde, so kann anschließend eine Wertetabelle erzeugt werden, die dann die Basis für den Graphen der Funktion darstellen kann.

Tabelle 8.1 Wertetabelle Sinusfunktion

x	y = sin(x)
-3,50	0,3508
-3,40	0,2555
-3,30	0,1577
-3,20	0,0584
-3,10	-0,0416
-3,00	-0,1411
-2,90	-0,2392
-2,80	-0,3350
-2,70	-0,4274
....	....
2,70	0,4274
2,80	0,3350
2,90	0,2392
3,00	0,1411
3,10	0,0416
3,20	-0,0584
3,30	-0,1577
3,40	-0,2555
3,50	-0,3508

Die Werte aus dieser Wertetabelle werden auf einem geeigneten Blatt Papier in ein kartesisches Koordinatensystem eingetragen und man erhält schließlich, nachdem man die einzelnen x-y-Koordinaten verbindet, den Graphen der darzustellenden Funktion (siehe Bild 8.1).

Wie kommt aber nun diese Zeichnung auf den Monitor eines Rechners (Bild 8.2)?

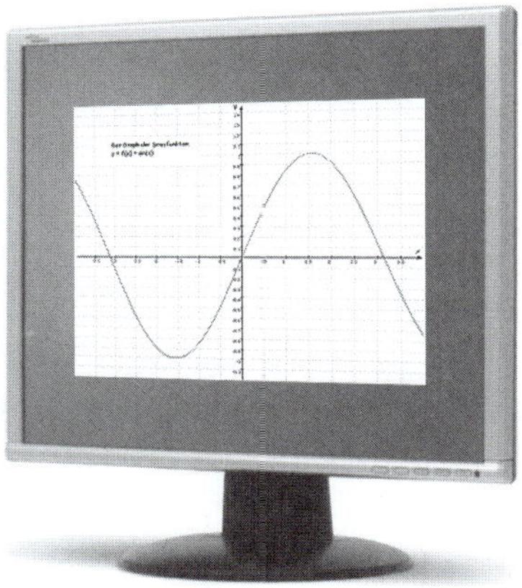

Bild 8.2
Sinusfunktion auf dem Monitor

8.1.1 Welt- und Screenkoordinaten

Dazu ist es erforderlich, die Koordinaten des Blattes Papier (**Weltkoordinaten**) in die Koordinaten des Monitors (**Screenkoordinaten**) umzuwandeln.

Als Weltkoordinaten-System wird also das kartesische Koordinatensystem (siehe Bild 8.3) betrachtet, dessen Ausrichtung horizontal von links nach rechts durch die x-Achse und vertikal von unten nach oben durch die y-Achse beschrieben wird. Der Ursprung dieses Koordinatensystems ist der Schnittpunkt der beiden Achsen. Von hier aus liefert die x-Achse nach links negative und nach rechts positive Koordinaten, die y-Achse nach unten negative und nach oben positive Koordinaten. Die Koordinaten des Ursprungs werden folgerichtig mit (0 | 0) bezeichnet.

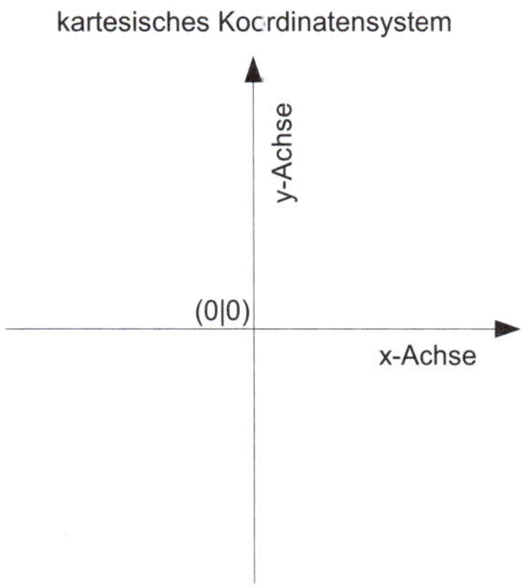

Bild 8.3
Kartesisches Koordinatensystem

Ganz anders hingegen der Verlauf des Koordinatensystems auf einem Monitor (siehe Bild 8.4): auch hier wird die Ausrichtung horizontal von links nach rechts durch die x-Achse beschrieben. Die Ausrichtung der y-Achse verläuft allerdings vertikal von oben nach unten! Außerdem verfügt dieses Koordinatensystem nur über positive Koordinatenachsen. Dies erklärt sich dadurch, dass die beiden Achsen für die darstellbaren Bildpunkte auf einem Monitor stehen.

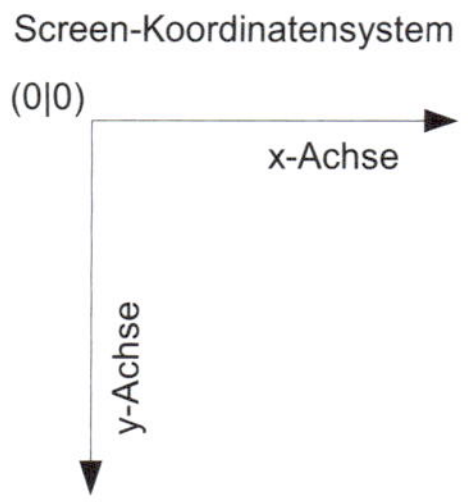

Bild 8.4
Screenkoordiantensystem

Dabei ist festgelegt, dass der Bildpunkt in der linken oberen Monitorecke die Koordinaten (0 | 0) erhalten soll und sich von hier aus, in Abhängigkeit von der Bildschirmauflösung, eine entsprechende Verteilung der darstellbaren Bildpunkte ergibt (siehe Bild 8.5).

Bild 8.5
Bildschirmauflösung als Eigenschaft der Anzeige

Bei einer Auflösung von 1280 × 1024 Pixel z. B. werden also 1280 Bildpunkte in horizontaler und 1024 Bildpunkte in vertikaler Richtung dargestellt. Da der erste Bildpunkt in beiden Richtungen die Koordinate 0 erhält, erhält also der letzte Bildpunkt in horizontaler Richtung den Wert 1279, der letzte in vertikaler Richtung den Wert 1023 und schließlich die rechte untere Monitorecke die Koordinaten (1279 | 1023).

Damit wird eine weitere Spezialität dieses Koordinatensystems deutlich: beide Achsen repräsentieren nur natürliche Zahlen inkl. 0. Es gibt keine Zwischenwerte zwischen zwei Bildpunkten, da diese auf einem Monitor nicht adressierbar wären.

Wenn es nun gelingt, jedem Bildpunkt der Zeichnung auf dem Blatt Papier eindeutig einen Bildpunkt auf dem Monitor zuzuordnen, so kann die Zeichnung übertragen werden. Dazu wird es allerdings erforderlich, die Koordinaten des Welt-Systems in das Screen-System umzurechnen.

8.1.2 Koordinatentransformationen

Um die erforderliche Koordinatentransformation durchführen zu können, ist es erforderlich, einige Bezeichnungen vorzunehmen. So soll im Folgenden der Zusatz w Weltkoordinaten und der Zusatz s Screenkoordinaten bezeichnen. Ein weiterer Zusatz von a stehe für den Anfang und e schließlich für das Ende.

Legen wir nun gedanklich oder auch real die Zeichnung eines beliebigen Funktionsgraphen auf dem Monitor, so ergeben sich die Bezeichnungen aus Bild 8.6 für die Eckpunkte.

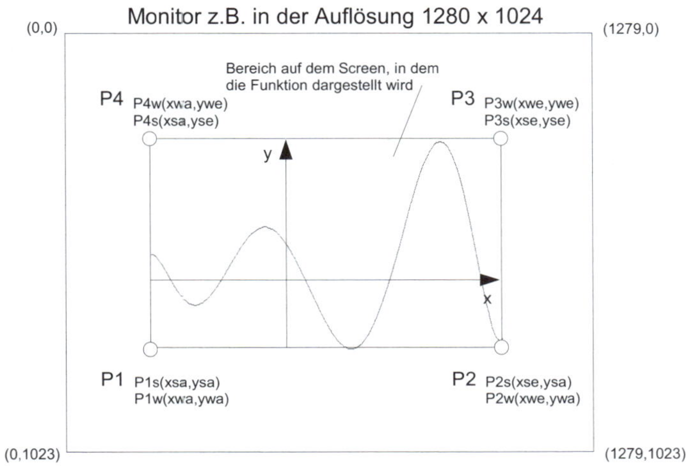

Bild 8.6 Bezeichnungen der Eckpunkte

Bei der Bezeichnung bzw. Indizierung der Koordinaten gehen wir von unserer Darstellungswelt aus, d.h. `xwe > xwa` und `ywe > ywa`. Der Gebrauch gleicher Indizes für die Screenkoordinaten hat aufgrund der umgekehrten Zählweise in y-Richtung zu Folge, dass `yse < ysa` ist. Dies ist aber nicht problematisch, weil in der Transformationsgleichung - wie wir später sehen werden - ein Minuszeichen für die Steigung entsteht.

Tabelle 8.2 Koordinatenbezeichnungen

Formelzeichen	Erläuterung
xw	Weltkoordinaten
xwa	„Anfang" der Weltkoordinaten in x-Richtung
xwe	„Ende" der Weltkoordinaten in x-Richtung
yw	Weltkoordinaten
ywa	„Anfang" der Weltkoordinaten in y-Richtung
ywe	„Ende" der Weltkoordinaten in y-Richtung
xs	Screenkoordinaten
xsa	„Anfang" der Screenkoordinaten in x-Richtung
xse	„Ende" der Screenkoordinaten in x-Richtung

Tabelle 8.2 Koordinatenbezeichnungen *(Fortsetzung)*

Formelzeichen	Erläuterung
ys	Screenkoordinaten
ysa	„Anfang“ der Screenkoordinaten in y-Richtung
yse	„Ende“ der Screenkoordinaten in y-Richtung

Die Begriffe „Anfang“ und „Ende“ werden dabei jeweils im Sinne der Richtung der Koordinatenachsen des kartesischen Koordinatensystems verstanden werden. Also bezeichnet z. B. xwa den linken Punkt der beiden Punkte auf der xw-Achse, da die x-Achse im Weltkoordinatensytem eine Ausrichtung von links nach rechts besitzt. Genau so bezeichnet xse den rechten der beiden Punkte auf der xs-Achse. Entsprechend bezeichnet z. B. yse den oberen der beiden Punkte auf der ys-Achse. ywa bezeichnet den unteren der beiden Punkte auf der yw-Achse.

Bei der späteren Versorgung der Formelzeichen mit konkreten Werten ist also auf folgende Festlegungen zu achten:

in x-Richtung muss gelten: xsa < xse und xwa ≤ xw ≤ xwe

in y-Richtung muss gelten: ysa > yse und ywa ≤ yw ≤ ywe

Es bleibt das Transformationsproblem aus Bild 8.7 zu lösen.

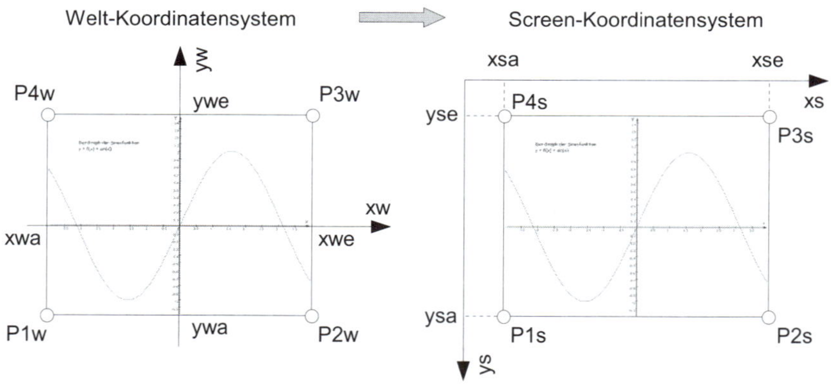

Bild 8.7 Die Aufgabenstellung der Koordinatentransformation

Zur Lösung dieses Problems wird jeweils separat die Übertragung der Koordinaten in x- und in y-Richtung aus dem Welt- in das Screen-System betrachtet:

Alle x-Welt-Punkte zwischen xwa und xwe sind in x-Screen-Punkte zwischen xsa und xse und alle y-Welt-Punkte zwischen ywa und ywe sind in y-Screen-Punkte zwischen ysa und yse zu übertragen.

In den folgenden allgemeingültigen Ableitungen seien Zahlenwerte für einen ganz bestimmten Bereich als Beispiel gerechnet:

```
xwa = -3     xwe = 6      ywa = -2     ywe = 10
xsa = 50     xse = 400    ysa = 200    yse = 50
```

Doch nun zur Ableitung der Transformationsvorschrift. Dabei muss klar sein, dass hier eine Weltkoordinate vorgegeben und eine Screenkoordinate ausgerechnet wird. Wir beginnen mit der x-Achse. Zur Verdeutlichung legen wir beide Achsen – die Welt- und die Screenachse – übereinander, sodass wir die Zuordnung ganz deutlich vor Augen haben (siehe Bild 8.8).

Bild 8.8 Gegenüberstellung xw- (oben) und xs-Achse (unten)

Anders dargestellt erhalten wir eine lineare Funktion dergestalt, dass wir eine Weltkoordinate vorgeben und daraus die zugehörige Screenkoordinate berechnet wird. `xs0` ist die Screenkoordinate für `xw = 0` (siehe Bild 8.9). Zu realisieren ist eine lineare Transformationsvorschrift transx, die Welt-Koordinaten in Screen-Koordinaten überträgt zwischen den Punkten `(xwa|xsa)` und `(xwe|xse)`.

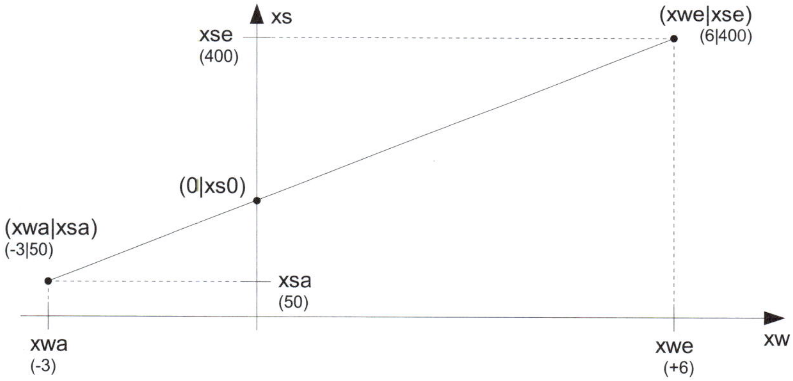

Bild 8.9 Grafische Darstellung der Transformation der x-Koordinaten

Mit Hilfe der Zwei-Punkte-Form zur Bestimmung der Steigung einer linearen Funktion und der Tatsache, dass das Einsetzen eines der beiden Punkte den x-Screen-Achsenschnittpunkt liefert, erhält man so die Transformationsvorschrift:

$$transx(xw) = m \cdot xw + b$$

$$\text{mit der Steigung } m = \frac{\Delta xs}{\Delta xw} = \frac{xse - xsa}{xwe - xwa}$$

Da für diese lineare Funktion die Gleichung *transx (xwa) = xsa* gelten muss, folgt unmittelbar:

$m \cdot xwa + b = xsa$ und umgestell: $b = xsa - m \cdot xwa$.

Einsetzen in den ursprünglichen Ansatz der Transformationsfunktion liefert also:

$transx(xw) = m \cdot xw + xsa - m \cdot xwa$ bzw. $transx(xw) = m \cdot (xw - xwa) + xsa$.

Setzt man in einem letzten Schritt auch noch die ermittelte Steigung in die Formel ein, so erhält man schließlich:

$$transx(xw) = \frac{xse - xsa}{xwe - xwa} \cdot (xw - xwa) + xsa$$

Rechnen wir mit den Beispieldaten die Lage des Nullpunktes `xw = 0` nach, so erhalten wir `xs0`:

$$transx(0) = \frac{400 - 50}{6 - (-3)} \cdot (0 - (-3)) + 50 = \frac{350}{9} \cdot 3 + 50 = 166,\overline{6}$$

Da die Screen-Koordinaten nur ganzzahlige Werte sein können, wird das Ergebnis durch einfaches Weglassen des Nachkommateils (es wird nicht gerundet!) schließlich zu:

$transx(0) = 166.$

`xs0 = 167` ist die x-Koordinate auf dem Screen für die Weltkoordinate `xw0 = 0`. Entsprechend können wir mit obiger Formel für alle `xw`- die zugehörigen `xs`-Koordinaten errechnen.

Analog verfahren wir mit der y-Achse und stellen die Welt- und Screeneinteilung einander gegenüber (siehe Bild 8.10).

Die Umrechnungsformel für die Transformation der y-Koordinaten verläuft jetzt wie weiter vorne bereits für die x-Koordinaten beschrieben:

$$\text{transy}(yw) = m \cdot yw + b$$
$$m = \frac{\Delta ys}{\Delta yw} = \frac{yse - ysa}{ywe - ywa}$$
$$\text{transy}(ywa) = ysa$$
$$\Rightarrow \quad m \cdot ywa + b = ysa \quad | -m \cdot ywa$$
$$\Leftrightarrow \quad b = ysa - m \cdot ywa$$
$$\Rightarrow \quad \text{transy}(yw) = m \cdot yw + ysa - m \cdot ywa$$
$$\Leftrightarrow \quad \text{transy}(yw) = m \cdot (yw - ywa) + ysa$$

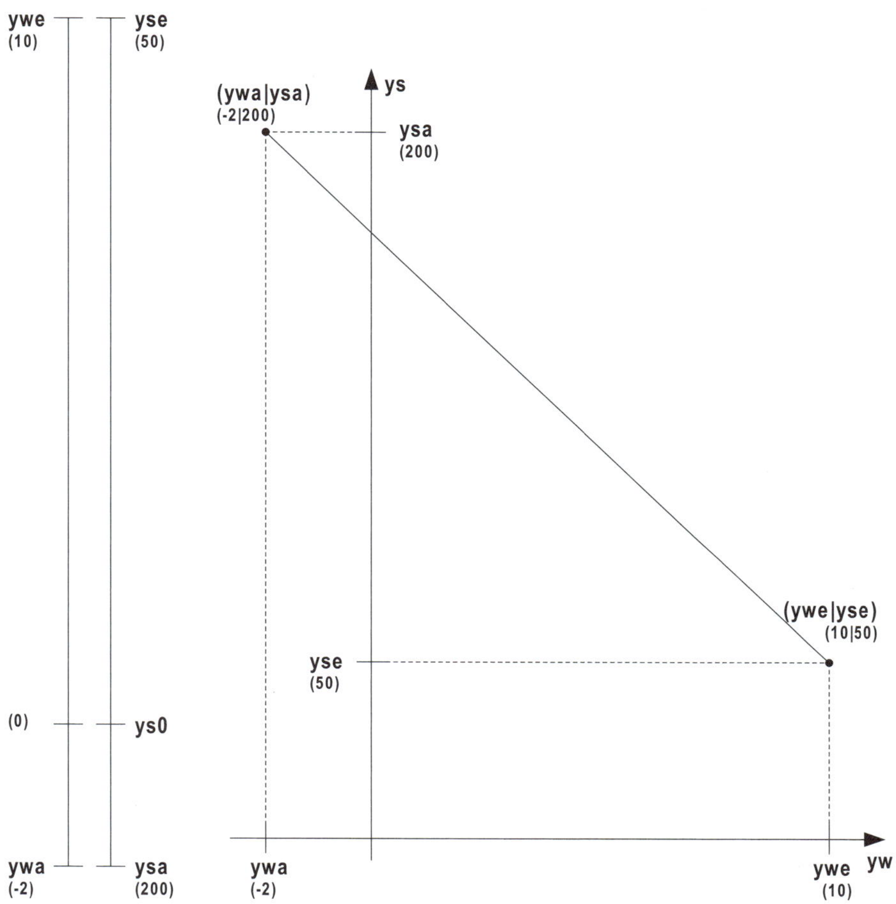

Bild 8.10 Gegenüberstellung yw- und ys-Achse sowie der funktionalen Abhängigkeit als lineare Funktion. Die Zahlenwerte beziehen sich auf das weiter oben erwähnte Beispiel.

Schließlich:

$$transx(0) = \frac{400-50}{6-(-3)} \cdot (0-(-3)) + 50 = \frac{350}{9} \cdot 3 + 50 = 166,\overline{6}$$

Rechnen wir mit den Beispieldaten die Lage des Nullpunktes `yw = 0` nach, so erhalten wir für `ys0`:

$$transy(0) = \frac{50-200}{10-(-2)} \cdot (0-(-2)) + 200 = -\frac{150}{12} \cdot 2 + 200 = 175$$

Zusammen mit `xs0 = 166` ist die Lage des Koordinatenursprungs eindeutig für die gegebenen Beispieldaten auf dem Screen festgelegt. Weiterhin erkennt man die negative Steigung, weil – wie weiter vorne erläutert – `ysa > yse` ist. Mit der Lage des Koordinatenursprungs `(xs0|ys0)` – in unserem Beispiel `(166|175)` – können wir das Koordiantenkreuz zeichnen.

Da die beiden Transformationsformeln völlig identisch sind bis auf Formelzeichen `x` und `y`, können sie zu einer Formel zusammengefasst werden:

$$w \mapsto s = trans(w) = \frac{se - sa}{we - wa} \cdot (w - wa) + sa$$

Aus dieser Transformationsformel lässt sich der Quellcode für die Transformationsfunktion unter C/C++ entwickeln. Als Aufrufverfahren bietet sich hier das Verfahren `call by value` an, da nur ein Ergebnis produziert wird (`xs` bzw. `ys`) und alle Übergabeparameter keinerlei Veränderung bei der Abarbeitung der Funktion erfahren. Zu beachten ist weiterhin, dass alle Screen-Koordinaten vom Datentyp `int` und alle Welt-Koordinaten vom Datentyp `double` gewählt werden müssen. Es kann also folgender Funktionsprototyp aufgestellt werden:

```
int trans (int, int, double, double, double);
```

Der Rückgabewerte der Funktion ist vom Datentyp `int`, da ja bei jedem Funktionsaufruf aus einer Welt-Koordinate die zugehörige Screen-Koordinate errechnet werden soll, die dann als Ergebnis des Funktionsaufrufs zurückgegeben wird.

Die ersten beiden Übergabeparameter sind ebenfalls vom Datentyp `int`, sie sind vorgesehen für die Aufnahme der jeweiligen Screen-Anfangs- und End-Werte. Die nächsten beiden Übergabeparameter vom Datentyp `double` sind vorgesehen für die Aufnahme der jeweiligen Welt-Anfangs- und End-Werte. Der letzte Übergabeparameter, ebenfalls vom Datentyp `double`, nimmt die umzuwandelnde Welt-Koordinate auf.

Der komplette Quelltext der Funktionen besitzt daher folgendes Aussehen:

```
//------------------------------------------------------------
// Koordinatentransformation Welt- in Screenkoordinaten
//------------------------------------------------------------
int trans(int sa, int se, double wa, double we, double w)
{
   return ( (int) ((se-sa)/(we-wa)*(w-wa)+sa) );
}
//------------------------------------------------------------
```

Bei der Auswertung ist darauf zu achten, dass zwar die Differenz der beiden `int`-Werte `se` und `sa` wiederum einen `int`-Wert liefert. Allerdings wird dieser durch die Division durch die Differenz der beiden float-Werte `we` und `wa` in einen float-Wert umgewandelt. Die anschließende Multiplikation mit dem float-Wert der Differenz von `w` und `wa` ändert daran ebenso wenig, wie die abschließende Addition des `int`-Wertes `sa`.

Da die Funktion jedoch einen `int`-Wert als Bildpunkt auf dem Monitor zu liefern hat, muss das Ergebnis final in den korrekten Datentypen umgewandelt werden. Dies geschieht, indem der gewünschte Datentyp einfach in Klammern vor die entsprechende Berechnung geschrieben wird. Die Berechnung selbst ist ebenfalls geklammert, um ganz klarzustellen, dass zunächst die Auswertung der Formel zu geschehen hat und anschließend erst die gewünschte Umwandlung in den Zieldatentyp - hier also `int` - erfolgen soll. Damit sind alle Voraussetzungen getroffen, um die gewonnenen Erkenntnisse an einem ersten, einfachen Beispiel anwenden zu können.

8.1.3 Darstellung der Sinusfunktion

Die Aufgabe besteht darin, den Graphen der Sinusfunktion für einen beliebigen Bereich der x-Achse grafisch darzustellen (siehe Bild 8.11).

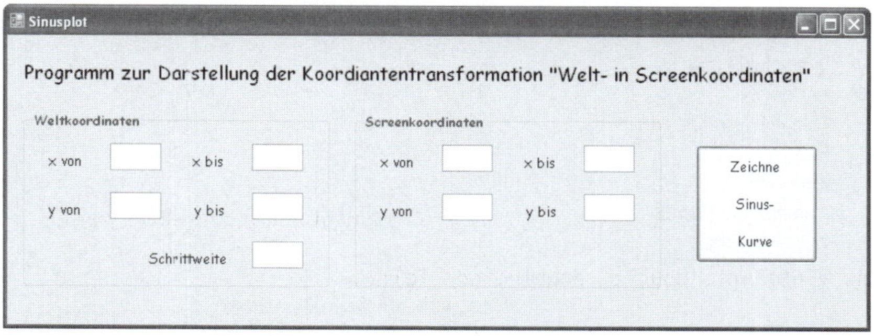

Bild 8.11 Layout der Anwendung zur Darstellung der Sinusfunktion

Zunächst sind Überlegungen anzustellen, welche Informationen durch Anwendereingabe für die Steuerung des Programms erforderlich sind. Nach den Vorüberlegungen ist klar, dass die vollständige Beschreibung der Welt- und Screen-Koordinaten erforderlich ist.

Dazu werden insgesamt acht Eingabefelder (Text-Boxen) zur Verfügung gestellt, deren Inhalt später im Programm in die entsprechenden numerischen Datentypen umgewandelt wird. Diese Elemente werden mit `tB_xwa`, `tB_xwe`, `tB_ywa`, `tB_ywe`, `tB_xsa`, `tB_xse`, `tB_yse` (!) und `tB_ysa` (!) benannt. Zur besseren Übersicht werden die Elemente, je nach ihrer Zugehörigkeit in zwei **Groups** (Weltkoordinaten bzw. Screenkoordinaten) untergebracht.

Wird nun der Gedanke der Erzeugung einer „Welt-Zeichnung“ über die Erstellung einer Wertetabelle aufgegriffen, so muss es eine weitere Steuerungsgröße geben, mit der die Schrittweite innerhalb dieser Tabelle bestimmt werden kann. Da der Graph der Funktion „nur“ aus der Verbindung der in der Wertetabelle aufgeführten Punkte im kartesischen Koordinatensystem besteht, wird die Qualität der erzeugten Grafik entscheidend von der Wahl dieser Schrittweite beeinflusst werden. Das entsprechende Oberflächenelement sei mit `tB_schrittweite` benannt. Fehlt nur noch die Auslösung der Zeichnungs-Aktion: Dazu wird ein Button mit der Bezeichnung `bt_zeichne` der Oberfläche hinzugefügt.

Nach entsprechender Eingabe in die Edit-Felder (Text-Boxen) der Oberfläche und Betätigen des Buttons *Zeichne Sinus-Kurve*, wird der gewünschte Graph in den angegebenen Grenzen dargestellt. Um die eigentliche Aufgabenstellung zu verdeutlichen, ist in diesem Beispiel auf eine Skalierung der Achsen verzichtet worden. Dieses Problem wird in einem weiteren Beispiel (siehe Abschnitt 8.1.4) gelöst. Der Bereich, in dem der Graph auf der Oberfläche dargestellt werden soll, ist durch einen farbigen Rahmen verdeutlicht, die Ausrichtung der Achsen durch entsprechende Pfeilspitzen.

Die Organisation des Projektes kann man dem Projektexplorer entnehmen (siehe Bild 8.12).

Bild 8.13 zeigt das Erscheinungsbild des fertigen Programms mit der Funktionsdarstellung gemäß den gewählten Eingabegrößen.

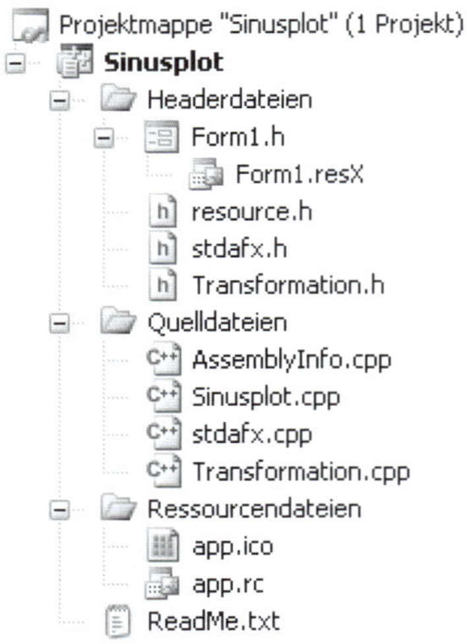

Bild 8.12
Das Projekt „Koordinatentransformation“ in der Sicht des Projekt-Explorers

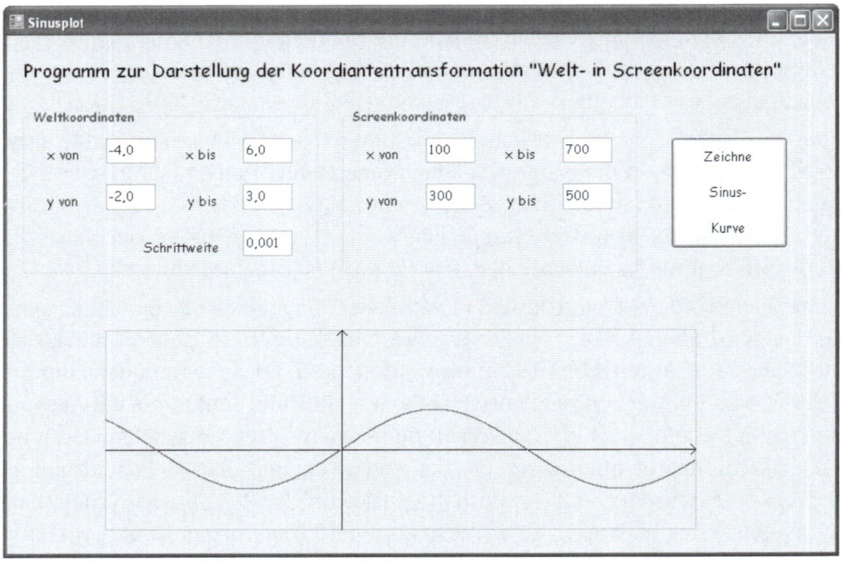

Bild 8.13 Die Darstellung der Sinusfunktion in Aktion

Der zentrale Quelltext der Anwendung, der im Projekt in der Datei *Form1.h* untergebracht ist, kann mit den oben gemachten Bezeichnungen so aussehen wie im Beispiel K08B01 auf der Internetseite zum Buch.

Der Quelltext stimmt inhaltlich völlig mit dem von Visual C++ generiertem Quelltext überein. Allerdings sind - zur besseren Lesbarkeit - einige Veränderungen an der Darstellung und der Reihenfolge vorgenommen worden.

In der Zeile 23 beginnt die Klasse `Form1` und die Quelltextzeile bis einschließlich 486 sind die von VC++ generierten Programmzeilen zur Darstellung der erstellten Maske. Sämtliche Attributwerte, der in der Maske verwendeten Objekte aus den in der Tool-Box verfügbaren Klassen von Oberflächenelementen, werden explizit gesetzt. Hier können die Größe, die Lage, die Farbe, die Art der Beschriftung etc. aller Objekte nachvollzogen werden. Für die eigentliche Steuerung des Berechnungsablaufs sind diese Zeilen nachrangig. Für die Programmierung der Steuerung sind lediglich Informationen wie der Name eines Oberflächenelementes und dessen Klassenzugehörigkeit von Bedeutung.

In den Zeilen 491 bis 513 ist die Methode (`Form1_Load`) untergebracht, die beim Start des Programms für das Laden der Oberflächenelemente mit Inhalten verantwortlich ist. Hier werden die Standardwerte für die Textfelder gesetzt, damit unmittelbar nach Programmstart durch die Betätigung des Buttons *Zeichne Sinus-Kurve* durch die Methode (`bt_zeichne_Click`) eine Aktion erfolgen kann. Ansonsten müsste der Benutzer zunächst alle Textfelder mit den gewünschten Einträgen versorgen, bevor eine Zeichnung erstellt werden kann.

In der bereits erwähnten Methode (`bt_zeichne_Click`) wird nun die eigentliche, zur Darstellung der Sinuskurve erforderliche Arbeit geleistet. Nach der Deklaration der erforderlichen Variablen werden zunächst vorbereitende Schritte an der Grafik durchgeführt. Dazu dient auch das Entfernen der möglichen alten Grafik in Zeile 540. Die Zeilen 545 bis 556 dienen dazu, die Inhalte der Textboxen in die lokalen Variablen zu übertragen. Da hier, durch einen Falscheintrag – etwa ein nicht-numerisches Zeichen – Fehler passieren können, auf die das Programm reagieren muss, wird dieser Teil durch eine `try`-Anweisung eingeleitet. Wörtlich zu verstehen als: versuch's mal! Gelingt der Versuch nicht, so wird die dabei erzeugte **Exception** (Ausnahmefehler) in der Zeile 596 abgefangen und es erscheint eine Message-Box mit entsprechender Fehlermeldung.

Bleiben also nur noch die Zeilen 557 bis 595, um die ganze Arbeit zu tun! Zunächst wird ein Kontrollkasten (Rechteck) erstellt. Dazu wird in den Zeilen 558 und 559 die entsprechende Grafik-Methode zur Konstruktion von Rechtecken aufgerufen. Dieser werden als Parameter neben dem Stift, mit dem gezeichnet werden soll (hier `gcnew Pen(Color::Aqua)`), die Koordinaten der linken oberen Ecke des Rechtecks (hier also `xsa` und `yse`) sowie die Ausdehnung in x-Richtung (hier `xse-xsa`) und in y-Richtung (hier `ysa-yse`) mitgegeben.

Im Anschluss wird das Koordinatenkreuz konstruiert. Dabei wird strikt in Weltkoordinaten gedacht, denn für die Umwandlung in Screenkoordinaten existiert ja eine Umrechnungsmethode (`trans()`). Bleibt letztlich die Konstruktion des Graphen der Funktion. Dazu ist in den Zeilen 586 bis 594 eine zählergesteuerte Schleife über die x-Koordinaten in der vorgegebenen Schrittweite `schrittw` von `xwa` bis `xwe` realisiert. In dieser Schleife wird für jeden Wert zwischen `xwa` und `xwe` der Funktionswert berechnet und die so entstehenden Koordinatenpaare `(x1|y1)` und `(x2|y2)` werden einfach durch gerade Linien (Zeile 593) miteinander verbunden. Hier ist nun auch klar, dass die Schrittweite eine gewisse Größe nicht übersteigen darf, damit die Linie des Graphen nicht „eckig" erscheint.

Das Hauptsteuerungsprogramm *Sinusplot.cpp* besitzt unverändert die vom System erzeugte Form:

```
// Sinusplot.cpp: Hauptprojektdatei.
#include "stdafx.h"
#include "Form1.h"
using namespace Sinusplot;
[STAThreadAttribute]
int main(array<System::String ^> ^args)
{
   // Aktivieren visueller Effekte von Windows XP, bevor
   // Steuerelemente erstellt werden
   Application::EnableVisualStyles();
   Application::SetCompatibleTextRenderingDefault(false);
   // Hauptfenster erstellen und ausführen
   Application::Run(gcnew Form1());
   return 0;
}
```

Die gesamte Transformation der Koordinaten geschieht durch die Einbindung und Verwendung der beiden Dateien *Transformation.h*:

```
#ifndef TRANSFORMATION_H
#define TRANSFORMATION_H
//---------------------------------------------------------
// Prototyping der Transformations-Funktionen
int trans(int,int,double,double,double);
//---------------------------------------------------------
#endif
```

und *Transformation.cpp*:

```
//---------------------------------------------------------
// Koordinatentransformation Welt- in Screenkoordinaten
//---------------------------------------------------------
int trans(int sa, int se, double wa, double we, double w)
{
   return ( (int) ((se-sa)/(we-wa)*(w-wa)+sa) );
}
//---------------------------------------------------------
```

8.1.4 Darstellung quadratischer Parabeln

Mit den gerade gewonnen Erkenntnissen lassen sich nun weitere interessante Probleme der Erstellung von Funktionsgraphen lösen.

Problemstellung: Es soll der Graph einer quadratischen Funktion in der Form $f(x) = a \cdot x^2 + b \cdot x + c$ mit möglichst optimaler Ausnutzung der vorhandenen Platzverhältnisse dargestellt werden. Außerdem sind die Achsen des Koordinatensystems sinnvoll zu skalieren.

Problemanalyse: Der Benutzer eines solchen Programms hat sicherlich Vorstellungen von der Ausdehnung der x-Koordinaten, was seine Funktion betrifft. Er wird die Werte für xwa und xwe angegeben können. Allerdings hat er (möglicherweise) keine Kenntnis über die y-Koordinaten, die seine Funktion im Verlauf von xwa bis xwe produziert. Würde nun die y-Achse willkürlich in ihrer Ausdehnung bestimmt, so könnte es passieren, dass nicht alle Funktionswerte dargestellt werden, weil die Achse schlicht zu kurz ist. Mit Hilfe einer zählergesteuerten Schleife kann jedoch das Programm beginnend bei xwa und in entsprechender (vom Benutzer vorgegebener) Schrittweite bis xwe den größten und den kleinsten Funktionswert errechnen und anschließend die Unterteilung der y-Achse in Abhängigkeit von diesen Werten vornehmen.

Zur Vereinfachung ist in der folgenden Lösung die Zeichenfläche auf dem Screen im Programm fest vorgegeben. Es wäre auch denkbar, dass der Anwender hier wieder die entsprechenden Angaben tätigt. Es wären dann nur einige Überlegungen aus Abschnitt 8.1.3 zu übertragen.

Für die Eingabe sind erforderlich: Textboxen für die Koeffizienten der quadratischen Funktion tB_a, tB_b und tB_c. Außerdem müssen für die Steuerung in x-Richtung Textboxen für den Anfangs- End- und Schrittweitenwert bereitgestellt werden: tB_xwa, tB_xwe und tB_schrittweite. Ein Button für die Auslösung der Aktion bt_zeichne rundet die Eingabeelemente ab. Das Layout der Anwendung könnte dann aussehen wie in Bild 8.14.

Der Frame verfügt über eine Größe von 660 x 600 Pcx, die Zeichenfläche sei durch die Festlegung xsa = 50, xse = 610, ysa = 550 und yse = 150 definiert.

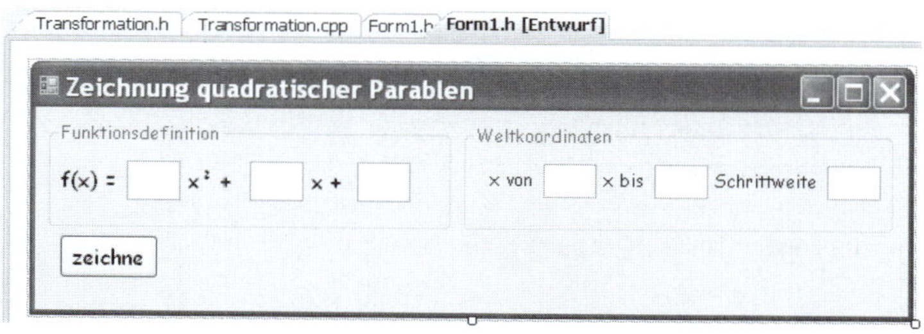

Bild 8.14 Layout der Anwendung zur Darstellung quadratischer Funktionen

Im Programm wird untersucht, wie groß der Bereich zwischen xwa und xwe bzw. ywa und ywe tatsächlich ist, um den optimalen Abstand zwischen den Skalierungsstrichen zu bestimmen. Sind jeweils mehr als 20 Einheiten auf einer Achse unterzubringen, wird in Schritten von 2 skaliert, bei mehr als 50 Einheiten in Schritten von 5. Diese Technik kann für andere Funktionen mit entsprechend gelagerten Definitions- und Wertebereichen einfach angepasst werden. Stehen die Skalierungsstriche zu eng zusammen, kann die zugehörige Beschriftung nicht mehr gelesen werden, weil die einzelnen Zeichen sich dann schnell überlagern. Bild 8.15 zeigt das **Struktogramm**.

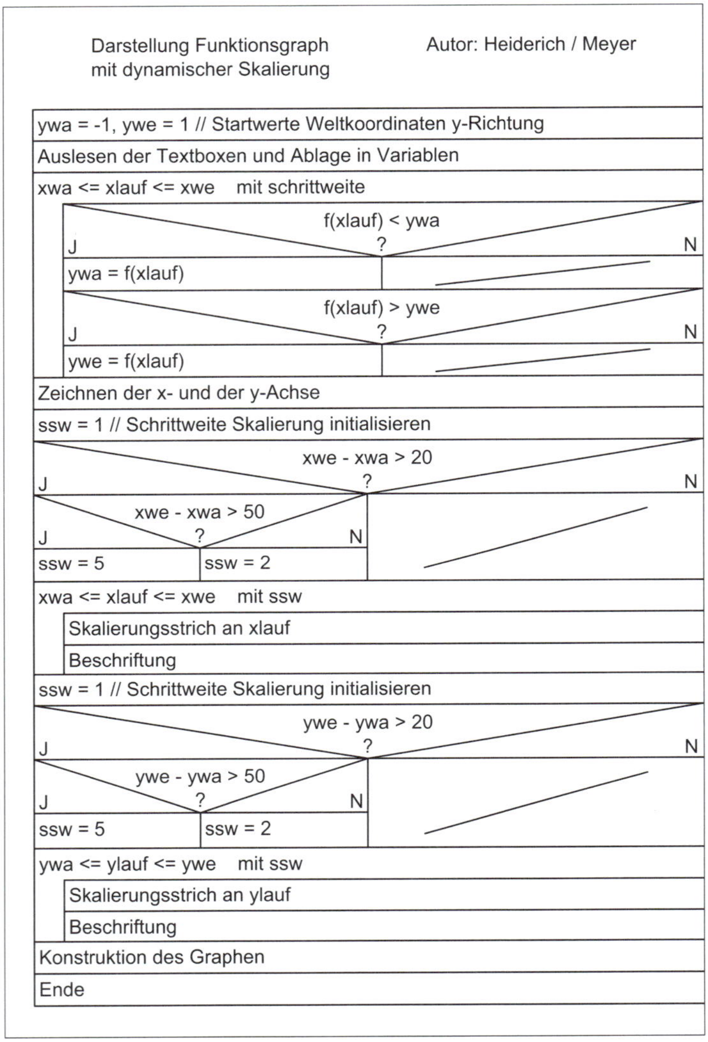

Bild 8.15 Struktogramm zum Funktionsplot mit dynamischer Skalierung

Programm

Siehe Internetseite zum Buch, Beispiel K08B05.

Das Listing zeigt nur den individuellen Teil des Codings. Der Programmteil, der von VC++ für die Oberfläche erstellt wurde, kann nach dem Layout leicht nachgestellt werden.

In den Zeilen 36 und 37 werden zwei Fonts (Schriftarten) für die Beschriftung definiert. Außerdem wird ein SolidBrush (einfarbiger Pinsel) in der Zeile 38 definiert. Diese Angaben werden benötigt, um später im Programm Texte in die Grafik „malen" zu können (Anwendung der Methode `drawString()`). In den Zeilen 59 bis 64 wird mit Hilfe einer zählergesteuerten Schleife der maximale und der minimale Funktionswert bestimmt. Als Vergleichswerte sind für die Untergrenze `-1` und die Obergrenze `+1` festgelegt worden. Diese Werte können nicht über- bzw. unterschritten werden, d.h. auch wenn z.B. der Graph der darzustellenden Funktion komplett oberhalb der x-Achse verläuft, wird als Untergrenze der Funktionswerte `-1` gesetzt. Dies hat zur Folge, dass die Koordinatenachsen, die eine wichtige Orientierungshilfe darstellen, immer sichtbar sind.

In den Zeilen 66 und 67 werden die Grenzen durch einen doppelten Typecast (Typumwandlung) jeweils auf eine ganze Zahl gerundet, damit die Skalierungsstriche später an sinnvollen Stellen positioniert werden. Die Skalierung selbst wird durch den Aufruf der Methode `drawLine()` in den Zeilen 108 und 119 realisiert. Hier wird jeweils ein Strich in der Länge von 4 Pixeln an die entsprechende Achsenposition gezeichnet. Der Rest des Programms entspricht der Darstellung im Struktogramm und basiert auf den Techniken aus Abschnitt 8.1.3. Das Programm produziert die Ausgabe aus Bild 8.16.

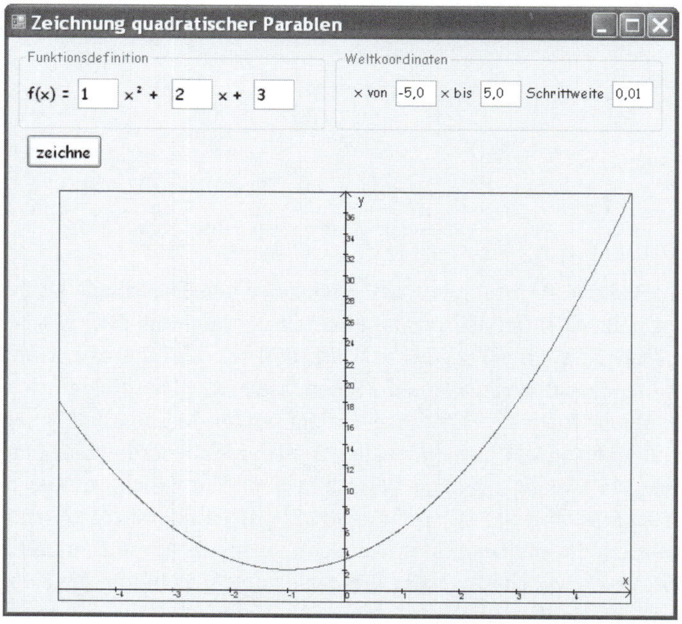

Bild 8.16 Ausgabe des Zeichenprogramms für quadratische Funktionen

8.1.5 Spannungsteilerkennlinien

Problemstellung: Mit einem Spannungsteiler kann man eine beliebige Eingangsspannung U auf einen kleineren Wert U_L herunterteilen. Je nach Stellung des Abgriffs kann man eine größere oder kleinere Spannung abgreifen. Der Zusammenhang zwischen Abgriff und abgegriffener Spannung ist bei einem belasteten Spannungsteiler nicht linear und hängt von der Größe des Lastwiderstandes ab. Ist er groß im Vergleich zum Widerstand R, so ist die Abhängigkeit fast linear, ist der Lastwiderstand dagegen klein gegenüber dem Spannungsteilerwiderstand R, so hängt die Kennlinie weit durch. Das Verhalten des Spannungsteilers bei verschiedenen Belastungen soll als Kennlinie bzw. Kennlinienfeld dargestellt werden.

Problemanalyse: Damit die Abhängigkeit „universell" ist, also unabhängig von konkreten Werten für U, R und R_L, gehen wir von folgenden Zusammenhängen aus:

Auf der horizontalen Achse wird der Abgriff abgetragen und auf der Ordinate das Spannungsverhältnis `y`. Es entsteht das Bild einer Funktion `y = f(x)`, das sich mit den Programmen aus Abschnitt 8.1 grafisch gut darstellen ließe. Der Definitions- und Wertebereich ist durch die Normierung denkbar einfach und geht von `0` bis `1` respektive `0` bis `100%`.

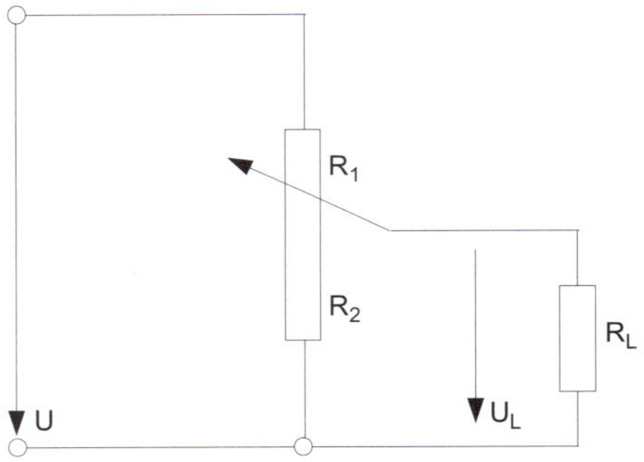

Bild 8.17
Schaltung Spannungsteilerkennlinien

Im Programm kann alternativ die Berechnung mit anschließender tabellarischer Ausgabe der Funktionswerte oder der grafischen Darstellung des Funktionsverlaufs von `f(x)` geschehen. Wird die grafische Ausgabe gewählt, so liegen die Weltkoordinaten für dieses Beispiel fest und brauchen vom Benutzer nicht eingegeben zu werden. Die Screenkoordinaten richten sich ebenfalls nur nach der Größe des vorhandenen Platzes auf der Maske und können dementsprechend im Programm festgelegt werden. Bei der Wahl der Weltkoordinaten sollte darauf geachtet werden, dass ein kleiner negativer Bereich in `x`- und in `y`-Richtung vorgesehen wird (z.B. jeweils `-0.05`), damit das Koordiantenkreuz vollständig sichtbar wird. Auch die Skalierung ist in diesem Beispiel anders zu realisieren, denn die Achsen verlaufen hier nur von `-0.05` bis `1.0`. Der eigentliche Kern der Problemlösung besteht aber hier nur aus einer zählergesteuerten Schleife über die Abszissenwerte (also die `x`-Werte) in der vom Benutzer gewählten Schrittweite und der darin durchgeführten Auswertung der gebrochenrationalen Funktion `f(x)`. Bild 8.18 zeigt das **Struktogramm**.

Darstellung Spannungsteilerkennlinien — Autor: Heiderich / Meyer

ywa = -0.1, ywe = 1 // Startwerte Weltkoordinaten y-Richtung

xwa = -0.1, xwe = 1 // Startwerte Weltkoordinaten x-Richtung

Setzen der Screen-Koordinaten

Auslesen der Textboxen und Ablage in Variablen für alpha und schrittweite

0 <= x <= 1 in Schritten von schrittweite

- $y = x / (1 + alpha * x - alpha * x^2)$
- BA: x, y
alternativ: Ausgabe des Funktionsgraphen

Ende

Bild 8.18 Struktogramm zur Darstellung von Spannungsteilerkennlinien

Programm

Siehe Internetseite zum Buch, Beispiel K08B06.

In den beiden zählergesteuerten Schleifen der Zeilen 77 bis 83 und 85 bis 91 werden die Skalierungen der Achsen vorgenommen. Da im Bereich von `0.0` bis `1.0` nicht ganzzahlig skaliert werden kann, wird hier eine Schrittweite von jeweils `0.1` gewählt. Die Beschriftung der Achsen endet bei `0.9`, um das Ende der Achse nicht durch die Pfeilspitze, die Beschriftung (x bzw. y) und einen zusätzlichen Zahlenwert zu überfrachten. In den Zeilen 39 bis 42 ist eine Überprüfung der Eingabe von α realisiert. Der weitere Ablauf des Programms wird nur dann durchgeführt, wenn die Eingabe mit der Erwartung (hier $\alpha \geq 0$) übereinstimmt.

Die Methode `Form1_Load()` übernimmt wieder die Aufgabe der Bereitstellung von Default-Werten für die Eingabefelder, damit in der Erstellungsphase des Programms nicht für jeden Testlauf jeweils der Wert für α und die Schrittweite eingegeben zu werden brauchen. Das Programm kann also das Aussehen aus Bild 8.19 besitzen und mit den Standardwerten den Graphen konstruieren.

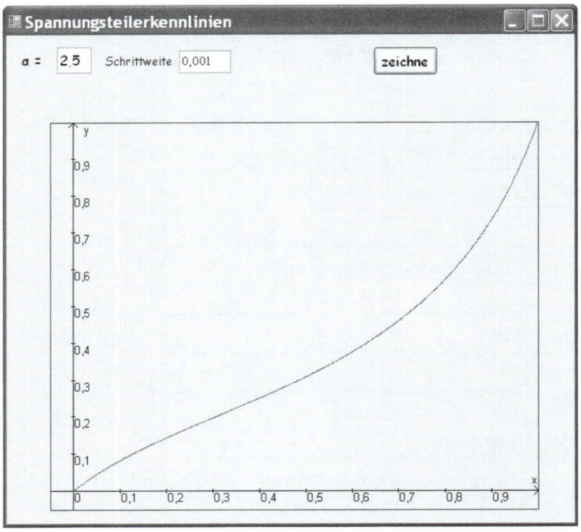

Bild 8.19 Layout der Maske und Ausgabe der Spannungsteilerkennlinie für α = 2.5

8.2 Lösung technisch-wissenschaftlicher Probleme

Die folgenden Beispiele behandeln Frage- und Problemstellungen aus den Bereichen Elektro-, Mess- und Digitaltechnik.

8.2.1 Widerstandsreihen E6 bis E96

Problemstellung: Aus fertigungstechnischen Gründen stellt man Widerstände innerhalb einer Dekade nicht gleichmäßig verteilt her, sondern nach einer geometrischen Reihe. Diese Reihen heißen E-Reihen und werden mit E6, E12, E24, E48, E96 bezeichnet. E6 bedeutet, dass in einer Dekade sechs Werte liegen. Damit alle Widerstände vorkommen können, ordnet man den Reihen Toleranzen zu:

- E6 bedeutet ± 20 %
- E12 bedeutet ± 10 %
- E24 bedeutet ± 5 %
- E48 bedeutet ± 2 %
- E96 bedeutet ± 1 %

Der Hersteller garantiert, dass beispielsweise ein Widerstandswert aus der E12-Reihe eine maximale Abweichung von ± 10% vom Nennwert hat.

Es ist ein Programm zu entwerfen, das für die Dekade von 1 bis 10 (10 gehört schon zur nächsten Dekade) die Widerstände wie in Tabelle 8.3 angegeben, errechnet und ausdruckt.

Eingabe: Nr. der E-Reihe, also 6, 12, 24, 48 oder 96

Ausgabe: Tabelle der Widerstandswerte mit Angabe der Toleranzen

Tabelle 8.3 Tabelle der Widerstandsreihe E6

Widerstandsreihe E - 6		
-20%	R	20%
0,80000	1,00000	1,20000
1,17424	1,46780	1,76136
1,72355	2,15444	2,58532
2,52982	3,16228	3,79473
3,71327	4,64159	5,56991
5,45034	6,81292	8,17551

Problemanalyse: Das Bildungsgesetz für E-Reihen ergibt sich nach der Formel

$$R_i = (\sqrt[n]{10})^i \cdot 10^m \,\Omega,$$

wobei `i` der `i`.te Widerstandswert innerhalb der Dekade ist: `0 ≤ i ≤ (n - 1)`. `n` bedeutet die Anzahl der Widerstände innerhalb einer Dekade und entspricht somit der Nummer der E-Reihe. Beispielsweise ist `n = 24` für die E24-Reihe einzusetzen. 10^m nennt man den Dekadenfaktor, für den gilt:

```
1 ... 10          m=0     10^0 = 1
10 ... 100        m=1     10^1 = 10
100 ... 1000      m=2     10^2 = 100

usw.
```

Die Zuordnung der Toleranz zur E-Reihe ist eine Überlegung wert. Entweder man verwendet die `switch-case`-Anweisung und ordnet jeder E-Reihe die Toleranz zu, oder man leitet einen arithmetischen Ausdruck ab, der aus der Nummer der E-Reihe die Toleranz berechnet. Man leitet aus den Eigenschaften geometrischer Reihen folgendes Bildungsgesetz ab:

```
96 : 6 = 16     20 : 16 = 1,25      1% Toleranz
48 : 6 = 8      20 : 8  = 2,5       2% Toleranz
24 : 6 = 4      20 : 4  = 5         5% Toleranz
12 : 6 = 2      20 : 2  = 10       10% Toleranz
 6 : 6 = 1      20 : 1  = 20       20% Toleranz
```

Es ergibt sich folgender arithmetischer Ausdruck:

```
tol = (int)(20/(Nr. E-Reihe/6)) = (int)(120/Nr. E-Reihe)
```

Mit diesen Vorüberlegungen bzw. Problemanalyse kann das **Struktogramm** gezeichnet werden (siehe Bild 8.20).

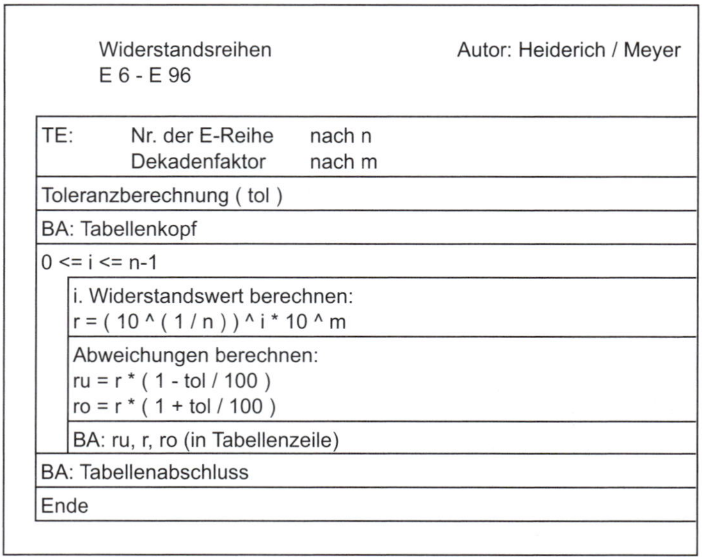

Bild 8.20 Struktogramm zur Widerstandsreihenberechnung

Programm

Siehe Internetseite zum Buch, Beispiel K08B07.

Bild 8.21 und Bild 8.22 zeigen den **Programmtest** für unterschiedliche Eingaben.

```
Programm zur Berechnung von Widerstandsreihen E 6 - E 96
---------------------------------------------------------

Bitte geben Sie die Nr. der E-Reihe an: 6

Bitte geben Sie den Dekadenfaktor m an: 0

+--------------------------------------+
|        Widerstandsreihe E -  6       |
+--------------------------------------+
|      - 20% |      R      |     + 20% |
+--------------------------------------+
|    0.80000 |     1.00000 |   1.20000 |
|    1.17424 |     1.46780 |   1.76136 |
|    1.72355 |     2.15443 |   2.58532 |
|    2.52982 |     3.16228 |   3.79473 |
|    3.71327 |     4.64159 |   5.56991 |
|    5.45034 |     6.81292 |   8.17550 |
+--------------------------------------+
```

Bild 8.21 Programmausgabe für die Widerstandsreihe E6 der ersten Dekade (m = 0)

```
Programm zur Berechnung von Widerstandsreihen E 6 - E 96
--------------------------------------------------------

Bitte geben Sie die Nr. der E-Reihe an: 24

Bitte geben Sie den Dekadenfaktor m an: 2

+--------------------------------------+
|        Widerstandsreihe E - 24       |
+--------------------------------------+
|     - 5% |      R      |      + 5%  |
+--------------------------------------+
|  95.00000 | 100.00000 | 105.00000 |
| 104.56595 | 110.06942 | 115.57289 |
| 115.09512 | 121.15276 | 127.21040 |
| 126.68453 | 133.35214 | 140.01974 |
| 139.44093 | 146.77992 | 154.11891 |
| 153.48183 | 161.55981 | 169.63780 |
| 168.93654 | 177.82794 | 186.71935 |
| 185.94746 | 195.73418 | 205.52089 |
| 204.67130 | 215.44347 | 226.21564 |
| 225.28050 | 237.13737 | 248.99425 |
| 247.96494 | 261.01572 | 274.06650 |
| 272.93356 | 287.29849 | 301.66342 |
| 300.41635 | 316.22775 | 332.03915 |
| 330.66656 | 348.07007 | 365.47357 |
| 363.96274 | 383.11868 | 402.27463 |
| 400.61166 | 421.69650 | 442.78134 |
| 440.95093 | 464.15887 | 487.36682 |
| 485.35211 | 510.89697 | 536.44183 |
| 534.22424 | 562.34131 | 590.45837 |
| 588.01752 | 618.96582 | 649.91412 |
| 647.22748 | 681.29205 | 715.35663 |
| 712.39954 | 749.89423 | 787.38892 |
| 784.13397 | 825.40417 | 866.67438 |
| 863.09167 | 908.51758 | 953.94348 |
+--------------------------------------+
```

Bild 8.22 Programmausgabe für die Widerstandsreihe E24 der dritten Dekade (m = 2)

8.2.2 Farbcodierung von Widerständen nach DIN 41429

Problemstellung: Widerstandswerte und auch die Toleranzangabe von Widerständen werden durch Farbringe, Farbpunkte oder Farbstriche auf dem Widerstandskörper gekennzeichnet. Derjenige Ring, der näher am Ende des Widerstandes liegt, steht für die 1. Ziffer. Es soll ein Programm entwickelt werden, das diesen Farbcode in den entsprechenden numerischen Wert einschließlich Toleranzangabe umrechnet. Eingegeben werden die Farbbezeichnungen als Text, ausgegeben wird der numerische Wert des Widerstandes. Im Beispiel des Widerstands aus Abbildung von Tabelle 8.4 ergibt sich 470 Ω ±5%.

Tabelle 8.4 Farbkennzeichnung von Widerständen und Farbenzuordnungstabelle

Farbe	1. Ring	2. Ring	3. Ring	4. Ring
	Widerstandswert in Ω			Toleranz in %
	1. Ziffer	2. Ziffer	Multiplikator	
schwarz	0	0	10^0	-
braun	1	1	10^1	± 1
rot	2	2	10^2	± 2
orange	3	3	10^3	-
gelb	4	4	10^4	-
grün	5	5	10^5	± 0,5
blau	6	6	10^6	-
violett	7	7	10^7	-
grau	8	8	10^8	-
weiß	9	9	10^9	-
gold	-	-	10^{-1}	± 5
silber	-	-	10^{-2}	± 10
keine	-	-	-	± 20

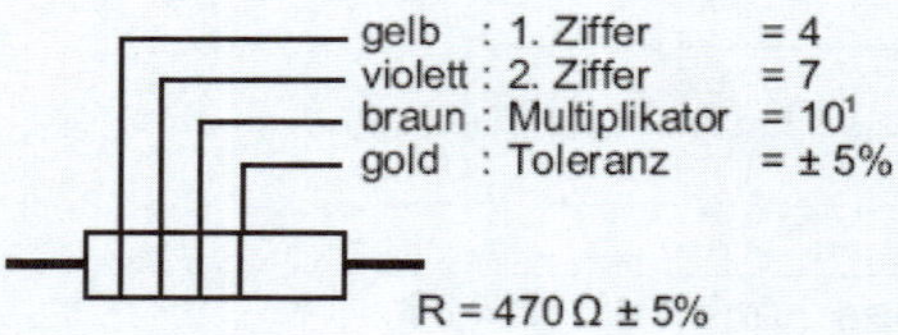

Problemanalyse: Bei genauer Betrachtung der Tabelle 8.4 erkennt man, dass die ersten zehn Zeilen bezüglich der ersten drei Ringe systematisch aufgebaut sind. Betrachtet man die ersten zehn Zeilen als ein eindimensionales Feld, so gibt der Feldindex für die Zeilen den Wert für Ring eins und zwei an sowie den Exponenten des Multiplikators. Für die Toleranz ist kein System erkennbar, so dass wir sie direkt zuordnen. In einem eindimensionalen Feld legen wir die Farben von schwarz bis weiß ab.

Struktogramm: Das Struktogramm (siehe Bild 8.23) setzt eine fehlerfreie Eingabe voraus. Der Leser möge selbst in einer Programmmodifikation die Eingabe absichern bzw. auf Freiheit von Fehlern überprüfen.

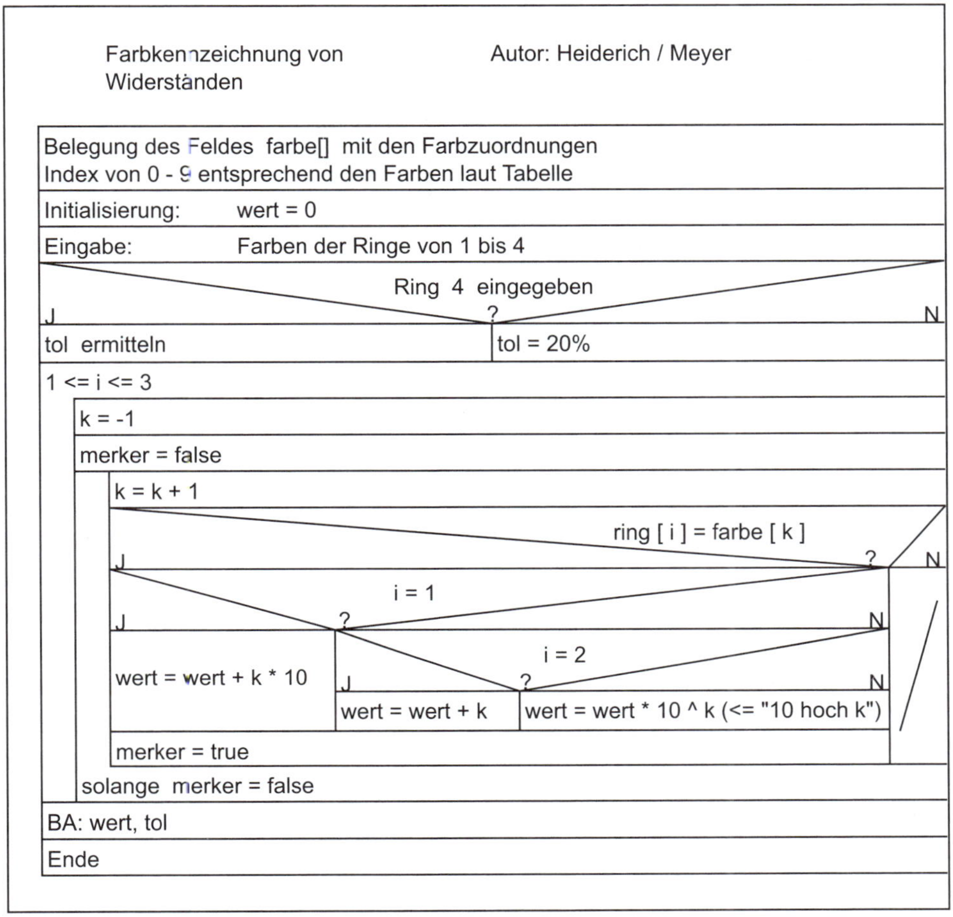

Bild 8.23 Struktogramm zur Farbkennzeichnung von Widerständen

Mit dem Struktogramm aus Bild 8.24 kann die Toleranz ermittelt werden, wenn Ring 4 angegeben wurde.

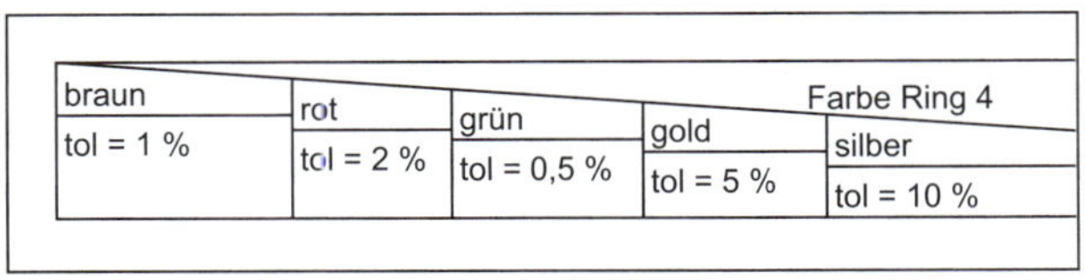

Bild 8.24 Struktogrammteil zur Analyse des 4. Ringes

Programmtest: Wir testen das Programm mit der Farbcodierung des Eingangsbeispiels.

```
Farbtabelle:
============

                                    R i n g
! Farbe    ! Kennzifer ! 1 ! 2 ! 3 ! 4 !
+----------+-----------+---+---+---+---+
! schwarz  !         0 ! x ! x ! x ! - !
!   braun  !         1 ! x ! x ! x ! x !
!     rot  !         2 ! x ! x ! x ! x !
!  orange  !         3 ! x ! x ! x ! - !
!    gelb  !         4 ! x ! x ! x ! - !
!   gruen  !         5 ! x ! x ! x ! x !
!    blau  !         6 ! x ! x ! x ! - !
! violett  !         7 ! x ! x ! x ! - !
!    grau  !         8 ! x ! x ! x ! - !
!   weiss  !         9 ! x ! x ! x ! - !
!    gold  !        10 ! - ! - ! x ! x !
!  silber  !        11 ! - ! - ! x ! x !
! farblos  !        12 ! - ! - ! - ! x !


Bitte Kennziffer fuer den 1.Ring angeben: 4
Bitte Kennziffer fuer den 2.Ring angeben: 7
Bitte Kennziffer fuer den 3.Ring angeben: 1
Bitte Kennziffer fuer den 4.Ring angeben: 10
```

Bild 8.25 Programm-Eingabe zur Farbcodierung von Widerständen

```
Der von Ihnen definierte Widerstand mit der Kennung

gelb - violett - braun - gold -

besitzt den Wert von 470.000 Ohm mit +-5.0% Toleranz

weitere Auswertungen? (j/n) _
```

Bild 8.26 Programm-Ausgabe zur Farbcodierung von Widerständen

8.2.3 Fourier-Synthese periodischer empirischer Funktionen

Der französische Mathematiker Fourier (1768 - 1830) konnte zeigen, dass man jede periodische Funktion (s. Bild 8.27) als Summe von Sinus- und Kosinusfunktionen darstellen kann, wobei die Frequenz und Amplitude jeder Oberschwingung unterschiedlich ist.

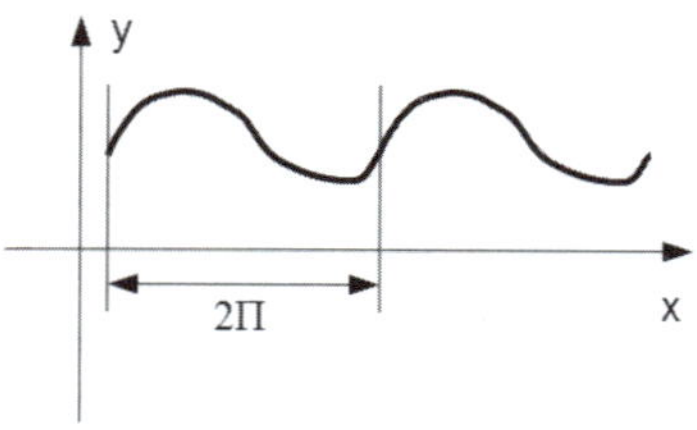

Bild 8.27 Graph einer periodischen Funktion

$$f(x) = a_0 + \sum_{n=1}^{\infty}(c_n \cdot \cos nx + s_n \cdot sin\ nx) = a_0 + c_1 \cdot \cos x + s_1 \cdot \sin x + c_2 \cdot \cos 2x + s_2 \cdot \sin 2x + c_3 \cdot \cos 3x + s_3 \cdot \sin 3x + ...$$

Die Fourierintegrale zur Berechnung der Fourierkoefizienten sind nicht Gegenstand dieses Buches. Sie werden in den Vorlesungen der Hochschulen vermittelt. In einschlägigen Tabellenwerken findet man die entsprechenden Fourierfunktionen auf der Basis sog. harmonischer Funktionen (s. Bild 8.28).

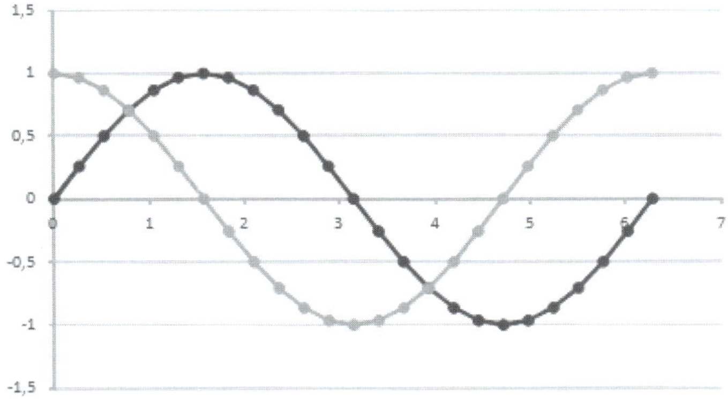

Bild 8.28 Harmonische Funktionen

Tabelle 8.5 Auswahl Fourier-Reihen

Nr.	Funktionsgraph	Fourier-Reihe
1	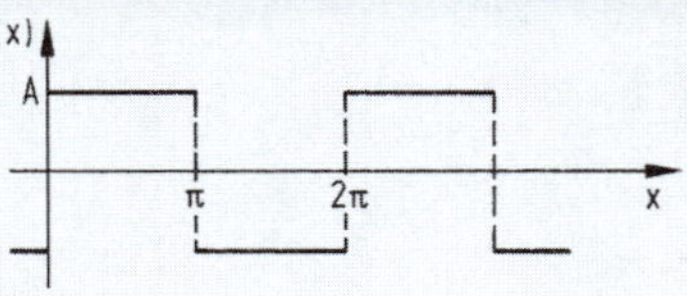	$f(x) = \frac{4A}{\pi}\left(\sin x + \frac{1}{3}\sin 3x + \frac{1}{5}\sin 5x + \cdots\right)$
2	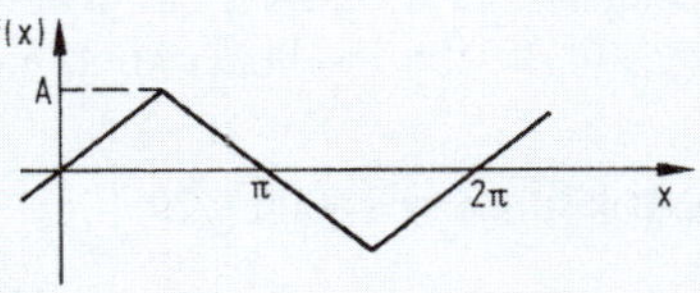	$f(x) = \frac{8A}{\pi^2}\left(\sin x - \frac{1}{3^2}\sin 3x + \frac{1}{5^2}\sin 5x + \cdots\right)$
3	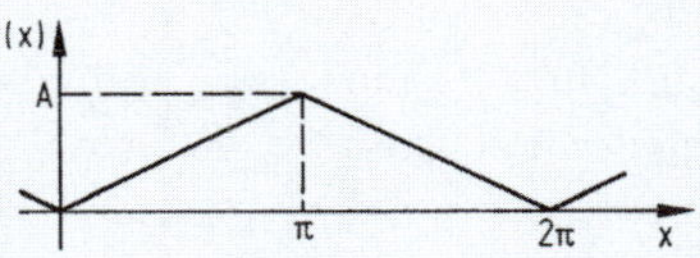	$f(x) = \frac{A}{2} - \frac{4A}{\pi^2}\left(\cos x + \frac{1}{3^2}\cos 3x + \frac{1}{5^2}\cos 5x + \cdots\right)$
4	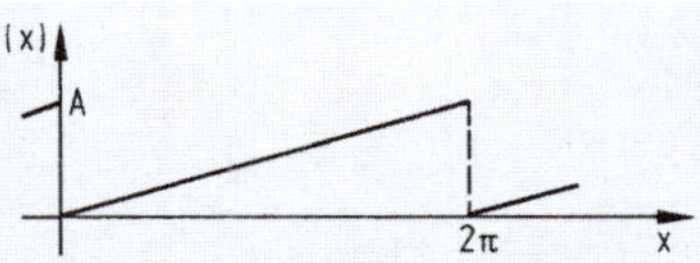	$f(x) = \frac{A}{2} - \frac{A}{\pi}\left(\sin x + \frac{1}{2}\sin 2x + \frac{1}{3}\sin 3x + \cdots\right)$
5	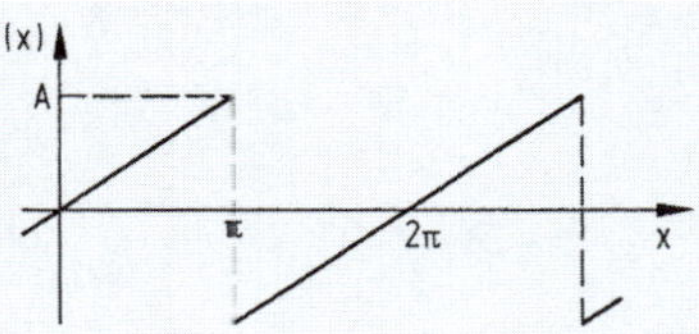	$f(x) = \frac{2A}{\pi}\left(\sin x - \frac{1}{2}\sin 2x + \frac{1}{3}\sin 3x - \cdots\right)$

Tabelle 8.5 *(Fortsetzung)*

Nr.	Funktionsgraph	Fourier-Reihe
6	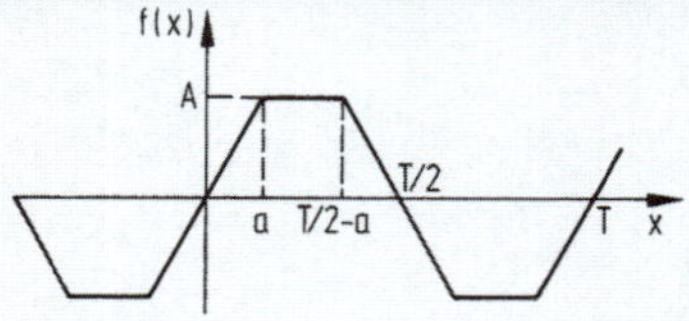	$f(x)=\frac{4A}{a\pi}\left(\sin a \sin x+\frac{1}{3^2}\sin 3a \sin 3x+\frac{1}{5^2}\sin 5a \sin 5x+\cdots\right)$
7	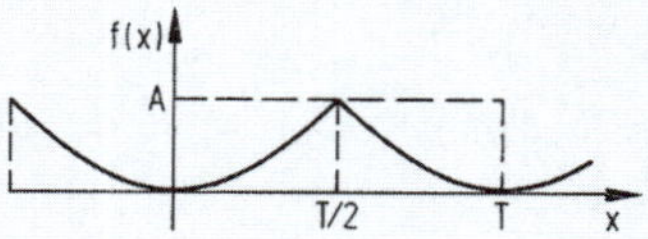	$f(x)=\frac{A}{3}-\frac{4A}{\pi^2}\left(\cos x-\frac{1}{2^2}\cos 2x+\frac{1}{3^2}\cos 3x+\cdots\right)$
8	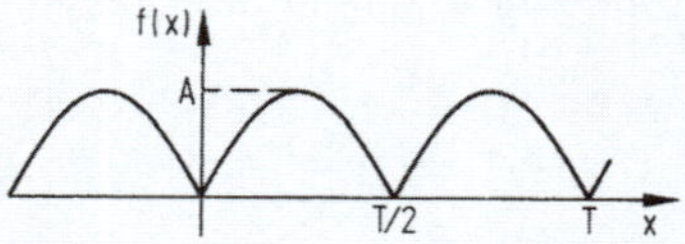	$f(x)=\frac{4A}{\pi}\left(\frac{1}{2}-\frac{1}{1\cdot 3}\cos 2x-\frac{1}{3\cdot 5}\cos 4x-\cdots\right)$
9	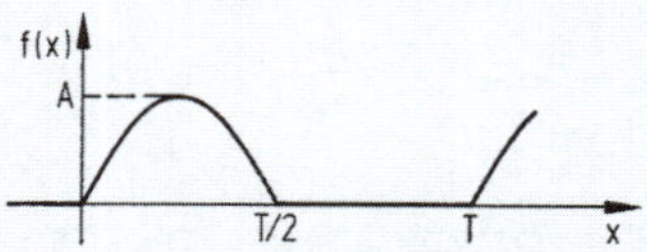	$f(x)=\frac{A}{\pi}+\frac{A}{2}\sin x-\frac{2A}{\pi}\left(\frac{1}{1\cdot 3}\cos 2x+\frac{1}{3\cdot 5}\cos 4x+\cdots\right)$
10	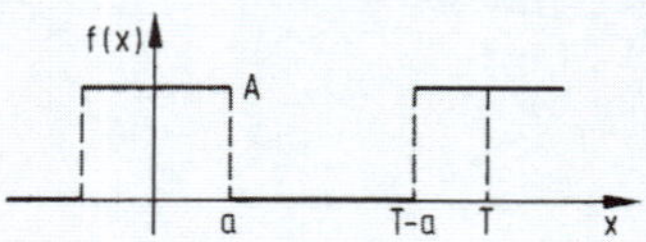	$f(x)=\frac{2A}{\pi}\left(\frac{a}{2}+\frac{\sin a}{1}\sin x+\frac{\sin 2a}{2}\sin 2x+\cdots\right)$

Problemstellung: Unsere Aufgabe soll nun darin bestehen, periodische Funktionen zeichnerisch darzustellen um die Auswirkungen der Anzahl der Oberwellen visuell nachvollziehen zu können.

Problemanalyse: Betrachten wir zunächst die Rechteckfunktion (s. Bild 8.29).

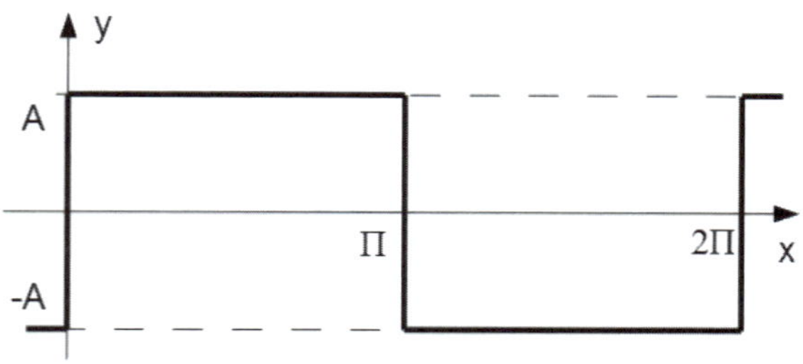

Bild 8.29 Graph einer Rechteckfunktion mit der Periode 2π und der Amplitude A

$$f(x)=\frac{4A}{\pi}[\sin x+\frac{1}{3}\sin 3x+\frac{1}{5}\sin 5x+.......]$$

mit der Grundschwingung $\sin x$ und den Oberwellen $\frac{1}{3}\sin 3x$, $\frac{1}{5}\sin 5x$, ...

Gegenüber den uns bekannten Funktionen, die durch einen endlichen Funktionsterm gegeben waren, liegt erstmalig eine Summe vor, deren Anzahl der Summanden je nach gewünschter Genauigkeit vorgegeben werden muss. Die Berechnung der Funktionswerte kann also nicht in einer Zuweisung programmiert werden, sondern in einer Iteration, die von der Anzahl der Summanden gesteuert werden muss. Bevor wir uns also an die zeichnerische Darstellung herantasten, müssen wir sicher sein, dass die Wertetabelle der Fourierfunktion richtig berechnet wird. Wenn wir die folgenden Variablennamen vereinbaren: *n* Anzahl der Summanden, *x* sei die unabhängige Variable in Bogenmaß, *x*G die zugehörige Variable für das Gradmaß, was nicht unbedingt sein muss, wir aber „besser" in Gradmaß denken können und *FX* sei der Funktionswert, dann muss für jedes *x* bzw. *x*G ein Funktionswert *FX* berechnet werden. x hat den Definitionsbereich von 0 bis 2π bzw. *x*G von 0 bis 360° und steuert die äußere Schleife in einer Schrittweite Δx bzw. ΔxG.

Das **Struktogramm** für die Berechnung der Funktionswerte könnte also aussehen wie in Bild 8.30:

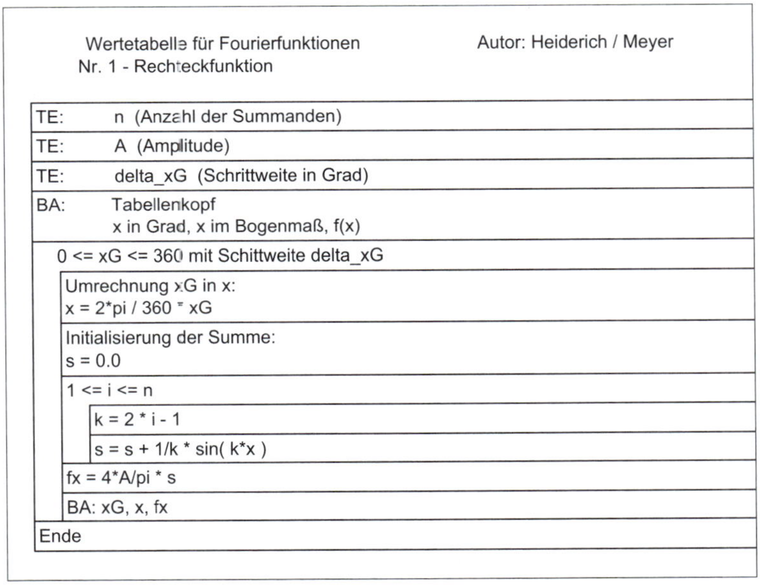

Bild 8.30 Struktogramm für die Berechnung der Funktionswerte

Programmlauf

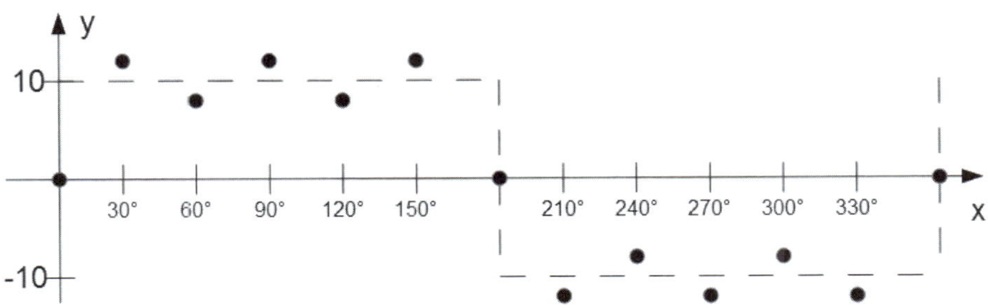

Bild 8.31 Zeichnerische Darstellung der Ergebnisse

Die zeichnerische Darstellung bestätigt unsere Überlegungen, mit denen wir uns jetzt an die graphische Darstellung auf dem Rechner heranwagen können.

Wie der Leser erkennt (s. Bild 8.33, Bild 8.32), nähert sich die Fourierfunktion mit größer werdendem n der idealen Rechteckfunktion deutlich an.

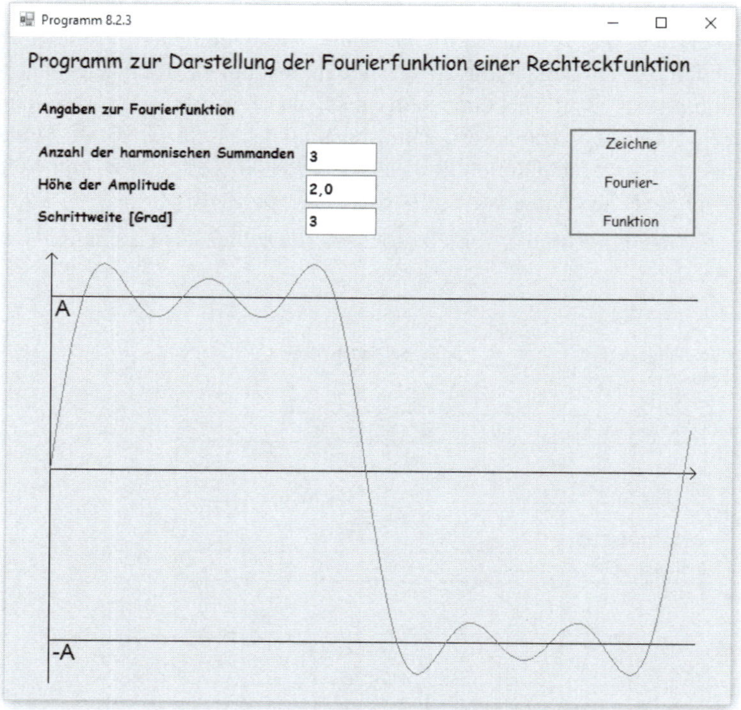

Bild 8.32 Fourierfunktion als Annäherung an die Rechteckfunktion $n = 3$, $\Delta x = 3°$

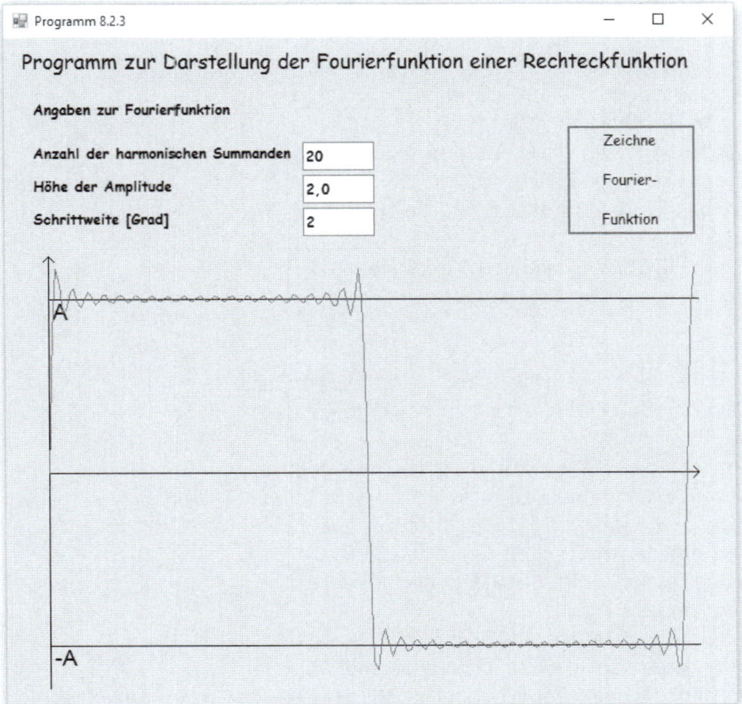

Bild 8.33 Fourierfunktion als Annäherung an die Rechteckfunktion $n = 20$, $\Delta x = 2°$

Der Plot dieser Funktionsgraphen ist mit dem Programm aus 8.1.3 sehr einfach möglich. Die erforderlichen Anpassungen der zentralen Methode zur Erstellung der Grafik sind dem folgenden Quellcode zu entnehmen:

```
private: System::Void bt_zeichne_Click(System::Object^  sender,
System::EventArgs^  e)
{
   // Diese Methode wird aufgerufen, wenn der Button "Zeichne ..."
   geclickt wird
   // Deklaration der lokalen Variablen
   int    xsa = 40;   // x-Richtung, Screen, Anfang
   int    xse = 640;  // x-Richtung, Screen, Ende
   int    ysa = 600;  // y-Richtung, Screen, Anfang
   int    yse = 200;  // y-Richtung, Screen, Ende
   double xwa = 0.0;  // x-Richtung, Welt, Anfang
   double xwe = 6.4;  // x-Richtung, Welt, Ende (etwas über 2*PI inaus)
   double ywa;        // y-Richtung, Welt, Anfang
   double ywe;        // y-Richtung, Welt, Ende
   double schrittweite, schrittweiteG; // Schrittweiten (Bogenmaß, Grad)
   int    x1;    // x-Koordinate des ersten Punktes einer Linie
   int    y1;    // y-Koordinate des ersten Punktes einer Linie
   int    x2;    // x-Koordinate des zweiten Punktes einer Linie
   int    y2;    // y-Koordinate des zweiten Punktes einer Linie
```

```
double xlauf; // Zählersteuerung
int n;        // Anzahl der harmonischen Schwingungen
double a;     // Amplitude
// Erzeugung eines neuen Grafik-Objektes
Graphics ^g = this->CreateGraphics();
// Definition der Hintergrundfarbe durch R-G-B-Code
Color cl = Color::FromA#e0e0e0;
// Bereinigen des Grafik-Objektes für Folgeaufruf
g->Clear(cl);
// Übernahme der Einträge aus den TextBoxen mit try - catch
// fehlerhafte Eingabe ==> MessageBox
try
{
   // Auslesen der Welt-Koordinaten, textBox ==> double
   ywa = -Convert::ToDouble(this->tB_Amplitude->Text)-0.5;
   ywe = -ywa;
   // Auslesen der Schrittweite, textBox ==> double
   schrittweiteG = Convert::ToDouble(this->tB_Schritt->Text);
   schrittweite = (xwe-xwa) / 360. * schrittweiteG;
   // Auslesen der harmonischen Schwingungen
   n = Convert::ToInt32(this->tB_harmonisch->Text);
   // Auslesen der Amplitude
   a = Convert::ToDouble(this->tB_Amplitude->Text);
   // Kontrollrahmen für die Zeichnungsfläche
   g->DrawRectangle(gcnew Pen(Color::Aqua),xsa,yse,xse-xsa,ysa-yse);
   // Konstruktion des Koordinatensystems
   // x-Achse: Strich von (xwa,0) nach (xwe,0)
   x1 = trans(xsa,xse,xwa,xwe,xwa);
   y1 = trans(ysa,yse,ywa,ywe,0.);
   x2 = trans(xsa,xse,xwa,xwe,xwe);
   g->DrawLine(gcnew Pen(Color::Black), x1, y1, x2, y1);
   // x-Achse: Pfeilspitze
   x1 = trans(xsa,xse,xwa,xwe,xwe);
   x2 = trans(xsa,xse,xwa,xwe,xwe)-5;
   y2 = trans(ysa,yse,ywa,ywe,0.)+5;
   g->DrawLine(gcnew Pen(Color::Black), x1, y1, x2, y2);
   y2 = trans(ysa,yse,ywa,ywe,0.)-5;
   g->DrawLine(gcnew Pen(Color::Black), x1, y1, x2, y2);
   // y-Achse: Strich von (0,ywa) nach (0,ywe)
   x1 = trans(xsa,xse,xwa,xwe,0.);
   y1 = trans(ysa,yse,ywa,ywe,ywa);
   y2 = trans(ysa,yse,ywa,ywe,ywe);
   g->DrawLine(gcnew Pen(Color::Black), x1, y1, x1, y2);
   // y-Achse: Pfeilspitze
   y1 = trans(ysa,yse,ywa,ywe,ywe);
   x2 = trans(xsa,xse,xwa,xwe,0.)-5;
   y2 = trans(ysa,yse,ywa,ywe,ywe)+5;
   g->DrawLine(gcnew Pen(Color::Black), x1, y1, x2, y2);
   x2 = trans(xsa,xse,xwa,xwe,0.)+5;
   g->DrawLine(gcnew Pen(Color::Black), x1, y1, x2, y2);
   // Amplitude: Strich von (xwa,a) nach (xwe,a) und von (xwa,-a) bis
   (xwe,-a)
```

```
      x1 = trans(xsa,xse,xwa,xwe,xwa);
      y1 = trans(ysa,yse,ywa,ywe,a);
      x2 = trans(xsa,xse,xwa,xwe,xwe);
      y2 = trans(ysa,yse,ywa,ywe,-a);
      g->DrawLine(gcnew Pen(Color::Black), x1, y1, x2, y1);
      g->DrawLine(gcnew Pen(Color::Black), x1, y2, x2, y2);
      // Beschriftung
      System::Drawing::Font^ drawFont = gcnew System::Drawing::Font
      ( "Arial",16 );
      SolidBrush^ drawBrush = gcnew SolidBrush( Color::Black );
      g->DrawString("A",drawFont,drawBrush,x1,y1);
      g->DrawString("-A",drawFont,drawBrush,x1,y2);
      // Konstruktion des Graphen
      for (xlauf = xwa + schrittweite; xlauf <= xwe; xlauf +=
      schrittweite)
      {
         x1 = trans(xsa,xse,xwa,xwe,xlauf-schrittweite);
         y1 = trans(ysa,yse,ywa,ywe,f(xlauf-schrittweite,n,a));
         x2 = trans(xsa,xse,xwa,xwe,xlauf);
         y2 = trans(ysa,yse,ywa,ywe,f(xlauf,n,a));
         g->DrawLine(gcnew Pen(Color::Red), x1, y1, x2, y2);
      }
   }
   catch (Exception ^e)
   {
      MessageBox::Show("Eingabe nicht numerisch - bitte
      korrigieren!","Eingabefehler");
   }
} // Ende bt_zeichne_Click

// Rechteck-Funktion
float f(float x, int n, float a)
{
   float s = 0.0; // Summe
   int i, k;      // Zählersteuerung, Hilfsvariable
   for (i = 1; i <= n; i++)
   {
      k = 2 * i - 1;
      s += 1./k * sin(k*x);
   }
   return 4*a/3.1415926*s;
}
```

8.2.4 Fourier-Analyse empirischer Funktionen

Problemstellung: In der digitalen Messtechnik wird das zu messende Signal abgetastet und gespeichert. Ein Rechenprogramm ermittelt aus den Messwerten (= empirische Funktion) die gewünschten Informationen, wie z. B. Effektivwert, Gleichrichtwert, aber auch eine komplette Fourier-Analyse. Die Problemstellung lautet also, aus den abgetasteten Messwerten die Fourierkoeffizienten zu berechnen.

Problemanalyse: Aus der numerischen Mathematik ist bekannt, wie die gesuchten Koeffizienten a_0, S_1, S_2, …, C_1, C_2, … berechnet werden. Dazu ist es notwendig, die Periode so einzuteilen, dass N durch 4 teilbar ist. Das Programm errechnet dann mit den Formeln a_0 und zusätzlich insgesamt $N/2$-1 Kosinuskoeffizienten C_1, C_2, …,$C_{N/2-1}$ und genauso viele Sinuskoeffizienten S_1, S_2, …, $S_{N/2-1.}$ Der Kosinuskoeffizient $C_{N/2}$ wird ebenfalls berechnet; dass es keinen Sinuskoeffizienten $S_{N/2}$ gibt, hängt mit Symmetrieeigenschaften zusammen. Die Periode ist 2π, so dass ein Intervall $\Delta x = 2\pi/N$ breit ist. Letztlich kann x_i aus der Multiplikation von i und Δx ermittelt werden.

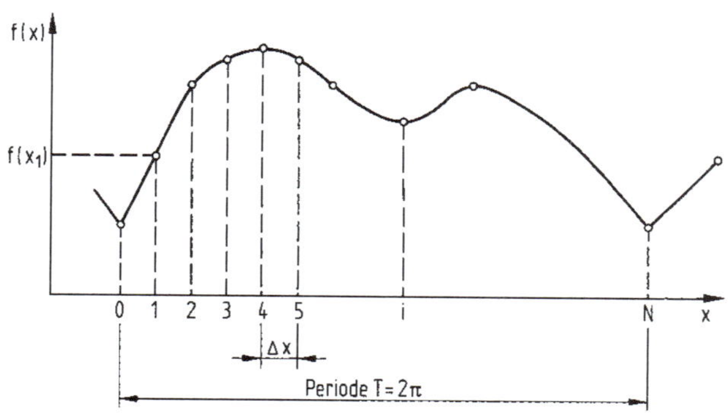

Bild 8.34
Zuordnung der Funktionswerte für die Berechnung der Fourier-Koeffizienten

Arithmetischer Mittelwert:

$$a_0 = \frac{1}{N} \cdot \sum_{i=1}^{N} f(x_i)$$

Sinus- und Kosinus-Koeffizienten:

$$\text{für } k = 1, 2, \ldots, \frac{N}{2} - 1:$$

$$S_k = \frac{2}{N} \cdot \sum_{i=1}^{N} f(x_i) \cdot \sin(k \cdot x_i)$$

und

$$C_k = \frac{2}{N} \cdot \sum_{i=1}^{N} f(x_i) \cdot \cos(k \cdot x_i)$$

Die Formeln für die Fourierkoeffizienten gelten unter der Bedingung, dass N durch 4 teilbar ist.

$x_i = i \cdot \Delta x$ mit $\Delta x = 2\pi/N$

für `i = 1, 2, ....., N`

Gesucht sind also die Fourier-Koeffizienten a_0, S_i und C_i, so dass gilt:

$$f(x) = a_0 + S_1 \cdot \sin x + S_2 \cdot \sin x + S_3 \cdot \sin x + \ldots$$
$$C_1 \cdot \cos x + C_2 \cdot \cos x + C_3 \cdot \cos x + \ldots$$

Mit diesen Vorüberlegungen kann das Struktogramm entwickelt werden. Doch sollten wir vorher noch gründlich über die Indizierung von *i* und *k* nachdenken, weil diese die Schleifenstruktur eindeutig bestimmen.

Nehmen wir einmal an, *k* sei 1. Der Sinuskoeffizient S_1 wird dann folgendermaßen errechnet: *i* läuft von 1 bis *N*

$$k = 1: \quad S_1 = \frac{2}{N} \cdot \sum_{i=1}^{N} f(x_i) \sin(1 \cdot x_i)$$

Mit dem nächsten Koeffizienten verfährt man analog: *i* läuft von *1* bis *N*

$$k = 2: \quad S_2 = \frac{2}{N} \cdot \sum_{i=1}^{N} f(x_i) \sin(2 \cdot x_i)$$

Wenn alle erforderlichen *k*-Werte durchlaufen sind, dann liegen alle Koeffizienten S_1, S_2, ..., $S_{N/2-1}$ und C_1, C_2, ..., $C_{N/2-1}$ berechnet vor.

Man erkennt, dass in der äußeren Schleife *k* läuft, in der inneren dagegen *i*. Das gilt bis auf a_0 und $C_{N/2}$ für alle C_i und S_i gleichermaßen. Im Struktogramm wird auf die Darstellung der ausführlichen Berechnung von a_0 und $C_{N/2}$ verzichtet. Voraussetzung für alle Berechnungen ist jedoch, dass die *N* Messpunkte $f(x_i)$ bekannt sind. Die Stützpunkte x_i brauchen nicht eingegeben zu werden, weil sie sich aus der Periodendauer und *N* ermitteln lassen.

Mit diesen Vorüberlegungen kann das **Struktogramm** erstellt werden, wobei wir auf die Dimensionierung der Felder verzichten (siehe Bild 8.35).

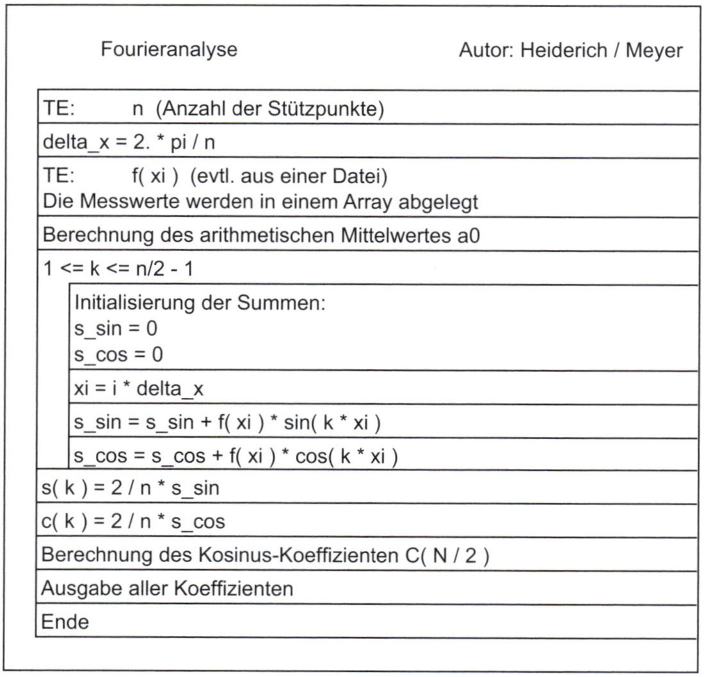

Bild 8.35 Struktogramm zur Berechnung von Fourier-Koeffizienten

Programm

Siehe Internetseite zum Buch, Beispiel K08B08.

Für eine klassische Rechteckfunktion liefert das Programm anschließend z.B. Ergebnisse wie in Bild 8.36.

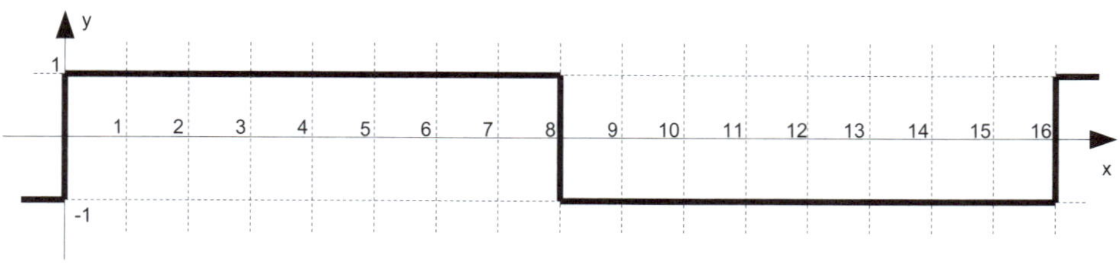

Bild 8.36 Graph einer klassischen Rechteckfunktion

In der ersten Hälfte der Periode besitzt die Funktion konstant den Funktionswert `+1`, in der zweiten Hälfte konstant den Funktionswert `-1`. Der Vorzeichenwechsel passiert am `8.` und am `16.` Messwert. Daher werden diese beiden im Beispiel jeweils mit `0` angegeben. Die Ausgabe des Programms ist in Bild 8.37 zu sehen. Die so entstandene Funktion kann mit den Fourier-Koeffizienten mit Hilfe des in Abschnitt 8.1 programmierten Funktionsplotters dargestellt werden.

```
Programm zur Berechnung von Fourier-Koeffizienten
-------------------------------------------------

Bitte geben Sie die Anzahl der Messwerte an: 16

Eingabe der 16 Messwerte:

 1.Messwert: 1
 2.Messwert: 1
 3.Messwert: 1
 4.Messwert: 1
 5.Messwert: 1
 6.Messwert: 1
 7.Messwert: 1
 8.Messwert: 0
 9.Messwert: -1
10.Messwert: -1
11.Messwert: -1
12.Messwert: -1
13.Messwert: -1
14.Messwert: -1
15.Messwert: -1
16.Messwert: 0


Errechnete Fourrier-Koeffizienten:
----------------------------------

arithmetischer Mittelwert a0 =  0.0000e+000

+-------------+-------------------+-------------------+
| harmonische | SIN-Koeffizienten | COS-Koeffizienten |
+-------------+-------------------+-------------------+
|      1      |    1.2568e+000    |   -1.4901e-007    |
+-------------+-------------------+-------------------+
|      2      |    1.4156e-007    |    3.7253e-008    |
+-------------+-------------------+-------------------+
|      3      |    3.7415e-001    |   -1.6019e-007    |
+-------------+-------------------+-------------------+
|      4      |    2.5332e-007    |   -3.7255e-008    |
+-------------+-------------------+-------------------+
|      5      |    1.6704e-001    |    1.4901e-007    |
+-------------+-------------------+-------------------+
|      6      |   -1.6391e-007    |    7.4506e-009    |
+-------------+-------------------+-------------------+
|      7      |    4.9728e-002    |    1.9372e-007    |
+-------------+-------------------+-------------------+
|      8      |        ---        |   -4.4409e-016    |
+-------------+-------------------+-------------------+
```

Bild 8.37 Ausgabe für eine einfache Rechteckfunktion auf der Basis von 16 Messwerten

Aus dem Ergebnis lesen wir ab, das der arithmetische Mittelwert $a_0 = 0$ ist. Das ist offensichtlich und bedarf keiner weiteren Erläuterung. Die Kosinus-Koeffizienten sind mit der Potent 10^{-7} ebenfalls quasi null. Darüber hinaus erkennen wir weiter, dass nur die ungeraden Sinus-Koeffizienten von Bedeutung sind, weil die geraden mit 10^{-7} so klein sind, dass sie keinen Einfluss haben. Für die Annäherung der Rechteckfunktion mit 16 Messwerten erhält man demnach die folgende Fourierfunktion:

$$f(x) = 1{,}2568 \cdot \sin(x) + 0{,}3741 \cdot \sin(3x) + 0{,}1670 \cdot \sin(5x) + 0{,}0497 \cdot \sin(7x)$$

Mit dem im Kapitel 8.1.3 entwickelten Programm können Sie den Verlauf des Graphen darstellen (s. Bild 8.38):

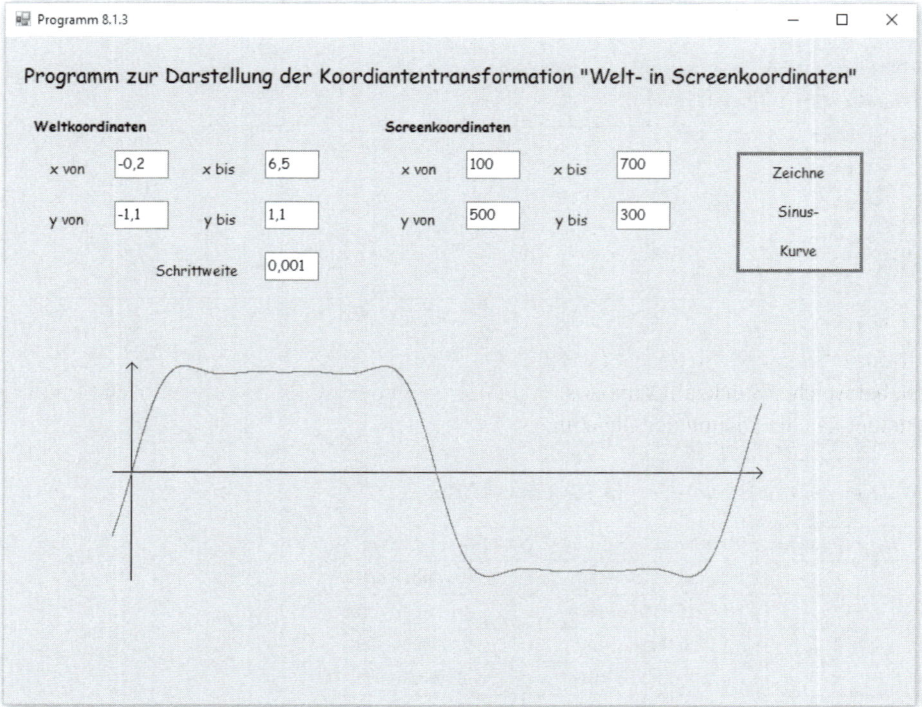

Bild 8.38 Plot der Fourierfunktion mit einem aus 8.1.3 modifiziertem Programm

Für den Plot dieser Fourierfunktion sind die erforderlichen Änderungen sehr übersichtlich. Hier die notwendigen Anpassungen ab Zeile 478:

```
        // Konstruktion des Graphen
        for (xlauf=xwa+schrittweite;xlauf<=xwe;xlauf+=schrittweite)
        {
           x1 = trans(xsa,xse,xwa,xwe,xlauf-schrittweite);
           y1 = trans(ysa,yse,ywa,ywe,funktion(xlauf-schrittweite));
           x2 = trans(xsa,xse,xwa,xwe,xlauf);
           y2 = trans(ysa,yse,ywa,ywe,funktion(xlauf));
           g->DrawLine(gcnew Pen(Color::Red),x1,y1,x2,y2);
        }
    }
    catch (Exception ^e)
    {
       MessageBox::Show("Eingabe nicht numerisch - bitte korrigieren!",
                        "Eingabefehler");
    }
} // Ende bt_zeichne_Click
float funktion(float x)
{
    return1.2568*sin(x)+0.3741*sin(3*x)+0.1670*sin(5*x)+0.0497*sin(7*x);
}
```

8.3 Nullstellenbestimmung von Funktionen

Problemstellung: In vielen technischen und kaufmännischen Problemstellungen sucht man den Wert einer unabhängigen Variablen, für den der Funktionswert null wird. Diese Aufgabenstellung sei an einem Beispiel erläutert. In einem Betrieb ist die Kostenfunktion bei der Fertigung eines Produktes ermittelt worden:

$$k(x) = 0{,}9 \cdot x^3 - 4 \cdot x^2 + 3{,}02 \cdot x + 9{,}72$$

Darin bedeuten *k(x)* die Kosten in T€ und *x* die Stückzahl. Die Betriebsleitung will nun wissen, bei welcher Stückzahl *x* die Kosten größer als 500 T€ werden. Mathematisch formuliert bedeutet das die Lösung der Gleichung

$$500 = 0{,}9 \cdot x^3 - 4 \cdot x^2 + 3{,}02 \cdot x + 9{,}72$$

Oder aber man sucht die Nullstelle(n) der Funktion

$$k(x) = 0{,}9 \cdot x^3 - 4 \cdot x^2 + 3{,}02 \cdot x - 490{,}28$$

8.3.1 Inkrementverfahren und Intervallhalbierung

Das einfachste Verfahren geht von der unteren Grenze des Intervalls x_u in Schritten von Δx soweit, bis sich das Vorzeichen des zugehörigen Funktionswertes ändert. Dann ist die Nullstelle überschritten und der Vorgang wird mit einer verkleinerten Schrittweite $\Delta x'$ fortgesetzt. Die Nullstelle ist dann gefunden, wenn sich die Intervallgrenzen um weniger als ein vorgegebenes ε unterscheiden. Das Verfahren heißt **Inkrementverfahren** und ist in Bild 8.39 dargestellt.

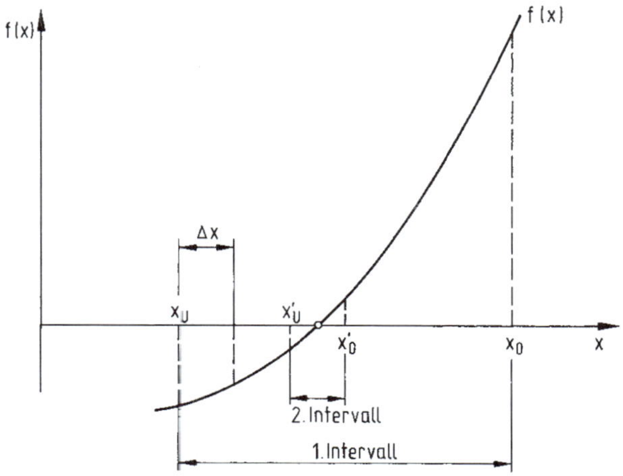

Bild 8.39 Arbeitsweise des Inkrementverfahrens

Es wäre auch möglich, das vorgegebene Intervall zu halbieren und an der neuen Stelle zu entscheiden, in welchem Teilintervall (im linken oder im rechten) weitergesucht werden muss. Die Entscheidung kann aufgrund der Vorzeichen der Funktionswerte vorgenommen werden. Auch mit diesem Verfahren wird das Intervall ständig kleiner, so dass abgebrochen werden kann, wenn sich zwei Näherungen um weniger als ein vorgegebenes ε unterscheiden. Das Verfahren heißt **Intervallhalbierung**.

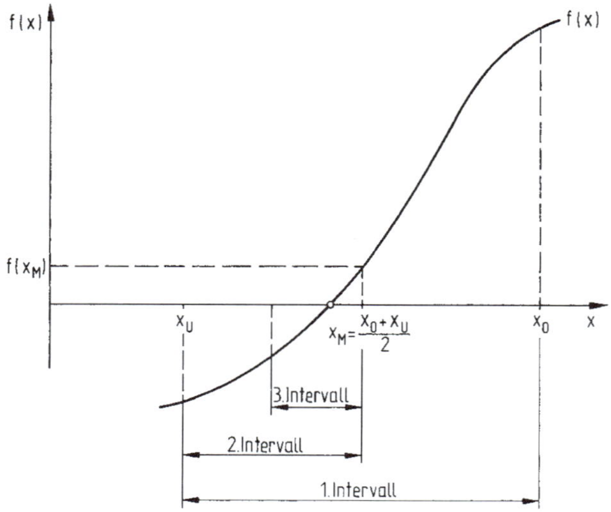

Bild 8.40
Die Arbeitsweise des Intervallhalbierungsverfahrens

Beide Verfahren werden mit der linearen Funktion $f(x) = x - 4$ getestet. Die Nullstelle liegt bei $x = 4$. Danach wird die Lösung für das kaufmännische Eingangsproblem errechnet. Doch zunächst die beiden **Struktogramme** (Bild 8.41 und Bild 8.42).

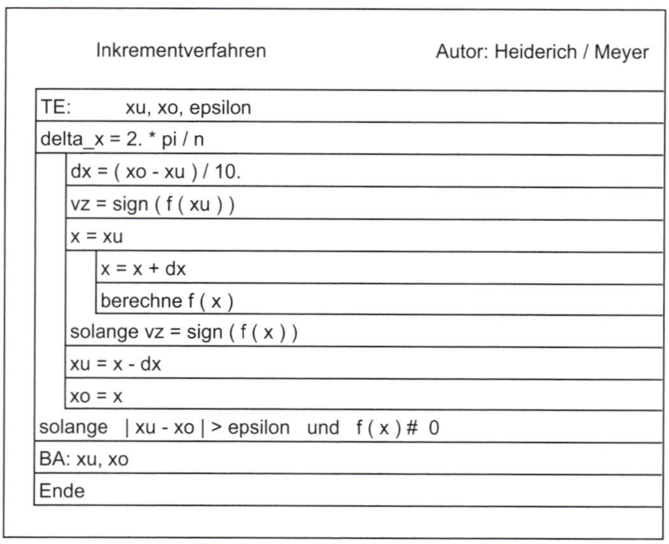

Bild 8.41
Das Struktogramm des Inkrementverfahrens

Hinweis: # bezeichnet im Struktogramm ≠, also den Ausdruck ungleich.

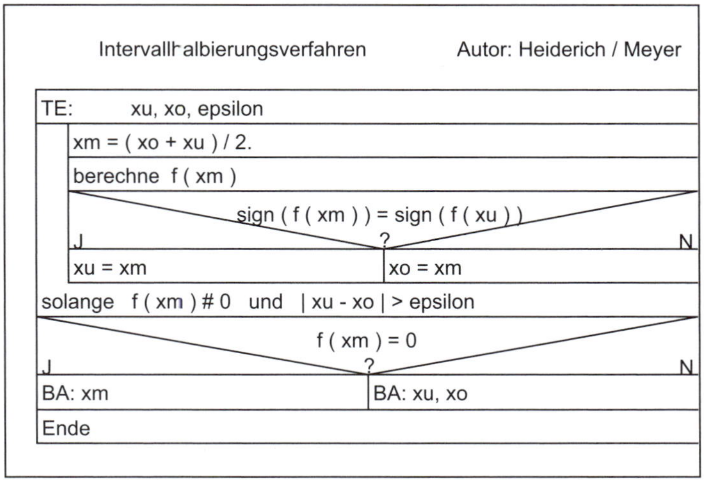

Bild 8.42 Struktogramm des Intervallhalbierungsverfahrens

Programme: Listing des Programms nach Inkrementverfahren

Siehe Internetseite zum Buch, Beispiel K08B09. ■

Dazu gehören die Header-Dateien signum.h und f.h:

Siehe Internetseite zum Buch, Beispiel K08B10. ■

Die cpp-Dateien signum.cpp und f.cpp:

Siehe Internetseite zum Buch, Beispiel K08B11. ■

In der Zeile 44 des Hauptprogramms, sowie in der Zeile 12 der Funktionsauswertung in f.cpp sind Testausgaben programmiert, damit der Programmablauf in der Testphase beobachtet und kontrolliert werden kann. Diese können später entfernt werden. Die Auslagerung der Funktionsauswertung in `f.cpp` bietet sich an, damit für die Anpassung der konkreten Funktion, deren Nullstellen bestimmt werden sollen, nur eine übersichtliche Datei zu editieren ist.

Das Listing des Programms nach Intervallhalbierungsmethode:

Siehe Internetseite zum Buch, Beispiel K08B12. ■

Die Include-Dateien `signum.h` und `f.h` sowie die cpp-Dateien `signum.cpp` und `f.cpp` werden unverändert für dieses Projekt aus dem Programm „Inkrementverfahren" übernommen. An dieser Stelle zeigt sich der Vorteil der Auslagerung von Programmteilen in Funktionen und deren Mehrfachverwendbarkeit. Große Teile stimmen in beiden Programmvarianten überein. Lediglich der eigentliche Algorithmus, also die Zeilen 33 bis 45 des Inkrementverfahrens und die Zeilen 33 bis 39 des Intervallhalbierungsverfahrens unterscheiden sich.

Programmtest: Wir wählen als Testfunktion die lineare Funktion $y = x - 4$, von der wir wissen, dass eine Nullstelle bei $x = 4$ liegt. Um den Iterationsvorgang besser verfolgen zu können, fügen wir eine Ausgabeanweisung in der Schleife ein. Bild 8.43 zeigt den Testlauf nach Inkrementverfahren.

```
Programm zur Berechnung von Nullstellen
     nach dem Inkrementverfahren
----------------------------------------

Bitte geben Sie die untere Intervallgrenze      xu an: 2

Bitte geben Sie die obere  Intervallgrenze      xo an: 5

Bitte geben Sie die gewünschte Genauigkeit epsilon an: 0.01

x =    2.000000 f(x) =  -2.000000
x =    2.300000 f(x) =  -1.700000
x =    2.600000 f(x) =  -1.400000
x =    2.900000 f(x) =  -1.100000
x =    3.200000 f(x) =  -0.800000
x =    3.500000 f(x) =  -0.500000
x =    3.800000 f(x) =  -0.200000
x =    4.100000 f(x) =   0.100000

xu =    3.800000  xo =   4.100000

x =    3.800000 f(x) =  -0.200000
x =    3.830000 f(x) =  -0.170000
x =    3.860000 f(x) =  -0.140000
x =    3.890000 f(x) =  -0.110000
x =    3.920000 f(x) =  -0.080000
x =    3.950000 f(x) =  -0.050000
x =    3.980000 f(x) =  -0.020000
x =    4.010000 f(x) =   0.010000

xu =    3.980000  xo =   4.010000

x =    3.980000 f(x) =  -0.020000
x =    3.983000 f(x) =  -0.017000
x =    3.986000 f(x) =  -0.014000
x =    3.989000 f(x) =  -0.011000
x =    3.992000 f(x) =  -0.008000
x =    3.995000 f(x) =  -0.005000
x =    3.998000 f(x) =  -0.002000
x =    4.001000 f(x) =   0.001000

xu =    3.998000  xo =   4.001000


die Funktion besitzt eine Nullstelle zwischen
xu = 3.998000   und    xo = 4.001000
```

Bild 8.43 Testausgabe für f(x) = x – 4 nach Inkrementverfahren mit Zwischenprints

Bild 8.44 zeigt den Testlauf nach Intervallhalbierungsmethode.

Programmlauf: Wir können aufgrund der Ergebnisse sicher sein, dass unser Programm richtig arbeitet und uns der eingangs gestellten kaufmännischen Problematik zuwenden. Die Funktion $f(x) = 0{,}9 \cdot x^3 - 4 \cdot x^2 + 3{,}02 \cdot x - 490{,}28$ soll auf ihre Nullstelle untersucht werden. Wir entscheiden uns für das Verfahren Intervallhalbierung.

Damit die zu analysierende Funktion auch in der Ausgabe dokumentiert wird, kann die zugehörige cpp-Datei, also `f.cpp`, abgeändert werden wie in Beispiel K08B13 auf der Internetseite zum Buch:

```
Programm zur Berechnung von Nullstellen
nach dem Intervallhalbierungs-Verfahren
---------------------------------------

Bitte geben Sie die untere Intervallgrenze      xu an: 2

Bitte geben Sie die obere  Intervallgrenze      xo an: 5

Bitte geben Sie die gewünschte Genauigkeit epsilon an: 0.01

x =    3.500000 f(x) =  -0.500000
x =    2.000000 f(x) =  -2.000000

xu =    3.500000   xo =    5.000000

x =    4.250000 f(x) =   0.250000
x =    3.500000 f(x) =  -0.500000

xu =    3.500000   xo =    4.250000

x =    3.875000 f(x) =  -0.125000
x =    3.500000 f(x) =  -0.500000

xu =    3.875000   xo =    4.250000

x =    4.062500 f(x) =   0.062500
x =    3.875000 f(x) =  -0.125000

xu =    3.875000   xo =    4.062500

x =    3.968750 f(x) =  -0.031250
x =    3.875000 f(x) =  -0.125000

xu =    3.968750   xo =    4.062500

x =    4.015625 f(x) =   0.015625
x =    3.968750 f(x) =  -0.031250

xu =    3.968750   xo =    4.015625

x =    3.992188 f(x) =  -0.007813
x =    3.968750 f(x) =  -0.031250

xu =    3.992188   xo =    4.015625

x =    4.003906 f(x) =   0.003906
x =    3.992188 f(x) =  -0.007813

xu =    3.992188   xo =    4.003906

x =    3.998047 f(x) =  -0.001953
x =    3.992188 f(x) =  -0.007813

xu =    3.998047   xo =    4.003906

x =    3.998047 f(x) =  -0.001953

die Funktion besitzt eine Nullstelle zwischen
xu = 3.998047   und   xo = 4.003906
```

Bild 8.44 Testausgabe für f(x) = x - 4 nach Intervallhalbierungsverfahren mit Zwischenprints

Auch der Aufruf der Funktion im Hauptprogramm muss angepasst werden. Es ist eine weitere Variable vom Typ `int` zu deklarieren, die mit dem Wert 1 zu initialisieren ist. Dann wird die Funktion mit diesem zusätzlichen Parameter aufgerufen. Wird die Funktion zum ersten Mal abgearbeitet, so ist die Alternation der Zeilen 15 bis 20 `wahr` und die Funktion wird ausgegeben. Der Steuerungsvariablen wird der Wert 0 zugewiesen, so dass in der Folge keine Ausgabe mehr produziert wird. Die Übergabe `per reference` ist erforderlich, da der Wert von `aus` in der Funktion verändert wird und außerhalb der Funktion den veränderten Wert beibehalten muss. Das so modifizierte Programm liefert anschließend die Ausgabe aus Bild 8.45.

```
Programm zur Berechnung von Nullstellen
nach dem Intervallhalbierungs-Verfahren
----------------------------------------

Bitte geben Sie die untere Intervallgrenze      xu an: 5

Bitte geben Sie die obere  Intervallgrenze      xo an: 15

Bitte geben Sie die gewünschte Genauigkeit epsilon an: 0.0001

Analysiert wird:

y = 0.9 * pow(x,3) - 4.0 * pow (x,2) + 3.02 * x -490.28

die Funktion besitzt eine Nullstelle zwischen
xu = 9.787827    und    xo = 9.787903
```

Bild 8.45 Nullstellenbestimmung der Kostenfunktion

Auf die eingangs gestellte Frage, ab welcher Produktionszahl *x* die Herstellkosten einen Betrag von 500 T€ übersteigen, kann nun die Antwort gegeben werden, dass bei einer Produktion von 10 und mehr Stück, dieser Wert überschritten wird. Es handelt sich bei der vorliegenden Funktion um eine ganz-rationale Funktion dritter Ordnung mit positivem Faktor vor der höchsten Potenz (hier 0.9 vor x^3) und diese Funktion produziert daher mit steigenden *x*-Werten weiter steigende Funktionswerte.

8.3.2 Die regula falsi

Problemstellung: Es soll ein schnelleres Iterationsverfahren entwickelt werden, das in wenigen Schritten zum Ergebnis führt, man sagt *schneller konvergiert*. Das Verfahren heißt regula falsi, die falsche Regel.

Problemanalyse: Voraussetzung für diese Verfahren sind zwei Abszissenpunkte x_u und x_o für die gilt: `sign(f(xu) ≠ sign(f(xo)`, d.h. die Vorzeichen der Funktionswerte müssen verschieden sein. Ist das der Fall, dann liegt zwischen `xu` und `xo` eine Nullstelle. Legt man nun durch die Punkte `(xu|f(xu))` und `(xo|f(xo))` eine Gerade, so ist der Schnittpunkt der Geraden mit der x-Achse eine Näherung für die Nullstelle. Diese kann man mit der Formel

$$x_M = x_0 - \frac{x_0 - x_u}{f(x_0) - f(x_u)} \cdot f(x_0)$$

errechnen. Mit x_m wird ein neuer Funktionswert $f(x_M)$ berechnet, mit dem wie vorher erläutert verfahren wird. Aus Bild 8.46 kann man gut erkennen, dass je nachdem welche Krümmung die Funktion im betrachteten Intervall besitzt, entweder `xu` oder `xo` gegen die Nullstelle wandert.

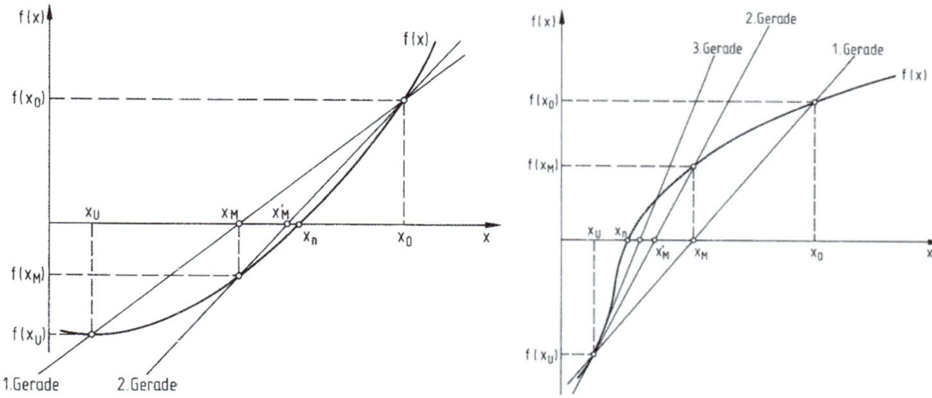

Bild 8.46 Funktionsweise der regula falsi für konkave (links) und konvexe (rechts) Funktionen

Das Verfahren ist beendet, wenn sich zwei Näherungen um weniger als eine vorgegebene Zahl ε voneinander unterscheiden, oder anders formuliert, bis sich die Stellen ab einer bestimmten Stelle hinter dem Komma nicht mehr ändern. Bild 8.47 zeigt das **Struktogramm**.

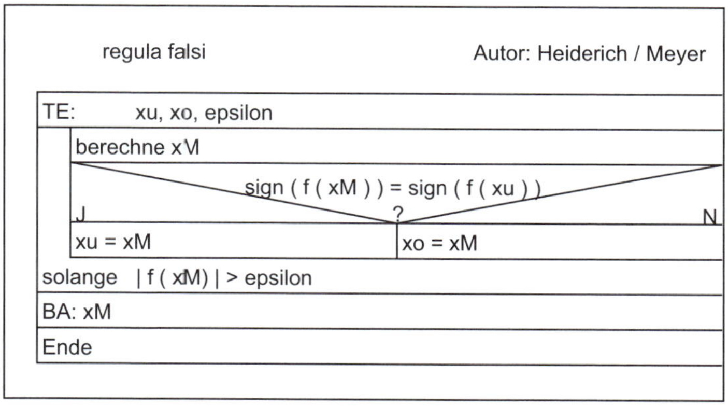

Bild 8.47 Struktogramm der regula falsi

Programm:

Siehe Internetseite zum Buch, Beispiel K08B14.

Die Include-Dateien `signum.h` und `f.h` sowie die cpp-Dateien `signum.cpp` und `f.cpp` werden unverändert für dieses Projekt z.B. aus dem Programm „Inkrementverfahren" übernommen. Zum Test kann also exakt das gleiche Beispiel wie in den vorangegangenen Verfahren genutzt werden.

Programmtest:

Um die Iteration besser verfolgen zu können sind Ausgabeanweisungen eingefügt worden, die das jeweils aktualisierte Berechnungsintervall `[xu, xo]` dokumentieren.

```
Programm zur Berechnung von Nullstellen
        nach der regula falsi
---------------------------------------

Bitte geben Sie die untere Intervallgrenze      xu an: 3

Bitte geben Sie die obere  Intervallgrenze      xo an: 12

Bitte geben Sie die gewünschte Genauigkeit epsilon an: 0.01

Analysiert wird:

y = 0.9 * pow(x,3) - 4.0 * pow (x,2) + 3.02 * x -490.28

Intervall: [  3.000000,  12.000000]
Intervall: [  7.357497,  12.000000]
Intervall: [  9.136071,  12.000000]
Intervall: [  9.632989,  12.000000]
Intervall: [  9.752262,  12.000000]
Intervall: [  9.779744,  12.000000]
Intervall: [  9.786016,  12.000000]
Intervall: [  9.787443,  12.000000]
Intervall: [  9.787768,  12.000000]

die Funktion besitzt eine Nullstelle bei x = 9.787843
```

Bild 8.48 Ausgabe der regula falsi mit Dokumentation der aktuellen Intervalle

8.3.3 Das Newton-Verfahren

Problemstellung: Das Newton-Verfahren ist ein sehr schnell konvergierendes Verfahren und wird oftmals im Anschluss an die regula falsi verwendet. Die erste Ableitung $f'(x)$ der zu untersuchenden Funktion muss bekannt sein.

Problemanalyse: Anhand Bild 8.49 leitet man die Formel für eine neue Näherung ab:

$$x_N = x_S - \frac{f(x_S)}{f'(x_S)} \quad \text{mit}\, f'(x_S) \neq 0$$

x_N ist jetzt der neue x-Wert, bei dem wie vorher verfahren wird. Und zwar solange, wie sich zwei Näherungen um weniger als eine vorgegebene ε-Schranke voneinander unterscheiden.

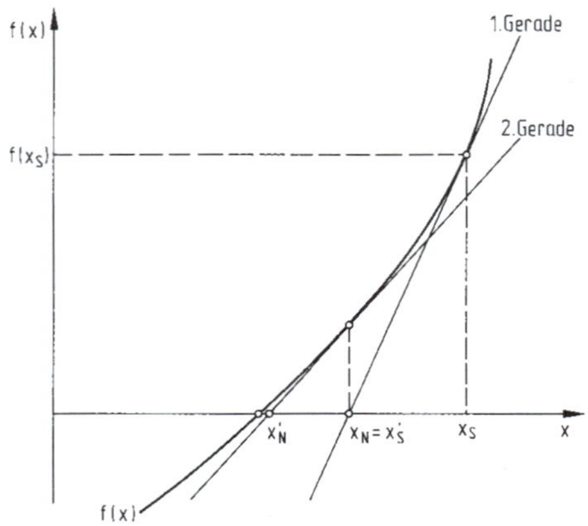

Bild 8.49 Iterationsverlauf des Newton-Verfahrens

Bild 8.50 bis Bild 8.52 zeigen die **Struktogramme**.

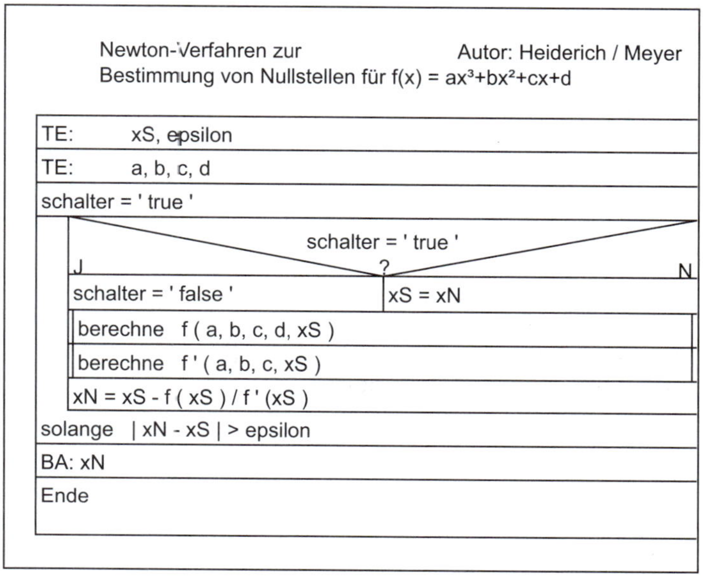

Bild 8.50 Struktogramm zur Nullstellenbestimmung nach dem Newton-Verfahren

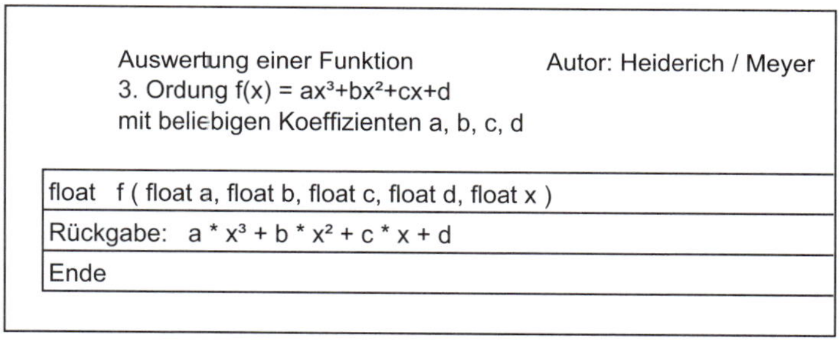

Bild 8.51 Struktogramm der Funktionsauswertung einer Funktion 3. Ordnung

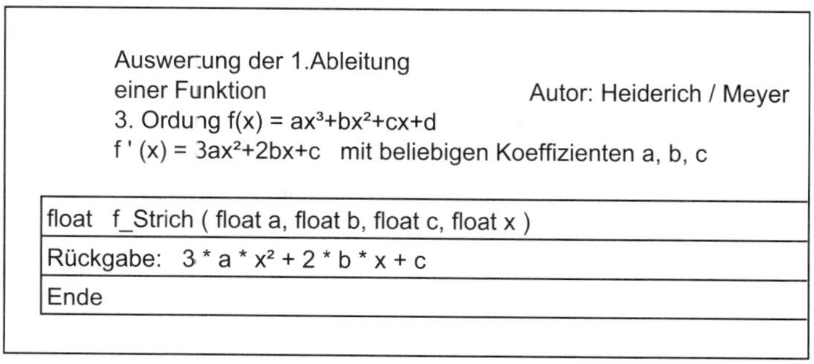

Bild 8.52 Struktogramm der Auswertung der Ableitung einer Funktion 3. Ordnung

Programm

Siehe Internetseite zum Buch, Beispiel K08B15.

In diesem Quellcode wird in der Zeile 18 eine Variable `schalter` vom Datentyp `bool` benutzt. Hier handelt es sich um eine logische Variable, die als Werte die beiden Zustände `true` (wahr) und `false` (falsch bzw. nicht-wahr) annehmen kann. Sie wird eingesetzt, um im ersten Programmdurchlauf dafür zu sorgen, dass `xS` nicht durch den zuvor berechneten Wert von `xN` überschrieben wird, da im ersten Durchlauf noch kein `xN` berechnet worden ist.

Die Quelltexte für die Auswertung der ganz-rationalen Funktion `f(x)` und deren Ableitung können implementiert werden wie in Beispiel K08B16 auf der Internetseite zum Buch:

Programmlauf: Die Ausgabe der betrachteten Funktion entspricht hier nicht wirklich einer mathematischen Notation. In der `printf()`-Anweisung der Zeile 39 des Hauptprogramms wird unterstellt, dass alle Koeffizienten mit positivem Vorzeichen eingegeben wurden. Ist dies nicht der Fall (wie im obigen Beispiel zu sehen), so kommt es zu einer Ausgabe von Rechenoperation und Vorzeichen (z.B. `+ - 4.00`). Durch eine entsprechende Überarbeitung der Dokumentation kann dies behoben werden.

Wir empfehlen diese Überarbeitung als Übung.

```
Programm zur Berechnung von Nullstellen
       nach dem Newton-Verfahren
 für eine beliebige Funktion 3.Ordnung
---------------------------------------

Berechnet wird eine Nullstelle von:
f(x) = a * x³ + b * x² + c * x + d

Bitte geben Sie den Koeffizienten a an: 0.9
Bitte geben Sie den Koeffizienten b an: -4
Bitte geben Sie den Koeffizienten c an: 3.02
Bitte geben Sie den Koeffizienten d an: -490.28

f(x) = 0.90 * x³ + -4.00 * x² + 3.02 * x + -490.28


Bitte den Startwert      xS     angeben: 2

und die gewünschte Genauigkeit epsilon: 0.001


die Funktion besitzt eine Nullstelle bei x = 9.787865
```

Bild 8.53 Nullstellenermittlung mit dem Newton-Verfahren für die Kostenfunktion

8.4 Numerische Integration

Problemstellung: Für die Auslegung der Belüftungsanlage eines Gewächshauses ist das Volumen der Halle zu ermitteln (siehe Bild 8.54). Die Halle ist 30m lang. Die Überdachung hat die Form einer Parabel mit der Gleichung:

$$h(x) = -\frac{1}{9m} \cdot (x - 6m)^2 + 4m$$

und dem Koordinatenursprung im linken Fußpunkt der Überdachung.

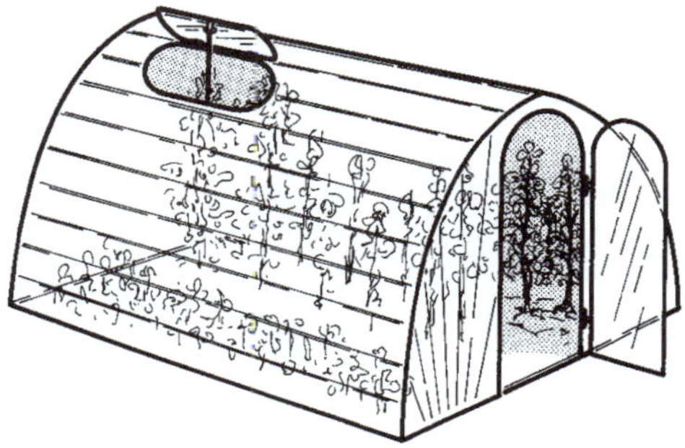

Bild 8.54
Gewächshaus

Mit Hilfe der numerischen Integration kann man den Flächeninhalt von krummlinig begrenzten Flächen annähernd berechnen. Den genauen Wert liefert die Integralrechnung. Kennt man beispielsweise die Querschnittsfläche des Gewächshauses, ergibt sich das Volumen durch Multiplikation mit der Länge (siehe Bild 8.55). Zur Ermittlung der Querschnittsfläche gibt es verschiedene Verfahren.

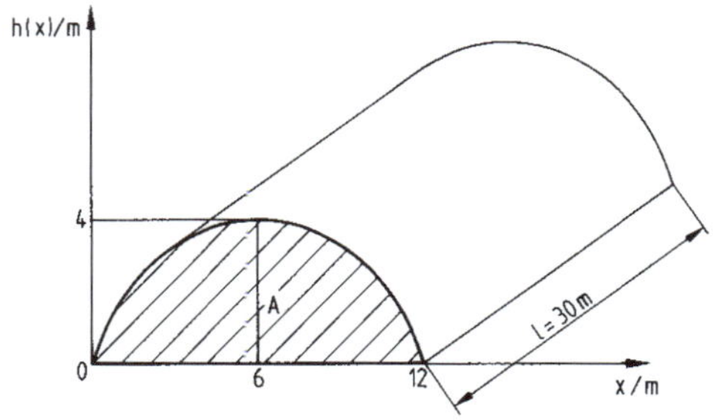

Bild 8.55
Positionierung des Gewächshauses im Koordinatensystem

8.4.1 Riemannsche Unter- und Obersummen

Problemanalyse: Bei diesem Verfahren teilt man die x-Achse zwischen der unteren Grenze a und der oberen Grenze b in n gleiche Teile ein. Ein Teilstück ist dann $\Delta x = (b-a)/n$ breit, n ist die Anzahl der Teilstücke. Anhand der Skizze erkennt man, dass die gesuchte Fläche durch die Untersumme A_u angenähert wird. Untersumme deshalb, weil A_u immer kleiner ist als die tatsächliche Fläche.

Des Weiteren erkennt man, dass die Untersumme aus der Summe der Teilflächen A_u ermittelt wird. Diese ergeben sich wiederum aus dem Funktionswert multipliziert mit der Breite Δx : $Ai = f(xi) \cdot \Delta x$. Teilt man beispielsweise das Intervall `[a, b]` in fünf gleiche Teile, so ergibt sich folgende Rechnung (siehe Bild 8.56):

$$A_u = A_0 + A_1 + A_2 + A_3 + A_4 = \sum_{i=0}^{4} A_i$$
$$= \Delta x \cdot f(x_0) + \Delta x \cdot f(x_1) + \Delta x \cdot f(x_2)$$
$$+ \Delta x \cdot f(x_3) + \Delta x \cdot f(x_4)$$
$$= \Delta x \cdot (f(x_0) + f(x_1) + f(x_2) + f(x_3)$$
$$+ f(x_4))$$
$$A_u = \Delta x \cdot \sum_{i=0}^{4} f(x_i)$$

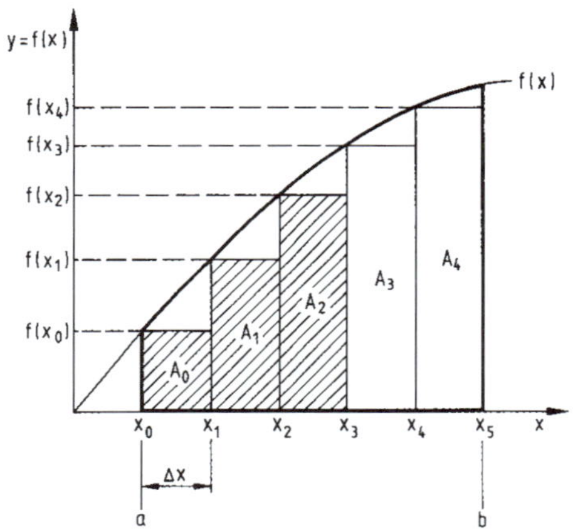

Bild 8.56
Untersummen mit 5 Intervallen, $n = 5$

Verallgemeinert man die abgeleitete Formel von 5 auf n Intervalle (die Mathematiker mögen uns verzeihen), so hat man eine Möglichkeit, die Untersumme beliebig genau berechnen zu können. Man muss n nur hinreichend groß wählen:

$$\boxed{A_u = \Delta x \cdot \sum_{i=0}^{n-1} f(x_i)} \qquad \Delta x = \frac{b-a}{n}$$

Die Obersumme nähert die tatsächliche Fläche von oben an. Dadurch wird die Fläche A_o größer als die tatsächliche Fläche. Man stellt deshalb fest, dass gilt:

$$A_u < A < A_o$$

d. h. die wahre Fläche A der krummlinig begrenzten Fläche liegt zwischen der Unter- und der Obergrenze (siehe Bild 8.57).

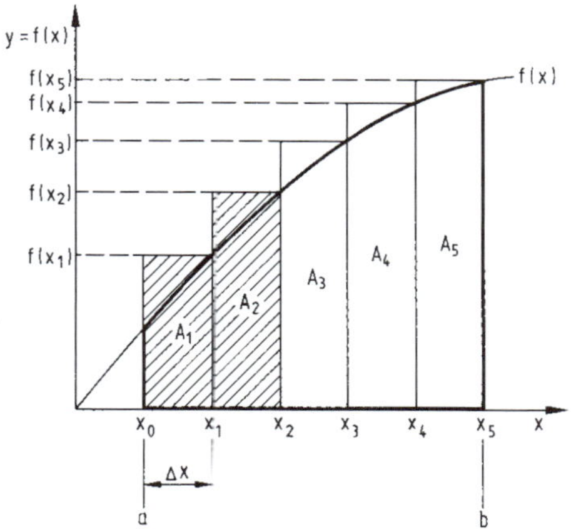

Bild 8.57
Obersumme mit 5 Intervallen, n = 5

Beachten Sie in der Formel für die Obersumme die geänderten Summengrenzen gegenüber A_u. Die Teilfläche A_0 (A-Null) existiert hier nicht.

$$\boxed{A_0 = \Delta x \cdot \sum_{i=1}^{n} f(x_i)} \qquad \Delta x = \frac{b-a}{n}$$

Struktogramm

```
Riemannsche Ober-                              Autor: Heiderich / Meyer
und Untersummen

TE:        n, a, b
delta_x = ( b-a ) / n
oS = 0.0        // Initialisierung Summenvariable Obersumme
uS = 0.0        // Initialisierung Summenvariable Untersumme
0 <= i <= n - 1
    xi = a + i * delta_x
    uS = uS + f ( xi )
aU = uS * delta_x
1 <= i <= n
    xi = a + i * delta_x
    oS = oS + f ( xi )
aO = oS * delta_x
BA: aU, aO
Ende
```

Bild 8.58 Struktogramm zur Flächenberechnung mit Riemannschen Unter- und Obersummen

Es wird dem Leser überlassen, das **Struktogramm** (siehe Bild 8.58) so zu verändern, dass die Flächenberechnung dann endet, wenn sich Ober- und Untersumme um weniger als ein vorgegebenes ε unterscheiden. Außerdem lassen sich die beiden zählergesteuerten Schleifen für `1 <= i <= n-1` so zusammenfassen, dass anschließend nur noch $f(x_0)\ u_S$ hinzugefügt und $f(x_n)\ o_S$ hinzugefügt werden muss. Bei sehr großen Werten von n reduziert dies die Rechenzeit.

Programm

Siehe Internetseite zum Buch, Beispiel K08B17.

Die Implementierung der zu integrierenden Funktion entspricht exakt den vorangegangenen Beispielen.

Programmtest: Das Programm sei mit der Funktion $f(x) = 0{,}5 \cdot x^2$ in den Grenzen von `a = 0` bis `b = 3` für verschiedene n getestet. Der genannte Wert der Fläche ist mit `A=4,5FE` durch die Integralrechnung bekannt. Die Ergebnisse der Testläufe sind in den Bild 8.59 und Bild 8.60 dargestellt.

```
   Programm zur Flächenberechnung
mit Riemannschen Ober- und Untersummen
---------------------------------------

Bitte geben Sie die untere Intervallgrenze  a  an: 0
Bitte geben Sie die obere  Intervallgrenze  b  an: 3
Bitte geben Sie die Anzahl der Teilintervalle  an: 50

Flächenberechnung für:

f(x) = 0.5 * x²

die Flächenberechnung findet statt im Intervall [0.00, 3.00]

die Fläche der Untersummen beträgt AU =     4.3659 FE

die Fläche der Obersummen  beträgt AO =     4.6359 FE
```

Bild 8.59 Programmtest für $f(x) = 0.5x^2$ im Intervall [0, 3] mit 50 Teilintervallen

```
   Programm zur Flächenberechnung
mit Riemannschen Ober- und Untersummen
---------------------------------------

Bitte geben Sie die untere Intervallgrenze  a  an: 0
Bitte geben Sie die obere  Intervallgrenze  b  an: 3
Bitte geben Sie die Anzahl der Teilintervalle  an: 10000

Flächenberechnung für:

f(x) = 0.5 * x²

die Flächenberechnung findet statt im Intervall [0.00, 3.00]

die Fläche der Untersummen beträgt AU =     4.4993 FE

die Fläche der Obersummen  beträgt AO =     4.5007 FE
```

Bild 8.60 Programmtest für $f(x) = 0.5x^2$ im Intervall [0, 3] mit 10 000 Teilintervallen

Programmlauf: Mit der Randfunktion des Gewächshauses können wir jetzt auf sicherem Boden die Querschnittsfläche ermitteln (siehe Bild 8.61). Damit ergibt sich das gesuchte Volumen als V = 32m² · 30m = 960m³.

```
    Programm zur Flächenberechnung
mit Riemannschen Ober- und Untersummen
--------------------------------------

Bitte geben Sie die untere Intervallgrenze  a   an: 0
Bitte geben Sie die obere  Intervallgrenze  b   an: 12
Bitte geben Sie die Anzahl der Teilintervalle   an: 1000

Flächenberechnung für:

f(x) = -1./9. * (x - 6.)² + 4.

die Flächenberechnung findet statt im Intervall [0.00, 12.00]

die Fläche der Untersummen beträgt AU =    32.0000 FE

die Fläche der Obersummen  beträgt AO =    32.0000 FE
```

Bild 8.61 Flächenberechnung der Querschnittsfläche des Gewächshauses

8.4.2 Trapezregel

Problemanalyse: Nähert man die Fläche unter einer Kurve nicht durch Rechtecke, sondern durch Trapeze an (siehe Bild 8.62), so erhält man die so genannte Trapezregel. Teilt man beispielsweise die gesuchte Fläche in zwei Trapeze ein, so ergibt sich mit $\Delta x = (b-a)/2$ folgende Rechnung:

$$A_1 = \frac{\Delta x}{2} \cdot (f(a) + f(a+\Delta x))$$

$$A_2 = \frac{\Delta x}{2} \cdot (f(a+\Delta x) + f(b))$$

$$A \approx A_1 + A_2 = \frac{\Delta x}{2} \cdot (f(a) + 2 \cdot f(a+\Delta x) + f(b))$$

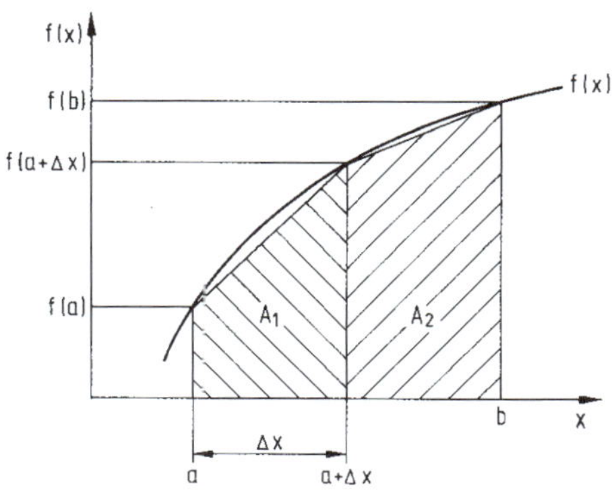

Bild 8.62 Flächenbestimmungsverfahren der Trapezregel

Erweitern wir von $n = 2$ auf $n = 5$ so erhalten wir mit $\Delta x = (b-a)/5$ folgende Rechnung:

$$\begin{aligned} A &\approx A_1 + A_2 + A_3 + A_4 + A_5 \\ &= \frac{\Delta x}{2} \cdot (f(a) + 2 \cdot f(a+\Delta x) + 2 \cdot f(a + 2 \cdot \Delta x) + 2 \cdot f(a + 3 \cdot \Delta x) + 2 \cdot f(a + 4 \cdot \Delta x) + f(b)) \end{aligned}$$

Verallgemeinert man das Ergebnis auf beliebig viele Flächen n, so erhält man mit $\Delta x = (b-a)/n$ die allgemeine Trapezformel. Je größer n gewählt wird, umso genauer wird der Näherungswert für die gesuchte Fläche:

$$\begin{aligned} A &\approx A_1 + A_2 + A_3 + \ldots + A_{n-1} + A_n \\ &= \frac{\Delta x}{2} \cdot (f(a) + 2 \cdot f(a+\Delta x) + 2 \cdot f(a + 2 \cdot \Delta x) + \ldots + 2 \cdot f(a + (n-1) \cdot \Delta x) + f(b)) \end{aligned}$$

Bild 8.63 zeigt das **Struktogramm**.

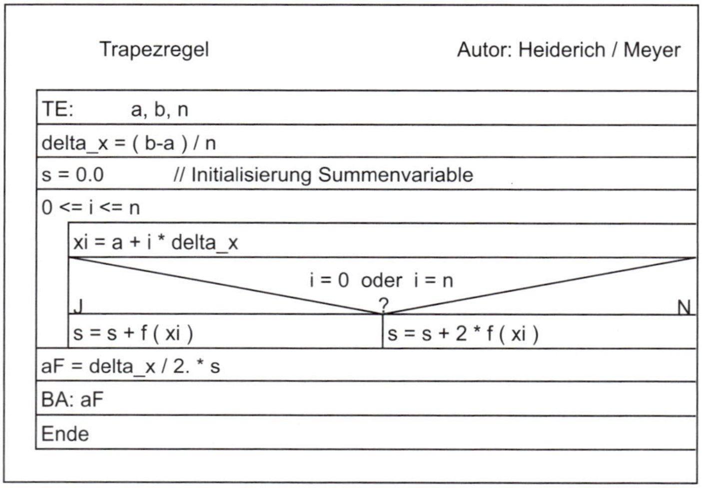

Bild 8.63 Struktogramm der Flächenberechnung nach dem Trapezverfahren

Programm

Siehe Internetseite zum Buch, Beispiel K08B18.

Programmtest: Um das Programm zu testen, bietet sich die Funktion $f(x) = 0{,}5 \cdot x^2$. Einfacher geht es in einem ersten Test mit einer geradlinig begrenzten Fläche, die wir mit den elementaren Formeln der Geometrie berechnen können. Es bietet sich die Dreiecks- bzw. Kreisfläche an.

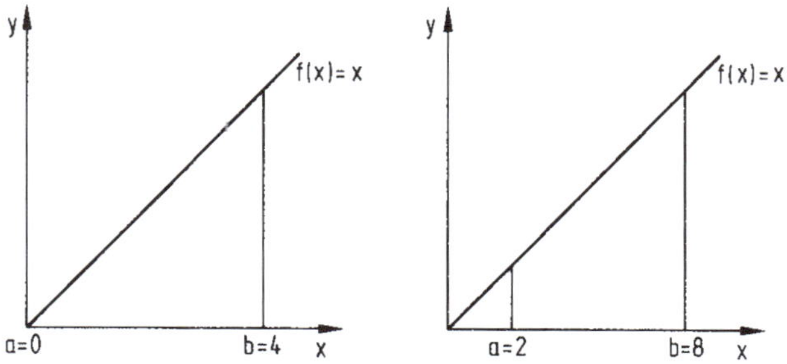

Bild 8.64 Testfunktion $f(x) = x$ für die Flächenberechnung nach der Trapezregel

Das Programm liefert die Ergebnisse aus Bild 8.65 und Bild 8.66.

```
Programm zur Flächenberechnung
     nach der Trapezregel
------------------------------

Bitte geben Sie die untere Intervallgrenze  a  an: 0
Bitte geben Sie die obere  Intervallgrenze  b  an: 4
Bitte geben Sie die Anzahl der Teilintervalle  an: 20

Flächenberechnung für:

f(x) = x

die Flächenberechnung findet statt im Intervall [0.00, 4.00]

die Fläche beträgt A =     8.0000 FE
```

Bild 8.65 Testausgabe der Trapezregel für $f(x) = x$ im Intervall [0, 4] mit $n = 20$

```
Programm zur Flächenberechnung
     nach der Trapezregel
------------------------------

Bitte geben Sie die untere Intervallgrenze  a  an: 2
Bitte geben Sie die obere  Intervallgrenze  b  an: 8
Bitte geben Sie die Anzahl der Teilintervalle  an: 10

Flächenberechnung für:

f(x) = x

die Flächenberechnung findet statt im Intervall [2.00, 8.00]

die Fläche beträgt A =    30.0000 FE
```

Bild 8.66 Testausgabe der Flächenberechnung nach der Trapezregel für $f(x) = x$ im Intervall [2, 8] mit $n = 10$

Testet man das Programm mit der Kreisfunktion, so kann man mit den folgenden Überlegungen die Kreiszahl π ganz gut annähern: Aus der einfachen Kreisberechnung wissen wir, dass die Kreisfläche bei einem Radius von $r = 1$ gleich π ist.

$$A_0 = r^2 \cdot \pi$$
$$= 1^2 \cdot \pi$$
$$= \pi$$

$$A_0 = 4 \cdot \int_0^1 \sqrt{1-x^2}\ \mathrm{dx}$$
$$= \pi$$

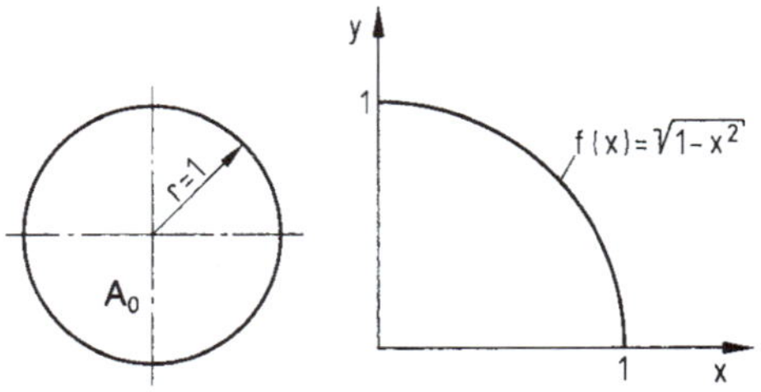

Bild 8.67
Kreis und Kreisfunktion

Zeichnet man die Viertelkreisfunktion in ein kartesisches Koordinatensystem ein, so kann die Randfunktion mit

$$f(x) = \sqrt{1-x^2}$$

angegeben werden. Die Fläche des Viertelkreises wird in den Grenzen 0 bis 1 berechnet und mit vier multipliziert. Als Ergebnis erhalten wir eine Flächenmaßzahl, die je nach gewähltem `n` eine mehr oder weniger genaue Näherung für die Kreiszahl π ist.

Realisierung der Datei `f.cpp`:

Siehe Internetseite zum Buch, Beispiel K08B19. ■

In diesem Programmteil wird die Funktion `sqrt()` (Quadratwurzel) eingesetzt. Als Argument wird die Differenz von 1 und der 2. Potenz von `x` (`pow(x,2)`) in der Zeile 14 eingesetzt. Die Dokumentation in Zeile 18 ist völlig analog aufgebaut. Als Ergebnis erhalten wir erstaunlich genaue Annäherungen. Mit `n = 100` (siehe Bild 8.68 erhalten wir mit `3,140418` zwei richtige Stellen hinter dem Komma. Und `n = 1000` (siehe Bild 8.69) liefert schon mit $\pi \approx$ `3,14155` vier richtige Nachkommastellen.

```
Programm zur Flächenberechnung
     nach der Trapezregel
------------------------------

Bitte geben Sie die untere Intervallgrenze  a  an: 0
Bitte geben Sie die obere  Intervallgrenze  b  an: 1
Bitte geben Sie die Anzahl der Teilintervalle  an: 100

Flächenberechnung für:

f(x) = 4.0 * sqrt( 1 - pow(x,2) )

die Flächenberechnung findet statt im Intervall [0.00, 1.00]

die Fläche beträgt A =   3.140418 FE
```

Bild 8.68 Ausgabe der Berechnung der Kreiszahl π mit der Trapezregel für 100 Teilintervalle

```
Programm zur Flächenberechnung
     nach der Trapezregel
------------------------------

Bitte geben Sie die untere Intervallgrenze  a  an: 0
Bitte geben Sie die obere  Intervallgrenze  b  an: 1
Bitte geben Sie die Anzahl der Teilintervalle  an: 1000

Flächenberechnung für:

f(x) = 4.0 * sqrt( 1 - pow(x,2) )

die Flächenberechnung findet statt im Intervall [0.00, 1.00]

die Fläche beträgt A =   3.141554 FE
```

Bild 8.69 Ausgabe der Berechnung der Kreiszahl π mit der Trapezregel für 1000 Teilintervalle

Programmlauf: Für die Fläche `A` des Gewächshauses muss die Funktionsgleichung `h(x)` ins Programm eingesetzt werden (siehe Bild 8.70). Da das Volumen ausgerechnet werden soll, ist die Querschnittsfläche mit der Gewächshauslänge zu multiplizieren.

Für `n = 1000` und den bekannten Abmessungen erhalten wir für das Gewächshaus eine Querschnittsfläche von `A=31,999981 FE` (Flächeneinheiten) und damit ein Volumen bei einer Länge von `30 LE` (Längeneinheiten) von `V=959,99943 VE` (Volumeneinheiten).

```
Programm zur Flächenberechnung
     nach der Trapezregel
------------------------------

Bitte geben Sie die untere Intervallgrenze  a  an: 0
Bitte geben Sie die obere  Intervallgrenze  b  an: 12
Bitte geben Sie die Anzahl der Teilintervalle  an: 1000

Flächenberechnung für:

f(x) = -1./9. * (x - 6.)² + 4.

die Flächenberechnung findet statt im Intervall [0.00, 12.00]

die Fläche beträgt A =  31.999981 FE
```

Bild 8.70 Berechnung der Querschnittsfläche des Gewächshauses nach der Trapezregel

8.4.3 Simpsonsche Regel

Problemanalyse: Die Grundidee der Simpsonschen Regel ist die Annäherung eines Kurvenstücks durch einen Parabelbogen, der durch drei Punkte, P_0, P_1, und P_2 eindeutig festgelegt ist. Unterteilt man nun die Fläche zwischen a und b in n Intervalle, n gerade, so erhält man die nach seinem Erfinder benannte Näherungsformel für die gesuchte Fläche. Die Funktionsweise ist in Bild 8.71 dargestellt. Auf die genaue Ableitung wird verzichtet. Hier soll lediglich die Umsetzung der Regel in ein C++-Programm geübt werden.

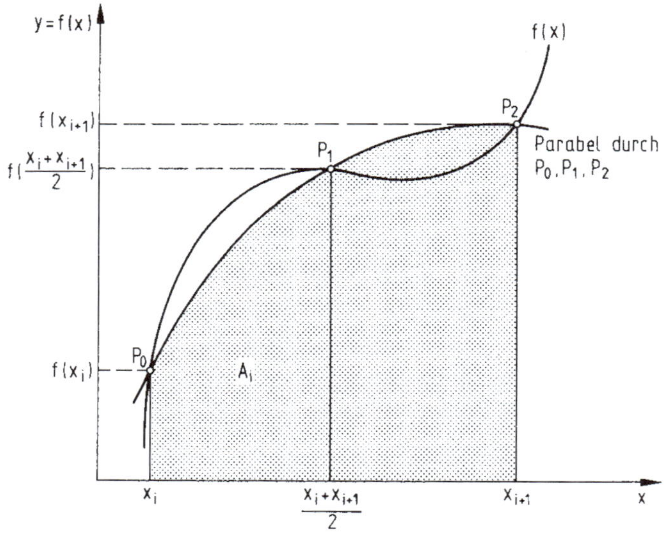

Bild 8.71 Annäherung eines Kurvenstücks durch eine Parabel nach der Simpsonschen Regel

$$A_i = \frac{\Delta x}{x} \cdot \left[f(x_i) + 4 \cdot f(\frac{x_i + x_{i+1}}{2}) + f(x_{i+1}) \right]$$

$$\begin{aligned} A \approx \frac{\Delta x}{x} \cdot [& f(a) + 4 \cdot f(a + \Delta x) + 2 \cdot f(a + 2 \cdot \Delta x) + \\ & + 4 \cdot f(a + 3 \cdot \Delta x) + \ldots.. \\ & + 2 \cdot f(a + (n-2) \cdot \Delta x) + \\ & + 4 \cdot f(a + (n-1) \cdot \Delta x) + f(b)] \end{aligned}$$

Struktogramm: Man erkennt aus der Simpsonschen Regel, dass alle Summanden mit geradem Multiplikator vor Δx mit 2, die anderen hingegen mit 4 multipliziert werden. Davon ausgenommen sind die Randfunktionswerte $f(a)$ und $f(b)$.

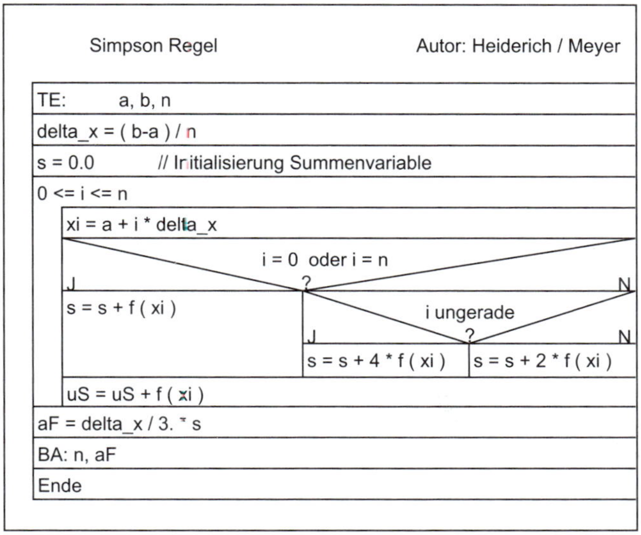

Bild 8.72 Struktogramm der Flächenberechnung nach der Simpsonschen Regel

Zur automatischen Genauigkeitssteuerung kann das Programm auch wie in Bild 8.73 umgesetzt werden.

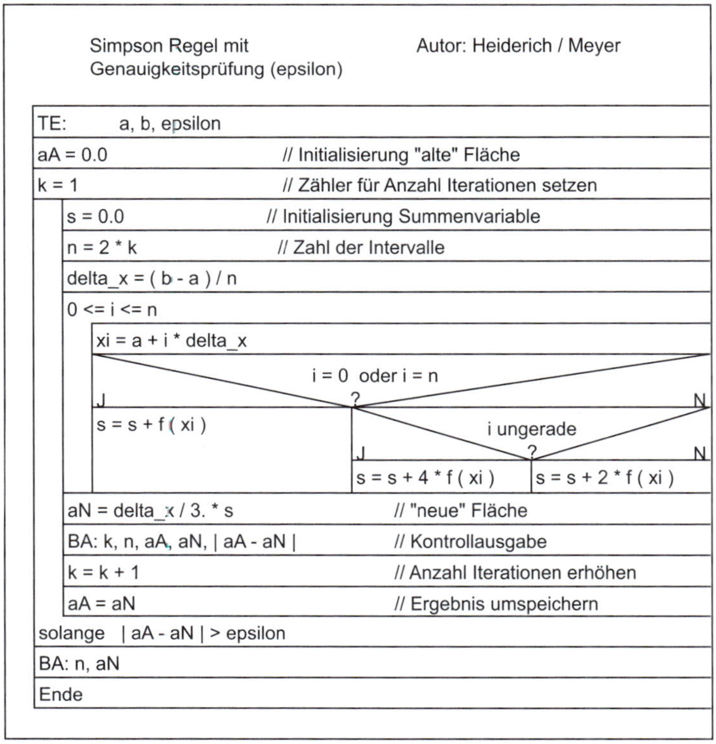

Bild 8.73 Struktogramm der Flächenberechnung nach der Simpsonschen Regel mit Genauigkeitsabfrage

Während im ersten Fall durch die vom Benutzer gewählte Anzahl n der Teilintervalle die Genauigkeit der Berechnung bestimmt wird, überprüft das Programm im zweiten Fall die Qualität seiner Ergebnisse selbstständig, indem die Abweichungen zweier aufeinanderfolgender Iterationszyklen (Durchläufe) miteinander verglichen werden. Ist eine vom Benutzer angegebene Toleranz ε erreicht, so wird die Berechnung beendet. Die erste Variante wird als klassische Konsolenanwendung realisiert, die zweite mit einer grafischen Oberfläche.

Programm 1. Variante

Siehe Internetseite zum Buch, Beispiel K08B20.

Programmtest 1. Variante:

```
Programm zur Flächenberechnung
 nach der Simpsonschen Regel
------------------------------

Bitte geben Sie die untere Intervallgrenze  a  an: 0
Bitte geben Sie die obere  Intervallgrenze  b  an: 12
Bitte geben Sie die Anzahl der Teilintervalle  an: 2

Flächenberechnung für:

f(x) = -1./9. * (x - 6.)² + 4.

die Flächenberechnung findet statt im Intervall [0.00, 12.00]

die Fläche beträgt A =  32.000000 FE

bei einer Berechnung mit 2 Teilintervallen
```

Bild 8.74 Ausgabe der Flächenberechnung nach der Simpsonschen Regel für die Querschnittsfläche des Gewächshauses mit nur zwei Teilintervallen

```
Programm zur Flächenberechnung
 nach der Simpsonschen Regel
------------------------------

Bitte geben Sie die untere Intervallgrenze  a  an: 0
Bitte geben Sie die obere  Intervallgrenze  b  an: 1
Bitte geben Sie die Anzahl der Teilintervalle  an: 50

Flächenberechnung für:

f(x) = 4.0 * sqrt ( 1.0 - x² )

die Flächenberechnung findet statt im Intervall [0.00, 1.00]

die Fläche beträgt A =   3.140293 FE

bei einer Berechnung mit 50 Teilintervallen
```

Bild 8.75 Ausgabe der Flächenberechnung nach der Simpsonschen Regel für die Ermittlung der Kreiszahl π auf der Basis von 50 Teilintervallen

In den Zeile 36 bis 42 des Listings wird direkt bei der Eingabe von `n` überprüft, ob die eingegeben Zahl durch 2 teilbar ist. Dabei wird ausgenutzt, dass in der Abarbeitung des Ausdrucks `n / 2 · 2` die Division zweier `int`-Zahlen wieder eine `int`-Zahl ergibt. War die Eingabe durch 2 teilbar, so ist das Ergebnis der anschließenden Multiplikation mit 2 wieder der Ausgangswert. Andernfalls stimmen die Zahlen nicht überein, also war `n` auch nicht durch 2 teilbar. Der Ausdruck `n / 2 · 2` wird dabei strikt von links nach rechts abgearbeitet. Für die zweite Variante mit grafischer Oberfläche wird zunächst das Layout der Oberfläche festgelegt, siehe Bild 8.76.

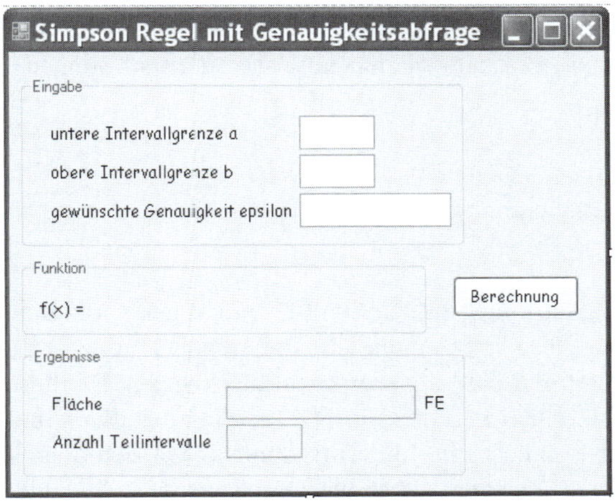

Bild 8.76
Das Layout der grafischen Oberfläche zur Simpsonschen Regel mit Genauigkeitsabfrage

Tabelle 8.6 gibt Aufschluss über die verwendeten Elemente auf der Oberfläche.

Tabelle 8.6 Übersicht der Oberflächenelemente

Name der Klasse	Name des Objektes	Bemerkung
GroupBox	gB_Eingabe	Container für alle Eingabegrößen
Label	lb_a	Label für die untere Intervallgrenze a
TextBox	tB_a	Eingabefeld für a
Label	lb_b	Label für die obere Intervallgrenze b
TextBox	tB_b	Eingabefeld für b
GroupBox	gB_f	Container für die Funktionsdokumentation
Label	lb_f	Label für die Funktion f(x)
Button	bt_rechne	Schaltfläche zum Starten des Berechnungslaufs
GroupBox	gB_Ergebnis	Container für alle Ergebnisgrößen
Label	lb_aN	Label für die Fläche
TextBox	tB_aN	Eingabefeld für die Fläche nicht editierbar, nur zur Ausgabe
Label	lb_FE	Label für die Flächeneinheiten
Label	lb_n	Label für die Anzahl der Iterationen
TextBox	tB_n	Eingabefeld für die Anzahl der Iterationen nicht editierbar, nur zur Ausgabe

Im Programm werden die Variablen statt über den Aufruf der Funktion `scanf()` durch Auslesen aus den `TextBoxen` versorgt. Analog werden die Ergebnisse nicht mit `printf()`, sondern durch den Eintrag in `TextBoxen` (`aN` und `n`) bzw. `Label` (`f(x)`) dokumentiert. Da die Inhalte der `TextBoxen`, also die Attribute `Text` vom Datentyp `String` sind, werden entsprechende Konvertierungsfunktionen genutzt. Dazu wird aus der Klasse `System` zunächst die Klasse `Convert` und hierin schließlich die entsprechende Methode, z. B. `ToDouble()` (s. Zeilen 21 bis 23) gewählt. Auch für die Darstellung der Ergebnisse sind entsprechende Konvertierungen erforderlich (s. Zeilen 55 und 56). Die im Struktogramm vorgesehenen Kontrollausgaben sind in einer grafischen Oberfläche nicht ohne Weiteres zu realisieren. Evtl. könnte die Ausgabe zusätzlich in eine separate Datei geschehen, oder das Programm wird komplett als Konsolenanwendung realisiert. Wir empfehlen beide Varianten als Übungen.

Programm 2. Variante

Siehe Internetseite zum Buch, Beispiel K08B21. ■

Anders als in einer Konsolenanwendung kann hier die Funktion `f()` nicht einfach in eine eigene Header-Datei ausgelagert werden. Diese Funktion hat u. a. die Aufgabe, für den Fall, dass der Parameter `aus` mit `1` versorgt ist, die Funktionsvorschrift auszugeben. Da diese Ausgabe hier in ein `Label` passieren soll, muss die Funktion `f()` zur Klasse gehören, um den Zugriff auf dieses Attribut der Klasse zu besitzen. Andernfalls muss man sich Gedanken über eine geeignete Parameterübergabe machen, um zu gewährleisten, dass die Funktion einen `String` (also eine Zeichenkette mit der Beschreibung der Funktion) übergeben kann. Das macht die Sache jedoch nicht transparenter.

Programmtest 2. Variante: Die Maske besitzt nach einer entsprechenden Eingabe anschließend z. B. ein Aussehen wie in Bild 8.77.

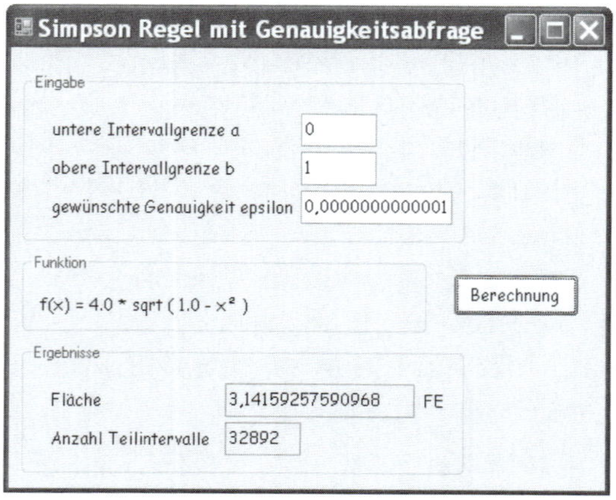

Bild 8.77
Grafische Oberfläche zur Simpsonschen Regel mit Genauigkeitsabfrage nach erfolgter Berechnung

Deutlich zu erkennen ist der Zuwachs an Genauigkeit durch die Verwendung des Datentyps `double` für die Berechnungsvariablen. Auch für das eingangs gestellte Gewächshausproblem liefert dieses Programm ein exaktes Ergebnis (siehe Bild 8.78).

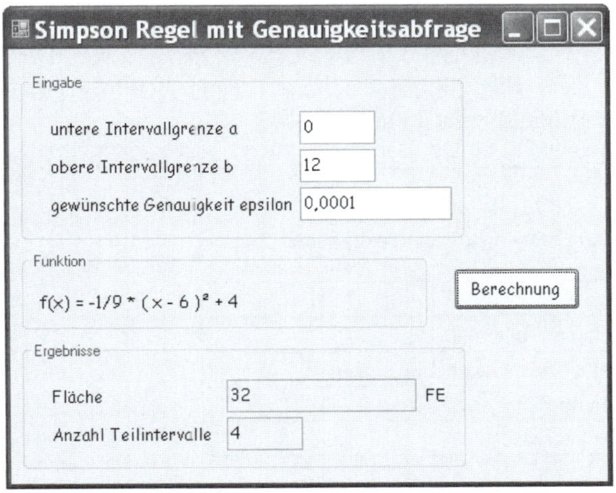

Bild 8.78 Grafische Oberfläche zur Simpsonschen Regel mit Genauigkeitsabfrage bei der Ermittlung der Querschnittsfläche des Gewächshauses

8.4.4 Effektivwertberechnungen

Problemanalyse: Effektivwerte sind quadratische Mittelwerte. Nach DIN 40110 sind sie ein Maß für die physikalische Wirkung einer Wechselgröße. Der Effektivwert des Stromes errechnet sich beispielsweise wie rechts:

$$I = \sqrt{\frac{1}{T} \cdot \int_0^T i^2(t)dt}$$

Wenn der zeitliche Verlauf des Stromes $i(t) = 1\text{A} \cdot \sin(\omega \cdot t)$ vorgegeben ist, dann kann der Effektivwert des Stromes I nach obiger Formel berechnet werden. Im x/y-Koordinatensystem ersetzt man $\omega \cdot t$ durch x und erhält dann für eine Sinusschwingung der Form $\sin(x)$ die Periode 2π, so dass man das Integral zur Effektivwertberechnung in Form (s. rechts) überführen kann:

$$I = \sqrt{\frac{1}{2\pi} \cdot \int_0^{2\pi} \sin^2(x)dx} \qquad \text{in A}$$

Oder man normiert i(t) auf seine Einheit A und erhält:

$$y = \sqrt{\frac{1}{2\pi} \cdot \int_0^{2\pi} \sin^2(x)dx} \qquad \text{mit} \quad y = \frac{i(t)}{\text{A}}$$

Wir verwenden das Programm „Simpsonsche-Regel" und ändern die Funktion in $f(x) = \sin^2(x)$ entsprechend ab. Der Effektivwert wird zusätzlich außerhalb der Schleife errechnet.

Struktogramm: Im Struktogramm (siehe Bild 8.79) muss entsprechend modifiziert werden. Vor der Ausgabe ist nun noch der Effektivwert zu berechnen.

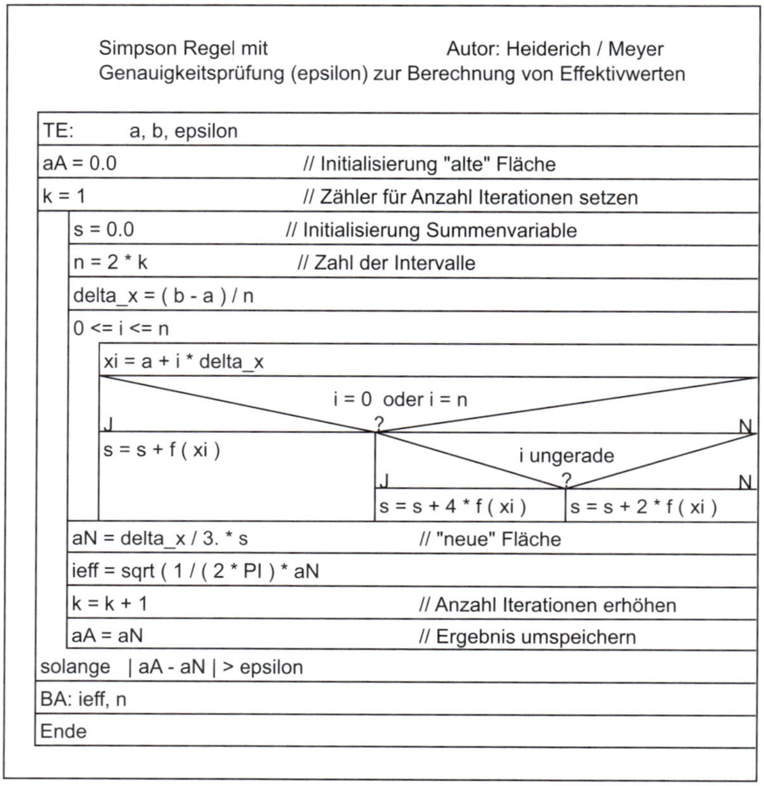

Bild 8.79 Struktogramm zur Effektivwertberechnung mit der Simpsonschen Regel

Da wir auf bereits getestete Programme zurückgreifen können, starten wir nach entsprechender Modifikation sofort einen Programmlauf. Das Ergebnis bestätigt den in der Elektrotechnik bekannten Faktor für den Effektivwert:

$$\frac{1}{\sqrt{2}} \approx 0{,}707$$

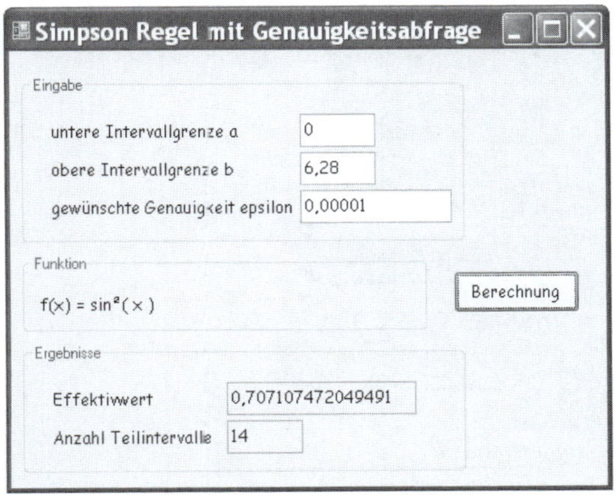

Bild 8.80
Effektivwertberechnung mit der Simpson-Regel

8.5 Einbindung eigener Klassen

In diesem Abschnitt wird dargestellt, wie man eigene Klassen, die zur Modellierung eines Problems nach den Regeln der OOP erstellt wurden, für den Einsatz in grafischen Oberflächen nutzen kann. Dabei wird sich heraus stellen, dass der Aufwand erfreulich gering ist und daher die Erstellung einer grafischen Oberfläche oftmals eine sinn- und wertvolle Ergänzung bereits realisierter Konsolenanwendungen darstellt. Umgesetzt wird die Technik am Beispiel der Dimensionierung von Platinen.

8.5.1 Das „Platinenproblem" als objektorientierte Konsolenanwendung

Zur Unterbringung individueller Steuerungselektronik ist es erforderlich, immer wieder auf nicht konfektionierte Platinen zurück zu greifen, die dann in Serie gefertigt werden. Dabei sind die Abmessungen einerseits für die Unterbringung der erforderlichen Teile wichtig, andererseits müssen die Platinen für ihre weitere Verbauung immer wieder geometrische Randbedingungen einhalten. Darüber hinaus müssen die Platinen oft über eine Mindestfläche verfügen, damit es mit der verbauten Lüftertechnik nicht zu thermischen Problemen kommen kann. Zur notwendigen Dokumentation der abgewickelten Projekte sollen nun diese Platinen (siehe Bild 8.81) ebenfalls erfasst werden und ihre Abmaße festgehalten werden.

Bild 8.81 Eine zur Serienproduktion hergestellte Platine

Es ist beabsichtigt, diese mit allen weiteren Projektdaten in eine Datenbank einzustellen, um sie bei späteren Projekten wieder nutzen zu können. Im Auftragsfall ist es daher immer wieder notwendig, schnell eine Platine mit geeigneten Abmessungen zu konstruieren. Dieser Prozess soll zukünftig mit Hilfe einer neu zu entwickelnden Software geschehen.

Sie erhalten den Auftrag, diese neue Software zu realisieren. In einem ersten Schritt soll eine Konsolenanwendung entstehen, die zunächst in einer Einführungsphase auf ihre Tauglichkeit hin getestet werden soll.

Diese Software soll über folgende Leistungsmerkmale verfügen:

- die Platine besitzt eine rechteckige Gestalt,
- alle Abmessungen (in [mm]) werden aufgenommen,
- jede neue Platine muss eine Bezeichnung bekommen, die aus max. 256 beliebigen Zeichen bestehen können muss,
- es muss die Fläche der Platine ermittelt werden,
- für den Versand ist das sog. Gurtmaß zu ermitteln. Dies ergibt sich als: (Höhe + Breite) × 2 + Länge. Dabei wird für die Höhe standardmäßig eine Abmessung von 2 cm (20 mm) unterstellt.
- die Software soll über eine möglichst einfache Menusteuerung verfügen. In diesem Menu sollen alle erforderlichen Arbeitsschritte (von der Erfassung der Daten bis zur Dokumentation der Ergebnisse) aufgeführt sein.
- das Programm wird über einen entsprechenden Menu-Punkt beendet.

Für die mögliche spätere Einbindung in komplexere Software, wird großer Wert auf eine Datenkapselung gelegt.

Aus dieser Aufgabenstellung ergeben sich nun folgende Teilaufgaben:

1. Er ist ein UML-Klassendiagramm für die neue Klasse „Platine" zu erstellen. Die Auswahl der in der Analyse festgestellten Bedarfe an Attributen und Methoden ist dabei zu begründen.
2. Der Quellcode der Testsoftware ist zu erstellen, indem zunächst die notwendige cpp- und Header-Datei der Klasse erstellt wird. Der Quellcode ist dabei natürlich so ausführlich zu kommentieren, dass die Grundprinzipien der objektorientierten Programmierung deutlich werden.
3. Das zu realisierende Menu muss skizziert werden, indem das Erscheinungsbild des Programms auf der Konsole dokumentiert wird. Anschließend müssen die Methoden der Klasse den einzelnen Menu-Punkten zugeordnet werden und der Quellcode der erforderlichen switch-Anweisung realisiert werden.

Bild 8.82 zeigt das UML-Diagramm der Klasse C_Platine.

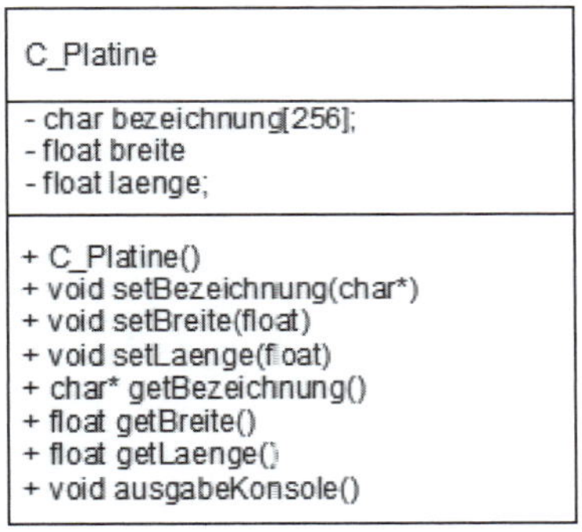

Bild 8.82
UML-Diagramm der Klasse C_Platine

Mit den hier ausgewählten Attributen Bezeichnung, Breite und Länge ist die Platine vollständig beschrieben. Die Höhe spielt keine Rolle und ist mit dem Default-Wert von 20 mm festgesetzt. Daraus ergeben sich sofort die erforderlichen get- und set-Methoden der Klasse, um die Manipulationen an den Attributwerten vornehmen zu können. Neben dem Konstruktor der Klasse wird dann noch eine Ausgabemethode für die Konsole realisiert, so dass die erfassten Platinen ordentlich dokumentiert werden können.

Die Header-Datei der Klasse sieht also folgendermaßen aus:

```
#ifndef C_PLATINE_H
#define C_PLATINE_H

class C_Platine
{
   // Attribute der Klasse (gekapselt)
   private:      char bezeichnung[256];
                 float laenge, breite;

   // Methoden der Klasse (öffentlich)
   public:
   // Konstruktor
   C_Platine();
```

```
    // Manipulation der Attribute
    void setBezeichnung(char*);
    void setBreite(float);
    void setLaenge(float);
    // Auslesen der Attribute
    char* getBezeichnung();
    float getBreite();
    float getLaenge();
    // Dokumentation incl. Berechnung
    void ausgabeKonsole();
}; // Ende der Klasse

#endif
```

Die zugehörige cpp-Datei der Klasse kann folgendes Aussehen besitzen:

```
// Projektinclude --------------------------------------------------------
#include "stdafx.h"
// Standardincludes ------------------------------------------------------
#include "stdlib.h"
#include "stdio.h"
#include "conio.h"
// Include für strcpy - Kopieren von char-Arrays -------------------------
#include "string.h"
// Include der Klassen-Definition ----------------------------------------
#include "C_Platine.h"
// Konstruktor -----------------------------------------------------------
C_Platine::C_Platine()
{  // alle Attribute werden mit Startwerten belegt
   strcpy(bezeichnung," ");
   this->breite = 0.0;
   this->laenge = 0.0;
}
// set-Methoden für die Attribute ----------------------------------------
void C_Platine::setBezeichnung(char* dummy)
{  // Übertragung der eingegebenen Bezeichnung
   strcpy(this->bezeichnung,dummy);
}
void C_Platine::setBreite(float neueBreite)
{  // Übertragung der eingegebenen Breite
   this->breite = neueBreite;
}
void C_Platine::setLaenge(float neueLaenge)
{  // Übertragung der eingegebenen Tiefe
   this->laenge = neueLaenge;
}
// Dokumentation auf Konsole mit Ergebnissen (incl.Berechnung) ------------
void C_Platine::ausgabeKonsole()
{
   float flaeche = this->breite*this->laenge;
   float gurtmaß = (this->breite + 10.) * 2. + this->laenge;
```

```
    int länge = printf("\n\n\tPlatinen-Dokumentation:\n\t");
    for(int i = 1; i <= länge-5;i++) printf("-");
    printf("\n\n\tBezeichnung: %s",this->bezeichnung);
    printf("\n\n\tBreite:      %11.2f mm",this->breite);
    printf("\n\tL%cenge:      %11.2f mm",char(132),this->laenge);
    printf("\n\n\tFl%cche:     %11.2f mm%c",char(132),flaeche,char(253));
    printf("\n\n\tGurtma%c:    %11.2f mm",char(225),gurtmaß);
}
// get-Methoden für die Attribute ----------------------------------------
char* C_Platine::getBezeichnung()
{  // Rückgabe aktuelle Bezeichnung
    return this->bezeichnung;
}
float C_Platine::getBreite()
{  // Rückgabe aktuelle Breite
    return this->breite;
}
float C_Platine::getLaenge()
{  // Rückgabe aktuelle Tiefe
    return this->laenge;
}
```

Das vollständige Programm der Konsolenanwendung finden Sie wieder als fertiges Projekt im Internet!

Siehe Internetseite zum Buch, Beispiel K08B22.

Die Ausgabe des fertigen Programms zeigen die folgenden Abbildungen:

```
Herzlich Willkommen bei der Dimensionierung von Platinen
---------------------------------------------------------


1: Eingabe einer Bezeichnung
2: Eingabe einer Länge  l [mm]
3: Eingabe eines Breite b [mm]

4: Änderung der Bezeichnung
5: Änderung der Länge  l [mm]
6: Änderung des Breite b [mm]

7: Dokumentation und Ausgabe

E: Programmende

Bitte Auswahl treffen: 7
```

Bild 8.83 Menü-Steuerung der Konsolenanwendung

```
Platinen-Dokumentation:
-----------------------

Bezeichnung: Grafikkarte

Breite:              98.00 mm
Läenge:             175.00 mm

Fläche:           17150.00 mm²

Gurtmaß:            391.00 mm

weiter mit beliebiger Taste ......
```

Bild 8.84
Dokumentation einer erfassten Platine

8.5.2 Das „Platinenproblem" in der Erweiterung mit grafischer Benutzeroberfläche

Nachdem die Klasse „C_Platine" in der Konsolenanwendung erfolgreich getestet wurde, soll nun in einem zweiten Schritt eine grafische Oberfläche für die Dimensionierung der Platinen erstellt werden. Die Basis der neuen Software stellt die Klasse „C_Platine" dar, die in Abschnitt 8.5.1 realisiert wurde.

Die neue Software soll über folgende Leistungsmerkmale verfügen:

- zu Beginn der Arbeit soll eine „Default"-Platine mit den Abmessungen:

  Breite = 200 mm

  Länge = 300 mm bereit gestellt werden,
- zur Vermeidung von Fehleingaben, soll die gesamte Eingabesteuerung (Erhöhung, Reduzierung der Abmessungen) ausschließlich über Buttons geregelt werden, es soll also keinerlei Eingabe über die Tastatur für die Abmessungen möglich sein,
- alle Abmessungen (in [mm]) sind veränderbar,
- die Bezeichnung für das Gehäuse muss eingegeben werden können,
- alle Ergebnisgrößen (Fläche, Gurtmaß) werden jeweils auf der Basis der aktuellen Daten errechnet und dargestellt.

Es sind also folgende Arbeitsschritte zu erledigen:

1. Erstellung des Layouts für die zu realisierende Form (auf Papier!!),
2. Erstellung einer vollständige tabellarische Dokumentation des Entwurfes, indem den Namen der Oberflächenelemente deren Klassenzugehörigkeit, ihre Aufgabe und ihre Besonderheiten zuordnet werden,
3. Realisierung der gesamten Anwendung!

Das Layout gibt die folgende Abbildung Bild 8.85 wieder:

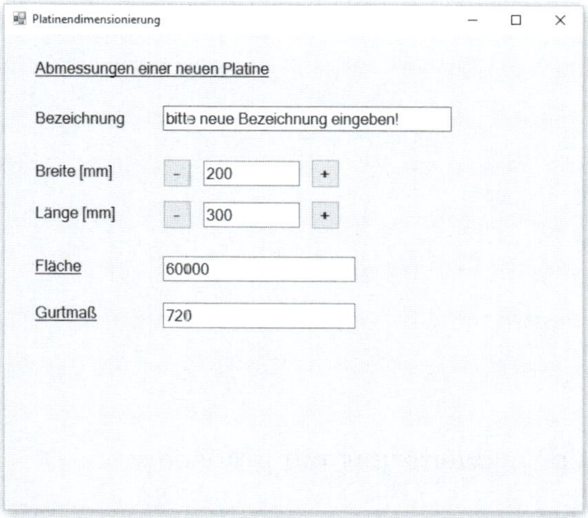

Bild 8.85
Layout der Anwendung zur Platinendimensionierung

Daraus ergeben sich die in Tabelle 8.7 dargestellten Oberflächenelemente.

Tabelle 8.7 Tabelle der Oberflächenelemente

Name der Klasse	Name des Objektes	Bemerkung
Label	lb_Abmessung	Label für den Text „Abmessungen einer neuen Platine“
Label	lb_Bezeichnung	Label für den Text „Bezeichnung“
TextBox	tb_Bezeichnung	Eingabefeld für die Bezeichnung – editierbar
Label	lb_Breite	Label für den Text „Breite [mm]“
Button	bt_Breite_minus	Schalfläche für die Reduzierung der Breite (um 1 mm)
TextBox	tb_Breite	Anzeige der Breite (default: 200) – **nicht** editierbar
Button	bt_Breite_plus	Schalfläche für die Erhöhung der Breite (um 1 mm)
Label	lb_Länge	Label für den Text „Länge [mm]
Button	bt_Länge_minus	Schalfläche für die Reduzierung der Länge (um 1 mm)
TextBox	tb_Länge	Anzeige der Länge (default: 300) – **nicht** editierbar
Button	bt_Länge_plus	Schalfläche für die Erhöhung der Länge (um 1 mm)
Label	lb_Fläche	Label für den Text „Fläche“
TextBox	tb_Fläche	Anzeige der Fläche (errechnet aus den aktuellen Abmessungen) - **nicht** editierbar
Label	lb_Gurtmaß	Label für den Text „Gurtmaß“
TextBox	tb_Gurtmaß	Anzeige des Gurtmaßes (errechnet aus den aktuellen Abmessungen) – **nicht** editierbar

Da die Klasse Platine bereits als Header-Datei vorliegt, kann diese Header-Datei nun „einfach" in den Quellcode der grafischen Oberfläche includiert werden und die Instanz der Klasse wird problemlos erzeugt:

```
#pragma once
#include "C_Platine.h"
#include <iostream> // für namespace std
namespace Platine_mit_GUI
{
   using namespace System;
   using namespace System::ComponentModel;
   using namespace System::Collections;
   using namespace System::Windows::Forms;
   using namespace System::Data;
   using namespace System::Drawing;
   using namespace System::Runtime::InteropServices;
   // for class Marshal
   using namespace std;

   // Instanz der Klasse C_Platine
   C_Platine neuePlatine;
```

Die Versorgung der Textboxen mit den Default-Werten geschieht in einer eigenen Methode der Klasse `Platine_mit_GUI`, nämlich der Form-Load-Methode dieser Klasse:

```
private: System::Void Form1_Load(System::Object^  sender, System::EventArgs^  e)
{
   // Initialisierung des Objektes neuePlatine
   neuePlatine.setBezeichnung("bitte neue Bezeichnung eingeben!");
   neuePlatine.setLaenge(300);
   neuePlatine.setBreite(200);
   // Übernahme der Bezeichnung des Objektes in die grafische Oberfläche
   string cs = neuePlatine.getBezeichnung();
   String^ str2 = gcnew String(cs.c_str());
   this->tB_Bezeichnung->Text = str2;
   // Übernahme der Geometrie des Objektes in die grafische Oberfläche
   this->tB_Länge->Text        = Convert::ToString(neuePlatine.
                                 getLaenge());
   this->tB_Breite->Text       = Convert::ToString(neuePlatine.
                                 getBreite());
   this->tB_Fläche->Text       = Convert::ToString(neuePlatine.
                                 berechneFläche());
   this->tB_Gurtmaß->Text      = Convert::ToString(neuePlatine.
                                 berechneGurtmaß());
}
```

Die In- bzw. Dekrementierung der Abmessungen geschieht nun in den zu den entsprechenden Schaltflächen gehörenden Methoden der Klasse `Platine_mit_GUI`, hier am Beispiel der Dekrementierung der Breite einmal exemplarisch dargestellt:

```
private: System::Void bt_Breite_minus_Click(System::Object^  sender,
System::EventArgs^  e)
{
    // Reduzierung der Breite
    this->tB_Breite->Text=Convert::ToString(Convert::ToInt32(this->tB_
    Breite->Text)-1);
    // Übernahme der aktuellen Breite in die Klasse
    neuePlatine.setBreite(Convert::ToInt32(this->tB_Breite->Text));
    // Übername des Textes der Bezeichnung in die Klasse - muss an jeder
    Stelle möglich sein
    char*chars=(char*)(Marshal::StringToHGlobalAnsi(this->tB_Bezeichnung-
    >Text)).ToPointer();
    neuePlatine.setBezeichnung(chars);
    // Berechnung
    this->tB_Fläche->Text  = Convert::ToString(neuePlatine.berechneFläche());
    this->tB_Gurtmaß->Text = Convert::ToString(neuePlatine.berechneGurtmaß());
}
```

Die Bezeichnung wird hier mit Hilfe der Methode `StringToHGlobalAnsi( )` der Klasse `Marshal` für die Übernahme in das `char-Array` der Klasse aufbereitet.

Das vollständige Programm der Anwendung mit grafischer Oberfläche finden Sie ebenfalls als fertiges Projekt im Internet!

Siehe Internetseite zum Buch, Beispiel K08B23. ■

Die Ausgabe des fertigen Programms zeigt Bild 8.86.

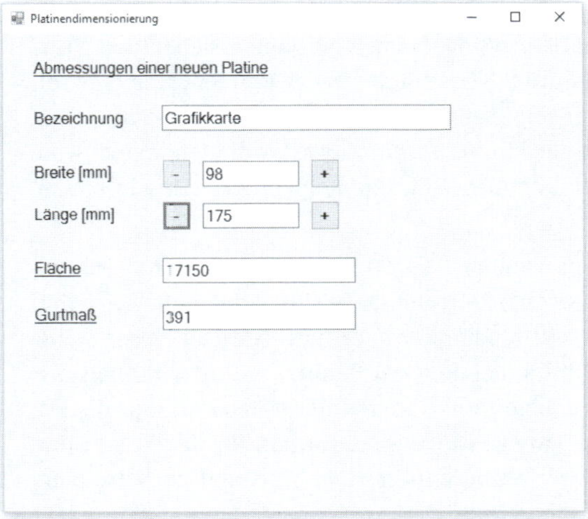

Bild 8.86 Platinendimensionierung mit grafischer Oberfläche und simultaner Berechnung und Dokumentation der Ergebnisse.

9 Lösung komplexer Probleme

Mit den bisher gelösten Problemen stehen sehr leistungsfähige Kataloge an Arbeits- und Programmiertechniken zur Verfügung, die in diesem Kapitel an einigen umfangreicheren Problemen eingesetzt und ausprobiert werden sollen. Auch die Listings dieses Kapitels finden Sie auf der Internetseite zum Buch *(http://www.hanser-fachbuch.de/buch/Technische+Probleme+loesen+mit+C+C/9783446447844)*.

9.1 Kurvendiskussion und Funktionsplotter am Beispiel ganzrationaler Funktionen bis 3. Ordnung

Problemstellung: In der Mathematik gewinnt man mit Hilfe von Methoden der Differenzialrechnung Informationen über den qualitativen Verlauf von Funktionen. Neben den Nullstellen, die z. B. mit den Verfahren aus Abschnitt 8.3 bestimmt werden können, sind hier vor allem die Extremstellen (also lokale oder absolute Hoch- oder Tiefpunkte) sowie die Wendestellen (also Stellen, an denen der Graph der Funktion sein Kurvenverhalten ändert) von Interesse. Die Mathematik hält zur Bestimmung dieser Punkte Regeln bereit, die in einem Programm abgebildet werden können.

Problemanalyse: Für die Umsetzung ist es zunächst sinnvoll, sich auf eine Klasse von Funktionen zu beschränken, damit eine problemangemessene Eingabemöglichkeit der Varianten dieser Funktionsklasse realisiert werden kann. Andernfalls wäre an dieser Stelle ein vollständiger Interpreter zu programmieren, bei dem ein Benutzer – unter Einhaltung gewisser beschreibender Regeln – eine beliebige Funktion definieren können müsste. Da die Eingabe des Benutzers anschließend in eine auswertbare Funktion für das Programm uminterpretiert werden muss, wäre an dieser Stelle ein enormer Aufwand zu betreiben. Man stelle sich vor, dass eine Anwender-Eingabe wie:

$$f(x) = \sqrt{\frac{2 \cdot \pi \cdot \sin(x^2 - 5 \cdot x)}{8 \cdot x - 7}}$$

für solch einen Interpreter zulässig sein sollte – lieber nicht! Ganz zu schweigen von den zu implementierenden Methoden der Differenzialrechnung, die für solche Funktionen von Ketten- über Quotientenregel einige Hürden bereit hält. Wir werden uns also in der Folge auf ganzrationale Funktionen 3. Ordnung beschränken und für diese Funktionenklasse exemplarisch die erforderlichen Betrachtungen anstellen. Alle Funktionen dieser Klasse besitzen die Form `f(x)=ax³+bx²+cx+d` mit den Koeffizienten `a`, `b`, `c` und `d`.

Werden also die Werte der Koeffizienten angegeben, so ist die Funktion eindeutig bestimmt. Auch die erforderlichen Ableitungen nach den Regeln der Differenzialrechnung sind für Funktionen dieser Klasse einfach zu bestimmen:

Mit Hilfe dieser Ableitungen und hinreichenden Bedingungen können die Extrem- und Wendestellen der Funktion bestimmt werden:

$$f(x)=a\cdot x^3+b\cdot x^2+c\cdot x+d \quad\Rightarrow\quad f'(x)=3\cdot a\cdot x^2+2\cdot b\cdot x+c$$
$$f(x)=a\cdot x^3+b\cdot x^2+c\cdot x+d \quad\Rightarrow\quad f''(x)=3\cdot 2\cdot a\cdot x+2\cdot b=6\cdot a\cdot x+2\cdot b$$
$$f(x)=a\cdot x^3+b\cdot x^2+c\cdot x+d \quad\Rightarrow\quad f'''(x)=6\cdot a$$

- an der Stelle x_H liegt ein *Hochpunkt* (lokales oder absolutes Maximum) der Funktion, wenn gilt: $f'(x_H)=0 \quad\wedge\quad f''(x_H)<0$

- an der Stelle x_T liegt ein *Tiefpunkt* (lokales oder absolutes Minimum) der Funktion, wenn gilt: $f'(x_T)=0 \quad\wedge\quad f''(x_T)>0$

- an der Stelle x_W liegt ein *Wendepunkt* (Änderung des Kurvenverhaltens) der Funktion, wenn gilt: $f''(x_W)=0 \quad\wedge\quad f'''(x_W)\neq 0$

Die erste Ableitung der Funktionen dieser Klasse ist jeweils eine quadratische Funktion, deren Nullstellen z. B. mit dem P-Q-Verfahren aus Abschnitt 5.3.1 bestimmt werden können. Die Lösungen dieser quadratischen Gleichungen werden anschließend in die zweite Ableitung eingesetzt, um entscheiden zu können, ob jeweils ein Hoch- oder Tiefpunkt vorliegt. Die Nullstelle der zweiten Ableitung wird durch einfache Äquivalenzumformung bestimmt:

$$f''(x)=0 \quad\Leftrightarrow\quad 6\cdot a\cdot x+2\cdot b=0$$
$$\Leftrightarrow\quad 6\cdot a\cdot x+-2\cdot b$$
$$\Leftrightarrow\quad x=-\frac{2\cdot b}{6\cdot a}=-\frac{b}{3\cdot a} \quad \text{mit} \quad a\neq 0$$

Anschließend ist der ermittelte Wert in die dritte Ableitung einzusetzen, um zu prüfen, ob die Funktion an der betreffenden Stelle eine Wendestelle besitzt.

Zum Abschluss der Kurvendiskussion sind dann die Graphen von $f(x)$, $f'(x)$, $f''(x)$ und $f'''(x)$ zu zeichnen, um die qualitative Beurteilung der Funktion $f(x)$ abzuschließen.

Struktogramm: Das Programm besteht im Wesentlichen aus den fünf Teilen, die in Bild 9.1 zusammengefasst sind:

- Eingabe und Abspeichern der Koeffizienten
- Berechnung der Ableitungen $f'(x)$, $f''(x)$ und $f'''(x)$
- Nullstellenberechnung der Ableitungsfunktionen $f'(x)$ und $f''(x)$
- Auswertung der Ergebnisse
- Erstellung der Funktionsgraphen von $f(x)$, $f'(x)$, $f''(x)$ und $f'''(x)$

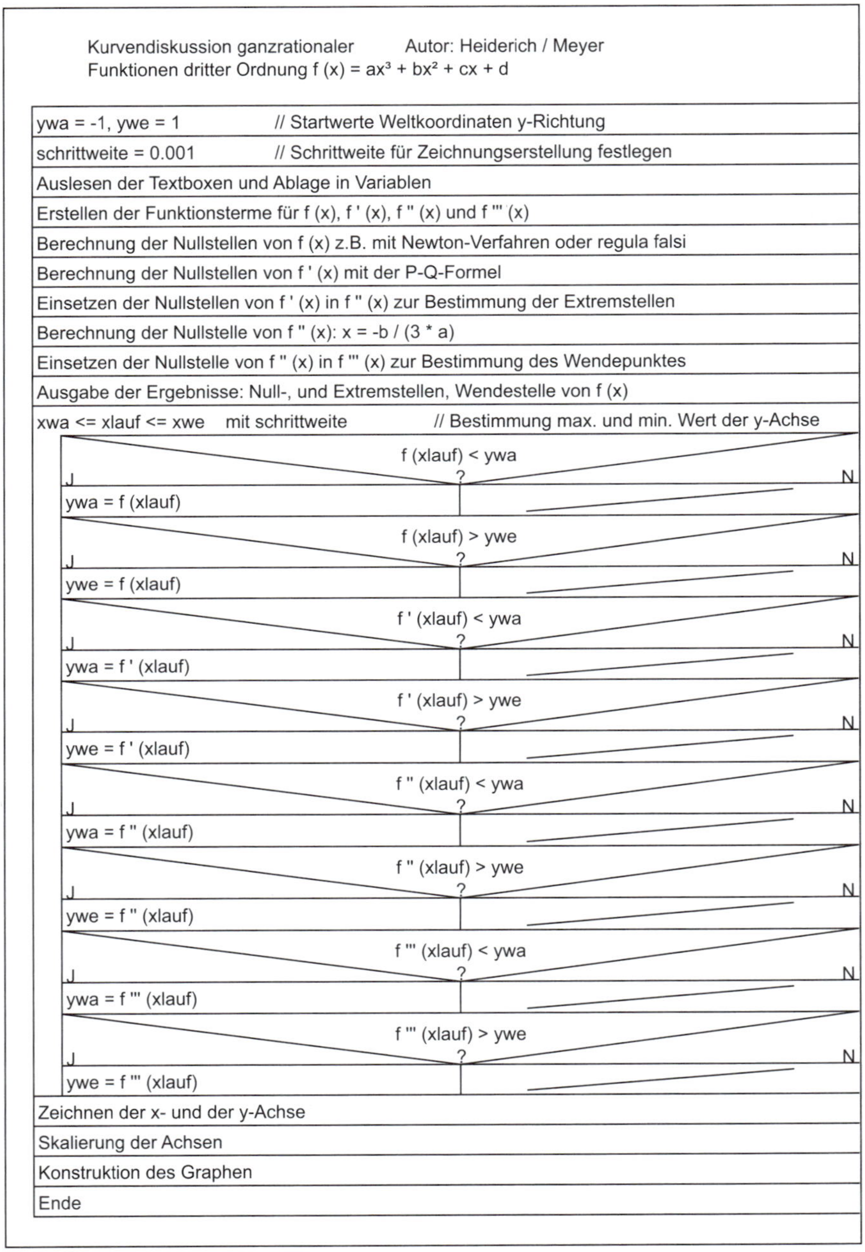

Bild 9.1 Struktogramm zur Kurvendiskussion ganzrationaler Funktionen 3. Ordnung

Bei der Implementierung des Programms verzichten wir auf die Berechnung der Nullstellen und verweisen stattdessen auf Abschnitt 8.3. Die Erweiterung des Programms um die Dokumentation der interessanten Funktionsstellen empfehlen wir dem Leser zur Übung. Die zentrale Methode der Anwendung kann in einem Programm mit grafischer Oberfläche dann folgendermaßen aussehen:

Programm

Siehe Internetseite zum Buch, Beispiel K09B01.

Programmausgabe: Die Ausgabe des Programms mit identischen Farben der Ausgabe-Label der Ableitungen und der Graphen der zugehörigen Ableitungsfunktionen sieht dann wie in Bild 9.2 aus.

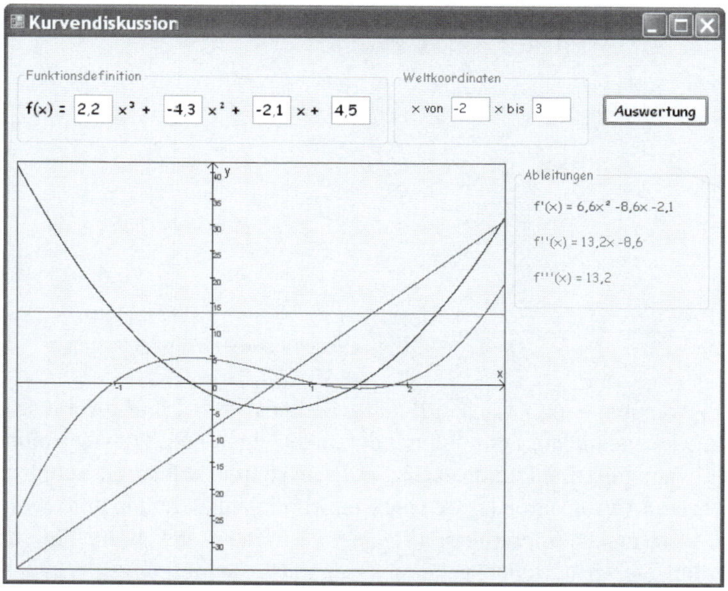

Bild 9.2 Darstellung einer Funktion 3. Ordnung zur Kurvendiskussion

9.2 Ausgleichsrechnung – Bestimmung der „besten" Geraden in einer Messreihe

Problemstellung: Im Labor ist ein neuer Werkstoff entwickelt worden, dessen Temperaturkoeffizient bestimmt werden soll. Dazu nimmt man eine Messreihe auf, die den Widerstand R bei verschiedenen Temperaturen ϑ gegenüberstellt. Es sei bekannt, dass die Ausdehnung im untersuchten Temperaturbereich linear verläuft:

$$R = R_0 \cdot (1 + \alpha \cdot \vartheta) = R_0 + R_0 \cdot \alpha \cdot \vartheta$$

Ermittelt werden sollen also R_0 und α.

ϑ [°C]	R [Ω]
0,0	46,3
14,7	49,1
32,5	52,5
51,1	56,3
68,1	59,8
82,1	62,3
93,4	64,5
99,5	65,9

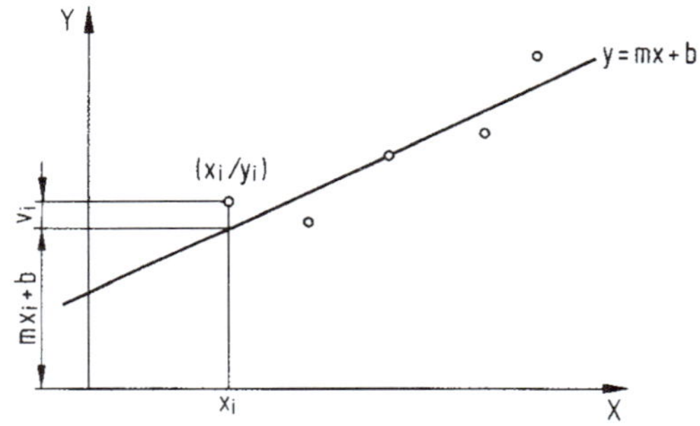

Bild 9.3
Ausgleichsgerade durch die Messpunkte

Problemanalyse: Der Zusammenhang zwischen R und ϑ ist linear; es wird also vorausgesetzt, dass die Wertetabelle eine lineare Funktion mit der allgemeinen Funktionsgleichung $y = m \cdot x + b$ beschreibt. Wenn nur zwei Punkte gegeben wären, könnten wir m und b eindeutig bestimmen. Bei mehreren Wertepaaren (x_i | y_i) müssen wir diejenige Gerade finden, die am „besten" durch die Wertetabelle (Messreihe) festgelegt ist. Welches die „beste" Gerade ist, muss definiert werden. Da wir davon ausgehen müssen, dass die Messungen y_i fehlerhaft sind, erhalten wir für jeden Messpunkt einen Fehler v_i.

$$v_i = y_i - (m \cdot x_i + b)$$

Die beste Gerade soll diejenige sein, bei der die Summe der Fehlerquadrate minimal ist, oder anders formuliert: es sind die Koeffizienten m und b so zu bestimmen, dass die Fehlerquadratsumme minimal wird.

$$\sum v_i^2 \longrightarrow \text{minimal}$$

Mit der genannten Forderung erhält man die folgenden Formeln.

$$m = \frac{n \cdot \sum x_i \cdot y_i - \sum x_i \cdot y_i}{n \cdot \sum x_i^2 - \left[\sum x_i\right]^2}$$

$$b = \frac{\sum x_i^2 \cdot \sum y_i - \sum x_i \cdot \sum x_i \cdot y_i}{n \cdot \sum x_i^2 - \left[\sum x_i\right]^2}$$

m und b sind die Koeffizienten der besten Geraden, durch die n Messpunkte hindurchgehen. Δm und Δb sind die mittleren Fehler von m und b. Wenn die Herleitung der Formeln auch den Rahmen dieses Buches sprengen würde, so ist die Programmierung und anschließende Interpretation mit den bereits erarbeiteten Kenntnissen möglich. Man erkennt, dass im wesentlichen Summen der Messpunkte ermittelt werden müssen. Diese können linear, im Quadrat oder als Produkt unter der Summe auftreten. Wie Summen programmiert werden, ist bereits bekannt. Die Werte m und b werden direkt mit $(x_i \mid y_i)$ berechnet. Man erkennt, dass die Nenner von m und b gleich sind.

$$\Delta b = \sqrt{\frac{\sum x_i^2 \cdot \sum v_i^2}{(n-2) \cdot n \cdot \sum x_i^2 - (n-2) \cdot \left[\sum x_i\right]^2}}$$

$$\Delta m = \sqrt{\frac{n \cdot \sum v_i^2}{(n-2) \cdot n \cdot \sum x_i^2 - (n-2) \cdot \left[\sum x_i\right]^2}}$$

mit

$$v_i = y_i - (m \cdot x_i + b)$$

n Anzahl der Messpunkte

$\sum$ Summe über alle n Messpunkte

Der Term

$$\left[\sum x_i\right]^2$$

bedeutet, dass die n aufsummierten x_i-Werte quadriert werden, während in

$$\sum x_i^2$$

zunächst x_i quadriert und dann aufsummiert wird.

Um Δm und Δb zu ermitteln, muss m und b bekannt sein, weil der Fehler v_i für jeden Messpunkt aus der Differenz von eingegebenem und errechnetem Messwert ermittelt wird. Da auch die Messwerte $(x_i \mid y_i)$ selbst für die Berechnung des Fehlers zur Verfügung stehen müssen, sind diese nach der Eingabe in entsprechenden Feldern abzuspeichern.

Struktogramm: Das Programm besteht im Wesentlichen aus den fünf Teilen:

- Eingabe und Abspeichern der Wertepaare
- Summenbildung
- Berechnung von `m` und `b` mit den gegebenen Formeln
- Berechnung der Fehlerquadrate
- Berechnung von `Δm` und `Δb`

Eine komfortable Benutzerführung über ein Ein- und Ausgabemenü wäre angemessen, wird im Struktogramm aber nicht dargestellt. Das Benutzermenü könnte unter der Überschrift `AUSGLEICHSRECHNUNG FÜR EINE LINEARE FUNKTION` die Menüpunkte beinhalten, die in Bild 9.4 dargestellt sind.

```
AUSGLEICHSRECHNUNG FÜR EINE LINEARE FUNKTION
--------------------------------------------
      M e n u e
                                                 Gegenüberstellung
Eingabe der Messwerte          (1)      Funktionswerte - Messwerte    (3)
Ausgabe der linearen Funktion  (2)      Abweichungen                  (4)
Programmende                   (5)
Bitte wählen Sie?
```

Bild 9.4 Menüsteuerung für die Ausgleichrechnung

Das Kernstruktogramm ohne Menüsteuerung könnte die Struktur aus Bild 9.5 haben.

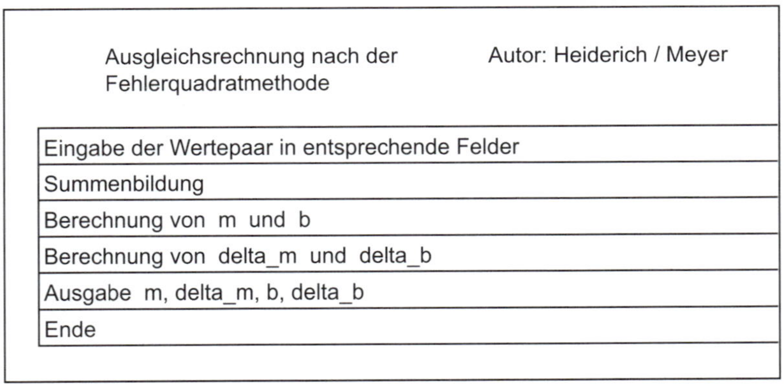

Bild 9.5 Struktogramm der Ausgleichsrechnung

Wenn wir die verschiedenen Möglichkeiten des Auswahlmenüs nutzen möchten, wäre das Struktogramm aus Bild 9.6 eine gute Grundlage für die Programmierung.

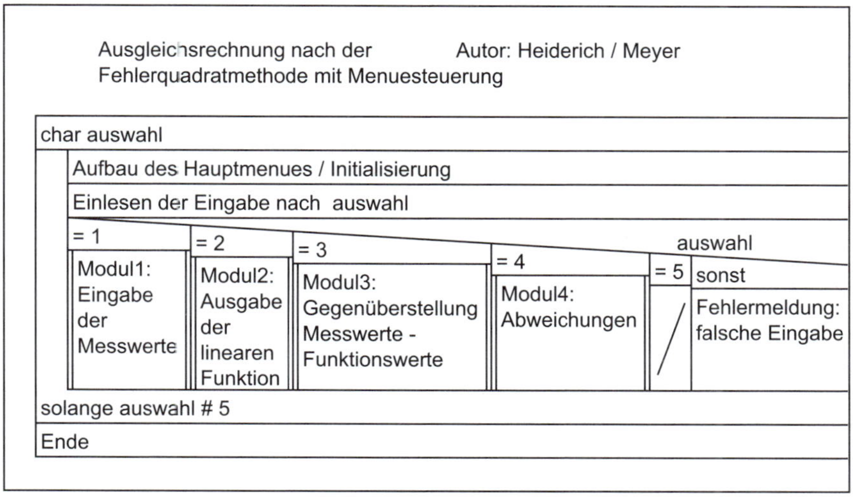

Bild 9.6 Struktogramm der Ausgleichsrechnung mit Menüsteuerung

Für die einzelnen Programmteile, Module genannt, kann der Programmierer zwecks Konkretisierung verfeinerte Struktogramme zeichnen. Diese Vorgehensweise heißt Top-down-Design und ist eine weit praktizierte Methode komplexe Zusammenhänge, und Strukturen transparent und als Module programmierbar zu machen.

Programm

Siehe Internetseite zum Buch, Beispiel K09B02.

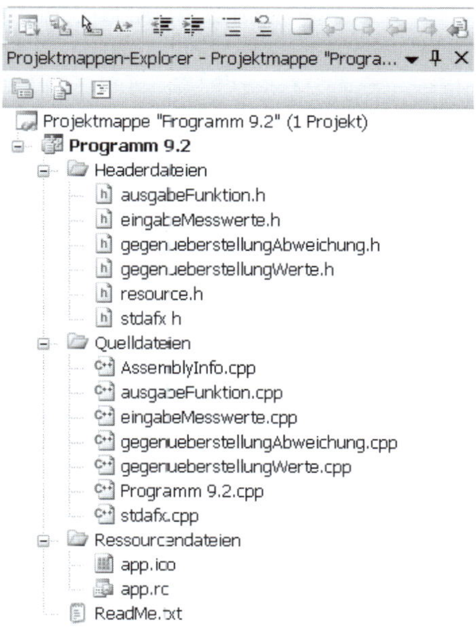

Bild 9.7
Programmansicht im Projektmappen-Explorer

Programmtest: Wir wählen zum Testen des Programms einfache, bekannte Funktionen. Es bietet sich die Konstantfunktion und eine lineare Funktion mit -45° Steigung (m = -1) an. Wählt man zunächst z.B. die Konstantfunktion y = 2, so muss als Ergebnis m = 0 und b = 2 herauskommen. Δm und Δb müssen 0 sein, weil die Messpunkte alle auf der Geraden liegen. In der Wertetabelle ist jedem x der y-Wert 2 zugeordnet. Für den ersten Test wählen wir n = 8. Die Ergebnisse sind in den Bild 9.8 bis Bild 9.11 dargestellt.

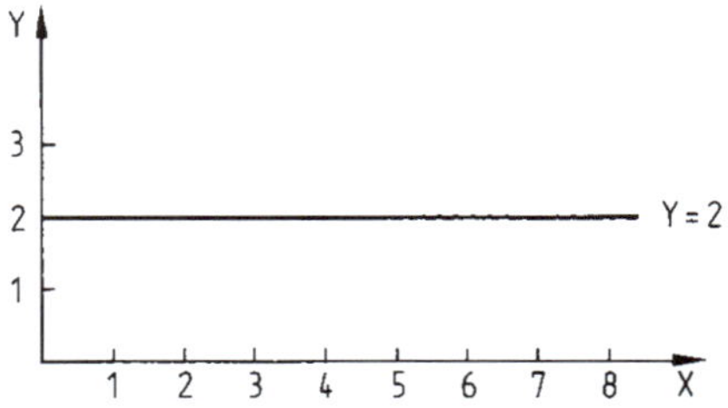

Bild 9.8
Graph der Konstantfunktion $y = 2$

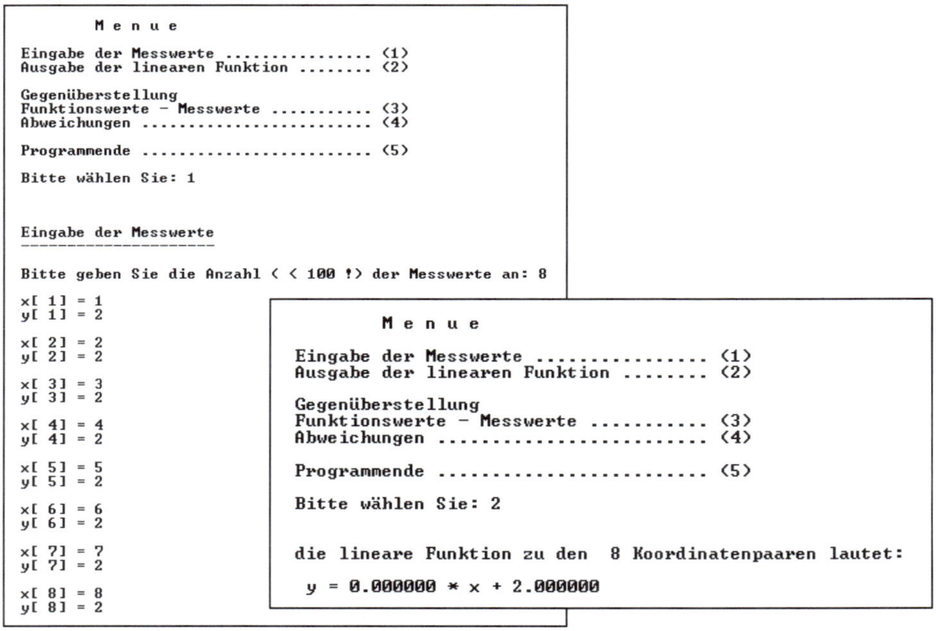

```
        M e n u e

Eingabe der Messwerte ................ <1>
Ausgabe der linearen Funktion ........ <2>

Gegenüberstellung
Funktionswerte - Messwerte ........... <3>
Abweichungen ......................... <4>

Programmende ......................... <5>

Bitte wählen Sie: 1


Eingabe der Messwerte
---------------------

Bitte geben Sie die Anzahl ( < 100 !) der Messwerte an: 8

x[ 1] = 1
y[ 1] = 2

x[ 2] = 2
y[ 2] = 2

x[ 3] = 3
y[ 3] = 2

x[ 4] = 4
y[ 4] = 2

x[ 5] = 5
y[ 5] = 2

x[ 6] = 6
y[ 6] = 2

x[ 7] = 7
y[ 7] = 2

x[ 8] = 8
y[ 8] = 2
```

```
        M e n u e

Eingabe der Messwerte ................ <1>
Ausgabe der linearen Funktion ........ <2>

Gegenüberstellung
Funktionswerte - Messwerte ........... <3>
Abweichungen ......................... <4>

Programmende ......................... <5>

Bitte wählen Sie: 2


die lineare Funktion zu den  8 Koordinatenpaaren lautet:

 y = 0.000000 * x + 2.000000
```

Bild 9.9 Dateneingabe und errechneter Funktionsterm für die Konstantfunktion $y = 2$

```
        M e n u e

Eingabe der Messwerte ................. <1>
Ausgabe der linearen Funktion ......... <2>

Gegenüberstellung
Funktionswerte - Messwerte ............ <3>
Abweichungen .......................... <4>

Programmende .......................... <5>

Bitte wählen Sie: 3

+----------------------+---------------+
|    Wertepaar (x|y)   | y - errechnet |
+----------+-----------+---------------+
|     x    |     y     |               |
+----------+-----------+---------------+
|    1.000 |     2.000 |      2.000    |
|    2.000 |     2.000 |      2.000    |
|    3.000 |     2.000 |      2.000    |
|    4.000 |     2.000 |      2.000    |
|    5.000 |     2.000 |      2.000    |
|    6.000 |     2.000 |      2.000    |
|    7.000 |     2.000 |      2.000    |
|    8.000 |     2.000 |      2.000    |
+----------+-----------+---------------+
```

Bild 9.10
Gegenüberstellung Funktionswerte – Messwerte für Konstantfunktion $y = 2$

```
        M e n u e

Eingabe der Messwerte ................. <1>
Ausgabe der linearen Funktion ......... <2>

Gegenüberstellung
Funktionswerte - Messwerte ............ <3>
Abweichungen .......................... <4>

Programmende .......................... <5>

Bitte wählen Sie: 4

die Abweichungen betragen zu den  7 Koordinatenpaaren betragen:

delta_m  = 0.000000
delta_b  = 0.000000

Fehlerquadratsumme = 0.000000
```

Bild 9.11 Dokumentation der Abweichungen für Konstantfunktion $y = 2$

Als zweite Testfunktion wählen wir eine lineare Funktion mit `m = -1` und dem Schnittpunkt mit der y-Achse bei +2. Sie hat die Funktionsgleichung `y = -x + 2`. Der Graph der Funktion und die Programmergebnisse sind den Bild 9.12 bis 9.15 zu entnehmen.

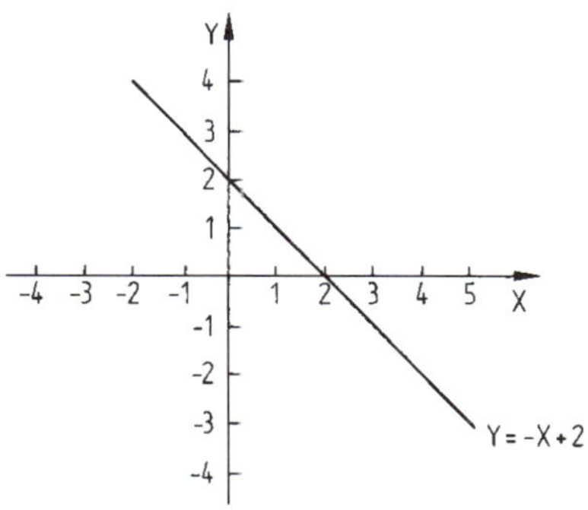

Bild 9.12
Der Graph der Funktion $y = -x + 2$

Das Programm muss also `m = -1` und `b = 2` mit Δ`m = 0` und Δ`b = 0` berechnen, wenn man genau die Punkte eingibt, die auf der Geraden liegen. Wir wählen diesmal `n = 7`.

```
Ausgleichsrechnung für eine lineare Funktion
--------------------------------------------

        M e n u e

Eingabe der Messwerte ................. (1)
Ausgabe der linearen Funktion ......... (2)

Gegenüberstellung
Funktionswerte - Messwerte ........... (3)
Abweichungen ......................... (4)

Programmende ......................... (5)

Bitte wählen Sie: 1


Eingabe der Messwerte
---------------------

Bitte geben Sie die Anzahl ( < 100 !) der Messwerte an: 7

x[ 1] = -2
y[ 1] = 4

x[ 2] = -1
y[ 2] = 3

x[ 3] = 0
y[ 3] = 2

x[ 4] = 1
y[ 4] = 1

x[ 5] = 2
y[ 5] = 0

x[ 6] = 3
y[ 6] = -1

x[ 7] = 4
y[ 7] = -2
```

```
        M e n u e

Eingabe der Messwerte ................. (1)
Ausgabe der linearen Funktion ......... (2)

Gegenüberstellung
Funktionswerte - Messwerte ........... (3)
Abweichungen ......................... (4)

Programmende ......................... (5)

Bitte wählen Sie: 2


die lineare Funktion zu den  7 Koordinatenpaaren lautet:

 y = -1.000000 * x + 2.000000
```

Bild 9.13 Dateneingabe für die Funktion $y = -x + 2$ und errechneter Funktionsterm

```
        M e n u e

Eingabe der Messwerte ................. (1)
Ausgabe der linearen Funktion ......... (2)

Gegenüberstellung
Funktionswerte - Messwerte ........... (3)
Abweichungen ......................... (4)

Programmende ......................... (5)

Bitte wählen Sie: 3


+-----------------------+--------------+
|    Wertepaar (x|y)    | y - errechnet |
+-----------+-----------+--------------+
|     x     |     y     |              |
+-----------+-----------+--------------+
|    -2.000 |     4.000 |      4.000   |
|    -1.000 |     3.000 |      3.000   |
|     0.000 |     2.000 |      2.000   |
|     1.000 |     1.000 |      1.000   |
|     2.000 |     0.000 |      0.000   |
|     3.000 |    -1.000 |     -1.000   |
|     4.000 |    -2.000 |     -2.000   |
+-----------+-----------+--------------+
```

Bild 9.14 Gegenüberstellung Funktionswerte - Messwerte der Funktion $y = -x + 2$

```
        M e n u e

Eingabe der Messwerte ................. <1>
Ausgabe der linearen Funktion ........ <2>

Gegenüberstellung
Funktionswerte - Messwerte ........... <3>
Abweichungen .......................... <4>

Programmende .......................... <5>

Bitte wählen Sie: 4


die Abweichungen betragen zu den  8 Koordinatenpaaren betragen:

delta_m   = 0.000000
delta_b   = 0.000000

Fehlerquadratsumme = 0.000000
```

Bild 9.15 Dokumentation der Abweichungen für die Funktion $y = -x + 2$

Programmlauf: Für die Bestimmung von R_0 und α im Eingangsproblem liegen n = 8 Messwerte vor, durch die die beste Gerade gelegt werden soll. Nach dem Start des Programms wird zunächst die Anzahl der Wertepaare mit 8 eingegeben. Danach folgen die Messwerte. Der Rechner liefert den Ergebnisausdruck aus Bild 9.15.

```
Ausgleichsrechnung für eine lineare Funktion
--------------------------------------------

        M e n u e

Eingabe der Messwerte ................. <1>
Ausgabe der linearen Funktion ........ <2>

Gegenüberstellung
Funktionswerte - Messwerte ........... <3>
Abweichungen .......................... <4>

Programmende .......................... <5>

Bitte wählen Sie: 1


Eingabe der Messwerte
---------------------

Bitte geben Sie die Anzahl ( < 100 !) der Messwerte an: 8

x[ 1] = 0
y[ 1] = 46.3

x[ 2] = 14.7
y[ 2] = 49.1

x[ 3] = 32.5
y[ 3] = 52.5

x[ 4] = 51.1
y[ 4] = 56.3

x[ 5] = 68.1
y[ 5] = 59.8

x[ 6] = 82.1
y[ 6] = 62.3

x[ 7] = 93.4
y[ 7] = 64.5

x[ 8] = 99.5
y[ 8] = 65.9
```

```
        M e n u e

Eingabe der Messwerte ................. <1>
Ausgabe der linearen Funktion ........ <2>

Gegenüberstellung
Funktionswerte - Messwerte ........... <3>
Abweichungen .......................... <4>

Programmende .......................... <5>

Bitte wählen Sie: 2


die lineare Funktion zu den  8 Koordinatenpaaren lautet:

 y = 0.196733 * x + 46.232754
```

Bild 9.16 Dateneingabe der Messwerte aus der Tabelle und der errechnete Funktionsterm

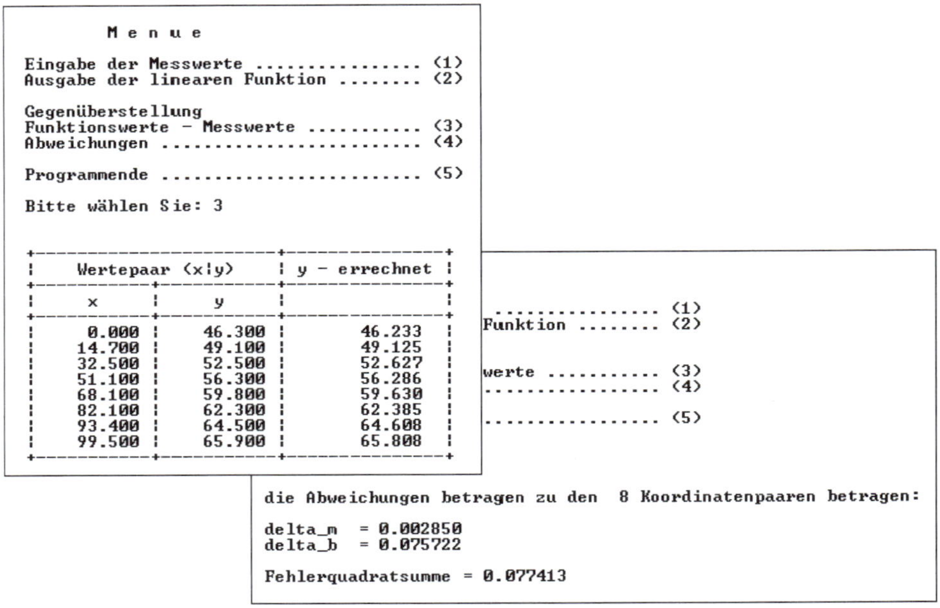

```
        M e n u e

Eingabe der Messwerte ................ (1)
Ausgabe der linearen Funktion ........ (2)

Gegenüberstellung
Funktionswerte - Messwerte ........... (3)
Abweichungen ......................... (4)

Programmende ......................... (5)

Bitte wählen Sie: 3

+-----------------------+----------------+
|   Wertepaar (x|y)     | y - errechnet  |
+-----------+-----------+----------------+
|     x     |     y     |                |
+-----------+-----------+----------------+
|    0.000  |   46.300  |        46.233  |
|   14.700  |   49.100  |        49.125  |
|   32.500  |   52.500  |        52.627  |
|   51.100  |   56.300  |        56.286  |
|   68.100  |   59.800  |        59.630  |
|   82.100  |   62.300  |        62.385  |
|   93.400  |   64.500  |        64.608  |
|   99.500  |   65.900  |        65.808  |
+-----------+-----------+----------------+
```

```
................ (1)
Funktion ........ (2)

werte ........... (3)
................. (4)

................. (5)

die Abweichungen betragen zu den  8 Koordinatenpaaren betragen:

delta_m   = 0.002850
delta_b   = 0.075722

Fehlerquadratsumme = 0.077413
```

Bild 9.17 Gegenüberstellung Funktionswerte – Messwerte für die Tabellenwerte und Dokumentation der Abweichungen

Die Gegenüberstellung der vom Programm errechneten Zahlenwerte mit dem eingangs gestellten physikalischen Problem liefert das Ergebnis:

$$y = m \cdot x + b$$

$$R = R_0 \cdot \alpha \cdot \vartheta + R_0$$

$$\underline{\underline{R_0 = b = 46{,}23\ \Omega}}$$

$$\alpha \cdot R_0 = m = 0{,}1967\ \Omega \cdot \frac{1}{K}$$

$$\alpha = \frac{m}{R_0} = \frac{0{,}1967}{46{,}2327} \cdot \frac{1}{K}$$

$$\underline{\underline{\alpha = 4{,}2545 \cdot 10^{-3} \cdot \frac{1}{K}}}$$

Unter Berücksichtigung der mittleren Fehler kann man das Ergebnis präzise angeben:

$$\Delta R_0 = \Delta b = 0{,}075722\ \Omega$$

$$\underline{\frac{\Delta R_0}{R_0} \cdot 100 = 0{,}16378\% \approx 0{,}2\ \%}$$

Der mittlere Fehler von R_0 ist mit dem Ergebnis Δb bekannt. Da α als Quotient von m und b errechnet wird, muss der größte Wert von m, also $m + \Delta m$, durch den kleinsten Wert von b, also $b - \Delta b$, geteilt werden, um $\alpha + \Delta\alpha$ zu ermitteln.

$$\alpha + \Delta\alpha = \frac{m + \Delta m}{b \cdot \Delta b}$$

$$\alpha + \Delta\alpha = 4{,}2727 \cdot 10^{-3} \cdot \frac{1}{K}$$

$$\Delta\alpha = 1{,}823 \cdot 10^{-5} \cdot \frac{1}{K}$$

Schlussendlich erhält man das nebenstehende Ergebnis. Der mittlere Fehler ist in % angegeben.

$$\frac{\Delta\alpha}{\alpha} \cdot 100 = 0{,}42848\ \% \approx 0{,}4\ \%$$

$$R_0 = 46{,}23\ \Omega \pm 0{,}2\ \%$$

$$\alpha = 4{,}25 \cdot 10^{-3} \cdot \frac{1}{K} \pm 0{,}4\ \%$$

9.3 Digitaltechnik

Der englische Mathematiker Georg Boole (1815–1864) ist der Begründer der Aussagenlogik, die wiederum Grundlage der Schaltalgebra ist. Sie wurde von dem amerikanischen Mathematiker Claude E. Shannon (1916–2001) zur Digitaltechnik entwickelt. Ohne diese für den gesamten Bereich der Informationstechnik – vom Computer bis zum Internet – bahnbrechenden Arbeiten würde heute kein Computer existieren.

Beide Arbeiten gehen von der Grundidee aus, dass man jegliche Information durch zwei Zustände abbilden kann. Die Aussagenlogik nennt diese zwei Zustände wahr (`W`) und falsch (`F`). Hingegen kennzeichnet die Digitaltechnik die zwei Zustände mit 0 und 1. In der Technik werden diese Zustände durch zwei Spannungen realisiert.

Die Arbeiten von Claude E. Shannon haben ergeben, dass man jedes logische Problem durch die drei Grundverknüpfungen `UND`, `ODER` und `NICHT` lösen kann. Das ist auch der Grund, warum diese Grundverknüpfungen einerseits auf jedem Rechner vorhanden sind, andererseits auch die Grundlagen der Digitaltechnik und damit der gesamten Computerhardware darstellen, wie die Tabelle 9.1 zeigt.

Tabelle 9.1 Die drei logischen Grundverknüpfungen in verschiedenen Darstellungen

Logische Grundverknüpfungen						
Name	Schaltzeichen	Wahrheitstabelle	Verknüpfungszeichen logisch	 in C/C+	Gleichung logisch	 in C/C+
UND Konjunktion	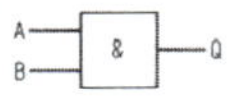	A B | Q 0 0 | 0 0 1 | 0 1 0 | 0 1 1 | 1	∧	&&	Q = A ∧ B	10[illegible]Q = A && B
ODER Disjunktion	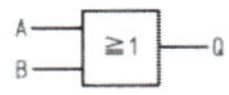	A B | Q 0 0 | 0 0 1 | 1 1 0 | 1 1 1 | 1	∨	||	Q = A ∨ B	10[illegible]Q = A||B
NICHT Negation	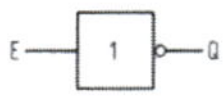	E | Q 0 | 1 1 | 0	–, ¬	!	Q = $\overline{E}$ = ¬E	10[illegible]Q = !E

Problemstellung: Ein sehr häufig vorkommendes Problem der Schaltalgebra ist die Analyse eines Schaltnetzes (siehe Bild 9.18). Damit ist die Fragestellung gemeint, wie sich eine Schaltung am Ausgang verhält, wenn an den Eingang eine bestimmte Kombination von 0, 1-Signalen angelegt wird.

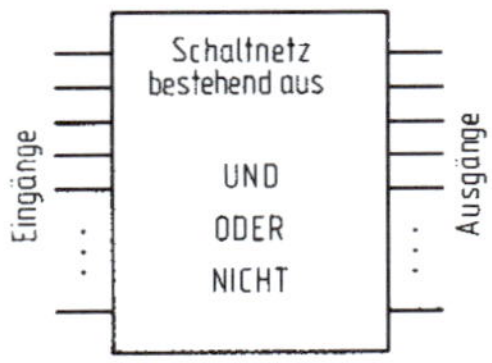

Bild 9.18
Schaltnetz

Die einzelnen Schaltzustände fasst man meist in einer Wahrheitstabelle zusammen. Eine andere Möglichkeit ist die Darstellung in Impulsdiagrammen, wie wir sie beispielsweise vom Oszilloskop her kennen. Das Ziel soll nun sein, digitale kombinatorische Schaltnetze analysieren zu können, und zwar in Form von Wertetabellen oder als Impulsdiagramm.

Problemanalyse: Bevor wir uns an die Struktur der Lösung herantasten, sollten wir in einem kleinen Testprogramm klären, wie C/C++ mit logischen Verknüpfungen umgeht. Dazu vereinbaren wir für die logischen Zustände Variablen vom Typ `short int` und testen das Programm für die drei Grundverknüpfungen. Ein Struktogramm erübrigt sich.

Programm

Siehe Internetseite zum Buch, Beispiel K09B03. ■

Man erkennt, dass C/C++ mit den logischen Verknüpfungen genauso umgeht, wie es in den Wahrheitstabellen vereinbart wurde. Dieser erste Test ist wichtig, weil es in anderen Programmiersprachen möglicherweise zu Irritationen kommen kann.

Wir vertiefen unser Wissen und testen den Computer mit einer ersten digitalen Schaltung, die aus allen drei Grundverknüpfungen besteht. Für die Digitalschaltung in Bild 9.20 soll die Wahrheitstabelle ermittelt werden. Die logischen Eingangsvariablen `0, 1` sollen über die Tastatur eingegeben werden.

```
Darstellung der "und"-Verknüpfung:
----------------------------------

 A B : Q
-----+---
 0 0 : 0
 0 1 : 0
 1 0 : 0
 1 1 : 1
Darstellung der "oder"-Verknüpfung:
-----------------------------------

 A B : Q
-----+---
 0 0 : 0
 0 1 : 1
 1 0 : 1
 1 1 : 1
Darstellung der Negation:
-------------------------

 E : Q
---+---
 0 : 1
 1 : 0
```

Bild 9.19
Ausgabe des ersten Testprogramms zur Digitaltechnik

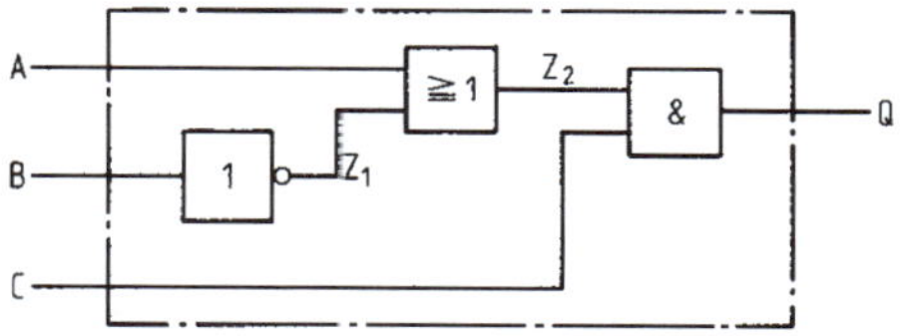

Bild 9.20
Einfache Digitalschaltung

Bevor wir die Gleichung für Q ableiten, müssen wir die Rangfolge bei logischen Verknüpfungen kennen, ähnlich der Regel „Punktrechnung vor Strichrechnung" in der Mathematik. Es gilt: höchster Rang `NICHT`-Verknüpfung, danach die `UND`- und mit niedrigstem Rang die `ODER`-Verknüpfung. Für Q erhalten wir die Gleichung

$$Q = (A \vee \overline{B}) \wedge C$$

Diese Gleichung setzen wir in das obige Testprogramm ein und können durch Eingabe von `0,1` - Kombinationen für `A`, `B` und `C` das gewünschte Ergebnis erhalten.

Programm

Siehe Internetseite zum Buch, Beispiel K09B04.

```
Q = (A || !B) && C:
-------------------

 A B C : Q
-------+---
 0 0 0 : 0
 1 0 0 : 0
 0 1 0 : 0
 1 1 0 : 0
 0 0 1 : 1
 1 0 1 : 1
 0 1 1 : 0
 1 1 1 : 1
```

Bild 9.21
Ausgabe der Überprüfung von Q = (A| | !B) && C

Ob das Ergebnis richtig ist, möge der Leser durch Anlegen von `0,1`-Kombinationen selbst verifizieren. Jedenfalls besteht die Wahrheitstabelle bei drei Eingängen aus $2^3 = 8$ Kombinationen von Nullen und Einsen: `0 0 0, 0 0 1, 0 1 0, ..., 1 1 1`. Zum Austesten obiger Schaltung sind also 8 verschiedene Eingaben für `A`, `B` und `C` notwendig.

Im Programm werden die unterschiedlichen Wertigkeiten und deren Kombinationsmöglichkeiten durch ineinander geschachtelte Schleifen realisiert. Jeder Eingabewert kann nur die beiden Zustände 0 oder 1 annehmen, so dass die zählergesteuerte Schleife jeweils mit dem Startwert 0 beginnen muss. Sie läuft, solange der Wert der Steuerungsvariable kleiner oder gleich 1 ist und wird mit einer Schrittweite von 1 erhöht. Sämtliche Werte lassen sich auch explizit über entsprechende Wertzuweisungen durchführen. Dies ist allerdings bei zunehmender Anzahl der Eingänge unübersichtlicher (damit fehleranfälliger!) und umfangreicher.

> **!** Diese Arbeitstechnik ist nur dann einsetzbar, wenn die Anzahl der Eingabekanäle festliegt. Für ein allgemein gültiges Testprogramm logischer Schaltungen wäre mit jeder Schaltung auch eine gründliche Überarbeitung des Quelltextes erforderlich. ■

Bequemer und auch schneller wäre die Schaltungsanalyse, wenn nicht jedes Mal die Eingangskombination per Tastatur eingegeben bzw. durch Realisierung von *n* Schleifen programmiert werden müsste, sondern alle 2^n Kombinationen rechnerintern selbst erstellt würden. Dazu ist es erforderlich, eine Tabelle der Dualzahlen zu erstellen, auf die das Analyseprogramm dann selbständig zugreift. Diese Problemstellung wollen wir als erstes Teilproblem definieren und eine gründliche Problemanalyse vornehmen.

Teilproblem 1: Tabelle der Dualzahlen

Schon Gottfried Wilhelm Leibniz hat 1703 den Aufbau und die Struktur des dualen Zahlensystems beschrieben (siehe Tabelle 9.2).

In der Einer-Stelle oder Einer-Spalte, dem LSB (Least-Significant Bit) mit der Wertigkeit $2^0 = 1$ alternieren Nullen und Einsen quasi „von oben nach unten". In der nächst höherwertigen Stelle $2^1 = 2$ alternieren zwei Nullen – zwei Einsern usw. Überträgt man das Prinzip auf die Stelle mit der Wertigkeit $2^2 = 4$, so alternieren vier Nullen – vier Einsen.

Leibniz beschreibt den Aufbau viel wissenschaftlicher, jedoch ist die gewählte simplifizierte Fassung zur Vorbereitung des Struktogramms sehr nützlich. Wir vereinbaren, dass wir die 2^n Eingangszustände bei `n` Eingangsvariablen in einem zweidimensionalen Feld ablegen. Mit der Variablen `s` steuern wir die Verdopplung der nacheinander folgenden Nullen und Einsen. Die Belegung der Wahrheitstabelle erfolge in einer separaten Funktion mit der Eingangsvariablen `n` und dem Ergebnis `dual[`2^n`+1][n+1]`.

Tabelle 9.2 Tabelle der Dualzahlen. Gefunden in „Herrn von Leibniz' Rechnung mit Null und Eins," 1966 SIEMENS AKTIENGESELLSCHAFT

TABLE
DES
NOMBRES.

0 0 0 0 0 0	0
0 0 0 0 0 1	1
0 0 0 0 1 0	2
0 0 0 0 1 1	3
0 0 0 1 0 0	4
0 0 0 1 0 1	5
0 0 0 1 1 0	6
0 0 0 1 1 1	7
0 0 1 0 0 0	8
0 0 1 0 0 1	9
0 0 1 0 1 0	10
0 0 1 0 1 1	11
0 0 1 1 0 0	12
0 0 1 1 0 1	13
0 0 1 1 1 0	14
0 0 1 1 1 1	15
0 1 0 0 0 0	16
0 1 0 0 0 1	17
0 1 0 0 1 0	18
0 1 0 0 1 1	19
0 1 0 1 0 0	20
0 1 0 1 0 1	21
0 1 0 1 1 0	22
0 1 0 1 1 1	23
0 1 1 0 0 0	24
0 1 1 0 0 1	25
0 1 1 0 1 0	26
0 1 1 0 1 1	27
0 1 1 1 0 0	28
0 1 1 1 0 1	29
0 1 1 1 1 0	30
0 1 1 1 1 1	31
1 0 0 0 0 0	32
&c.	&c.

Teilstruktogramm 1:

```
Erstellung einer Tabelle mit Dualzahlen          Autor: Heiderich / Meyer
bestehend aus    2^n Zeilen und n Spalten

void dualtabelle ( int anz, short int** dual )   // anz - Anzahl der Spalten (=Eingänge)
                                                 // dual - Zeiger auf einen Zeiger eines zweidimensionalen Arrays
                                                 // d.h. dual [ 2^n (+1) ] [ n (+1) ]
s = 0.5
i = 0
anz <= j <= 1, Schrittweite -1
    s = s * 2
        1 <= k <= s
            i = i + 1
            dual [ i ] [ j ] = 0
        1 <= k <= s
            i = i + 1
            dual [ i ] [ j ] = 1
    solange  i < 2^n
    i = 0
Ende
```

Bild 9.22 Struktogramm der Funktion zur Erstellung einer Dualtabelle

Programm

Siehe Internetseite zum Buch, Beispiel K09B05. ■

In diesem Programm ist die Technik der dynamischen Speicherplatzzuweisung eingesetzt worden. In der Zeile 42 wird zunächst für die erforderliche Anzahl von Datenzeilen in Abhängigkeit von der Größe der Datenelemente (hier `short int`) Speicherplatz reserviert, bevor anschließend in einer zählergesteuerten Schleife (Zeilen 51 bis 60) Platz für die jeweiligen Datenspalten reserviert wird. Das Programm liefert je nach Eingabe der Anzahl der Eingänge Ausgaben wie in Bild 9.23.

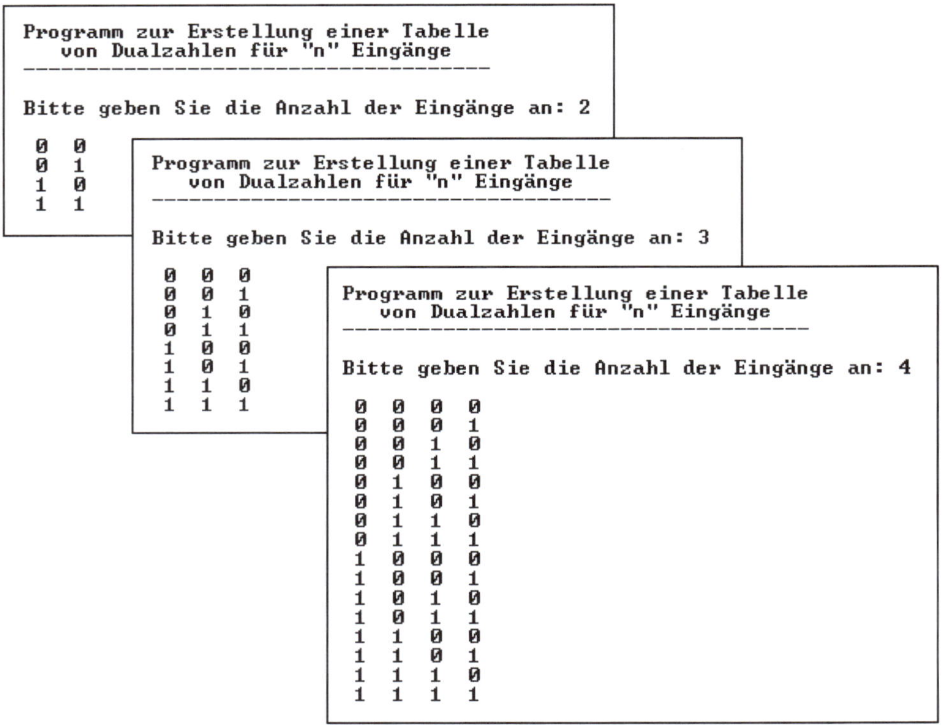

Bild 9.23 Erstellte Dualzahlentabellen mit der Funktion `dualtabelle()` für verschiedene Anzahlen von Eingängen

Die Begrenzung des verfügbaren Speicherplatzes hängt von dem zur Laufzeit vorhandenem Hauptspeicherplatz ab. Stellt das Programm also zur Laufzeit fest, dass nicht mehr ausreichend Speicher für die Reservierung zur Verfügung steht, so wird mit einer entsprechenden Fehlermeldung (Zeilen 43 bis 48 bzw. 54 bis 59) abgebrochen. Eine Fortsetzung des Programms ist unter diesen Umständen nicht mehr sinnvoll.

Teilproblem 2: Erstellen einer Wahrheitstabelle

Das Erstellen der Wahrheitstabelle mit `n` Ein- und `m` Ausgängen einer digitalen Schaltung ist als nächstes Problem zu lösen. Mit der Funktion `dualtabelle()` haben wir wesentliche Vorarbeiten bereits erledigt. Im Programm ist jetzt lediglich eine Zuordnung der Dualtabelle zu den Variablen vorzunehmen und die logische Gleichung auszuwerten. Anhand des Eingangsbeispiels sei eine Lösung angegeben, die der Leser selbst nachvollziehen möge. Wir verzichten hier auf ein Struktogramm.

Programm zum Teilproblem 2:

Siehe Internetseite zum Buch, Beispiel K09B06.

Die Ausgabe dieses Programms sieht aus wie in Bild 9.24.

```
Programm zur Erstellung einer Wahrheitstabelle
     für das Problem "Q = (A || !B) && C"
----------------------------------------------

 A B C | Q
-------+---
 0 0 0 | 0
 0 0 1 | 1
 0 1 0 | 0
 0 1 1 | 0
 1 0 0 | 0
 1 0 1 | 1
 1 1 0 | 0
 1 1 1 | 1
```

Bild 9.24
Ausgabe der Wahrheitstabelle für das Problem Q = (A | | !B) && C

Teilproblem 3: Universelles Programm zur Erstellung von Wahrheitstabellen

Das soweit entwickelte Programm ist eine gute Ausgangsbasis für ein universelles Programm zur Erstellung von Wahrheitstabellen logischer Schaltungen. Universell soll bedeuten, dass in das Programm nur noch die Anzahl der Ein- und Ausgangsvariablen und, an die richtige Stelle im Programm, zusätzlich die notwendigen logischen Gleichungen für die Ausgänge eingegeben werden. Den Rest erledigt das Programm.

Da wesentliche Teile des Programms bereits vorliegen, erübrigen sich die Problemanalyse und ein detailliertes Struktogramm. Es sei vereinbart, dass wir eine weitere Funktion zur Berechnung der Wertetabelle erstellen, in die auch die Gleichungen für die Ausgänge einprogrammiert werden müssen. Wir vergeben für die Funktion den Namen `wertetabelle()` mit den Übergabeparametern `n`, `m`, `dual[][]` und `q[][]`. Im zweidimensionalen Feld `q[][]` werden die Ausgangsvariablen gespeichert. Es hat die Dimension 2^n Zeilen (also Dimensionierung im Programm: 2^n+1), `m` Spalten (Dimensionierung: `m+1`).

Getestet werden soll an dem Beispiel aus Bild 9.25.

Für die Schaltung aus Bild 9.24 gilt:

$$S = (a \wedge b \wedge c) \vee (a \wedge \overline{b} \wedge \overline{c}) \vee (\overline{a} \wedge b \wedge \overline{c}) \wedge (\overline{a} \wedge \overline{b} \wedge c)$$

$$\ddot{U} = (a \wedge b \wedge c) \vee (a \wedge b \wedge \overline{c}) \vee (a \wedge \overline{b} \wedge c) \wedge (\overline{a} \wedge b \wedge c)$$

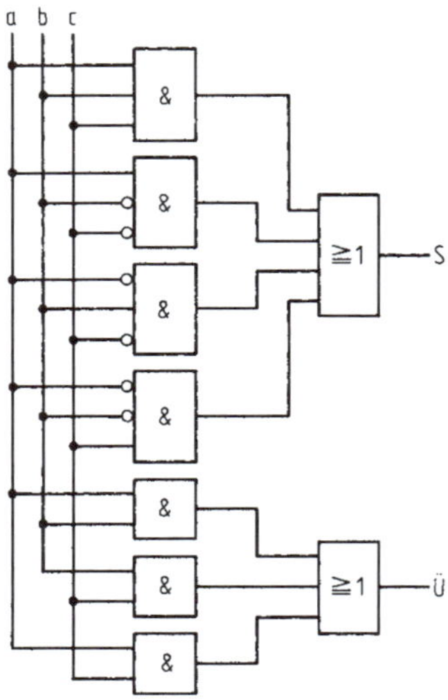

Bild 9.25
Schaltung eines Volladdierers

Programm zum Teilproblem 3

Siehe Internetseite zum Buch, Beispiel K09B07.

Vom Programm wird die Ausgabe aus Bild 9.26 produziert:

```
Programm zur Erstellung einer Wahrheitstabelle für die Probleme
  "Q1  = (A&&B&&C)||(A&&!B&&!C)||(!A&&B&&!C)||(!A&&!B&&C)" und
  "Q2  = (A&&B&&C)||(A&&B&&!C) ||(A&&!B&&C) ||(!A&&B&&C)"
-----------------------------------------------------------------

 A B C | Q1 Q2
-------+-------
 0 0 0 | 0  0
 0 0 1 | 1  0
 0 1 0 | 1  0
 0 1 1 | 0  1
 1 0 0 | 1  0
 1 0 1 | 0  1
 1 1 0 | 0  1
 1 1 1 | 1  1
```

Bild 9.26 Ausgabe der Wahrheitstabelle für den Volladdierer

Hauptproblem: Impulsdiagramm auf dem Monitor darstellen

Die Problemstellung reduziert sich auf die Forderung, eine Wahrheitstabelle in ein Impulsdiagramm umzusetzen. Das scheint auf den ersten Blick nicht so kompliziert zu sein. Wie Sie sehen werden, liegt der Teufel im Detail, wie so oft, wenn es ans Eingemachte geht. Das Problem soll von einer Funktion mit dem Namen `impulsdiagrammzeichnen()` gelöst werden.

Problemanalyse:

Wenn die Funktion `impulsdiagrammzeichnen()` die Aufgabe erledigen soll, müssen folgende Variablen übergeben werden:

- der Zeichen- bzw. Darstellungsbereich durch die Anfangs- und Endpunkte in x- und y-Richtung. Wir wählen die selbsterklärenden Variablennamen xa, xe, ya, ye in Screenkoordinaten.
- die Anzahl der Ein- und Ausgangsvariablen n und m
- die Dual- und Wahrheitstabelle

Mit den bereits bekannten Variablen könnte der Aufruf der Funktion folgendermaßen programmiert werden:

```
impulsdiagrammzeichnen(xa, xe, ya, ye, n, m, dual, q)
```

Um die Situation der Darstellung auf dem Monitor gründlich zu analysieren, fertigen wir eine Skizze für $n = 3$ Eingangs- und $m = 2$ Ausgangsvariablen an. x und y sind in Screenkoordinaten angegeben, siehe Bild 9.27. Mit den eingezeichneten Variablen ergeben sich folgende Zusammenhänge:

$$i_b = \frac{|x_a - x_e|}{2^n} \qquad i_h^* = \frac{|y_a - y_e|}{n+m} \qquad i_h = \frac{i_h^*}{2}$$

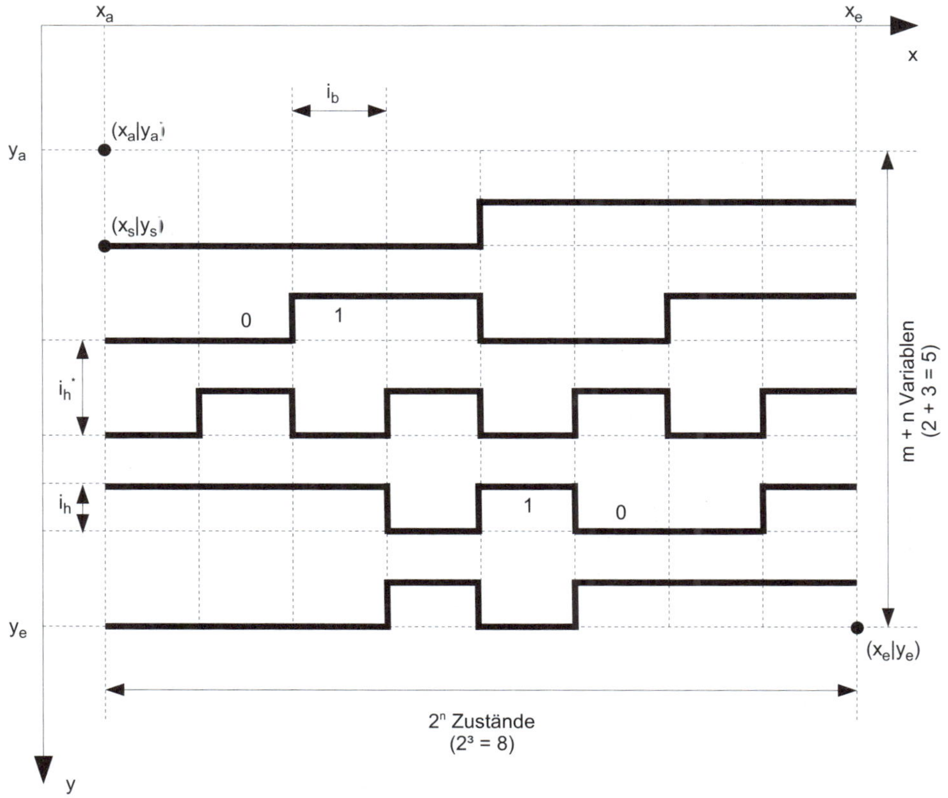

Bild 9.27 Situation auf dem Monitor, dargestellt für $n = 3$ Eingangs- und $m = 2$ Ausgangsvariablen. x- und y- Werte sind Screenkoordinaten.

Die Wahrheitstabelle ist ein genaues Abbild des Impulsdiagramms auf dem Monitor. Wir legen deshalb zunächst die Dualtabelle `dual[][]` mit der Ausgangstabelle `q[][]` zu einem neuen Array zusammen, das wir `ztab[][]` nennen wollen, abgeleitet von Zeichentabelle. `ztab[][]` besteht aus 2^n Zeilen und `n + m` Spalten. Ein Gedankenmodell führt uns in vier Schritten zum Impulsdiagramm (siehe Bild 9.28).

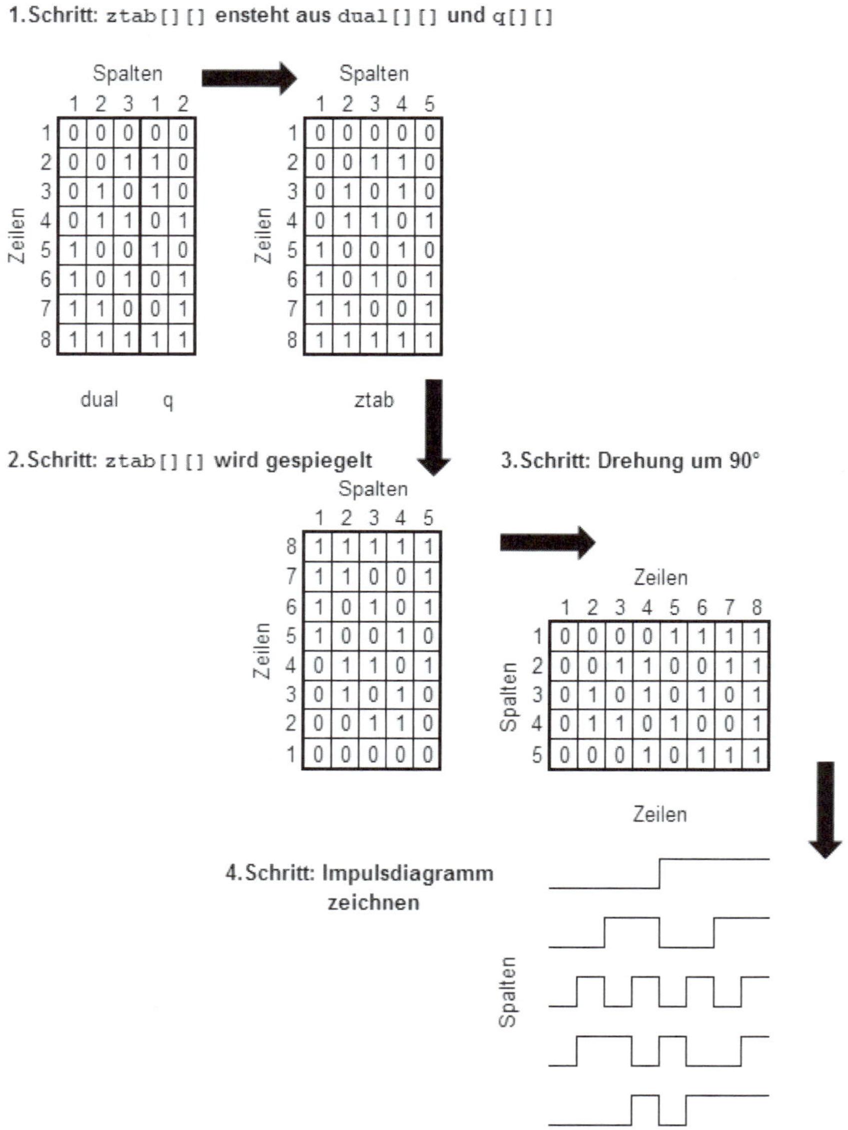

Bild 9.28 Gedankenmodell zur Erstellung des Impulsdiagramms

Es wird deutlich, dass die Zeichenroutine in der äußeren Schleife von den Spalten der Wahrheitstabelle gesteuert wird und von 1 bis `n + m` läuft. Dagegen läuft die innere Schleife von 1 bis 2^n und wird von den Zeilen der Wahrheitstabelle gesteuert.

Schlussendlich müssen wir uns noch Gedanken machen, wie der Wechsel von 0 → 1 und 1 → 0 erfasst und programmiert wird. Die Situation ist mit *vorher* und *nachher* gut zu beschreiben und in einem kleinen Vorstruktogramm zu erklären. Ist der Signalzustand *vorher* eine 0 und *nachher auch, ist ein Strich der Länge* ib zu zeichnen. Ist das Signal *nachher dagegen eine* 1, ist ein Strich der Länge ib oberhalb zu zeichnen. Anders formuliert heißt das, ein senkrechter Strich der Höhe ih ist vor dem waagerechten Strich der Breite ib zu zeichnen. Den Zustand *vorher* bezeichnen wir mit vo und den Zustand *nachher* mit na.

Im Struktogramm für diesen Programmteil muss noch geklärt werden, wie die Anweisung „ziehe Linie nach oben oder unten" umgesetzt wird. Dies kann durch folgenden Pseudocode realisiert werden:

```
if vo ≠ na then LINE (0,(-ih)*(-1)^vo)
```

Struktogramme:

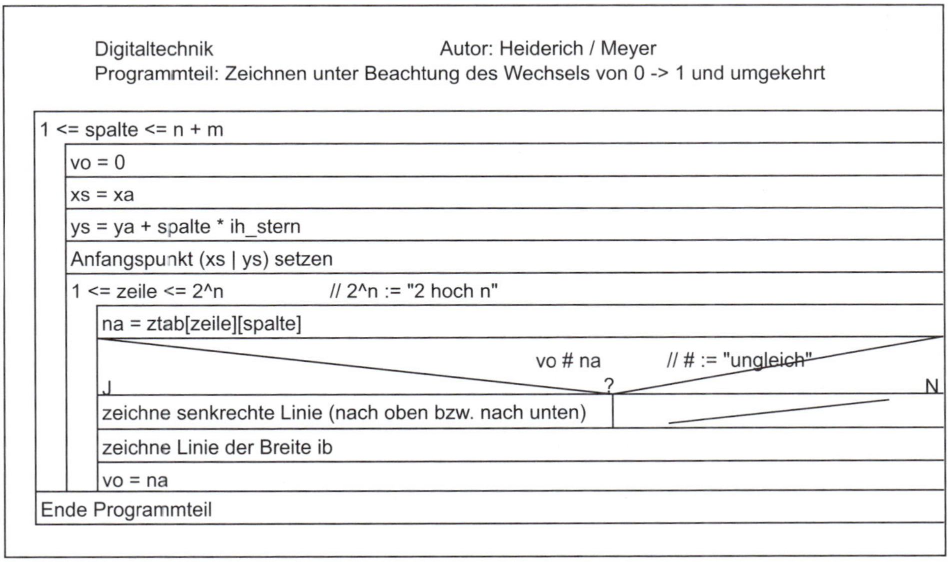

Bild 9.29 Struktogramm zum Zeichnen unter Beachtung des Wechsels von 0 -> 1 und umgekehrt

Das Struktogramm für die Funktion impulsdiagrammzeichnen() kann angegeben werden (siehe Bild 9.30).

Digitaltechnik Autor: Heiderich / Meyer
Programmteil: Zeichnen des Impulsdiagramms

impulsdiagrammzeichnen(xa, xe, ya, ye, n, m, dual, q)
Dimensionierung des Feldes ztab mit 2^n Zeilen und n + m Spalten
ib, ih_stern und ih berechnen
Programmteil: Zeichnen unter Berücksichtigung des Wechsels von 0 -> 1 und umgekehrt
Ende

Bild 9.30 Struktogramm Zeichnen des Impulsdiagramms

Damit ergibt sich die Darstellung des Gesamtablaufs aus Bild 9.31.

Gesamtprogramm "Digitus" Autor: Heiderich / Meyer

Eingabe n, m
Felder dimensionieren dual[2^n + 1][n + 1], q[2^n + 1][m + 1]
Dimensionierung des Feldes ztab mit 2^n Zeilen und n + m Spalten
Aufruf dualtabelle(n, dual)
Aufruf wertetabell(n, m, dual, q)
Eingabe Zeichen bereich xa, xe, ya, ye
Aufruf impusldiagrammzeichnen(xa, xe, ya, ye, n, m, dual, q)
Ende

Bild 9.31 Struktogramm für das Gesamtprogramm „Digitus"

Programmtest:

Wir testen das Programm mit der Schaltung aus Bild 9.32, deren Ergebnis uns bekannt ist. Das Ergebnis stimmt mit unseren Vorüberlegungen überein. Auch eine Veränderung des Zeichenbereichs liefert erfreuliche Ergebnisse, wie die beiden Bild 9.33 und Bild 9.34 zeigen.

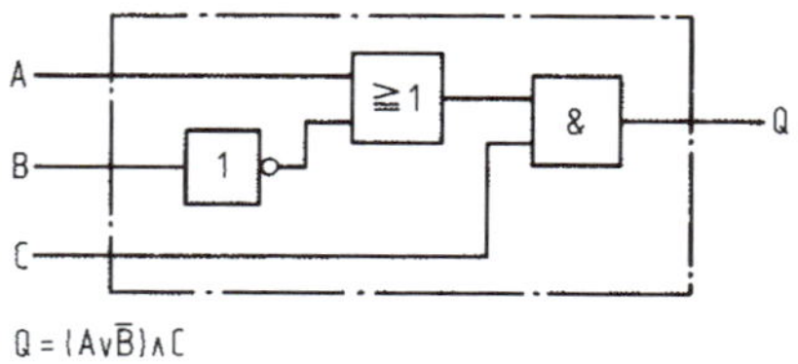

Bild 9.32
Schaltung für den Test des Programms

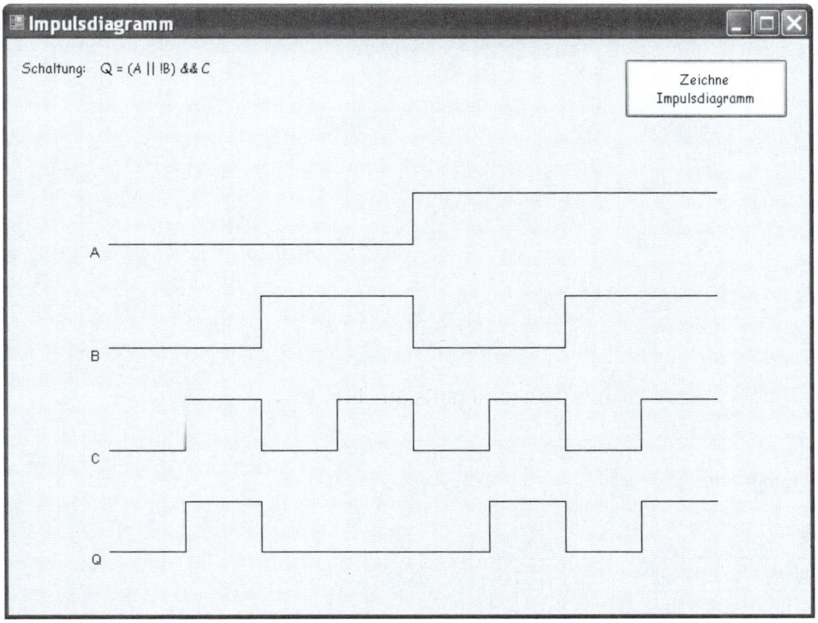

Bild 9.33 Ausgabe des Impulsdiagramms der Testschaltung

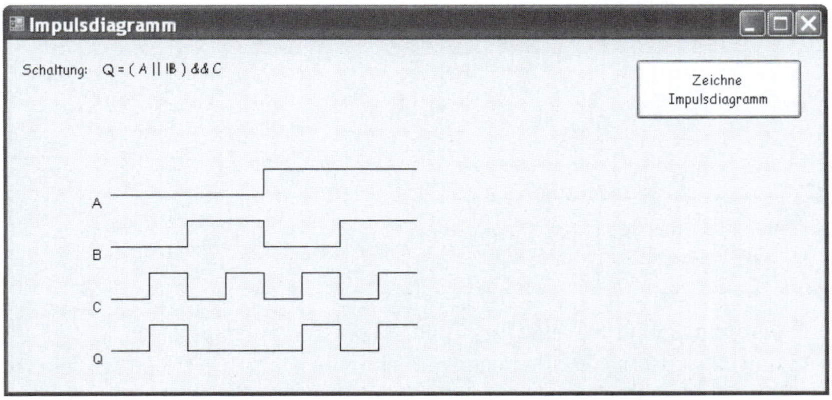

Bild 9.34 Ausgabe des Impulsdiagramms der Testschaltung mit veränderten Screenkoordinaten

Programmläufe:

Die Schaltung aus Bild 9.35 ist ein Volladdierer, quasi das Nukleon eines jeden arithmetischen Prozessors. Es ist das Impulsdiagramm zu zeichnen und mit der Wahrheitstabelle zu vergleichen. Das Ergebnis ist in Bild 9.36 zu sehen.

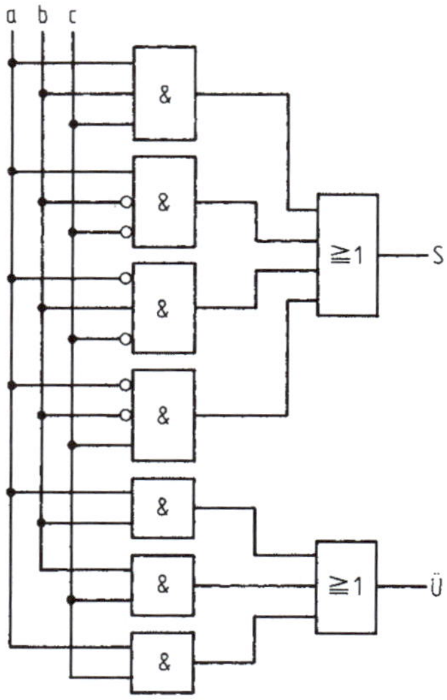

$$S = (a \wedge b \wedge c) \vee (a \wedge \bar{b} \wedge \bar{c}) \vee (\bar{a} \wedge b \wedge \bar{c}) \vee (\bar{a} \wedge \bar{b} \wedge c)$$
$$Ü = (a \wedge b \wedge c) \vee (a \wedge b \wedge \bar{c}) \vee (a \wedge \bar{b} \wedge c) \vee (\bar{a} \wedge b \wedge c)$$

Bild 9.35
Schaltung eines Volladdierers

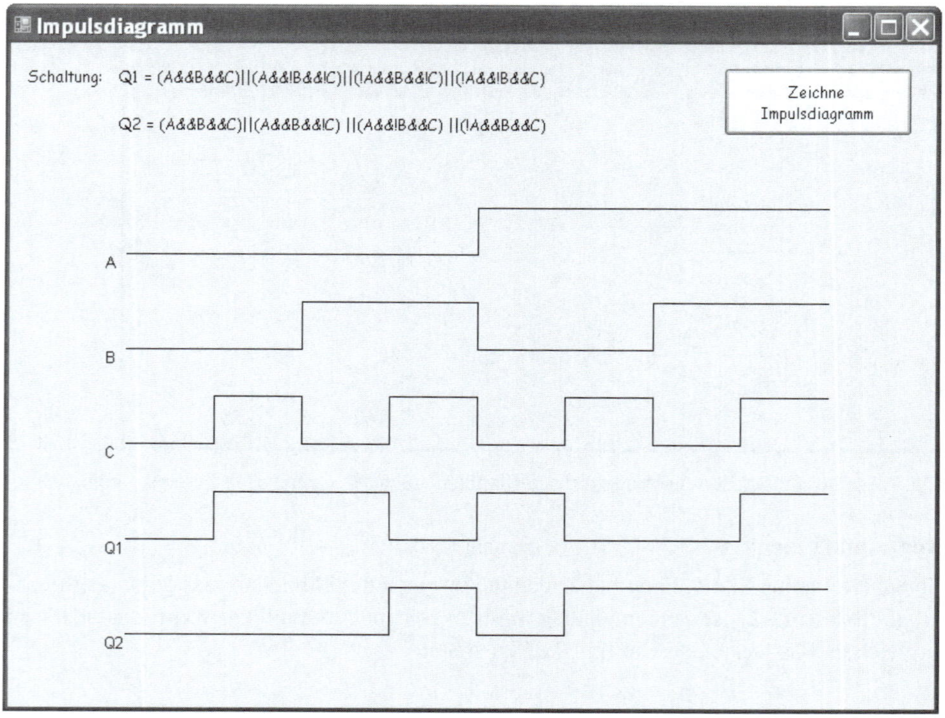

Bild 9.36 Impulsdiagramm eines Volladdierers

10 Tabellen und Übersichten

Auf den folgenden Seiten sind wichtige Informationen zusammengestellt, die die tägliche Programmierarbeit erleichtern. Neben den Datentypen mit ihren jeweiligen Wertebereichen finden Sie hier die Schlüsselworte der Programmiersprache C (also eine Übersicht über die verfügbare Syntax), die Schlüsselworte, die durch die Erweiterung der Programmiersprache C++ hinzugekommen sind sowie eine Zusammenstellung wichtiger Funktionen und der Bibliotheken, aus denen diese stammen.

10.1 Datentypen und ihre Wertebereiche

Datentyp	Länge [Byte]	Aufgabe	Zahlenbereich		Anmerkung
			von	bis	
char	1	vorzeichenbehaftete Ganzzahl	-128	127	
unsigned char	1	positive Ganzzahl	0	255	
signed char	1	vorzeichenbehaftete Ganzzahl	-128	127	
int	2 4	vorzeichenbehaftete Ganzzahl	-32768 -2147483648	32767 2147483647	bei 16 Bit bei 32 Bit
short (int)	2	vorzeichenbehaftete Ganzzahl	-32768	32767	
unsigned short (int)	2	positiver Ganzzahl	0	65535	
long (int)	4	vorzeichenbehaftete Ganzzahl	-2147483648	2147483647	
signed long (int)	4	vorzeichenbehaftete Ganzzahl	-2147483648	2147483647	
unsigned long (int)	4	positive Ganzzahl	0	4294967295	
float	4	vorzeichenbehaftete Fließkommazahl	±10 E ± 38	± 10 E ± 38	Genauigkeit: 8 Stellen
double	8	vorzeichenbehaftete Fließkommazahl	± 10 E ± 308	± 10 E ± 308	Genauigkeit: 15 Stellen

10.2 Vergleich der Symbole nach DIN 66 001 und der Nassi-Shneiderman-Darstellung

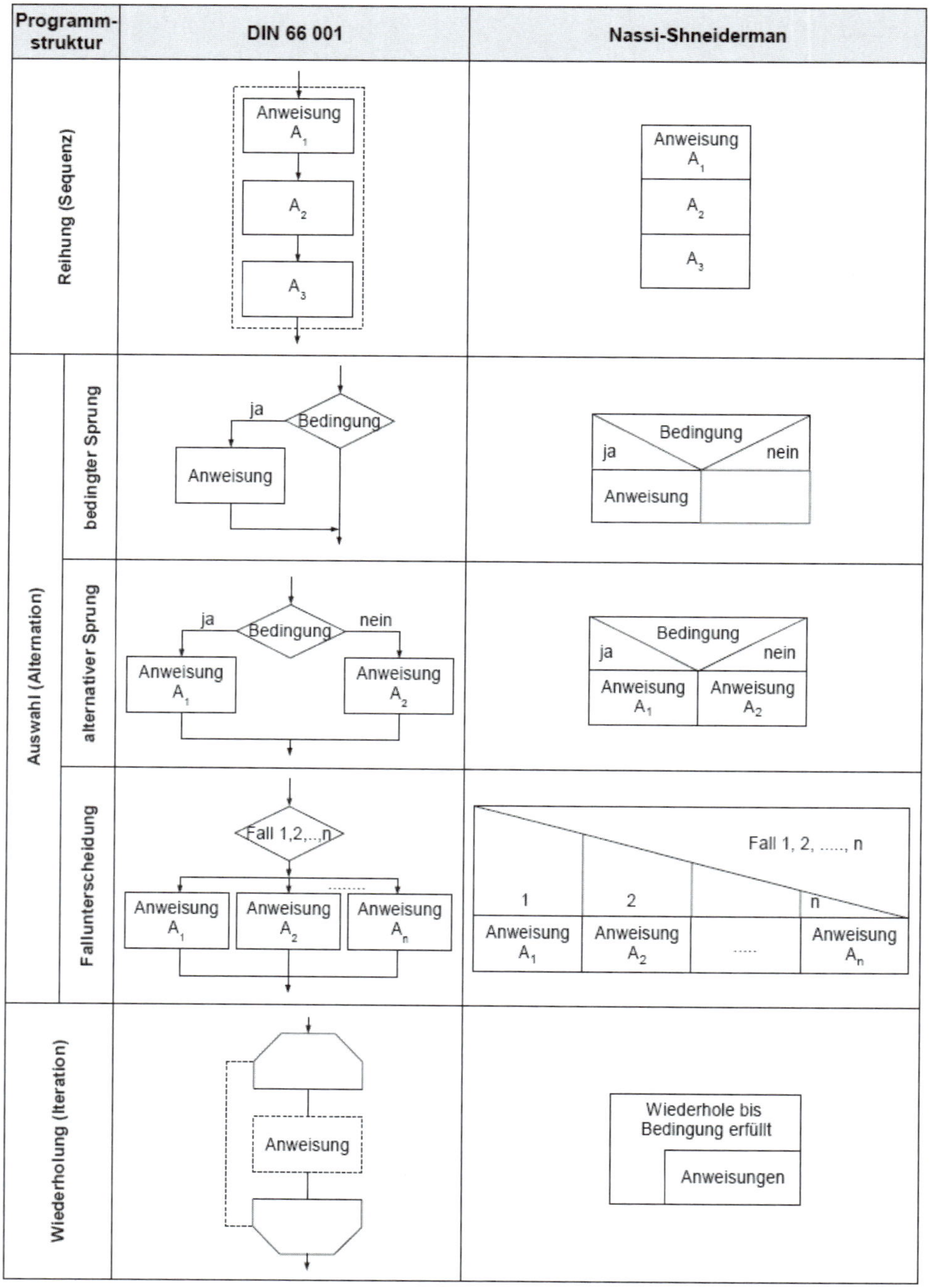

10.3 Schlüsselwörter ANSI C

Die folgenden Schlüsselwörter der Programmiersprache C sind für den Compiler als Sprachelemente reserviert und dürfen nicht als Namen von Strukturen, Variablen und Funktionen verwendet werden:

`auto`	`break`	`case`	`char`	`const`
`continue`	`default`	`do`	`double`	`else`
`enum`	`extern`	`float`	`for`	`goto`
`if`	`int`	`long`	`register`	`return`
`short`	`signed`	`sizeof`	`static`	`struct`
`switch`	`typedef`	`union`	`unsigned`	`void`
`volatile`	`while`			

`auto` wird standardmäßig für lokale Variablen eingesetzt. Objekte, die als `auto` definiert werden, kontrolliert der Compiler automatisch. Sie gelten nur solange wie der Bereich, in dem sie definiert wurden.

`break` ermöglicht den Abbruch von `for`, `while`, `do ... while` und den `cases` einer `switch` Anweisungen. Das Programm wird mit der ersten Anweisung nach dem entsprechenden logischen Block fortgesetzt.

`case` leitet einen Anweisungsblock einer zulässigen Auswahl in einer Mehrfachauswahl (`switch`) ein. Ein ausgewerteter Ausdruck wird mit den Konstanten der einzelnen `cases` verglichen und bei Gleichheit werden die Anweisungen, die nach der Konstante stehen, abgearbeitet. Ein `case kann mit einem break abgeschlossen werden.`

`char` definiert als Datentyp Zeichen.

`const` ist ein Qualifier, der verwendet wird, um auszudrücken, dass der Wert einer Variable, auf die dieser Qualifier angewendet wurde, nach der Initialisierung nicht mehr geändert werden darf.

`continue` ermöglicht einen neuen Durchlauf in Blöcken, ohne dass der aktuelle Durchlauf beendet werden muss.

`default` leitet einen Anweisungsblock einer unzulässigen Auswahl in einer Mehrfachauswahl (`switch`) ein. Ein ausgewerteter Ausdruck wird mit den Konstanten der einzelnen `cases` verglichen. Kommt es nicht zur Gleichheit, so werden die Anweisungen, die nach `default` stehen, abgearbeitet

`do` leitet die wiederholte Abarbeitung eines Programmblocks ein und wird durch ein `while` abgeschlossen. Hier wird der zur Steuerung erforderliche boolesche (logische) Ausdruck erst nach der ersten Iteration, also nach der ersten Ausführung des Blockes ausgewertet. Es handelt sich um eine nichtabweisende oder fußgesteuerte Schleife. Ihr Anweisungsblock wird in jedem Fall einmal durchlaufen.

`double` wird als Datentyp verwendet, um große Gleitpunktzahlen mit doppeltem Speicherplatz zu definieren `else` leitet den alternativen Anweisungsblock einer vollständigen Alternation ein. Dieser Zweig kann entfallen, wenn der zugehörige Anweisungsblock leer ist.

`enum` dient zur Erzeugung einer Enumeration mit der eine Aliasliste erzeugt werden kann, die zu den eigentlichen Daten korrespondierende Integerzahlen enthält.

`extern` definiert als Speicherklasse eine globale Variable, die in allen Programmteilen verfügbar ist. Solche Variablen können nicht initialisiert werden, weil sie nur auf eine Variable verweisen, die an anderer Stelle definiert wurde.

`float` wird als Datentyp verwendet, um Gleitpunktzahlen zu definieren.

`for` leitet eine zählergesteuerte Schleife ein.

`goto` wird benutzt, um von einer Stelle im Programm zu einer beliebigen anderen Stelle, die durch ein entsprechendes Label gekennzeichnet ist, zu springen. Die Anweisung ist umstritten, weil der Programmablauf unübersichtlich wird. In der strukturierten Programmierung wird `goto` nicht benutzt. Prinzipiell ist es möglich, jedes `goto` durch eine alternative Programmierung zu ersetzten.

`if` leitet eine Alternation ein. Ergibt der logische Ausdruck, der dem `if` folgt, den Wahrheitswert `wahr`, so wird der Anweisungsblock, der der `if` Anweisung folgt, abgearbeitet. Entspricht der Wahrheitswert `falsch`, so wird mit einem folgenden `else` die Alternative eingeleitet, die dann abgearbeitet wird. Fehlt das `else`, so wird mit dem folgenden Anweisungsblock fortgefahren.

`int` definiert als Datentyp ganze Zahlen.

`long` ermöglicht als Modifikator bei der Deklaration einer Variablen, dieser mehr Speicherplatz zuzuweisen. Wieviel Speicherplatz in einer Programmierumgebung tatsächlich verwendet wird, kann mit dem `sizeof`-Operator festgestellt werden.

`register` als Speicherklasse wird dazu verwendet, eine lokale Variable in einem Register der CPU für einen schnellen Zugriff abzulegen. Da solche Variablen keine Adresse besitzen, können sie nicht über Zeiger angesprochen werden.

`return` liefert das Ergebnis einer Funktion, deren Datentyp nicht `void` ist, an die Aufrufstelle zurück. In Funktionen vom Datentyp `void` kann `return` genutzt werden, um einen vorzeitigen Ausstieg aus solchen Funktionen zu erreichen.

`short` ermöglicht als Modifikator bei der Deklaration einer Variablen, dieser weniger Speicherplatz zuzuweisen. Wieviel Speicherplatz in einer Programmierumgebung tatsächlich verwendet wird, kann mit dem `sizeof`-Operator festgestellt werden.

`signed` ermöglicht als Modifikator bei der Deklaration einer Variablen, diese als vorzeichenbehaftet zu definieren.

`sizeof` liefert als Operator die Anzahl von Bytes, die für eine Variable oder einen Datentyp tatsächlich reserviert werden. Dieser Operator kann auch auf Strukturen und Arrays angewendet werden.

`static` wird als Speicherklasse bei der Definition globaler Variablen verwendet. Wird `static` innerhalb einer Funktion verwendet, so wird die entsprechende Variable nur einmal initialisiert und behält ihren Wert zwischen mehreren Funktionsaufrufen bei.

`struct` definiert einen neuen, vom Anwender definierten Datentyp. So können Variablen verschiedenen Datentyps zu einer Einheit zusammengefasst werden. Die einzelnen Komponenten der Struktur können durch den Punkt-Operator `.` angesprochen werden. Bei Zeigern auf Strukturen, erreicht man diese über den Pfeil-Operator ->. (In der VC-Entwicklungsumgebung unterstützt den Entwickler der IntelliSense.)

`switch` leitet eine Mehrfachauswahl ein. Ein Ausdruck wird in dieser Anweisung einmal ausgewertet und anschließend mit Konstanten verglichen. Kommt es zu einer Gleichheit mit einer der Konstanten, so werden die Anweisungen, die nach der Konstante (`case`) stehen, abgearbeitet. Kann keine Gleichheit erreicht werden, wird ein evtl. vorhandener `default`-Block abgearbeitet oder, falls ein solcher fehlt, mit der Anweisung, die dem `switch` folgt, fortgefahren. `switch`-Anweisungen können nur mit ordinalen Datentypen (d.h. `int`, `long int`, `char` etc.) durchgeführt werden.

`typedef` dient zur Datentypenvereinbarung. Es kann sowohl für einen Aliasname zu einem existierenden Datentyp, als auch für einen angegebenen Strukturtyp verwendet werden. Da C das Konzept der Strukturäquivalenz befolgt, wird durch `typedef` immer nur ein neuer Name zur besseren Lesbarkeit oder als individuelle Abkürzung bzw. Bezeichnung eingeführt. Variablen aus diesen neuen Datentypen sind vollständig kompatibel zu den Variablen, die in Orginalnotation vereinbart werden.

`union` legt fest, dass sich mehrere Variablen verschiedenen Datentyps den gleichen Speicherplatz teilen. Damit erhält man eine datentypspezifische Sicht auf einen Speicherplatz.

`signed` ermöglicht als Modifikator bei der Deklaration einer Variablen, diese als nicht vorzeichenbehaftet zu definieren. Der Speicherplatz, der für das Vorzeichen eingespart wird, kann so für den Wertebereich einer nicht-negativen Zahl ausgenutzt werden.

`void` wird verwendet, um Funktionen zu deklarieren, die keine Ergebnisse zurückliefern sollen, also solche Funktionen, die ohne `return` auskommen.

`volatile` wirkt zusammen mit Typdeklarationen als Modifizierer. Dabei teilt das Schlüsselwort `volatile` dem Compiler mit, dass die entsprechend bezeichnete Variable auch durch Ereignisse außerhalb der Kontrolle des Programms (z.B. durch periphere Geräte) verändert werden kann. Der Wert der Variablen muss deshalb vor jedem Zugriff neu aus dem Hauptspeicher gelesen werden, d.h. er darf nicht in einem Register des Prozessors zwischengespeichert werden. Gleichzeitig wird durch die Angabe von `volatile` eine Optimierung für die entsprechende Variable verhindert.

`while` beinhaltet in einer Wiederholungsstruktur (Schleife) den zu prüfenden und für die Steuerung der Wiederholung erforderlichen logischen Ausdruck. Dabei kann `while` zu Beginn der Wiederholungsstruktur stehen. Man spricht dann von einer kopfgesteuerten oder abweisenden Schleife. Oder `while` wird mit `do` zu einer fußgesteuerten oder nichtabweisenden (`do-while`) Schleife kombiniert.

10.4 Erweiterte Schlüsselwörter C++

Die folgenden Schlüsselwörter kommen bei der Erweiterung von C nach C++ zu den bereits aus C bekannten Schlüsselwörtern hinzu. Auch sie sind für den Compiler als Sprachelemente reserviert und dürfen nicht als Namen von Klassen, Attributen und Methoden verwendet werden. Die nun folgende Liste kann keinen Anspruch auf Vollständigkeit mehr erheben, da manche Schlüsselwörter compilerspezifisch sind.

asm	bool	catch	class	const_cast
delete	dynamic_cast	explicit	extern	false
friend	inline	mutable	namespace	new
operator	private	protected	public	reinterpret_cast
static_cast	template	this	throw	true
try	typeid	typename	using	virtual
wchar_t				

`asm` ermöglicht es, Assemblerbefehle direkt in den C++-Quelltext einzufügen. Jedes C++-Symbol wird dabei durch das entsprechende Assembleräquivalent ersetzt. Um mehrere Anweisungen in Assemblersprache zu einem Block zusammenzufassen, werden diese angeführt mit dem Schlüsselwort `asm` in einen Block in geschweiften Klammern `{....}` geschrieben.

`bool` stellt einen neuen Datentypen dar, der in der Lage ist, boolsche Ausdrücke, also logische Ausdrücke zu verwalten. Entsprechend können als `bool` deklarierte Variablen die beiden Werte `true` bzw. `false` annehmen.

`catch` leitet den Fehlerzweig einer gescheiterten `try`-Anweisung ein. Der Klammerausdruck `(....)`, der dem `catch` folgt, beinhaltet die zu behandelnde Exception.

`class` leitet die Deklaration einer Klasse in C++ ein.

`const_cast` ist ein Cast-Operator, also ein Operator zum Umwandeln von Typen. Er erlaubt es dem Compiler erlaubt, eine Adresse, an der konstante Daten stehen, zu verwenden. Solche Casts dienen dazu, konstante Referenzen oder Zeiger auf konstante Daten an Funktionen zu übergeben, welche eigentlich das gleiche in der nichtkonstanten Variante erwarten.

`delete` ist der Operator, der genutzt wird, um mit `new` allozierten Speicherplatz wieder freizugeben.

`dynamic_cast` ist ein Cast-Operator, also ein Operator zum Umwandeln von Objekten unterschiedlichen Typs, mit dessen Hilfe zur Laufzeit entschieden werden kann, welcher exakten Klasse ein Objekt angehört bzw. ob eine gewisse Operation mit diesem Objekt durchgeführt werden darf.

`explicit`, vor einem Konstruktor angegeben, verhindert einen Aufruf mit anderen als den angegebenen Parametern und damit eine implizite Konversion (die Änderung eines Datenformates) durch den Compiler.

`extern` deklariert Konstanten, Variablen oder Funktionen und gibt zusätzlich an, dass die Definition möglicherweise in einem anderen Modul enthalten ist.

`false` ist ein Wert (für falsch) einer als `bool` deklarierten Variablen.

`friend` teilt dem Compiler mit, dass eine Methode oder sogar eine Klasse Zugriff auf die als `private` oder `protected` deklarierten Elemente der betrachteten Klasse besitzt. Es werden gezielt die Schutzmechanismen der Klasse unterlaufen. Die `friend`-Eigenschaft beruht nur dann auf Gegenseitigkeit, wenn beide betrachteten Klassen die jeweils andere als `friend` deklarieren.

`inline` deklariert Funktionen, die vom Compiler überall dort eingesetzt werden können, wo der Programmierer einen Aufruf der Funktion in den Quellcode schreibt. Mit solchen Funktionen kann die Ausführungszeit (Performance) verbessert werden.

`mutable` deklarierte Attribute dürfen auch innerhalb von konstanten Methoden geändert werden.

`namespace` steuert den Gültigkeitsbereich von Namen.

`new` fordert neuen Speicherplatz an und wird zur Allozierung benutzt. Der Operator wird dabei zusammen mit der entsprechenden Typinformation aufgerufen.

`operator` ermöglicht die Realisierung einer Operatorfunktion.

`private` legt innerhalb einer Klassendeklaration fest, dass die folgenden Elemente nicht für Methoden außerhalb der Klasse verfügbar sind. Wird eine Liste von Basisklassen angelegt, so legt `private` fest, dass sowohl die als `public` als auch die als `protected` deklarierten Elemente dieser Basisklassen als `private` zu betrachten sind, d. h., dass sie in der abgeleiteten Klasse nicht unmittelbar verfügbar sind.

`protected` legt innerhalb einer Klassendefinition fest, dass die folgenden Elemente `protected` (also vor Zugriff geschützt) sind. Sie stehen nur für abgeleitete Klassen, nicht aber für Methoden außerhalb der Klasse bzw. ihrer Ableitungen zur Verfügung. Wird eine Liste von Basisklassen angelegt, so legt `protected` fest, dass sowohl die als `public` als auch die als `protected` deklarierten Elemente dieser Basisklassen als `protected` zu betrachten sind, d.h., dass sie nur für abgeleitete Klassen, nicht aber für Methoden außerhalb der Klasse bzw. ihrer Ableitungen verfügbar sind.

`public` legt innerhalb einer Klassendefinition fest, dass die folgenden Elemente auch für Methoden außerhalb der Klasse verfügbar sind. Wird eine Liste von Basisklassennamen angelegt, so legt `public` fest, dass sowohl die als `public` als auch die als `protected` deklarierten Elemente dieser Basisklassen unverändert übernommen werden, d. h. auch in der abgeleiteten Klasse in ihrer ursprünglichen Art verfügbar sind.

`reinterpret_cast` ist ein Cast-Operator, also ein Operator zur Umwandlung von Typen, der die Art verändert, wie Daten an einer bestimmten Adresse gelesen („interpretiert") werden. Er gilt als sehr hardwarenah und sollte daher nur in hardwarenahem Programmcode eingesetzt werden.

`static_cast` ist ein Cast-Operator, also ein Operator zur Umwandlung von Typen, der die Daten selbst verändert. Er wirkt nur, sofern eine implizite Umwandlung existiert. Anderenfalls kommt es zu einer Compilermeldung.

`template` leitet die Deklaration einer Schablone bzw. Vorlage einer parametrisierten Familie verwandter Funktionen oder Klassen ein. Methoden-Templates legen die Anweisungen einer Methode fest, Klassen-Templates legen die Deklaration einer Klasse fest. Der Typ eines Parameters wird dabei durch `T` ersetzt.

`this` erlaubt als Zeiger den Zugriff auf das eigene Objekt. Der Datentyp von `this` ist immer ein Zeiger auf ein Objekt der entsprechenden Klasse. Immer dann, wenn eine Methode auf ein weiteres Element derselben Klasse angewendet wird, ohne dass explizit ein Objekt angegeben wird, verwendet C++ `this`.

`throw` deklariert für eine Methode, welche Ausnahmen (Exceptions) diese eventuell nach außen weitergibt. Darunter fallen solche Exceptions, die sie selbst erzeugt und nicht mit entsprechenden `try`- und `catch`-Mechanismen abfängt, aber auch solche, die in noch tiefer verschachtelt aufgerufenen Funktionen erzeugt und ebenfalls nicht behandelt werden. Im Anschluss an den Funktionsprototypen wird durch `throw` eine Liste all der Typen angegeben, die von der Funktion als Fehlerobjekte ausgeworfen werden könnten. Ist die Liste leer, so wird damit angezeigt, dass die entsprechende Funktion keine Exceptions auslöst.

`true` ist ein Wert (für wahr) einer als `bool` deklarierten Variablen.

`try` leitet einen Programmteil ein, in dem eine Ausnahme (Exception) erwartet wird, auf die mit `catch` reagiert werden soll.

`typeid` ist ein Operator, mit dem man zur Laufzeit eines Programmes den Typ eines Objekts in Erfahrung bringen kann.

`typename` gibt an, dass ein nachfolgender Bezeichner ein Typ sein muss.

`using` kann zum einfacheren Zugriff auf Namen, die in einem `namespace` deklariert wurden, benutzen werden.

`virtual` deklarierte Methoden sind rein virtuelle Methoden, d. h., dass sie von jeder abgeleiteten Klasse überschrieben werden müssen. Jede Klasse mit mindestens einer rein virtuellen Methode ist eine abstrakte Klasse und kann nicht instanziiert werden, d. h. aus ihr können keine Objekte erzeugt werden. Solche Klassen dienen als Interfaces.

`wchar_t` ist ein Datentyp, in dem ein Zeichen gespeichert werden kann. Im Gegensatz zu einem normalen `char` lassen sich in diesem Datentyp allerdings mehr als die gewohnten 256 Zeichen darstellen.

10.5 ASCII-Tabelle

Bei der täglichen Arbeit am und mit dem Quellcode ist es oftmals erforderlich, dass spezielle Sonderzeichen in Ausgaben benutzt werden müssen, die sich nicht ohne weiteres durch die Verwendung in der Formatierung erzeugen lassen. Klassische Beispiele hierfür sind Umlaute wie ä, ö oder Ü. In solchen Fällen hilft der Blick in die ASCII-Tabelle, die Reservierung eines einzelnen Characters und die Versorgung dieses Characters mit dem entsprechenden Wert aus der Tabelle. Sie finden diese Technik in zahlreichen Beispielen im Buch.

dec	hex	char	dec	hex	char	dec	hex	char	dec	hex	char
000	0	NUL	012	0C	♀	024	18	↑	036	24	$
001	1	☺	013	0D	♪	025	19	↓	037	25	%
002	2	☻	014	0E		026	1A	→	038	26	&
003	3	♥	015	0F	?	027	1B	¬	039	27	
004	4	♦	016	10	►	028	1C		040	28	(
005	5	♣	017	11		029	1D	↔	041	29	)
006	6	♠	018	12	↕	030	1E	▲	042	2A	*
007	7	•	019	13	?	031	1F	▼	043	2B	+
008	8	◘	020	14	¶	032	20		044	2C	,
009	9	○	021	15	§	033	21	!	045	2D	-
010	0A	◙	022	16	?	034	22	„	046	2E	.
011	0B	♂	023	17	?	035	23	#	047	2F	/

dec	hex	char	dec	hex	char	dec	hex	char	dec	hex	char
048	30	0	082	52	R	116	74	t	150	96	û
049	31	1	083	53	S	117	75	u	151	97	ù
050	32	2	084	54	T	118	76	v	152	98	ÿ
051	33	3	085	55	U	119	77	w	153	99	Ö
052	34	4	086	56	V	120	78	x	154	9A	Ü
053	35	5	087	57	W	121	79	y	155	9B	Ø
054	36	6	088	58	X	122	7A	z	156	9C	£
055	37	7	089	59	Y	123	7B	{	157	9D	Ø
056	38	8	090	5A	Z	124	7C	|	158	9E	´
057	39	9	091	5B	[	125	7E	}	159	9F	ƒ
058	3A	:	092	5C	\	126	7D	~	160	A0	á
059	3B	;	093	5D	]	127	7F	?	161	A1	í
060	3C	<	094	5E	^	128	80	Ç	162	A2	ó
061	3D	=	095	5F	_	129	81	ü	163	A3	ú
062	3E	>	096	60	`	130	82	é	164	A4	ñ
063	3F	?	097	61	a	131	83		165	A5	Ñ
064	40	@	098	62	b	132	84	ä	166	A6	ª
065	41	A	099	63	c	133	85	à	167	A7	º
066	42	B	100	64	d	134	86	å	168	A8	¿
067	43	C	101	65	e	135	87	ç	169	A9	®
068	44	D	102	66	f	136	88	ê	170	AA	¬
069	45	E	103	67	g	137	89	ë	171	AB	½
070	46	F	104	68	h	138	8A	è	172	AC	¼
071	47	G	105	69	i	139	8B	ï	173	AD	¡
072	48	H	106	6A	j	140	8C	î	174	AE	«
073	49	I	107	6B	k	141	8D	ì	175	AF	»
074	4A	J	108	6C	l	142	8E	Ä	176	B0	░
075	4B	K	109	6D	m	143	8F	Å	177	B1	▒
076	4C	L	110	6E	n	144	90	É	178	B2	▓
077	4D	M	111	6F	o	145	91	æ	179	B3	│
078	4E	N	112	70	p	146	92	Æ	180	B4	┤
079	4F	O	113	71	q	147	93	ô	181	B5	Á
080	50	P	114	72	r	148	94	ö	182	B6	Â
081	51	Q	115	73	s	149	95	ò	183	B7	À

dec	hex	char	dec	hex	char	dec	hex	char	dec	hex	char
184	B8	©	202	CA	╩	220	DC	■	238	EE	¯
185	B9	╣	203	CB	╦	221	DD	¦	239	EF	´
186	BA	║	204	CC	╠	222	DE	Ì	240	F0	-
187	BB	╗	205	CD	═	223	DF	■	241	F1	±
188	BC	╝	206	CE	╬	224	E0	Ó	242	F2	?
189	BD	¢	207	CF	¤	225	E1	ß	243	F3	¾
190	BE	¥	208	D0	ð	226	E2	Ô	244	F4	¶
191	BF	┐	209	D1	Đ	227	E3	Ò	245	F5	§
192	C0	└	210	D2	Ê	228	E4	õ	246	F6	÷
193	C1	┴	211	D3	Ë	229	E5	Õ	247	F7	¸
194	C2	┬	212	D4	È	230	E6	m	248	F8	°
195	C3	├	213	D5	ı	231	E7	þ	249	F9	¨
196	C4	─	214	D6	Í	232	E8	Þ	250	FA	·
197	C5	┼	215	D7	Î	233	E9	Ú	251	FB	¹
198	C6	ã	216	D8	Ï	234	EA	Û	252	FC	³
199	C7	Ã	217	D9	┘	235	EB	Ù	253	FD	²
200	C8	╚	218	DA	┌	236	EC	ý	254	FE	■
201	C9	╔	219	DB	█	237	ED	Ý	255	FF	

10.6 Standardfunktionen und ihre Zuordnung zu den Header-Dateien (Include)

Es folgen Tabellen mit einigen der wichtigsten Funktionen aus der C/C++-Entwicklungsumgebung. Angegeben ist jeweils der Funktionsname und seine Parametrisierung (gegebenenfalls der Datentyp der Parameter). Das verwendete Aufrufverfahren ist durch den Adress-Operator & erkennbar. Unter „Bemerkung“ folgt eine kurze Erläuterung der Aufgabe der entsprechenden Funktion und gegebenenfalls der Rückgabetyp der Funktion (in Klammern), sofern dieser eindeutig zu benennen ist. Die Spalte „Include“ gibt Auskunft darüber, welche Header-Datei zu includieren ist, damit die entsprechende Funktion verwendet werden kann.

Funktionsname	Bemerkung	Include
abort()	(void) Programmabbruch	stdlib.h
abs(i)	Absolutwert	stdlib.h
acos(x)	(double) arccos	math.h
alloca(size)	(void*) dynamische Speicher-reservierung	alloca.h
asin(x)	(double) arcsin	math.h
atan(x)	(double) arctan	math.h
atan2(x,y)	(double) arctan(x/y)	math.h
atof(str)	Konvertierung string nach float	stdlib.h
atoi(str)	Konvertierung string nach int	stdlib.h
atol(str)	Konvertierung string nach long	stdlib.h
calloc(nelem,nsize)	(void*) Speicher für Vektor reservieren	stdlib.h
clearerr(fp)	(void) löscht den Fehler-Indikator	stdio.h
clock()	(clock_t) Systemzeit in Sekunden	time.h
close(fildes)	schließt Datei	stdio.h
cos(x)	(double) cos (Kosinus)	math.h
cosh(x)	(double) cosh (Kosinus hyperbolicus)	math.h
ctime(&zeit)	(char*) Zeit als String	time.h
difftime(time_t,time_t)	(double) Zeitdifferenz in Sekunden	time.h
exit(i)	(void) beendet das Programm	stdlib.h
exp(x)	(double) exp	math.h
fabs(x)	(double) abs	math.h
fclose(fp)	schliesst Datei (mit FILE* fp)	stdio.h
feof(fp)	EOF, wenn !=0 (FILE* fp)	stdio.h
ferror(fp)	Fehler, wenn !=0	stdio.h
fflush(fp)	schreibt Puffer auf Datei	stdio.h
fgetc(fp)	holt das nächste Zeichen	stdio.h
fgets(s,n,fp)	(char*) liest max. n-1 Zeichen	stdio.h
floor(x)	abgerundete int aus double	math.h
fmod(x,y)	(double) x modulo y	math.h
fopen(fname,mode)	(FILE*) öffnet Datei („r/w/a +")	stdio.h
fprintf(fp,format[,arg …])	formatierte Ausgabe	stdio.h
fputc(Char,fp)	Ausgabe eines Zeichens	stdio.h
fputs(s,fp)	Ausgabe Zeichenkette	stdio.h
fread(&bf,sizeof(bf),nitems,fp)	Einlesen aus Datei	stdio.h
fscanf(file,format[,&arg …])	formatierte Eingabe	stdio.h

Funktionsname	Bemerkung	Include
`fseek(fp,Loffset,pos)`	Positionier.(pos=0 Anf.,1 akt.,2 Ende)	`stdio.h`
`ftell(fp)`	liefert aktuelle Position	`stdio.h`
`fwrite(&bf,sizeof(bf),nitems,fp)`	Schreiben auf Datei	`stdio.h`
`getc(fp)`	holt ein Zeichen (vgl. fgetc)	`stdio.h`
`getchar()`	liest ein Zeichen von `stdin`	`stdio.h`
`getenv(name)`	(`char*`) Environment	`stdlib.h`
`gets(s)`	(`char*`) liest `String` von `stdin`	`stdio.h`
`getw(fp)`	holt das nächste Wort	`stdio.h`
`gmtime(&tm)`	(`tm*`) GMT Zeit	`time.h`
`isalnum(c)`	Zeichen alphanumerisch?	`ctype.h`
`isalpha(c)`	Zeichen Buchstabe?	`ctype.h`
`isascii(c)`	Zeichen ASCII-Zeichen?	`ctype.h`
`iscntrl(c)`	Zeichen Control-Zeichen?	`ctype.h`
`isdigit(c)`	Zeichen Ziffer?	`ctype.h`
`isgraph(c)`	Zeichen druckbar außer Leerz.?	`ctype.h`
`islower(c)`	Zeichen Kleinbuchstabe?	`ctype.h`
`isprint(c)`	Zeichen druckbares Zeichen (32..126)?	`ctype.h`
`ispunct(c)`	Zeichen Satz- oder Sonderzeichen?	`ctype.h`
`isspace(c)`	Zeichen whitespace? („leer“)	`ctype.h`
`isupper(c)`	Zeichen Großbuchstabe?	`ctype.h`
`isxdigit(c)`	Zeichen Hexadezimalziffer?	`ctype.h`
`labs(long)`	(`long`) Absolutwert	`stdlib.h`
`localtime(&tm)`	(`tm*`) Ortszeit	`time.h`
`log(x)`	(`double`) ln (Logarithm.naturalis, Basis e)	`math.h`
`log10(x)`	(`double`) lg (dekad. Logarithm., Basis 10)	`math.h`
`malloc(size)`	(`char*`) reserviert Speicher	`stdlib.h`
`memcmp(s1,s2,n)`	vergleicht n Byte zweier Bloecke	`string.h`
`open(filnam,mode)`	Datei öffnen	`fcntl.h`
`pow(base,exp)`	(`double`) base „hoch“ exp (Potenz)	`math.h`
`printf(format[,arg …])`	formatierte Ausgabe	`stdio.h`
`putc(c,fp)`	Ausgabe eines Zeichens	`stdio.h`
`putchar(c)`	Ausgabe eines Zeichens an `stdout`	`stdio.h`
`puts(s)`	schreibt s+LF (Linefeed) auf `stdout`	`stdio.h`
`putw(i,fp)`	Ausgabe eines Wortes an `stdout`	`stdio.h`

Funktionsname	Bemerkung	Include
qsort(Ptr,anz,size,comp())	(void) sortiert Datenfeld (Quicksort)	stdlib.h
rand()	generiert Zufallszahl	math.h
read(fildes,buffer,nbyte)	Einlesen	stdio.h
realloc(Ptr,size)	(void*) Änderung Speicherbereich	stdlib.h
rename(oldnam,newnam)	Umbenennung einer Datei	stdio.h
rewind(fp)	(void) positioniert auf den Dateianfang	stdio.h
scanf(format[,&arg ...])	formatierte Eingabe	stdio.h
sin(x) (double)	(double) Sinus	math.h
sinh(x) (double)	Sinus hyperbolicus	math.h
sprintf(s,format[,arg ..])	formatierte Ausgabe auf String	stdio.h
sqrt(x) (double)	(double) sqrt (Quadratwurzel)	math.h
sscanf(s,format[,&arg ..])	formatierte Eingabe von s	stdio.h
strchr(str,Char)(char *)	erstes Auftreten von Char	string.h
strcmp(s1,s2)	Vergleich <0, 0, >0 lexikographisch	string.h
strcpy(s1,s2)	(char*) kopiert s2 nach s1	string.h
strlen(s)	Länge des Strings	string.h
strstr(s1,s2)	(char*) erstes Vorkommen von s2 in s1	string.h
strtod(s,char **endptr)	(double) String nach double	stdlib.h
strtol(s,char **ptr,i)	(long) String nach long	stdlib.h
system(command)	Ausführung eines DOS-Befehls	stdlib.h
tan(x)	(double) tan (Tangens)	math.h
tanh(x)	(double) tanh (Tangens hyperbolicus)	math.h
time(Lsec)	(long) Zeit in sec seit 1.1.1970, 00.00.00	time.h
toascii(i)	Umwandlung int in ascii	ctype.h
tolower(Char)	Umwandlung char in lowercase	ctype.h
toupper(Char)	Umwandlung char in uppercase	ctype.h

Literatur

Ammelburger, D., „C++ für Einsteiger". KnowWare, (Osnabrück), 2004

Balzert, H., „UML 2 kompakt". Spektrum, (Heidelberg), 2010

Balzert, H., „Lehrbuch der Software-Technik". Spektrum, (Heidelberg), 2000

Balzert, H., „Lehrbuch der Software-Technik: Software-Management, Software-Qualitätssicherung, Unternehmensmodellierung". Spektrum, (Heidelberg), 2008

Bleßmann, J., Büttner, A., Dax, E., „Anwendungsentwicklung". Bildungsverlag Eins, (Köln), 2011

Cuber, U., „C-Programmierung". ECON, (Düsseldorf), 1999

Cuber, U., „C++-Programmierung". ECON, (Düsseldorf), 1998

Davis, S.R., „C++ für Dummies". MITP, (Bonn), 2010

Erlenkötter, H., „C++ Objektorientiertes Programmieren von Anfang an". Rowohlt, (Reinbek), 2000

Erlenkötter, H., „C Bibliotheksfunktionen sicher anwenden". Rowohlt, (Reinbek), 2003

Forbrig, P., „Objektorientierte Softwareentwicklung mit UML". Hanser, (München), 2007

Forbrig, P., Kerner, I.O., „Programmierung – Paradigmen und Konzepte". Fachbuchverlag, (Leipzig), 2006

Henning, P.A., Vogelsang, H., „Handbuch Programmiersprachen". Hanser, (München), 2006

Horn, C., Kerner, I.O., „Lehr- und Übungsbuch Informatik". Fachbuchverlag, (Leipzig), 2003

Kernighan, B.W., Ritchie D.M., „Programmieren in C". Hanser, (München), 1990

Liberty, J., „Jetzt lerne ich C++". Markt und Technik, (München), 2005

Louis, D., „C/C++ Die Referenz". Markt und Technik, (München), 2007

Meyer, W., Schacht, K., „Das große BASIC-Lernbuch". Hanser, (München), 1987

Mittelbach, H., „Einführung in C++". Fachbuchverlag, (Leipzig), 2002

Monadjemi, P., Winkler, E., „Jetzt lerne ich C". Markt und Technik, (München), 1998

Perry, G., „Jetzt lerne ich Programmieren". Markt und Technik, (München), 2002

Schumann, H.-G., „C++ leicht und verständlich". KnowWare, (Osnabrück), 2008

Schumann, H.-G., „Visual C++ 2008 für Kids". MITP, (Bonn), 2008

Wigard, S., „Microsofts .NET-Technologie – wohin geht die Programmierung?". LDVZ, (Düsseldorf), 2003, *http://www.it.nrw.de/informationstechnik/Services/IT_Veroeffentlichungen/Ausgabenarchiv/ausgabe1_2003/z091200351.pdf*

Willms, A., „Einstieg in Visual C++ 2008". Galileo Computing, (Bonn), 2008

Index

A

B

C

Index 356

D

E

F

G